美國的反智傳統

宗教、民主、商業與教育如何形塑美國人對知識的態度？

ANTI-INTELLECTUALISM

IN AMERICAN LIFE

Richard Hofstadter
理查．霍夫士達特｜著　陳思賢｜譯、導讀

目次

第五部分　民主社會與教育

第六部分　結論

幾句推薦的話

余英時

霍夫士達特（Richard Hofstadter）《美國的反智傳統》中文譯本問世是台灣學術文化界一件值得慶賀的大事。這是美國史學史上一部傳世的傑作，自一九六三年以來發生了廣大的影響。承八旗文化出版社的美意，希望我寫一篇「推薦序」。但我年事已高，最近又恰恰忙於整理並編定一部英文專著，實在排不出時間來重讀霍氏原書與譯本，所以「序」是無論如何也寫不成了。為了引發讀者對於本書的閱讀興趣，我願追憶一下四、五十年前接觸本書的經過。因此下面寫的只能算是「幾句推薦的話」。

本書出版後轟動一時，我大概在六十年代末便買來細讀一遍。但萬萬沒有想到，「反智論」這一論旨竟對我發生了深刻的影響，使我對中國史上的反智現象進行了多次有系統的反思。一九七三至七五，我回到香港兩年，那正是「文化大革命」籠罩著整個大陸的時代。我終於情不自禁，在一九七五年寫了〈反智論與中國政治傳統〉那篇長文。更出意外的是此文在《聯合報》連載期間，卻有意無意之間觸動了台灣學術文化界的政治神經，因而引起了廣泛而持續的強烈反應。我這篇文字主要是受霍氏原著的啟發而構思的。這就是說，霍氏的《美國的反智傳統》書中的某些論點早在四十多年前已間接地傳入台灣了。

我讀霍氏此書並不是趕時髦，而是因為我對美國思想史一直保持著很深的興趣。上世紀五十年代末我曾在哈佛旁聽美國思想史名家施萊辛格（Arthur M. Schlesinger Jr.，一九一七至二〇〇七年）的課，他在課堂上對霍氏的史才與史學推崇備至。他和霍氏是當代兩大天才，同樣的聲名顯赫。霍氏年長一歲，一九四四年他的博士論文《美國思想中的社會達爾文主義》（*Social Darwinism in American Thought, 1860-1915*）出版，暢銷二十萬冊，立成大名。一九四五年九月施氏《傑克遜時代》（*The Age of Jackson*）出版，也一舉成名。但施氏後來承認，霍氏當時在《新共和》（*New Republic*）期刊所寫的書評是《傑克遜時代》能夠轟動一時的一大因素。這是我閱讀《美國的反智傳統》的背景。

最後我要指出，反智論成為美國人文學界的一個熱門話題，並不是從霍氏開始的。例如最近剛過世的哲學家懷特（Morton White，一九一七至二〇一六年），我在哈佛曾修過他的歷史哲學，早在一九六〇年便寫過〈反智論的反思〉（Reflections on Anti-intellectualism），一九六二年刊在Daedalus學報上。五、六十年代，一方面艾森豪總統不重視知識人，另一方面狂熱的反共參議員麥卡錫（Joseph McCarthy，任期在一九四六至一九五七年）又在各大學和研究機構找知識人的麻煩。這是當時「反智論」興起的政治背景。霍氏《美國的反智傳統》是當時關於這一論題的集大成之作。由於他的研究將思想史、社會史和政治史融合為一體，所以特別獲得廣大讀者群的欣賞。這部書為什麼今天又引起很多美國人的興趣呢？我相信這是和川普當選總統分不開的。

這是想了解今天美國的人所必須閱讀的一本書。

余英時

二〇一八年六月十五日

推薦序

苑舉正　台大哲學系教授

美國是我們依賴最深，但理解最少的國家。我們在政治、社會與經濟上，處處跟美國學習，所以我們的政治採用民主體制，社會講求人人平等，經濟鼓勵自由創業，政治、社會與經濟是一個國家發展中最重要的三個層面，因此當二〇一六年十一月，川普當選美國第四十五任總統的時候，大家都感到震驚，我也不例外。

川普在選前的言論引發大家的訕笑與質疑，一般均認為他只是一名政壇中的變數，甚至就是美國多元社會中的一個丑角。川普當選的結果，不但令全世界震驚，甚至有人懷疑美國的選民被外國駭客控制了，我一直認為這是無稽之談，但是我對於美國的民主表現感到憂慮，甚至絕望。

當我在閱讀《美國的反智傳統》的一開始，我忽然明白原來我們對於美國的理解，是如此的淺薄，以致於我們像一般美國電影中所演的內容一樣，認為每個人都活在沒有歷史的環境裡，只有向未來不停止地擴張，爭取個人最大的權利。其實，「反智傳統」在美國已經發展多年，幾乎可以說是美國政治、社會、經濟、教育的衍生物。

本書內容豐富，觀點犀利，作者理查．霍夫士達特，是哥倫比亞大學的歷史教授。他以歷史專業的眼光，寫出了這本在美國不受歡迎的書，卻因而讓他屢獲大獎，甚至包括第二次獲得普立茲獎。這個事實凸顯了本書所企圖描述的一個矛盾，當我們一般人都認為全世界最好的大學幾乎都在美國的同時，而美國卻有廣為人所知的反智傳統。當一位著名大學教授，以專業寫出這個傳統的同時，卻看不出來反智傳統會真的動搖美國國本，美國毫無疑問地是全世界的第一強權，但絕大多數非美國人卻很驚訝的發現，這個國家成長的歷史，幾乎就是一部培養反智傳統的歷史。這究竟是怎麼一回事呢？

針對這個問題，本書提供了詳細的答案。因為是歷史的專業，所以書中的介紹，不但擁有許多豐富的史料，而且還有非常多的對比分析。在這些分析中，作者鉅細靡遺地告訴我們，美國這個偉大的國家，成長於宗教信仰、民主體制、商業創新，以及教育普及。當我們認知這四點幾乎是美國的核心價值時，它們卻很戲劇化的變成推動美國反智傳統的力量，這個戲劇化的轉變，讓我們在閱讀本書的過程中，必須仔細檢視轉變發生的原因，那來自於這四點都包含了美國立國的精神與原則。換而言之，我甚至可以大膽地說，「反智傳統」就是美國的哲學思想。

首先是宗教信仰。美國的立國主因就是宗教自由的追求。在追求的過程中，美國的宗教自由要擺脫四種牽制的力量，這四種力量是歐洲的舊社會、天主教的舊體制、神學研究的舊思維，以及對於理解《聖經》的新視角。在這三舊一新中，美國的宗教界一直不斷地以來到新大陸，擺脫天主教，並且不受知識的影響，單純地以理解《聖經》內容作為信仰的基礎。在這個精神上，美國人不斷地求新，甚至把東北角的知識傳統一併列入舊社會中，反而強調一種理解《聖經》福音的途徑，絕對不是聽知識分子的分析，而是所有篤信上帝的人的天啟。天啟這個觀念，造成美國反智傳統的第一股力量。

因為是一個宗教自由的國家，也因為我們對於《聖經》的理解可以一直不斷地詮釋，更因為天啟的效用，是透過聖靈充滿內心，而不是知識遍布大腦的緣故，以致於美國歷史在拓展宗教的過程中，出現了振奮派那種激進的傳教路線，以拯救靈魂為名，宣揚福音內容的同時，完全否定人的智力有可能理解上帝的意圖。換而言之，宗教的傳播在美國一開始就已經樹立下感動勝於理解聖靈，超越知識的傳統。

其次，民主體制是美國人最自豪的立國精神，但是這個體制卻無可避免地引發了一連串的「政治庸俗化」，在閱讀本書的過程中，我們會很驚訝地發現，美國的開國元勳，基本上都是文武雙全的傳奇人物，這些投筆從戎的知識分子，為美國塑造的傳統，卻都被民主政治的浪潮所淹沒。在美國的民主政治中，總是有人以反對仕紳階級的心態為理由，不斷地強調政治人物需要的是領導能力，而不是滿腹經綸的文藝品質。說來有趣，美國建國二百多年來的所有領袖，若是沒有一點與軍人掛鉤的英雄形象，則不被當成一位具有國家領導能力的人。

第三，美國是一個講求商業創造的環境，而且所有人都以「美國夢」來稱呼這一點。「美國夢」中所包含的內容，往往是以白手起家為主要的訴求，在這個訴求中，強調的是努力不懈、苦幹實幹，這種人格的強調，隱含了一個重點，就是受更多的教育，甚至變成一個知識分子，與白手起家的機會不能說沒有關係，但重點不是知識能力的提升，而是人格中有沒有那種堅忍不拔的決心與毅力。因為這個緣故，所以許多成功的美國商人，都不會認為待在學校愈久，做生意成功的機會愈大。他們的觀點往往是正好相反，待在學校裡的，大多數都是一些空學理論、不通實務的書蟲。美國商業的創新，靠的是擼起袖子幹的人。

最後，是美國的教育，促成了反智傳統的認知。在閱讀本書的過程中，我很驚訝地發現，在美國，老師這個職業不但不受尊重，還是明顯的低薪。老師需要利用假期，端盤子以及餵牛吃草，彌補家用之外，還要被當成一種可憐的社會參與人，在講求雄壯的美國社會中，男性甚至不好意思公開自己有意做一名授業解惑的教師。這些讓我非常驚訝地發現，在美國社會中的教育，主要目標是人格的成長，而不是任何科目的教學。原來就有宗教的衛道人士，對於學校中的科學與數學非常反感，認為它們所呈現的真理，一旦接受後便帶來對於純潔心靈的汙染。

本書分別從宗教、政治、商業與教育四個面向分析美國的反智傳統的過程，有兩點是需要特別注意的。第一點，「反智傳統」不是「反智主義」，意思也就是說，美國的反智傳統是一個多重因素所形成的趨勢，但是這些因素中，沒有任何人願意把美國搞成一個反智國家。第二，所有促成「反智傳統」的參與人，不但不是文盲，甚至在閱讀他們所作所為的過程中，都不難發現他們不但有強大的口才，甚至有很好的文筆，因此當我們在看美國的反智傳統時，千萬不要以為這是一場有人可以製造出來的愚民政策。

事實上，二十世紀裡，當歐洲所有的知識分子都捲入左右兩派的爭執時，美國的反智傳統居然發揮了中流砥柱的作用，從頭到尾就拒絕參與任何無益的意識形態鬥爭。這一方面的成就，是美國人自信心的肯定，也算是上帝的保佑吧！

最後我要從美國的脈絡回來看看中華文化的價值體系。對於我們這個講求「萬般皆下品，唯有讀書高」的傳統而言，反智傳統所顯現的特徵，不但無法理解，甚至愚昧不堪。坦白說，不讀此書，我無法理解為什麼能夠辨世界最好大學的國家，會出現根本看不起大學教授的傳統。現在我懂了，美國是一個很特別的國家，因為他們一直不斷地用宗教、政治、商業與教育，形成一個很有特色的傳統。對於其他重視知識分子的國家而言，這應該不是一個能夠面對未來的選擇，但是在美國這一個篤信上帝的國家裡，反智傳統的出現不僅是選擇的結果，似乎也是美國唯一的歷史。

我以無奈的心情，做出如上的分析，主要的目的是想告訴大家，如果你承認美國偉大，你必須閱讀本書。這本書會告訴你美國人只做不說的祕密，本書作者在五十幾年前就將此書寫成並且獲獎，而在半世紀之後，川普的當選，說明了他的真知灼見。

我向國人鄭重推薦本書，希望大家都能夠閱讀它，從截然不同的視角，欣賞這一個偉大而且特殊的國家。

譯序及導讀

陳思賢 台大政治系教授

對我來說，可能翻譯比著述還令人頭疼。但會選擇這本書，從頭到尾把它譯出來，實有其因緣。二〇一六年，川普當選美國總統，震驚世界。八旗文化的編輯王先生（也是我二十年前教過的學生）正好告訴我這本書，我們兩人都同意，若有人想將這本書介紹給中文讀者，此其時矣！這本書不但內容深深吸引我，也解答了我在美國生活時心中所累積的若干疑問，真的有恍然大悟的感覺。因此當下就決定暫時擱下一些事把這本書翻譯出來，與大家分享我對美國文化的這種「重新認識」。

美國的歷史實在太獨特，她是一個移民國家與墾拓社會，當初五月花號的清教徒來此是因為逃避宗教迫害，而後來的移民則多係憧憬追尋經濟機會，更後面又有不少戰爭與政治難民湧入。每個人來到此地的時間先後與理由動機不同，但是最後都會在所謂「美國文化」的籠罩下生活。相對於歐洲與亞洲的古老國家，「美國文化」很新、很年輕，大家也會對它的特色做不同的形容，但是用「反智」（anti-intellectualism）貫穿其中，這倒是聞所未聞。

然而作者並非市面上一般語不驚人則不休的商業性寫作者。他是哥倫比亞大學的美國史講座教授，著作等身，獲獎無數；會用此主題來「思考」美國文化——對外人算是「介紹」，對自己人應是「反省」——動機必然是很嚴肅的一件事情，更是發人深思。他在半世紀前出版此書，並獲得普立茲獎（The Pulitzer Prize），可惜當時的歷史氛圍下（二戰後美國黃金歲月時期）社會對此主題不會有太多的重視，大概只有專業歷史研究者與書中的主角，也就是知識分子，對他的「美國史新詮」，會有興趣。但是今天可不同了，美國國內外情勢在這數十年間逐漸地變化，以致於產生了現在這麼一位「特別」的第四十五任總統，那麼如果要問何以如此？本書就是最重要的解答泉源之一。

川普就任掌權以來，至今風波不斷。他從開始競選後的諸多言論到就任後的政策皆引發廣泛爭議，例如反移民、反社會福利、反重稅、反伊斯蘭、反環境保護與反對介入太多國際事務等，但其實在這些問題上都有一條隱性的軸線牽連著，或是由微妙複雜的因果關係來引導著，那就是——他的主張都是針對某一個特定群體的喜好與利益而發出。因而這個群體形成支持他的最大一股民粹洪流，他當初應也是在體會到這股力量後才決定參選總統與定調競選策略的。顯然地大家都知道，川普的這些言行都與種族主義與白人優越主義心態有關，也就是歐洲許多國家「極右政黨」理念的「美國版本」。

但我們試看，其實反移民與反重稅、反環境保護等本是兩種本質不同的問題，分屬兩個戰線。一個是排外、種族主義的問題，另一個則是典型的布爾喬亞資本主義心態。很多中下階層的美國白人受經濟不佳影響而失業，或是必須屈居忍受低收入、高所得差距，因而開始仇視外國（尤其是亞洲經濟體，一九八〇年代底特律的華裔陳果仁命案即是一例*）與移民。但殊不知這些（引進廉價移工或是看上國外廉價勞力因而企業大量外移進行海外投資）都是資本主義政黨與政策的結果，這種政策大大嘉惠跨國企業與大資本家，以及持有這些企業股票的中上階級，最後的高失業率與社會所得差距惡化概由小老百姓與藍領階級承受其痛苦。而到最後情況很嚴重時，種族主義者登高一呼，所有受害者反而聚攏來支持當初造成他們困境的右派資本主義政黨。這無疑是因果不分，認識不清，人類最原始的「非我族類」情懷被挑起後的直覺與感性式的反應。這就是民粹政治。

但美國不是第一次有民粹政治。半世紀多前的一九五〇年代，翻攪社會的麥卡錫事件（McCarthyism）也是血淋淋的例子。這些「民粹」式感情背後都有某些共同的成分：視野狹隘、對現狀認識不清、任由某種情結與情懷無限發酵，以及對於智識、發展與進步的害怕、

---

* 當時受日本大量輸入汽車影響，底特律汽車廠紛紛裁員，失業造成該地區動盪與不滿。一九八二年時陳果仁走在路上被誤認為是日本人，遭人持球棒毆死。

複雜情緒。本書作者的最原創性與最大貢獻，就是把這些不同的因素溯源或是歸結於一種特殊的心態，他稱之為「反智」。這成為了本書的主題，他也企圖在美國歷史的各個面向中追溯這種心態的成因。但這無疑是個龐大的工程，因為這要涉及對於這個有二百多年歷史的社會，幾近於全面地檢視其演變過程。霍夫士達特真不愧是一位榮獲普立茲獎的傑出歷史學家，他所擬出的解釋架構讓我們知道，這個研究將不會是一個小品或是小題大作式只求言之成理的專題報告，而是必須有極大勇氣面對堆積如山史料的嘔心瀝血嘗試。他準備從美國這二百年來宗教、政治、社會與教育四大面向，來檢討這個民族歷史上「反智」心態形成的原因。

我們可以先來看看下面這一段對於美國「反智」傳統形成的最精簡扼要敘述：

> 如果福音派與原始主義開啟了美國人的「反智」意識，則後來的商業社會確保了「反智」是美式思維的特色。從托克維爾（Tocqueville）開始，研究美國的人大都認為在這個國家中，實際的商業主義壓過了思考與玄想。民主政治與商業至上的美式生活，培養出一種心態與習慣，就是凡事需要迅速做決定、快速反應以抓住機會。因此深入、細膩與精確的思考並不是美式生活所鼓勵的。平民大眾從日常生活中累積出的經驗與直覺才是最可貴的人生指引，也是支持美式民主背後的共同價值觀，而過於深奧的美學、

哲學或宗教理論其實不但不實際，還會讓世界更混亂。

大家都知道美國的歷史主要是由清教徒移民新英格蘭開始的，也就是說，這塊土地與宗教間的關聯要早於與其他任何因素——例如經濟——的關聯。但是來到這裡的人要生存、要墾荒、要建立新家園、新天地，於是稍後「經濟」、「政治」因素便出現了。「經濟」與「政治」的發展變化，隨後又回過頭影響了宗教，使得美國的十八、十九世紀的宗教景況大大不同於十七世紀的清教徒時期。十八、十九世紀美國宗教最重要的現象就是福音主義（evangelicalism）與振奮派（revivals）的出現，這些都強調信仰的感性面向，也就是作者所稱的 religion of the heart。這樣的信仰方式很適合於在艱苦中掙扎、奮鬥求生存的拓荒者，他們沒受什麼教育，沒有深究神學名詞或教義爭議的興趣，只企求福祉與恩典，只尋求心靈上的支撐與慰藉。於是他們歡迎簡單直接訴諸情感的宗教方式：平易親和的牧師與簡易振奮的講道，「與智識愈近，離上帝愈遠」。作者認為，這種下了美國「反智」傳統的第一個種籽。

接下來的第二個原因，卻有點兒令人納悶。美國是世界上第一個有成文憲法的民主共和國。美國式民主的特色就是生而自由、人人平等。這種憲法特色（制度上）與社會觀念特色（文化習慣上），使得美國式的民主一直有著實用主義與平民化的風格。如所周知，這個國家在創建初期，因為有傑出的建國始祖的擘劃與他們種種令人景仰的事蹟才因此偉大，但是弔詭的是：他們卻制訂出了一個讓菁英逐漸退場或自廢武功的憲法、憲政慣例與政治制度。所以自從十八世紀建國後，十九世紀美國逐漸發展成為一個商業民主社會，在此中作為市場上最大消費者的一般百姓、平民大眾成為社會價值或輿論的主流，當然在貨品上與精神品味上處處迎合他們的商人，也就順勢成為權力掮客，菁英與知識分子慢慢退場。政治由商人與商業主導，這就是美式民主的真髓。而實用主義的社會文化強調經驗與直覺，成功靠的是奮鬥意識與果斷堅毅，抽象的理念與智識很容易被譏為「象牙塔內的遊戲」。不意外地，「反智」成為市場價值與商業文化下的必然結果。

最後，作者花了大篇幅討論美國的教育史與教育思想史。在本書探究的主題中，為何教育重要？因為教育「鞏固」與「傳遞」了「反智」心態。作者認為，任何人在討論美國教育時，最重要的一個先決認知就是：美國的教育受美國的民主制度影響很大；可以如是說，許多人認為美國教育的主要目標就是要教育出能夠支撐這個大眾化民主、商業民主社會的國民。因此，延續公民社會特質所需要的「政治社會化」與發展經濟所需要的「職涯技能」，才是美國教育的最重要目標，而不是「智識能力」與「學科專業能力」。在這種觀念下，普及的國民教育與遍布社區的公立高中就成為美國教育在世界上最著名的特色。這種教育要訓練的不是準備進大學的學生，而是美國式民主所需要的公民與適合美式社會生活的新成員。當世人都在訝異美國高中生學科水準低下（尤其是數學與科學）的同時，美國教育的設計者卻在欣喜他們所教出來的學生有足夠的生活經驗與判斷力可以走入社會。因此可能令所有外國讀者驚訝的是，作者認為至少在二十世紀上半葉，「反智」乃是美國教育政策設計者至少在潛意識層次所抱持的目標。

所謂的「反智」，對於崇尚智識、尊重士大夫的東亞文化來說簡直是難以理解。我們現在雖然已經不會有「萬般皆下品，唯有讀書高」的心態，但是也很難會去鄙視、貶抑「智識」。*東亞文化傳統中，由於對智識的尊重與儒家式家父長文化殘留較深，所以知識分子扮演的角色吃重。因此我們的社會面臨的是跟美國不同的問題：美國的「反智」傳統造成了民粹浪潮起起落落，對於智識菁英愛恨交織，所以有時並不是第一流的人在領導國家；但是我們的困擾卻是，受社會所倚重的智識菁英在獲取權位後是否會背棄良知？在追逐權力與實踐理想的拉扯中，智識菁英是否有維持格調的信念與勇氣？儒家傳統中有所謂「道統」與「政統」間的制衡，就是指知識分子應該有的自我把持與人格尊嚴之所在。當東亞文化傳統中的知識分子受到權力誘惑而背棄自身理念時，那還反不如西方政治中的商人實用主義赤裸裸追逐利益來得坦然，畢竟後者乃是資本主義下的自由主義民主的運作邏輯。令人訝異地，

* 台灣的菁英或是檯面上的人物，出於知識分子或是高學歷者的比例，大概世界居冠。以政治菁英來說，台灣的總統自民選以來，迄今四位有三位是博士／教授，四位副總統有兩位是博士，其中還有一位是中央研究院院士。

霍夫士達特在最後結論章節中，竟然花了大篇幅去討論知識分子的角色責任與試煉。依本書的邏輯，這本來不應是美國這樣的社會所面臨的重要問題。所以現在弔詭的是，本書前五部分，我們是懷著趣味在看美國歷史上「反智」現象之形成與演變，有些地方令人莞爾，有些幾乎捧腹，但我們是旁觀者；可是到了最後一章關於知識分子角色的嚴肅討論，我們必須坐直端看，好好想一想了。

本書從許多方面來看都是一個時代中最傑出的作品。它的優秀，不但符合一般常見的標準，也就是資料充實、敘事富於洞見與技巧，及析論深刻等，它更有一個獨特的優點，那就是作者的「勇氣」。如果作者全書想要論說證明的主題確實為真，那他不啻在整個美國社會之前「起訴」、「控訴」現在與過去的美國社會——他正指著許多同胞的鼻子大肆批評！從原著的迆邐行文、韻采婉約的書寫風格，或是從容優雅、信手拈來的博雅學養來看，作者本身就是不折不扣的典型文人／知識分子。他自己就是書中他頻頻隱於敘事之後為之打抱不平的受害者。所以如果這真的是一個有著「反智」傳統的社會，他的結局會是什麼？——這就是他的結局：他的「同類」頒給了他普立茲獎，但是這本書就此石沉大海，缺人聞問了。

本書作者霍夫士達特早已於一九七〇年離世，快半個世紀後的今天我們把他的書重新「出土」，彷佛是偶然，依稀也是必然。美國二〇一六年的大選，讓我們想起有這本書；當我們仔細讀完這本書後，就會發現，它其實早已預言了今天（所以遲早，美國人會被迫再度面對這本書）。從述說一個社會從哪裡來，它預示了會往何處去。這何嘗是容易的事？更何況他可能本來也沒有這樣的野心。但是，從對美國人在宗教、政治、商業與教育的「成長歷史」與「心態」（mentality）做了如此深層的剖析後，他如同已經替這個社會批了「八字」與「紫微斗數」。

但是否真的這個社會「命格已定」？霍夫士達特在他有生之年看見了一九五〇年代民粹風格的艾森豪／史帝文生（Eisenhower vs. Stevenson）大選*與麥卡錫事件，而他身後的今天我們目睹由激情主導的「反恐戰爭」與二〇一六大選。在這些事件中，美國社會都拋棄了知識分子而任由其他的因素猖狂蔓延引領大眾。我們須知，知識分子並非必然適合擔任領袖，但是「智識」與公共知識分子的襄助輔佐卻是任何一個社會所不能缺少的，否則這個社會不是流於紛亂（眾多俗世利益間的無止境競奪），就是缺乏靈魂與精神力量的平庸。當然，我們此處指的「智識」是在道德與淑世感之下的經世「智識」，而非指專業技術上的知識。後者與整體社會精神的提升無關，只是一種生產力。真正的「智識」，具體的表現在於促進「公益精神」（commonweal）之上，而通常來說它可被社會上各種不同群體與職業的有心之士所實現出來，但最集中地可能乃是由若干公共知識分子所展示出來。公共知識分子

* 許多人認為史帝文生的落敗受當時「反智」浪潮的影響。可參見本書第八章。

是「智識」與「公益精神」間最直接的橋梁，他們是任何一個共和國中的政治安全瓣。美國的公共知識分子如果消失匿蹤，那麼這個國家終究會永久淪為「軍事工業複合體」（military-industrial complex）的格局。

霍夫士達特在書尾對於知識分子的社會責任大力著墨，無疑是帶出了一個全書主旨之外的嶄新命題。當我們對於經世的「智識」用促進「公益精神」加以定義後，就不妨回過頭來看看為什麼、或是在什麼情況下，一個社會的公共知識分子群體竟會無法出現？一個最驚悚的答案會是：知識分子自己開始「反智」，他們把促進「公益精神」的「智識」藏在個人偏私的情感或是利益之下了。於是，一個共和國就可能成為一個各方競逐利益的「市場」，人類文明當然可以在「市場」中延續下去，但是很難提升。故總結看來，這本書，確實是含有「春秋之筆」的重大旨意在其中的。

作者自序

通常的作者會在序言中所做的說明，我用了本書的前兩章來完成：解釋本書的緣起與目的，以及主要的看法。但是在開頭要先說清楚地，就是我乃是用「反智」此一主題貫穿全書來透視美國社會與文化中的若干面向。雖然書中使用了大量文獻與考據，可是這只代表我個人對過去所發生事情的看法，而非企圖撰述一本正式的美國社會史。至於對書中主題的鋪陳方式也是隨感而生，片段零碎之處自所難免。

如果大量檢視對我們社會底層描述的文獻，可能會發現一些傷及民族自尊心的事實；當然，這甚至會讓我們暫時轉移注意力，忘了原本要討論的事，就是檢討我們文化中存在的若干陳年痼疾。同時，這也可能會鼓舞某些本就對美國文化不以為然的歐洲人，他們常自以為是地瞧不起美國，而且總會把這種敵意用有憑有據的論述包裝起來。美國人固然常自我吹噓且格外敏感，但卻是世界上最念念不忘自我警覺（如果不是自我檢討）的民族之一，永遠擔心著有什麼地方不足——例如國民德性、民族文化或是民族發展目標等。這種對不確定狀況的擔憂，使得這個國家的知識分子扮演了一種關鍵的角色。但這也冒著給予外國評論者有機可乘的風險，因為他們經常會故意曲解誇大美國人的這種自我批評的特性，來滿足他們的既存偏見立場。然而若是為了害怕所做的自我檢討會被扭曲誤用而畏縮，卻是最糟的選擇。因而在此，我要引用詩人愛默生（Ralph Emerson）的話：「讓我們面對事實。我們美國就是一個膚淺的國家。偉人、偉大的民族，不會自我吹噓或是裝傻，而是誠實地站出來面對生命中可怕之事。」

理查・霍夫士達特

第一部分

緒論

第一章　我們時代的反智現象

1. 知識分子的危機

雖然本書主要處理美國早期的歷史，但是當時勾起寫作念頭的卻是一九五〇年代的政界及知識界情況。那時期，我們全國陷於交相指控、互相為敵的難過氛圍[1]與言論駁火，而一個以往很少聽過的名詞「反智」（anti-intellectualism）[2]竟也進入當時的論戰語彙中。以往，人們不尊重智識的態度固然讓美國的知識分子為之心痛或氣餒，但這次所有知識圈外的人幾乎立場一致，這是前所未見的，彷彿舉國正展開一場批評知識界的運動。

這主要是因為麥卡錫主義（McCarthyism）的影響：它誘發民眾的恐懼，認為知識界慣有的放言高論作風，是有害於這個國家的。當然，知識分子並不是麥卡錫參議員一波波猛烈攻訐的唯一對象——他其實要掀起更大的風暴。可是知識分子無疑身處火線上，而且當他們受尖銳攻擊後，麥卡錫的追隨者就雀躍不已。麥卡錫每對知識分子出擊一次，一群較不知名的「鷹犬」就在全國各處群起仿效，攻擊散處各角落的知識分子。於是，就在麥卡錫漫天蓋地的指控彈幕所布下的糊塗無知、狂野惡毒氛圍中，終於在一九五二年的總統選舉敵對陣營間，一種鮮明的優雅智識與粗俗主義之對比，戲劇性地達於極致。史帝文生（Adlai Stevenson）是具有不凡心智與格調的政治人物，在近代歷史上他對知識分子的吸引力遠超過任何人或事。另一邊則是保守與傳統的艾森豪將軍，他不善言詞，被個性狡詐無人喜歡的副手尼克森所操控，甚至艾森豪整個競選的主軸，都是由這位副手與共和黨內麥卡錫派的人所設定。

然而無論是知識分子本身或是對他們不滿的人，都將艾森豪那次決定性的總統大選勝利，看成是全美國對於知識分子的不滿所致。而當期的《時代雜誌》（*Time*）竟也體察風向地表達了這樣的看法；它認為，艾森豪的勝利，「揭露出一個眾人早就懷疑的事實：美國的知識分子與民眾間一直存在著一個既深又不健康的鴻溝。」鑽研當代美國政治的歷史學者施萊辛格（Arthur Schlesinger, Jr.），對大選結果做出辛辣的抗議，他說：「美國知識分子現在的處境，在一個世代前是無法想像的。」民主黨統治了二十年，[3]在此期間知識分子受到尊重與了解，但現在企業與商人掌權了，因此「伴隨而來的是粗俗化，這是商業掛帥現象下必然的後果。」此時知識分子被視為「蛋頭學者」與怪物，主政的政黨不了解也無意重用他們，他們還會被大眾看成是任何前朝政策的代罪羔羊：從高所得稅甚至到珍珠港事件。施萊辛格說：「反智一直都像商人的反猶太一樣理所當然……在今天的美國社會裡，知識分子……正在逃命中。」[4]

當新政權上任後這一切似乎都被合理化。用史帝文生的話說，當「新政」主張者（the New Dealers）被車商（the Car Dealers）替代後，知識分子與他們所崇尚的價值正式地被揚棄——其實早在民主黨尚執政的杜魯門時期，他們就已被時時出入法庭、精於盤算卻缺乏宏觀眼界的律師們掩蓋住光芒了。政權輪替後，全國充斥著一些令人無語的傳聞或言論，例如國防部長威爾遜（Charles E. Wilson）宣稱國防部不應投入鉅額經費做那些過於純科學性的研究；肩負領導全國重任的艾森豪總統，作為充實他腦海的日常讀物竟是西部小說，以及他把知識分子定義為「多話且虛矯的人」這類的閒話。但是也恰好在艾森豪政權期間，全國的政治氛圍發生轉折：由於國家本就已由共和黨總統當政，高舉反共大旗的麥卡錫風暴，最後也只能筋疲力竭收場；這位威斯康辛州參議員畢竟樹敵太多因此陷於孤立，到頭來亦備受譴責而終究吃癟了。最後，一九五七年蘇聯發射人造衛星史普尼克號成功，激發了美國大眾重新思考國家的定位與走向，但其實以往他們偶爾就會如此做的。史普尼克號事件對美國的自尊心是不小的打擊：大家於是開始思考「反智」在教育體系與整個生活中所帶來的後果。突然間，大家覺得整個社會若大事「反智」不只是一件難堪的事，更威脅到了整體生存。

這些年來，整個國家只注意最能代表知識分子的老師們是否對國家忠誠，現在終於開始想到他們的薪資是否太低了？過去幾年科學家們一直反映，過度強調國安與對研究人員反覆做忠誠查核會影響科學研究的士氣，現在也有人願意聽進去了。以往有一小群有識之士不斷大聲疾呼美國的教育太鬆散、沒有競爭力，現在獲得了電視、雜誌、企業、科學家、政治人物、軍方將領與大學校長們一致的重視，全國開始熱烈反省此問題。當然，這些並不會立即讓那些監視告密者絕跡，或是使社會中的「反智」心態消失。而即使在受到蘇聯發射衛星一事刺激最深的教育領域，大眾關懷的焦點仍是在能否培養出更多衛星人才，而非鼓舞與創造智識本身，有些人甚至說出了「科學天才兒童是冷戰時期國家的寶貴資源」這樣的話。可是整體的氣氛還是改變了。在一九五二年時只有知識分子被此「反智」風潮困擾，但到了一九五八年時大部分會思考的人都同意這樣的情況很嚴重、甚至是國家的危機。

今天我們已經能夠平心靜氣地回顧一九五〇年代時這個國家的政治文化了。如果當時在麥卡錫主義或艾森豪政府下，社會中曾流露出知識分子的輓歌這樣的氛圍，今天已非如此。現在華盛頓的權貴們已經又恢復了對哈佛教授或那些一流學者們的熱忱之情。依靠知識與智識是否會影響仕途或是施政？如果過去任何政治領袖曾有此疑慮，現今在新總統甘迺迪主政下這種想法已絕跡，因為他很明顯地愛好新觀念與尊敬知識分子，且在官方場合刻意凸顯這種心態，喜歡與睿智者交談作伴；而最重要的是，他開始執政後就不斷地網羅知識菁英這類的人才。另一方面，大家必會好奇，菁英一定能夠改變很多事情嗎？如果先前我們曾過度地相信此可能性，隨著時間變化，現在這種極端想法已經消退。如今知識分子甚至可以坦然討論「反智」一事，而不會陷於黨同伐異的意氣之爭或是流於自怨自艾了。

2.反智的定義

一九五〇年代的政治氛圍與教育圈的紛擾，使得「反智」成為美國人認知自身文化時最顯明的標誌，它也驟然變成了我們習用但卻無明確定義的日常語彙，用來指涉若干負面的現象。有些突然察覺到這個「反智」現象的知識分子，經常會認為它是存在於生活中各處的一股新力量，而且還可能會變成排山倒海的潮流（美國知識分子太常錯估歷史；且因為近代人慣於在末世情懷的陰影下看世界，所以知識分子會把小小的社會變遷看成是歷史浪潮的來臨）。但對於研究美國歷史的人來說，一九五〇年代出現的「反智」現象並不新鮮，而應是有點熟悉。「反智」並非一九五〇年代始出現於這個國家。美國的「反智」傳統，比這個國家的歷史還悠久，且有其背景。若我們考察這背景，就會發現其實知識分子的形象並沒有持續衰退或是陡降的現象，而是起起伏伏。同時，對知識分子的厭惡並非來自於他們地位的下降，反而是因為他們太耀眼。可惜我們對此並未有系統地了解，而且歷來對此主題沒有深入有據的研究。固然有很多關於美國知識分子與這個國家間扞格不合的報導，但這些文獻多是從知識分子的角度撰寫，而非從大眾如何看待知識分子的立場出發。[5]

何謂「反智」？它從來沒被清楚定義過的原因很多，其中一個就是它的模糊正好可以在辯論中用作標語時更方便。但無論如何，它確實並不容易定義。若以概念來論，「反智」其實不是一個單一的概念，而是由一組相關的概念所組成。若將它視為一種態度，則它並非純粹的「反」而是「愛恨交織」的——假如有人會全然地不喜歡智性或知識分子，應是少見。如果可以把它視為一個歷史主題，則它沒有一個單一發展軸線，而是由不同來源所構成、忽起忽滅的一股力量。至今我們社會並沒有給它一個狹窄嚴謹的定義，是因為這樣做很不合適。如果強行找出一個邏輯上合理的定義，則在歷史研究上會落於獨斷，因為等於在一組特質上只選定某一個來代表。而也就是「反智」概念這個複雜的特性，讓我們益發感到興趣——它包含了許多態度與觀念在歷史中的結合匯聚。貫穿「反智」所蘊含的各種態度與觀念的，是對智性生活及其代表者所存有的怨懟與懷疑，並且極力貶低這種生活的價值。所以如果我們真的要嘗試定義「反智」，或許這就是最可能的答案。[6]

如以此為準，則我們不能用研究一個人、一個組織或社會運動史的方式來寫關於「反智」的歷史。我們若是著重於美國任何思想發生的情境與氛圍的話，就必須運用一些想像，以期設計與重建思想當初發生的情境，或是捕捉那種氛圍。

在對何謂「反智」舉例之前，我們或許可以先說說什麼不屬於我們要討論的「反智」。

例如，學術圈內的紛爭內訌就是一例。就像其他社會一般，美國的知識分子常對他們扮演的角色感覺不安；他們習於自我懷疑、甚至自我憎恨，有時還會對整個知識社群嚴厲抨擊。這種內部的批判很有啟發性也很有趣，但不是我們焦點所在。另一方面，某個知識分子對其他知識分子的無禮攻訐或肆意批評也不是我們要討論的。對於美國學院內的教授們，曼肯（H.L. Mencken）大概是發出最多揶揄的人，而將其他媒體名人寫入小說加以毒辣諷刺的，也莫甚於瑪麗·麥卡錫（Mary MacCarthy）。但我們並不會將曼肯等同於一貫敵視學院教授的政治評論家巴克萊（William F. Buckley），更不會將瑪麗·麥卡錫等同於那位同姓名的麥卡錫參議員。[7]畢竟，批評其他知識分子這件事本身就是知識分子的重要職責之一，而且通常批評者都會很勇於表達。我們雖無法確定其動機，但是希望他的批評會充滿仁慈、優雅的風格且論事精確。由於知識分子本質上必須多元與懷抱自主性立場，所以社會只好承受他們經常互相「吵架」的風險。

最後，很重要的一點是不要將「反智主義」與哲學上的「反理性主義」（anti-rationalism）混淆，否則將有無可救藥的誤解出現。如尼采，索瑞爾（Sorel）、柏格森（Bergson）、愛默生、惠特曼（Walt Whitman）與威廉·詹姆士（William James），或是像布萊克（William Blake）、勞倫斯（D.H. Lawrence）與海明威這些作家，他們的觀念可稱為是「反理性主義」的，但他們卻不是我們在社會或是政治意義上使用此「反智」一詞時所指涉的人。當然，在「反智主義」運動中這些「反理性主義」的思想家會被提及（光是愛默生一人就提供了他們很多可引述的言論），而只有在此時，也僅極小程度上會與我現在所說的相關。在本書中，我主要關心的是那些社會上的態度、政治上的行為、中下階層人士對知識分子的看法，只有偶爾才會觸及一些屬於哲學上對智性的立場或理論。其中最引起我興趣的那些「社會態度」，是當其產生社會影響力時，會嚴重地阻礙知識與文化發展者。故從近來歷史中找到的若干例子，就適足以說明「反智」的定義了。

3.反智實例

現在，我們不妨從若干最反對美國知識分子的案例來說明何謂「反智」。

案例甲：在一九五二年總統大選時，這個國家似乎滿需要一個可以表達大眾普遍對知識分子感到厭惡的詞，而這股情緒是當時美國政治上自然湧現出的感覺。「蛋頭」（egghead）這詞早先並無惡意，[8]但隨後立即充滿了貶意，比之前習用的「高眉者」（highbrow）具敵意甚多。當總統選舉完畢，知名的右翼小說家布倫菲爾德（Louis Bromfield）就說，「蛋頭」這個字以後一定會出現在字典中，它有以下意涵：

蛋頭：有著虛假的知識傲慢的人，通常是教授或是其愛徒。基本上他們是膚淺的。遇事動輒情緒化或是像女人般歇斯底里。高傲自負但卻嫉妒或瞧不起那些正常且能幹的人。思想混亂而且陷溺於多愁善感與強烈的福音天啟情懷中。對中歐的那些社會主義予以支持，卻無視於古希臘、法國大革命與美國獨立建國這一傳承而來的自由民主理念。崇拜尼采式的過時哲學道德觀，最後落得灰頭土臉甚至鋃鐺入獄。自命道學，經常對問題思前想後直到形容枯槁，最後卻什麼也不做，讓事情原地踏步。簡直是一個迂腐崩壞的淌血心靈。

「這次的大選，」布倫菲爾德說，「透露出一些事情，其中很重要的一樁就是蛋頭們離一般人的想法跟感受太遠了。」

案例乙：兩年後艾森豪總統正式地認可了這種近於侮蔑知識分子的看法。一九五四年他在洛杉磯共和黨團會議演說時，提及了有位工會領袖跟他說的話：「一般人民只要資訊夠，通常都會做出對的決定。」他又說道：

聽到這位工會領袖這樣說真是令人愉悅，尤其是當周遭充斥著那些言詞機靈的所謂知識分子，四處宣稱跟他們意見不合的人是多麼錯謬。

此外，我還聽到了一種關於何謂知識分子的有趣定義：一個人口沫橫飛、說得比他懂得還多。[9]

案例丙：一九五〇年代期間很關鍵的一個爭議與陳年問題是：在政治上專業到底多重要？或許這個問題的高潮——也就是極度排斥專家而選用外行人——是一九五七年總統任命一個連鎖企業的老闆格魯克（Maxwell Gluck）為駐錫蘭[10]的大使。格魯克先生一年前對共和黨捐了兩萬到三萬元的政治獻金，而且——正如之前被任命的許多人般——毫無政治或外交經驗。參議員傅爾布萊特（Fulbright）在任命聽證會上對於他是否適任的質疑，他顯然難以回答：

參議員：你認為你可以處理錫蘭哪些問題？

格魯克：其中的一個重點項目是那邊的人民，我認為我可以促進他們對美國的好感以增進關係——除非發生我過去經驗以外的事讓我不知如何處理。

參議員：你認識我們駐印度大使嗎？

格魯克：我認識庫柏（John Cooper），前一任大使。

參議員：那你知道誰是現在印度總理嗎？

格魯克：是的，但是我不會唸他的名字。

參議員：你知道錫蘭總理是誰嗎？

格魯克：我不知道，一時想不出來。

因為格魯克對於即將就任之新職準備不周，大家自然認為他被任命是因為捐了錢。在一九五七年七月三十一日的新聞記者會上，有記者提出此問題，而艾森豪總統卻回答說，無法想像政府會因為某人捐錢而任命他出任大使。他對格魯克的能力，做了辯護：

大家可能認為他能力不足，但是當初挑選的過程是這樣的：一群我所尊敬的人推薦了一份名單，他是從那份名單中脫穎而出的。我們檢視了他經營企業的經歷，聯邦調查局的安全查核也認為一切沒問題。當然，我們知道他從沒去過錫蘭，他不是很熟悉那裡；可是如果他的個人特質與能力如我們想像般，我認為他可以學習後上手。

在此要補充一個重要訊息，就是格魯克一年後辭去了大使一職。

案例丁：若身為美國科學家，其中的一個悲哀是他深知美國人並不喜歡純粹科學研究，因此這也阻礙了國防部進行若干基礎研究及推動後續研究發展之可能。一九五四年時密蘇里州的聯邦參議員辛明頓（Stuart Symington）在國防委員會質詢國防部長威爾遜時，引用了部長自己稍早前所說過的話：「如果國防科技人員想做只具純科學理論興味上的研究，則應由其他部門而非國防部出錢。」威爾遜還說：「對於為何馬鈴薯油炸後會變成棕色這種純科學理論問題，如果作為一個國防科技的研究案，我無法贊成。」參議員於是引述國防部長自己稍早的證詞進一步逼問，（如果並非研究馬鈴薯）但現在連研究炸彈、核子反應器、電子儀器、飛彈與雷達等項目的經費都不足了，那該如何？部長答道：

這些項目上重要的研究與發展都持續地進行著……可是另一方面，要讓這些平素玄想慣了的科學家們務實地提出工作進度表卻相當困難……他們只想要一大筆預算可供花費卻不要任何對他們的監督……最起碼來說，如果你真的知道自己在做什麼的話，誰敢說它不是「實用性研究」呢？這使得事情更複雜了。

案例戊：一九五〇年代時官場上所出現的「反智」，它很像是傳統生意人對專家不信任的那種性質：在任何事物上超出他的能力或控制，他就會對在此中工作的專家存有疑心，不論是科學實驗室、大學或是外交圈中。而在極右翼的人中，這種對知識分子的敵意更是尖銳與全面，就像是久遠以來常民百姓對於受過良好教育者、有崇高尊榮者或是出身高貴者一貫有的那種不以為然般。一九五〇年代右派舉牌攻擊的風潮中充滿了像是「國務院中……那些哈佛教授，扭曲的知識分子」這類挑釁語詞；也有像「那些身上掛著Phi Beta Kappa高材生[11]榮耀鑰匙但身上卻無誠信與常識的人」這種挖苦；或是「美國最值得尊敬的一群人，有高貴血統，文化程度高，各界認證的紳士與學者、身上掛滿學位……」與「蘇聯間諜最喜愛接近的人」、「穿著條紋西褲假冒英國口音的自大外交官」、「在灑著香水的大廳中以小心禮貌優雅的方式來對抗共產主義的人」、「瞧不起美國中西部與西部心臟地帶的人的那些東岸佬」、「先祖可上溯自美國獨立時期或更早，但對國家的忠誠依舊令人存疑的人」、「那些深諳國務卿艾奇遜集團成員（都是些貴族學校學生）間特殊用語的人」等等。《自由人雜誌》（*Freeman*）的編者捕捉住了這種在言詞上的「反貴族運動」（*Jacquerie*）的精神：

真正令人震驚的是那些受過大學教育的人攻擊麥卡錫時所表現的不理性……假設麥卡錫真是這些「尊貴的」媒體所認為的那種粗鄙的人，那一年多前從紐約及華盛頓那些格調優雅的雜誌辦公室，湧現出的對他做人身攻擊的社論又有何格調呢？麥卡錫的人格特質中必然存在著什麼類似動物本能的東西，像磁鐵的相斥力般使得他不斷會排斥哈佛、普林斯頓及耶魯的畢業生。我們現在終於知道那是什麼了？這就是他有一個無法順從社會階級化現象的人格。

美國某些領域內有最牢固的社會階級化現象，對於這些領域中的人，麥卡錫找到了社會普遍對他們不滿的真正原因。在麥卡錫已出版的威靈演說（Wheeling speech）中，他說問題在於：

美國對這些人太好，但是他們不知感激反而有背叛之舉。出賣這個國家的人不是少數族裔或是社會中劣勢地位者，而是這個世界上最富強國家中有最優渥享受的一群人——他們有最好的豪宅、受最好的大學教育且在政府中我們給他們最好的職位。在國務院中尤其如此。那些生下來就啣著銀湯匙的年輕人是其中最糟的。[12]

案例己：右翼的觀察家經常批評大學，尤其是著名大學。在《自由人雜誌》撰文的一位作者認為，對常春藤大學存在敵意只是因為一個主觀的理由，就是共產主義早已在全美的大學中蔓延：

我們的大學只是訓練出未來的野蠻人，那些人在學習知識的偽裝下，其實腦中充塞了大量的無知與犬儒心態，於是乎斲傷了人類的文明。這些破壞行動並非是鄉下的一般百姓會做出來的事，其實他們只會跟隨在有知識的人領導之下……這些有知識的人反而會把個人自由從人類思想中抹除……

如果今日你送小孩去讀大學，你等於是在製造一個明日的劊子手。理想主義的重生大概需要從學院外的修道院來做了。[13]

案例庚：右翼分子對大學的敵意一部分是由於不願順從與不滿社會階級化現象，另一部分則是反映了之前的傑克遜主義[14]對專家的厭惡。下文是由最死硬派的右派發聲者，也是《所得稅：萬惡之源》（*The Income Tax: The Root of All Evil*）一書作者、業餘經濟學家喬德若夫（Frank Chodorov）所寫，他主張一般人與專家其實是有一樣能力的：

洛克菲勒兄弟基金會邀請一群著名經濟學家來診斷經濟蕭條這個問題，結果他們提出一個建議，載於《紐約時報》的兩頁上。這些專家的專業聲譽，使得任何沒有主修過經濟學的人若是膽敢公然檢視他們開出的診斷內容，即是一種魯莽無禮。但是，事實上我們每一個人不都需要是經濟學家嗎？因為我們都在討生活，而這就是經濟學！任何一個識字的家庭主婦，只要具備一點點常識，就應該能判斷他們開的處方內容之優劣，只要先把那些囉唆的專業術語外衣拿掉。[15]

案例辛：密西根州眾議員佟迪洛（George Dondero）一向留意警覺學校中是否在散播共產主義，也一向對藝術中前衛的立體主義、表現主義、超現實主義與達達主義、未來主義等運動持懷疑反對立場，他曾說過以下這樣的話（雖然會有細心的讀者認為這是反文化而非「反智」）：

> 各種所謂什麼主義的藝術，當年全是俄國革命的武器，現在被輸入到美國來了，而今天已經滲透到我們的藝術中心內，對我們原有的藝術與文化傳承產生威脅。出現在我國國內的這些所謂現代藝術蘊含了傾頹、墮落與毀滅的思想元素……這些什麼主義之類都是外國傳入的，根本不應在美國藝術界有一席之地……它們都只不過是帶來毀滅的工具。[16]

案例壬：稍後本書會談到美國宗教生活上福音派傳統中的「反智」傾向，所以我們現在不妨先舉一例。以下引述是來自當代最著名的美國福音傳道家葛理翰（Billy Graham），他曾在一九五八年的蓋洛普民調中被選為僅次於艾森豪、邱吉爾與史懷哲的世界偉人：

> 對許多人而言，早先的道德標準今日已不適用，除非得到那些所謂的「知識分子」

支持。如果我們的教育只注意到心智而不顧靈魂，我真的認為不完全的教育遠較沒有教育還糟……讓一個不信神的人遊走世間，那他無異於怪獸，他若受了有缺陷的教育，那會比完全沒受教育還危險。全國到處設立的公立學校或大學中如果只有教導智識，那麼這個國家日後在道德上的瓦解會是必然的。

過去幾年中，知識分子的氣焰已經被一般百姓的正確認識所擊敗，學院中的教授現在也願意傾聽牧師之言了。

現在大家用理性、理性主義、心智文化、科學信仰、政府效能、佛洛伊德主義、自然主義、人本主義、行為主義、實證主義、唯物論、唯心論等來代替了《聖經》上的教誨。這些都是那些知識分子所為。成千上萬所謂的知識分子公然地宣揚道德相對主義——也就是世界上其實沒有一定的價值或標準可言……[17]

案例癸：史普尼克號事件後，美國出現對教育檢討的浪潮，其中最受批評的其中之一是加州的學校教育體系，因為加州向來就樂於嘗試新的教育內容。當舊金山學區延請一組專家學者對他們的教育內容進行檢討診斷時，這些人在報告中建議學校應回歸到以提高學科基本能力為目標。這時竟有六個教育機構提出反擊，他們認為這些專家的報告只在乎學科，這是視野狹隘且自以為是；若建議把教育的目標訂為「充實智識與開發心智」，其實是超過了他們專業的發言，而教育應該是要「兼顧其他目標，例如公民教育、職業訓練、未來良好家庭生活的準備、倫理道德美學與精神層面的自我實現，以及打造健康的身體等。」這些不主張過度重視學業的教育者認為，美國教育一直以來引以為傲的特色是：

避免落入學科至上的框架中。但這並不意味我們認為在任何社會中學科能力不重要，而是主張只要是一味強調學科至上、只注重知識累積的狹隘教育心態到最後都會產生惡果。因此，嚴格要求學科能力與窄化教育目標的人其實是誤解了教育對於打造美國式民主的功能。[18]

案例子：以下摘錄一位家長對老師的回應，老師頻頻抱怨近來學校對學業標準的要求降低了。家長所描述的某些細節之所以值得我們細讀，是因為這位家長堅決反對高學科標準的教學方式，並支持新式多元化的教育理念。我們從文中可看到此家長對於學校教師有一種刻板印象，且似乎由來已久：

幼稚園老師最了解孩童。他們的教育是以孩童為中心。在學校的一整天充滿著遊戲、音樂、色彩及友誼的歡樂。一年級、二年級、三年級都很快樂……但是到了有數學的時候，情形變了！

失敗與挫折感日夜跟隨著學生，家長們只好開始去接觸心理學與學習障礙的課程。四年級到五年級一路跌跌撞撞，情況太糟了，一定要想辦法才行。有時候題目連爸爸都不會做。於是我決定去找老師。

顯然學校並不歡迎我，沒有人迎向我打招呼或是知道我要來。沿著陰沉的走廊而行，是有著規律間距的一扇扇緊閉的教室門。教室內傳來的聲音並不令人覺得親和熟悉。我攔住一個學生問，才找到要去的教室。忐忑敲了門後，我盡量露出笑意地對開門的老師報上我的名字，她回說：「喔，是的！」彷彿她已知我來此目的般，迅速地拿出教學本子的情景就像電影中壞人火速地掏槍般。

學生的名字整齊地依字母順序排列在本子欄位上，老師那無血色的手指順著頁邊來到了我女兒名字處停下。每個名字後都有一個方塊，方塊內有著一些我不懂的記號。她的手指滑過頁面後，我瞥見女兒方塊中的記號跟別人的不一樣。她得意地抬起頭來，表情彷彿是一切都無須多說了。一個活生生的小孩的所有表現似乎被壓縮進了她的魔幻羅盤似的表格中，我在乎的是小孩的整個生活，整體個性展現，而這老師她似乎只關注小孩的數學能力。我真希望我沒有來。我沒有得到任何答案、失望難過地離開了。[19]

案例丑：下列引用的貝司特（Arthur Bestor）先生所說的話已經很有名，但是值得再重複。這段已出版成書的文字，其作者是一個伊利諾州初級中學的校長，他並未因這些話影響前途，反而在紐約長島找到了類似的職位，而這裡可算是有著全國最好的初中。之後他又在中西部的大學教育學院中找到了一個客座教席的位子。

> 這些年來我們非常注重閱讀、寫作能力與數學。我們認為它們是每個人——不論貧富、聰明與否，或是喜不喜歡它們——都需要具備的。老師們一再強調，「這是每個學生需要學習的」。校長們也說了，「所有受過教育的人都應會讀、寫與正確拼字。」如果有一個小孩表示他不喜歡以上的某一科，則他馬上會被警告：你將來會變成如何如何……
>
> 所以「每個學生都一定要會讀、寫、數學」，就是必須如此！
>
> 等我們終於好不容易逃出這個口號，但是偶爾有一個優等生的母親開始炫耀子女的成就，或是有個年輕女職員老是拼錯字時，該如何提升學校教育這個老問題的幽靈又浮現了，一切又得從頭開始……
>
> 我們如果明白其實不是每個小孩都應該一定要會讀、寫、數學……他們之中有些人就是無法勝任或是不願學……那就是我們應該考慮修改初級中學課程的時候了。

> 有許多事情必須要著手進行，現在正是時候。我們總有一天要了解不是每個男孩都一定可以無閱讀障礙，就像不是每個人都能拉好小提琴一樣；也不是每個女孩都可以沒有拼字障礙，正如不是每個人都可以烤出好的櫻桃派一樣。
>
> 不能每個人都一樣。我們也不想讓每個人都一樣。當大人們終於能夠了解此點時，大家才會快樂……而學校也成為待在裡面會更愉悅的地方……
>
> 如果我們能說服那少數人，讓他們知道讀、寫與數學並不是通往快樂與成功人生的唯一途徑，那接下來要做的就是刪減初級中學裡這些課程的重要性與時數……
>
> 在東岸某一所初級中學在經過長期的研究後，終於承認約五分之一的學生的閱讀能力其實怎麼樣也無法達到標準……所以他們決定給這些學生培養另外的能力。較諸於有些學校堅持「每個學生畢業前必須會背九九乘法表」，這是合理的。[20]

以上這些案例，雖然各有不同性質與緣由，但是總的來說把「反智」傾向的各種面貌呈現出來了。當然，知識分子常是虛矯、被蒙蔽、柔弱與自大的；也常可能是敗德的或是危險具顛覆性的。一般人所具有的常識，尤其表現在日常工作之實際成效時，是勝任無虞的，此時學校所學的那套制式知識未必全然有用。也因此，那些由知識分子當道的機構如大學之類，經常腐敗不堪。相較於經常是源出自新思想或藝術觀念的純智性教育，對心靈的薰陶教化與從宗教和道德教育來的倫理觀念，可能對人生更有幫助。即使在小學教育中，如果只注重知識灌輸，而忽略體格與情感教育，那這樣造就出來的學生之社會行為，會是缺乏關懷愛心而有趨向於墮落與沉淪的危險。

4. 釋疑

像本書這樣投入於單一主題鋪陳的作品，很難避免地常會過度強調這個主題在整個美國文化史中的重要性，這是在理解本書內容時首先要注意的。我並不會把複雜的美國歷史簡化成僅是蛋頭與村夫間的對抗。而就算以文化與智識衝突的角度來看我們的歷史，也無法把社會大眾分成只有知識分子與「反智」陣營而已。社會大眾中的大部分人，或是社會大眾中較理性慎思者，其實多半並不是知識分子。我們對於知識分子與智識其實是愛恨交織的，以致在一些當前文化問題上常忽左忽右拿不定主意。沒錯，我們對臭老九們有根深柢固的不信任心態，但私下卻又真心崇拜文化與啟蒙精神。而這樣一本關於美國「反智」傳統的書，看起來也不像要為我們帶出最終極的持平心態，就像專門描寫破產的書不可能代表美國整個的企業經營史一樣。雖然我相信美國社會中的確充滿「反智」傳統，但它並不會占主流、支配性價值的地位。我不斷地提醒、也很希望讀者能注意，其實在美國社會內最普遍的是一種溫和的、良性的「反智」心態，而那些惡性的則只見於某些人數不多但卻很活躍的非主流團體中。同時，本書也不是一本比較研究的作品：我只想研究美國的「反智」，它是我對美國社會研究的一部分。我並不假設「反智」在其他地方不存在，但是我認為在美國這個問題開始有一點嚴重了。我相信在大多數社會中這個現象都以不同的形式或程度存在：例如古希臘他們以鴆酒毒死蘇格拉底；在各國的大學城中大學生與非大學生的衝突很多；也有的社會是對知識分子的言論進行審查與控管；另外還有的是國會、代議機構等對知識分子的行為調查等。但我傾向相信「反智」這東西——雖有其共通性——乃是英國的文化傳統，在英美社會中特別明顯。數年前吳爾夫（Leonard Woolf）[21]曾說：「沒有一個民族像英國人般如此不信任與鄙視知識分子與智識。」[22]

或許吳爾夫先生沒有認真思考美國人自認為在此事上應該拿第一的理由（這很合理，因為一百多年來英國人早就受夠美國人的吹噓）。但是一個身為飽學之士的英國知識分子，基於對其祖國文化的了解所做的評論，的確值得我們思考。雖然美國知識分子面臨的處境已是急迫且棘手的問題，但他們發出的悲嘆，世界各地的知識分子也都有，幸好在美式生活中畢竟還有其他若干層面可資補償這種失落。

本書只是一個對現象的批判，而不是知識分子對抗美國社會的正式紀錄。我並不想暗示知識分子是一個沉淪社會中的良知，以期激發他們的自我憐憫感（雖然他們很易自陷其中)。我們不需為了強調一個社會應該尊重智識、承認其重要性,而說知識分子應該備受禮遇或享有很大權利,或因而說他們是社會良知我們卻對他們不夠尊重。任何熟悉知識分子的人都知道無須對他們存有太多幻想,但是他們身而為人(也會犯錯)這一事實與他們負有發揚智識的功能之間的關係,就像教會裡雖有也會犯錯的神職人員,但不影響教會的神聖一般。此處還是必須強調,我們不應該過度美化智識的功能,所以任何務實地評量智識在人類世界中的位置之舉動,不應被看成是「反智」。我們可能不得不同意艾略特(T.S. Elliot)所說的:「智識背後如果沒有人性作為指引,則我們對它只能像是看待會下棋的天才兒童,純欣賞而已。」[23] 然而,也因為世界本已充滿太多各類危險,所以我們若陷入過度重視智識而忽略其他價值的危險,這其實是微不足道的。

也許我們在此問題上最大的錯誤,是假設「反智」是一種純粹單一的心態。很多抱有「反智」色彩的人其實對智識是愛恨交織的:他們一方面崇敬智識,一方面卻又對其疑懼憎怨,人類歷史中的許多時期與社會都有此情形。無論如何,「反智」絕不是一味敵視思想智性者的發明。恰恰相反,正如飽學之士最大的敵人會是那些一知半解的人而非完全無知者,「反智」之領袖常是沉浸於思想的人,但卻因不幸執迷於某一些過時或是錯誤的觀念而然。很少知識分子心中未曾出現「反智」的時刻;也很少知識分子沒有過迷醉於知識熱情的時刻。「反智」如要成為顯著歷史事件,或是某個時代的社會潮流,一定需要一些能幹的領導人或代言人。這些人絕不會是文盲或是無知之士，而很可能是一些邊緣的知識分子、準備成為知識分子者、憤世嫉俗窮酸者或是那些半文盲群體的領袖，他們認真奉獻地投入自我沉浸其中的使命感，希望能夠在這世界引起重視。我們已經發現有些「反智」領袖是福音派牧師，非常聰明且博學；也有的是基本教義派人士，善於表達他們的特定神學觀；或是政治人物，其中某些非常狡猾；或是企業家，以及美國文化中若干價值或成分的代言人；或是右派的媒體人，常有著虛矯的智識傾向與風格；或是某些邊緣作家（參見一九五〇與六〇年代美國「垮掉的一代」的狂飆反傳統運動〔Beatnik〕中的「反智」）；或是若干對抗共產黨的專家，他們對於學術界的左傾不滿；最後就是共產黨的領袖，當知識分子可為他們所用時他們會加以利用，但是骨子裡他們對知識分子關懷的事物極度蔑視。然而以上這些人的憤怒並不是對於文化中的思想本身，而且有時候還並非針對知識分子。他們其實是針對某些特定的思想：他們有時雖然痛恨當代的某些知識分子領袖，但是他們自己可能卻是某些歷史中的知識分子的崇拜者，例如亞當斯密、傑佛遜（Thomas Jefferson）、喀爾文（John Calvin），甚或是馬克思。

如果說那些舉著「反智」大纛者，一定是將此視為必須貫徹奉行的圭臬與原則，那可就錯了。事實上，「反智」常只是其他某些事情所無意間引發的後果，而這些事情有時並非是無的放矢的。很少人會反對思想與文化。我們不會早上起來後對著鏡子說：「呵呵，我今天決定要修理一個知識分子、消除某一個理念。」其實我們很難找到一個可以一直被視為是「反智」的人，若真如此，那真是令人難過。因此我們現在並不是要替某些人貼上標籤，這根本不是我寫這本書的本意；重要的是我們要研究一下這些態度、風潮與想法的本質。[24]也因為如此，這本書中有些人時而在正方，時而竟在反方。事實上，「反智」常出現在互相敵對的兩股力量中，企業家與工會領袖竟然常常對知識分子有相同的觀感。同理，激進的教育中有時又蘊含「反智」元素，可是誓死反對激進教育的右派人士，卻又有他們自己一套旗幟鮮明、但風格不同的「反智」立場。

要對抗一種天真又無理的謬誤，當然是手到擒來的簡單事情，但是本書卻不屬於這種狀況。如果「反智」已經成為美國文化中普遍的現象（我相信已如此），那是因為它背後確實有幾分道理。起初，「反智」心態會進入我們的思想中是由於基督教，而基督教也同時滲透進許多人道思想與民主觀念中。它會進入我們的政治中主要是因為我們對於平等的渴望。它在我們的教育中牢不可破，部分原因是我們的教育理念一開始就有從宗教而來的平等氣味。也因此，我們社會中的「反智」應該要盡可能在善意下出發，如能在這種自我檢省的氛圍下運作，「反智」風潮才不致過頭。我並未說過要消除「反智」，因為這非我們能力所及；而且若一心想要徹底除掉這個或那個謬誤，其實是很危險的事，就跟任何其他妄想一樣危險。

第二章 智識不受歡迎

1. 何為知識分子？

美國社會到底有何特質，以致使得「智識」（intellect）不受歡迎？在做此檢討之前，有必要先說明通常何謂「智識」？我們要了解對一個詞語的偌大偏見前，先了解其通用之意涵是有幫助的。任何人查看美國社會通俗的文獻，一定會驚訝於大眾對所謂「智識」與「聰明」（intelligence）的態度差別很大。前者常被用來做一種標籤，但後者絕對不會。從來沒有人質疑「聰明」的價值，它是一種抽象的能力，大家都尊重它，而高度具有這種能力的人大家也都敬佩。「聰明」者永遠被大家稱讚，但「智識」者只是偶爾會被稱讚，特別是當其「智識」顯現出「聰明」時，但大部分的時候他們會被敵視或懷疑。他們——而不是那些「聰明」人——會被稱為不可靠、膚淺、不道德或是有顛覆性的，因此有時即使他們是具有「智識」者，人們甚至還會說他們是愚笨的。[1]

雖然「智識」與「聰明」的區別是由人們自行創造出來而非本然如此，但是從社會通俗的用法中，我們可以找出二者有這些大家都了解的區別：「聰明」是指對特定範圍內的主題或事情有好的想法，它是一種可操控、調整且永遠實用的特質——所以它是動物所具有的能力中最為特出且寶貴的。「聰明」指欲達到特定且清楚的目標時所需要的能力，而且有時這能力可以幫助排除不必要的想法而直接趨近解決問題。最後，「聰明」是每天都用得上的一種能力，而無論頭腦好或不好的人都會肯定此種能力。

而「智識」就是指心智能力中的批判、創造及思索的能力。「聰明」讓我們掌握、操控、重新安排與調整事物，「智識」則幫助我們檢視、沉思、思索、理論化、批判與想像。「聰明」讓我們立即掌握狀況並且做出評估。「智識」則是對評估的結果再評估，而企圖了解狀況的整體意義。「聰明」對動物而言是一種值得肯定的能力，而「智識」則是人類特有的，但同時受到肯定與抨擊。當二者的差異如此被界定後，我們自然就可以了解為何有時很「聰明」的人被認為是「智識」不足，而很多很明顯具有「智識」的人被認為「聰明」程度不一。

當然這樣的區分可能過度抽象，但是卻在美國文化中常可見到。例如在我們的教育中，雖然找出「聰明」的小孩並且助其發展無疑地是很重要的目標，但是對於教育是否應該幫助學生發展「智識」能力卻多有爭辯，而那些在教育領域中掌大權的人經常是反對者。也許最鮮明的例子在此：美國教育強調發明的能力，卻不重視從事純粹科學思考的能力。我們國家的發明天才愛迪生，幾乎被美國大眾神聖化了，大家都視他為傳奇人物。而某些人在純科學領域中的成就不可能獲得如愛迪生一般的掌聲，因為後者給了我們的生活不得了的影響。我們也許會認為美國科學界的天才吉布斯（Josiah Willard Gibbs）[2]教授——他在物理化學（physical chemistry）領域上有非常重要貢獻——應該會在學術界赫赫有名，地位崇高。但他只在歐洲享有盛譽，而在他任教三十二年的耶魯大學以及我們的社會中，他卻不甚知名。耶魯大學是十九世紀時執美國科學研究牛耳的機構，卻在這三十二年中找不出幾個研究生理解他的學說而願意跟隨他，而竟也沒有在他的任教生涯中頒給他代表榮耀的榮譽學位。[3]

當我們談起「智識」在社會中所受到的待遇時，會遭逢一個特別的困難；這個困難來自我們被迫用職業的觀點來討論它，但是顯然「智識」並非純然與職業相關。在通俗的用法中，「智識」被認為是與某些職業相關；我們常會指稱作家或批評家、教授或科學家、媒體人、編輯、律師或是教士是知識分子。如同巴森（Jacques Barzun）所說，知識分子就是提著公事包的人。我們很難不用這樣的描述，因為知識分子的角色與階級意象就跟提著公事包的行業緊緊結合。但其實我們都知道，若以嚴謹的定義來看，不可能有哪種行業的從事者必然可稱為知識分子。在大多數的行業中，雖然「智識」會有幫助，但是僅是「聰明」即已足夠。例如我們知道，並非所有學術界的人都可稱為知識分子，這點我們也覺得遺憾。我們都知道「智識」與經過專業訓練而來的「聰明」不同，因為前者不是跟行業有關，而是個人特質。所以當我們在思考「智識」與知識分子在社會中應有的地位時，我們不是對某一種職業的重要性在考量，而是在對一種心理素質的重要性做思考。

美國文化中所稱的「專業人員」（journeyman）——律師、雜誌編輯、工程師、醫師、某些作家與大部分教授等——的工作中雖然非常需要知識，但是並不能說他們就是知識分子。一個需要「專業知識」或是「準專業知識」訓練出來的人當然依靠一些特別知識才能夠執業，他必須「聰明地」運用這些知識，但是對於他的職業來說，這些知識只是工具。而最關鍵的事是——如果我們借用韋伯討論政治時的區分——專業的人靠知識工作，而非為了知識工作。因此他的專業角色與技術並不會讓他成為一個知識分子。他是一個勞心者（mental worker），一個有專業的人，當然他也可能同時是一個知識分子，如果是這樣，那是因為他為他的專業帶來了某種對知識的態度，而這種態度原本並非其工作所需。要成為一位專業人士，他必須具備某種市場所需要的專業知識。雖然這種知識很專業，但是如果缺少某些元素，則並不足以使他可被稱得上是知識分子——不偏頗的聰慧、推理能力、自由想像、第一手觀察能力、創造力與尖銳的批判力。也許工作之餘他是一位知識分子，但是工作上他只是被聘雇來使用心智以完成雇主交付任務的勞心階級。勞心階級與狂熱分子（zealot）都是為了智識過程以外的某種目標而工作，前者不是為了自由思辨而是為了達到某種利益而勞心，後者則是沉迷於某一理念不能自拔。他們的目標都是外來而非自己決定的，但是所謂知識分子的行為，必須要有自發及自我決定的性質。知識分子們都有一種特別的風格，它是由他們對於理念的兩種不同態度間的平衡所形成：虔敬的心態與實驗的興味。

所以如要定義什麼是「智識」性的，就要先試著區分何謂作為知識分子的教授、律師與非知識分子的教授、律師。或是更準確地說，在什麼狀況下一位教授或律師僅是一位專業人士，而在什麼情況下他可被看成是知識分子。差異不在他運用什麼知識做他的專業工作，而是在於他如何看待他的知識。之前我們提到知識分子為了某種理念而活，也就是以宗教般的情懷面對智識生活。其實這並不令人驚訝，因為知識分子的角色原本即從教士而來：兩者都透過理解而追求終極價值。蘇格拉底昭示了這樣的風範，因為他曾說沒有思辨反省的生命毫無意義。在歷史中，我們屢屢聽見知識分子在他們各自的時代、文化與社會中發出如此的呼籲。但丁在他的著作《論王治》（*De Monarchia*）中曾說出這樣的話：「人類整體文明的目標應是傾全力發展智識能力，先求其在思想上開花，繼而求其在行動上落實。」人所能從事的最高貴與最接近神性的一件事，就是追求知識。洛克（Locke）在《人類智性論》（*Essay Concerning Human Understanding*）中也說了這樣一句話，算是這種態度的較俗世版本：「人類由於智性才與其他萬物不同，也由於智性得以超越與統御萬物。」作家霍桑（Nathaniel Hawthorne）在其小說《布立德岱爾傳奇》（*Blithedale Romance*）的末尾，提到大自然給人的最大任務是「發展智性與感性的生活」。最後，當代的小說家馬爾羅（André Malraux）也在作品中問：「什麼是人的最理想生活方式呢？」而他給的答案是：「盡可能地把各種生活經驗轉換成智識。」

「智識主義」（intellectualism）雖然不只有懷疑論者才擁抱它，但卻常是他們的中心座右銘。若干年前有一位同事寫了一篇文章給準備投入其領域的學生，他要我先讀讀。這篇文章表面上的目的是要教導學生如何適應專業上的要求，但實際上卻是他自己獻身於追求智識生活之表白。雖然此文出自一個極度懷疑論者之手，但我彷彿覺得我在讀一篇決志的宣言，正如同史提利（Richard Steele）的《職人召喚》（*The Tradesman's Calling*）或是馬特（Cotton Mather）的《勵志文集》（*Essays to Do Good*），因為在此，追求「智識」的工作已經成為一種「召喚」（calling），很像老派的清教徒作家之語氣般。他把工作視為一種投入奉獻，一種個人的砥礪，他所以會用這樣的方式來看待自身的工作，是因為它已不只是職業而已了：它是一種專務思考的活動，它是追求真理的活動。知識分子的生命於是有了道德意涵。因為他們對於理念的這種態度，因此我稱其為「虔敬」（piety）。知識分子是「獻身者」（*engagé*）——他做出承諾、實踐、獻身。當多數人都承認思想在人的生命中很重要時，他卻是親身地體會實踐。

但這一切不僅是個別的人善自砥礪與投入思辨與智性的生活而已。因為智性的生活雖然是人類活動的最高形態，但它也是其他價值得以被提升、確立與在群體中實踐的媒介。知識分子作為一個群體，時常擔當道德前鋒的角色，對於基本重要的道德問題加以發掘、思辨、釐清，以使其成為社群的規範。他們會覺得自己是理性與公義這類價值的捍衛者，因這與他們追求真理的使命息息相關。有時候當某些變化溢出常軌而超出他們對於合理社會的認知時，他們也會跳出來成為捍衛價值的檯面人物。伏爾泰（Votaire）為卡拉斯家族的辯護、[4]左拉（Zola）對德雷福斯（Dreyfus）案的發聲，[5]以及美國知識分子對於沙可（Nicola Sacco）與凡伽蒂（Bartolomeo Vanzett）的審判之憤怒都是例子。[6]

一個社會中如果只有知識分子關心這些價值，那就太糟了。雖然知識分子有時也會搞錯狀況，但是他們確實比其他人對這些價值來得關心。在當代西方社會中，知識分子有一個光榮的歷史，那就是在所有相對來說較為優越的階級中，它的確持續地高度關懷弱勢階級的福祉。他們的使命感來自於：他們深切期待世界應該要合於他們所認知的理性，要有正義與秩序。他們對於人類的貢獻主要來自於這些理念，而他們為人類帶來的麻煩亦然。

2. 虔敬與興味

如果說知識分子有時反而特別會帶來災難，那我們就只能說他們光有「虔敬」並不足以成事。他可能會拼命追求某個理念的實踐，但是我們卻要小心不要讓他只執持一種理念，變得過度沉迷或陷溺其中。雖然有時我們會將某些少數的狂熱分子也視為知識分子，但是狂熱本身不是問題，問題在於人。當一個人因沉溺在某種理念中而無視其他、且針對某一目標一意孤行時，不管他多投入或是誠懇，他的「智識」都已經被狂熱吞噬了。沒有中心思想的人固然很不好，但是有一件事比這個更危險，那就是過度沉溺於某一理念。這在政治上的後果就如同在宗教上一般：「智識」本應有的作用，被困在狹隘範疇中過度伸張的「虔敬」所壓過。

所以，「虔敬」需要加以平衡，以免過度；而這種會失控的狀況，就是由我先前所謂的存在於追求「智識」過程中的「興味」（playfulness）這個特質所引發。說到心智的運作，知識分子喜歡讓心智自由發揮其潛能，並認為這是生命中最有價值的事物之一。也就是說，心智運作本身就是一種愉悅。如果這樣看，則「智識」可看成是生物天生正常的本能，它是當維生的需求被滿足後，多餘可供發揮的心智能力。德國詩人席勒（Schiller）說：「當人在嬉遊時，他才是完全的人。」我們如何才能了解此言？關鍵就在於要知道人其實是有維生之外的多餘能力可供揮灑。范伯倫（Thorstein Veblen）常說人的智力是一種「睡著了的好奇心」（idle curiosity），但是很可能他用詞不當，因為我們不斷追求「興味」的心智一直都是活躍好動的。這樣的特質使得我們的心智在尋求真理時永不滿足，而對於教條則不能忍受。

理論上來說，追求真理應是知識分子最重要的事，但是這好像太沉重，而且光是如此似乎也不夠。與追求快樂一般，追求真理本身應是可以帶來滿足的，然而往往到最後卻很虛幻。真理被追求到之後會失去光環，真理被大家認識與接受後久而久之就會走樣，簡單的真理令人覺得無聊，太多的真理堆疊起來就好像不那麼真確般了。如果知識分子有一顆追逐「興味」之心，則對於他很確定的事物，就會覺得沒那麼有趣了。在他「智識」的生涯中，意義存在於對不確定性事物的追尋，而非擁有真理本身。羅森柏格（Harold Rosenberg）把這點說得最清楚：他說知識分子所雅好的「智識」活動，其實是在把答案變成問題。

這種對「興味」的追求創造出了各種不同的文化成果，從十二世紀作家艾伯拉（Abelard）的《是與否》（*Sic et Non*）到「達達主義」的詩等都是。我們在使用「追逐興味」這樣的描述時，並沒有意指其缺乏嚴肅感，恰恰相反。我們觀察小孩甚或大人玩耍時就可發現，玩耍與嚴肅沒有衝突。有時某些玩耍甚至需要比工作還多的專注與認真。玩耍也不表示不切實際。美國大眾在討論「智識」時常會拿「實用性」來衡量它，但原則上，「智識」既不實用，也非不實用。它是「超級實用」的（extra-practical）。對狂熱分子與只關心其技藝的市場價值的專業人士而言，理念的用處在於它們實現某些目標的能力；但「智識」本身的價值與這些外在目標無關，真正的知識分子其實並不關心這些目標。可是也不是說知識分子會嘲笑任何實用性的事物，因為某些實際問題背後隱含的「智識」興味其實是無窮的。但更不能說知識分子毫不實際；因為他關心的是另一種東西，亦即是否具有實際用途之外的某些問題。如果認為知識分子天生就是不實際的，這樣的看法禁不起檢驗（從政客或是生意人的眼光來看，亞當斯密、傑佛遜、歐文〔Robert Owen〕、拉特瑙〔Walter Rothenau〕與凱因斯〔John Maynard Keynes〕等人都是出名地務實）。艾克頓（Acton）如是說：「我認為我們做學問應該是不為了什麼，做學問本是一種純然質樸的事，如數學般。」

數學家與理論物理學家麥斯威爾（James Clark Maxwell）對電話發明一事的評論，說明了知識分子對於純粹實用性事物的看法。人們請他說說對於電話這種新發明的意見時，他說之前有消息說美國在研究此物，很難相信這東西真的被發明了。可是他接著說：「這小東西的出現，它的每一個部分我們早都熟知，而且竟是由一個非專業的人組合成，我們對這樣一個並非驚天動地的發明有著失望感，但還好它竟能通話，所以失望也就稍微解消了些。」若是「它所根據的物理原則足以讓科學家們花點小時間研究一下」，那麼對這種簡單發明的失望感可以被沖淡些。但是，麥斯威爾碰到的所有科學家們都能輕易地理解其科學原理，而且連媒體記者都幾乎完全說對了它的運作。[7] 這個發明無挑戰性，它並不高深、困難、深刻或是複雜，從「智識」觀點來說，一點也不新穎。

麥斯威爾的反應在我看來實不足為訓。從純科學家的角度來看電話的發明，而不是從史學家、社會學家或是家居生活的立場來看，其實他是眼光太窄了。無論從商業、歷史或是人性的角度來看，電話都是令人興奮的發明。它作為通訊、甚至是折磨人的工具，都引發我們不少想法，但是麥斯威爾僅從物理學的狹隘角度來看它，那就是犯了頑固的「智識」至上的毛病。對他來說，這個新的小東西沒能帶來「智識」上的興味或挑戰。

可能有人會問，「智識」上存在的兩種傾向，虔敬與興味，二者間有無致命之衝突處？當然二者有相矛盾處，但是還不到致命的地步。在人性中這種矛盾常存在，而且可以帶來創造力。在所有人類感情表達中與許多科學研究中，像這樣對不同甚至衝突的觀點之統合，反而會帶來豐富的想像與創新。人類本身就是矛盾的生物，按照荷姆斯（Oliver Wendell Holmes）的說法，即使是「智識」生活也未必是遵照邏輯而是照經驗。看看以往或是現在身邊的知識分子：有些人時常隨著知識興味起舞，有些人則一派虔敬。但在大部分的知識分子身上，這兩種特質都有所節制而互相牽制。思想家的創造力可能繫乎這兩種素質間的平衡，太多的追逐興味而行可能會沉陷在細節中，把智力都用在炫技上，變得舞文弄墨，因而缺乏真正的創新。但是過度虔敬卻會使人變得固執嚴苛，或變得懷抱宗教般的熱情而有千禧年式的狂熱心態，或帶來道德上斤斤計較吹毛求疵的自以為是，但也有可能帶來崇高偉岸的人格。無論如何，這些都不是「智識」應有的展現。[8]

回顧歷史，也許我們可以把「興味」或是「虔敬」看成是在「智識」作用中所遺留的貴族風格或是教士精神的殘餘。「興味」可說是有閒階級所留下的生活態度，這種質素一向在人文學與需要想像力的領域很重要。「虔敬」則讓我們想起祭司教士們給知識分子的啟示：對於真理進行追求是崇高的任務。當代知識分子作為貴族與教士精神的繼承人，當然就繼承了清教徒精神與平等主義對貴族的苛責，也繼承了反教儀化與反階級化主義對教士的攻擊。因此如果在一個民主及反教儀化的國家中，知識分子的處境不佳是很容易可以理解的。往往知識分子對其自身與對其工作最自豪之處，並未得到社會的認同，這當然是個悲劇。社會所期待於知識分子的不一而足，從希望他們為社會帶來些有趣的事到設計武器等都有。但是社會就是無法了解知識分子自詡為最核心的氣味其價值何在。那就是「興味」與「虔敬」的價值。前者對多數人來說好像是一種奢侈與放肆，例如，在美國追逐心智上的「興味」，是各種「遊戲追逐」中唯一不深受人喜愛的。而後者即使不具危險性但也著實令人惱怒。所以兩者都被認為對實際生活貢獻不大。

3. 專家的崛起

稍早我們已強調過，在美國大家對於「智識」與知識分子的第一個要求就是實用性。而「反智」這個現象的指涉在當代會有所變化的其中一個原因，就是我們對於「智識」的「不實用」看法已經不一樣。十九世紀時商業價值絕對性地支配著美國文化，所以當那些並沒受多少教育的老闆或是商業人士成就了事業時，我們就認為學術與教育等等沒多大用處。我們認為教育是為了有更好的工作，而不是陶冶心智。也因此，只要是跟實際生活上的技能有關的學習，我們就認為是有教育性的，而「智識」性及文化性的追求大家就看成是脫離塵俗的、缺乏男子氣概的或是不實際的。雖然這樣的看法是用粗淺的語彙表達，但是卻約略與美式生活的現實相應。這種對於正式心智教養的敵視延續到了二十世紀。當然到了現在，美國社會已經發展成很複雜且與世界各地密切關聯，因此在很多地方上正式的訓練已經是成功的要件。很多領域中，小市民再也不能像以往般僅憑自己一人的直覺或能力來應付複雜的現代事務。在傳統美式生活中，培養常民需具備的全面性生活能力很重要。通常大家認為這樣就足以從事各種行業的謀生，或是管理好公共事務。而今天，連做早餐都需要會使用一些新穎的電器產品；而當我們坐下來吃早餐時，在報紙上會讀到很多重要的事情或爭議，老實說我們並不確定有能力完全了解它們。

今日在現實世界中，受過正式訓練的智慧能力變得非常重要。也正因此，以往對於「智識」與正規教育的無傷大雅式嘲弄，現在已變質成為對於專家或知識分子的惡意憎惡了。過去對於知識分子，我們習用「活在象牙塔中」比喻，也慣用「專注在一些事上而心不在焉的教授」這樣的刻板印象來描述他們。當然，這樣的意象還是存在，但是已經逐漸變質成為是刻意用來酸他們的自我防衛心態，這乃是源於我們對自身缺乏知識的害怕。之前我們對知識分子做些玩笑式的嘲弄，那是因為我們不需要他們；現在我們憎惡他們，反而是因為太需要他們了。知識分子現在變成實際生活上的必需品，太重要了。我們憎惡他們是因為他們的命運提升了，而非下沉。他們受到攻擊的原因不是因為老是說些抽象、無用的東西，或是處處一副無助的無辜樣，而是他們的成就、影響力、安適（但大家卻將其想像成為奢華）的生活，以及整個社會都依靠他們的特別智識。現在，「智識」已經變成受大家憎惡的一種特權或是力量了。

但我們立刻可以發現，現在所說的對象其實不是知識分子而是專家，而其實很多知識分子並非影響我們日常生活的專家，他們跟我們日常生活關係不大。[9]這是毫無疑問的；但是我要說的乃是一般對於知識分子的敵視態度，主要來自於那些會侵犯到大眾的知識分子類型。他們可分成兩類：專家型與意識形態型。兩者都會在我們社會中掀起深刻卻必然的恐懼與憎惡。他們都強化了我們生活在現代社會本就有的無助感，前者是因為讓我們覺得好像被科技操控住了，而後者讓我們感覺到傳統價值處處被現代性顛覆後的恐懼與精神壓力。

近三十年來，即使不常過問世事的人也都知道專家們的角色正逐漸顯著。起先是羅斯福總統的「新政」（the New Deal）時期，設立了一些智庫與相關機構來因應大蕭條，到了二戰時期又設立了「戰略服務中心」（Office of Strategic Services）與「科技研究發展中心」（Office of Scientific Research and Development）等等。直至今日，中央情報局（ＣＩＡ）、原子能總署（ＡＥＣ）、蘭德公司（Rand Corporation）、總統經濟顧問室，及種種關於戰爭策略的研究機構，在在都進行著些超過一般人理解範圍但卻決定他們命運的議題。對這些他們無法做正確判斷的問題，大部分的人只好放棄政治上表達意見的權利。然而在以往的公共事務及企業運作上，基層的政治人物與小商人們覺得很多事情是他們可以了解與控制的，但現在情形不同了，從小羅斯福總統開始，他們面對的是一群受過高級教育與複雜訓練的專家，所以很難表達意見也因此陷入沮喪。這些人現在不再像以往般可以積極地、進入狀況地參與國家重要決策了，而他們愈是不了解權力核心內部的運作，他們愈是會對政府權力運用是否得當存疑，甚至挑起民眾對此的疑慮。從小鎮來的律師或是企業家被選進到國會後，他們雖無法遏止那些專家們在國家大事上擔當重要角色，但他們可以透過國會調查權來報復及恐嚇專家們，而且我們可以理解他們甚至會自認為是有道德使命感在進行此事。的確有很多專家所規劃推動的政策以失敗告終，而民眾會如何看待這些挫折呢？民眾會認為這些不單是由於人為錯誤造成，它們其實是若干上下其手不當的操控、詭計與叛國的勾當。奚斯（Alger Hiss）與一些人的案子就是讓民眾這樣想最好的例子，而有一些牽涉到高科技運作的間諜案之發生，更坐實了民眾對現代政治的疑慮，也就是一群所謂專家們在暗地裡搞鬼、充滿著祕密而不可告人之事。[10]

不管他們多令人無法信任，物理學家對國防安全提出來的建議我們還是必須買單。對比之下，社會科學家們的提案就會有被嗤之以鼻的下場了。對於是否要把社會科學納入國家科學發展基金會的補助中，一位國會議員對此法案說出了他的意見：

除了我之外，我想每個人都可自認為是社會科學家。我確定我不是；但其他人好像都認為他們有權幫別人做決定……一般的美國人民都不希望在社會中有若干專家闖入他的個人生活與事務中頤指氣使地告訴他該如何做。如果國會上下都認為這個法案將會導致一些奇怪的機構設立，裡面的女人留著短髮男人留著長髮，由他們來制訂一些涉及我們日常生活的規範或政策，例如調查我們愛不愛我們的配偶等等，那我絕不支持這法案。[11]

從這些政治人物的立場看來，所謂的專家在小羅斯福時代就已很惱人了，他們可以隨意進出白宮，而總統卻與其他政治人物們保持距離。冷戰時這情形更糟，因為牽涉到國家最高利益的事往往得由所謂的專家來判斷。席爾斯指出，這樣的情況在美國這種充滿常民文化與民粹傳統的社會中會完全無法忍受，因為這種社會相信的是一般大眾與他們的判斷所主導的政治，而且非常堅信政治決策應該公開透明。所以這些政治人物只是表達了民眾普遍的看法。現代生活中，民眾不能沒有專家或是不能免於受他們擺弄，但是民眾可以報復，例如嘲笑眼神怪異的教授、不負責任的智囊策士、瘋狂的科學家等，或是當議員們修理離經叛道的老師、可疑的科學家或是對國家忠誠有問題的外交顧問時加以鼓掌叫好。我們社會有一個特別的傳統，就是會把某種「恨」提升到信念的層次，一群人死守這信念而行，於是它在政治中的作用就變得像社會中的某些階級衝突般。一群不滿的人心中充滿了模糊與不知向誰發洩的憤怒、又受到誇大幻想與陰謀論傳言的蠱惑時，他們就會開始找代罪羔羊來出氣了。這些受害者曾包括共濟會員、廢奴主義者、天主教徒、摩門教徒、猶太人、黑人或移民、私釀酒者或是國際金融家等。於是乎在這個無知民粹的傳統（Know-Nothingism）下，知識分子進入了這個社會尋找到的代罪羔羊的序列中。

如果我們時代中的「反智」來自於大眾對於專家逐漸入侵我們日常生活的震驚，則知識分子們對自己作為一個社會階級之角色與形象的認知，主要來自於他們的神聖與俗世責任竟然被不當地並列在一起。當他的神聖角色是扮演一個先知、學者或藝術家時，他獲得社會某種程度的、有效的認可：在現代都會文明的空隙中，他得以享有若干私密性及隱匿性。人們對他表現出的怪異的自我批判特質給予尊重；如果他是學術界的人，他被認定得以享有若干學術自由；基金會、圖書館、出版社、博物館或大學等都為他服務。他的生活優雅而有尊嚴。但當他是以專家身分出現時，他就會發現作為一個檯面上人物參與公共事務，一定會陷入指責攻訐的口水戰中，這是我們政治中的常態，同時他也沒有隱私權了，因為我們社會對待公眾人物就是如此。他可能甚至會難過到忘了這事實：原來對他的誹謗攻訐其實不是針對他個人或是他的同類，而是任何政治人物都會遭逢的。即使美國歷史中最偉大的政治家，例如傑佛遜、林肯與小羅斯福等人，都不能倖免。愛默生曾說：「作為一個美國人，只要稍微出名，被誹謗或說三道四是不足為怪的。」[12]

4.麥卡錫對知識分子的追殺

知識分子如果以專家身分出現在公共事務上，大家只得尊重並且畏懼他；但如果以意識形態者（ideologist）的立場出現，則會有無止境的懷疑、憎惡與不信任感跟隨著他。專家對於一個普通人而言，是一種企圖支配或毀滅他的威脅，但是意識形態者卻普遍地被認為已經摧毀了美好的美國社會。要了解此點，需先知道在政治上知識分子一向是與右翼人士纏鬥不休的這個事實。當然這不僅限於在美國。當代對於知識分子的看法，認為他們是一個階級、一股獨立的社會力量，甚至知識分子這個名詞，都與政治和道德上的自由思想與抗議批判有關。當然，廣義來說，歷史上一直有知識分子，但是直到工業革命與思想啟蒙時代出現前，都不認為知識分子是一個獨立的行業，而且知識分子們也沒想過要團結、更別說動員起來了。因此，即使十九世紀中葉他們做了許多事，如醞釀了一八四八年革命的氛圍、在俄國解放農奴與在美國解放黑奴等，在習用的英語中還並未出現一個詞彙把他們看成一個群體。

「知識分子」（intellectual）這個詞最先在法國出現，然後馬上就擴散到其他國家。在法國當時主要是由德雷福斯案件所引發，當時知識界很多人被激發出來抗議這個「反德雷福斯陰謀」（anti-Dreyfus conspiracy），因而開始了與法國反動派的一場意識形態戰爭。[13]在當時雙方都使用這個名詞，右派是以含貶意來指稱對手，而同情德雷福斯者則是以此詞自豪，懸為自我標識之旗幟。他們中的一個人在一八九八年如此寫道：「讓我們用這個詞稱呼自己吧！因為它已經變成神聖的名詞。」次年威廉．詹姆士在一封信中提到德雷福斯事件的法國知識分子時寫道：「我們美國的知識分子必須一齊努力來確保我們寶貴的天生個人自由，以免它被教會、軍隊、貴族與王室這些機構侵犯。每一個偉大的機構都可能腐化，不管它貢獻多麼大。只有每個人都自由時，所有的理想才能實現。」[14]就我所知這是在美國第一次使用這個詞，而竟然是在一個「激進的、烏托邦式的、反制度性的」氛圍中出現。至少從所謂的「進步時代」（progressive era）開始，大部分美國知識分子的領袖其政治信念都傾向於「自由、進步與激進」的方向[15]（當然，美國的政治光譜沒有那麼多階序層次，而所謂的「中間」也比法國來得靠右，但是無論如何知識分子相較於中間點的位置在兩國都是相似的）。無可否認我們曾有一些立場上是「保守」的知識分子，甚至也有「反動」的；但如要描述美國的整體知識分子階層，則雖然不是「激進」的（其實「激進」並不適於一整個群體作為其立場），但大抵上是屬於中間偏左。而這情形一直使得右翼人士非常惱怒，所以他們常常故意要模糊激進的革命與追求自由進步之間的界線，以便抹黑。

只要知識階層的進步思想與大眾尋求改革的願望相符合，像是在「進步時代」與「新政」時一般，則受到極右翼攻訐的機會就小。可是一九三〇年代時大部分的知識分子對於共產主義的同情，就給了右翼分子很好的批評藉口。但是我們應該建立起一個公平審視許多「反智」案例的機會，不要一味地說知識分子是被右翼的宣傳所抹黑，或是一九三〇年代知識分子對共產黨或同路人的同情是被誇大了的，或是說過去最著名的知識界領袖絕對不是共產黨或其同路人。這些指控其實是有部分道理的，因為一連串對於知識分子的批評來自於一個事實：一九三〇年代共產主義對於知識分子的吸引力的確大於對社會其他人的吸引力，而且真的有過若干特殊而引人注目的例子——某些知識分子對於共產主義的過度信仰使得他們背叛了國家。但是我相信我們現在必須要如此看待這事：共產黨與同路人在智性上與道德上的瑕疵不但提供「反智」者很好的攻擊藉口，而很多知識分子由於對過去一些言行失當的慚愧與對過去參與共產黨活動的罪惡感，使得他們面對一九五〇年代的麥卡錫大整肅（Great Inquisition）時表現出無力而痲痺的狀態，甚至還互相指責對罵。例如，有個回憶起來令人沉痛的尷尬案例，那就是在一九三九年八月納粹與蘇維埃簽訂和平協議的前夕，還有約四百名美國知識分子聯合發出宣言反對詆毀蘇維埃是「極權政體」，而且認為蘇維埃是「人類和平的中流砥柱」。這份宣言就在德蘇協定簽約當週被著名雜誌《國家》雜誌（*Nation*）刊登出來。當然也由於此，面對麥卡錫主義時這些窘迫的知識分子自然失去了歷史的、道德的與心理層面上的防禦能力。

然而，我認為任何人如想要了解美國「反智」主義背後的原因，最重要的是要知道：對知識分子抱持的意識形態不滿，其實遠不止於對於他們可能同情共產黨與其同路人的指責而已。小羅斯福總統「新政」背後負責推動政務的知識分子——其中的塔格威（Rexford Guy Tugwell）就是最好的例子——他們跟共產黨沒有任何關聯，但是卻與共產黨同路人一樣被敵視。今日在美國，雖已經沒有什麼共產黨員了，但還是常有人拿這個理由來做文章，而調查者或指控者若是無法找到某人參與共產黨的證據時，就會玩起指控他是共黨同路人這種老把戲，或是企圖模糊自由派與共產黨間的差異來得逞。其實真相是：右翼人士處處需要共產黨人作為標靶，這種不願放棄假想稻草人的心理已到病態的地步。[16] 一九五〇年代麥卡錫大整肅事件的真正作用不是抓間諜防止國家機密洩漏（如果僅為這事，警察就已足夠），或是讓真正的共產黨員曝光，而是要發洩長久以來積存的憎怨或是挫折情緒，以便懲罰或是報復某些與所謂共產黨事件根本無關的人。這就是為何他們亟需攻擊對象，而若是受害者是有頭有臉的人，這會遠較逮到布爾什維克黨人讓他們高興。麥卡錫的同路人若宣稱，他們贊成這位參議員的目標但是不贊成他的手段，這應是謊言：對於麥卡錫的忠誠追隨者來說，真正吸引他們的是麥卡錫的手段而不是目標，因為他的目標永遠是朦朧的。對他們來說，麥卡錫層出不窮地指控是好事，因為這樣一來懷疑之網就會擴大，甚至包覆那些已經不是共產黨甚或從來不是共產黨的人；他們實際上樂見他這樣濫行迫害，因為這樣可以滿足他們復仇的心態，使那些從「新政」以來就志得意滿的知識分子身敗名裂。

如果麥卡錫式迫害當初只是針對共產黨人，就應該精確地將他們搜尋出來；而事實上，主其事者似乎並不在意共產黨人與任何他們獵尋的「怪物」間的差異。真正的共產黨人很多身分卑微，其實不值得花大成本長期追擊，例如麥卡錫自己並未對一位沒沒無名、軍方出身的左派激進牙醫師窮追猛打，反而是緊咬軍方不放，而咬住軍方的目的又是為了修理作為其後台的艾森豪政府。追殺左派的人其實是想從對自由派、因「新政」而起的權貴、改革派、活躍於國際外交的人士與知識分子等的聲討中得到滿足，最後甚至對沒有大力矯正若干自由派政策的共和黨也不滿。這整個巨大的不滿是由若干事件逐一連結出來的政治敵意所組成：起源是「新政」，「新政」又造成福利國家，福利國家又連結到社會主義，社會主義又連到共產主義。在這整個聲討過程中，共產主義並不是目標，反而是被利用來做武器；也因此藉口窮追猛打美國國內根本軟弱無力的共產黨而整肅其他黨派的這些右翼人士，原本應要針對強大的國際共產主義之擴張而作戰——這才是世界政治中重要的事——但他們完全無作為。

這波整肅的歷史遠因可溯自更早：對小羅斯福總統的怨恨、對「新政」改革的極度不滿、對加入聯合國一事的反對、反猶太人情結、厭惡黑人、封閉主義（isolationism）、廢止所得稅運動、反對自來水加氟以免中毒的運動以及反對教會湧現的現代主義等。麥卡錫用「二十年的背叛」來形容先前美國社會的自由派當道以及他們這些人因此累積的鬱卒，但是右翼的代言人喬德若夫（Frank Chodorov）說得更好：「對美國精神的背叛早在一九一三年所得稅法通過時就開始了。」

顯然對這些右翼人士來說，比一九三〇年代左翼思潮與冷戰的安全威脅更嚴重的事，甚至比韓戰挫折更嚴重的事，就是麥卡錫年代使得大家終於要跟長久以來一直難以忍受的現代性這個現象攤牌了。直到一八九〇年代甚或一戰前，舊的美國一直在新大陸封閉主義、鄉村社會、新教徒信仰與工業資本主義的茁壯中度過。但是逐漸地，美國終究要被捲入現代性而被二十世紀的新時代浪潮淹覆，從而面對一些變化：像是大都會式生活的出現與其中必然有的不確定與懷疑論心態、美國不再是軍事上安全而與外界隔絕的國家、傳統型資本主義的瓦解與代之而起的中央規劃式福利國家的出現，以及最後一點：這個國家為了二戰、韓戰與冷戰而付出的嚴峻代價。因此，在美國的核心地帶，陸續出現了一群內心充滿怨懟的人，他們可能是宗教基本教義主義者、帶著偏見的美國至上論者、外交政策上的封閉主義者與經濟上的保守主義者等，匯集成為一股在現代化下遭逢困境的反對浪潮。

但即使我們不喜歡他們的反應，我們也不能對他們的困頓視而不見：他們本是一群單純而專心致力於尋求家道安康的人，而現在卻被現代化的浪潮推入了一個多變與不熟悉的世界，離開他們原本熟悉的事物，被迫在短時間內要跟上時代。也許美國人對於現代世界翩然來到的反應，最了不起的一點是耐性與寬容接納。在短短兩代的時間裡，那些直至一戰前還到處可見的鄉村清教徒文化就要飽受衝擊被改變了。宗教、文學、藝術上的現代主義，道德上的相對主義、法律上與倫理規範上的種族平等以及媒體上層出不窮的性暗示等，都在侵襲原本的社會。達爾文主義、佛洛伊德主義、馬克思主義與凱因斯主義等接踵來襲，而政治、生活品味與道德這些領域都開始完全由大都會中的人來引領了。

作為意識形態專家的知識分子，經常領導著這個國家走進變遷與接納創新，自然就被認為是打破美國社會傳統的主要舵手，也因此受到最多譴責。我們國家早期的傳統是：避免有意識形態上的分歧，而全國密切團結。在十八、十九世紀時，歐洲諸多紛擾的意識形態在美國卻喪失吸引力，美國從不採用歐洲正陷於論爭中的各種意識形態，而是發展出自己的一套應世方法，例如善於折衷妥協與務實處事，努力工作與善用常識解決問題，這些後來都證明的確比追逐抽象的治世理念來得好。美國直至內戰時才因為價值理念的分歧而陷入「可怕的大失敗」（the great American failure）。這正好證明了抽象的政治意識形態並不是好事。美國人最樂道他們不會被外國的「主義」（isms）迷惑，正如同他們一向愛說自己不被歐洲的「腐敗」與「頹廢」影響般。

但在過去幾十年中，美國大眾已經痛苦地認識到以下事實：政治及軍事上離開封閉主義，也就意味著在智識思想上美國也已無法隔絕於外界；在世界各地意識形態的強大影響力正在蔓延，其後果最終也會影響美國；世上正有成千上萬的人正被殖民主義、種族主義、民族主義、帝國主義、社會主義、共產主義與法西斯主義等思潮鼓動著。諷刺的是，美國還未準備好該如何看待這些意識形態。以往美國一貫的態度是：只要各國都學美國的制度，這世界就會變好——不要意識形態、採行美式民主、埋首工作務實追求幸福，以常識引領生活等。然而很尷尬地，這種願望無論達成與否，都對美國不利。美國人說做就做的高度行動力（American activism）影響了世界其他民族：認為經由努力生活可以更好、任何殖民地都可學美國透過革命爭取自由、不必忍受貧窮與壓迫、落後國家可以急起工業化而享受更好生活，以及追求幸福是每個人的權利等信念，這些哪個不是受到美國的影響而來？世界上爭取獨立的國家都在學美國當初獨立的典範，但卻峻拒我們的領導；俄國人羨慕我們的工業化，但是卻不斷地在世界政治上挑戰我們。大家都仿效我們成功的故事，但是他們卻在不同的意識形態下這事，而其結果我們也不樂見。別人紛紛仿效美國人引以自豪的行動力，但是最後卻沒採用我們的生活方式。

在美國那些最自我封閉的心靈，會認為只有喜歡抽象思考且蔑視常識的民族才無法欣賞美國制度的優點，而且若是某個國家制度不佳，那一定是其文化上有致命的道德缺陷所致，尤其是那些會接受某些「邪惡的」意識形態的社會。這樣的自大自滿心態，被蘇聯發射衛星與其他太空科技所顯示的國力給頓挫了，美國現在面臨著強大的敵人，它足以造成長期並難以消除的威脅。更且，催生出這個軍事力量的竟是來自當初美國所鄙視的那些外國「主義」

之一。一般的美國人對於這陌生的意識形態世界感到不安與受其威脅，但是卻懷疑知識分子可能在其中如魚得水。他們甚至認為知識分子創造了這些東西——而事實上，是可以這麼說的。二十世紀會出現這種種巨大的改變，若有人竟懷疑可能是背後有一股力量在操控所致，則知識分子一定會被迫揹這個黑鍋的；美國人也會認為即使不是有心人士蓄意計畫、也是由一連串錯誤造成。或許，也可能現代世界中有些人把我們過去的種種能力摧毀了，以致於有今日。但無論如何，知識分子揚名在近代舞台上的時間，正好是這些變化發生時。所以即使不是他們的責任，人們也會緊盯著他們的作為。

5.反智的定義

若有些人一直懷疑「智識」乃是顛覆社會的力量，則一味向這些人解釋它其實是很安全、溫和與宜人的東西，是絕無效果的。其實若干守舊派及強硬的俗民派有時是對的：「智識」是危險的東西。如果讓它自由發揮，則它會翻案許多事情、深入地分析與質疑很多事情。[17]杜威（John Dewey）曾說：「讓我們承認保守派說的吧！當人類開始思考時，沒有人能保證後果會是怎樣。我們只能知道因此許多事物或制度會瓦解。每一個思想家都在拆解掉這個穩定世界的一部分，沒有人知道毀壞後什麼東西會出來代替。」[18]此外，沒有人可保證知識分子階級會審慎克制其自身影響力；但對於任何一個文化，我們可確知的是：禁止「智識」的自由使用會比開放其使用來得糟多了。其實與那些保守的文化糾察隊比起來，知識分子總的來說並不會顛覆社會的。但是「智識」的作用是永遠在反對某些事情或是加以暴露、嘲諷：例如，它經常成為壓迫、欺騙、虛妄、教條或利益勾結等事的敵對力量。

幾個世代下來，那些受「智識」之害或是畏懼、憎惡它的人，早已發展出一種關於它的迷思——它究竟是什麼，以及它在社會中的角色為何。當今反對「智識」的人已不需要創造新的說詞，因為這種迷思早就深植人心。本書稍後的章節將會仔細說明這個迷思在美國是如何發展與持續下來的。現在我們先簡單概括地說明「反智」心態背後的基本假設是什麼？以及我們應該如何看待它們。

「反智」是建立在一組虛構與抽象的敵意之上的。他們把「智識」與感情（feeling）對比，因為他們認為「智識」缺乏溫暖的情感。「智識」也被與品格（character）對比，因為他們認為「智識」代表聰明，而聰明很容易就變成狡猾或是邪惡。[19]它也被與腳踏實地操作（practicality）對比，因為理論總是被與實踐並提，而「純粹」理論的思維常被瞧不起。它被與民主對比，因為「智識」常被認為特異超群而與平等相悖。當這些看法被普遍接受時，則「智識」或是「知識分子」就成為落水狗。誰想要犧牲掉溫暖的情感、堅固的品德、實踐的能力與民主情懷去逢迎一個至多只是聰明但最糟可能是邪惡的人呢？

當然，這些虛構的敵意的基本錯誤，在於未嘗試找出「智識」在人類生活中的真正極限何在，而是將它與人類其他特質強加對比。其實無論在個人或人類歷史中都不適合將問題以如此簡單抽象的方式呈現。同樣地，我們也不適合在這樣的質疑下去為「智識」辯護，例如它與感情、品德或是實踐力的對比是如何。我們不應將「智識」看成與人類其他特質形成零和競爭關係，而應將它視為可讓這些特質更好、更完美的因素。任何有理性的人都不會否認「智識」是人類尊嚴的表徵之一，或者至少是人生中需要的能力之一。如果我們把心智（mind）看成是感情的指引力量而非威脅，「智識」既不是德性的保證也非危害，把理論看成有用的而非必然是比實踐差的東西，把民主提升到可以容許傑出優異的人或事，則前述的敵視就不會發生了。如照這樣來想，問題就迎刃而解；但歷史上卻少有人這樣認為，所以本書的目的在追溯我們歷史中的若干社會運動，在其中「智識」從可協助成就其他道德到被抹黑為一種特殊的罪惡。

首先，我們要從美國的宗教史去追溯「反智」。這不單是因為理性主義與信仰的對立由來已久——儘管這本是人類永恆的困擾——而是因為無論現代宗教思想或俗世思想本身都在宗教史的演化中被決定。不管在任何文化中，只要宗教是屬於心靈（heart）與直觀（the intuitive qualities of mind）的領域，則理性就無用武之地或是被看成較低下，因而變成是無意義甚至是危險的。而只要一個社會對其內部有學養的知識階層不信任，就會加以攻擊或是貶抑，這對宗教界與俗世的知識分子皆然。在當代，「福音教派」（evangelicalism）是沿襲這種宗教性「反智」心態的最佳代表，它也因此是堅決的「反教儀主義」（antinomianism）。[20]美國並不是唯一的福音教派社會。但是美國的宗教文化大抵是由福音派主導的，也就是說，在福音派與傳統基督教間美國是一向傾向於前者的。理由何在？我們只要看英國的宗教史就可知：在英國傳統教派一直必須致力於吸納與馴化那些較自由激進的福音運動，也就是說福音運動處處挑戰傳統教會；而在美國，福音運動快速地顛覆與替代了傳統的聖禮儀教會（liturgical churches）。[21]

此處我們必須交代福音教派中的原始主義（primitivism）這個問題，它在美國社會影響廣大，但本書中我們不對它單獨處理而是與福音主義一起討論。原始主義一方面與基督教有關，一方面與異教有關。它的迷人處也許在於一個基督徒因此可以享受一點異教徒能有的自由或儀式，或是反之——異教徒可以從原始主義中領略信仰的意義。在有些地方原始主義鼓勵人們追求早期原始基督教的精神，也激勵人們恢復大自然給人的原始能力，而人可因此接近大自然與上帝——雖然二者的差異何在並不清楚。在這種心態中，會有尊崇直觀的「智慧」（wisdom of intuition）勝於「理性」（rationality）之傾向，因為前者是自然而由神賜的，後者是人文教養出來的。

在西方與美國，原始主義由多種面貌表現，它一直是重要的傳統。即使身居知識分子階層的人對人類文明的繁文縟節式虛榮或種種人為規範約制不滿時，回歸原始主義的呼喚就會冒出來。在美國，原始主義影響了很多有教養文化的人，他們雖然不會去過著像西部拓荒者般的生活，但是對於文化的虛矯卻不以為然。在新英格蘭「超驗主義」（Transcendentalism）中我們明顯可見此思想——這簡直可謂是知識分子的福音主義。[22]從帕克曼（Parkman）到班克羅夫（Bancroft）到透納（Turner）的著作，這樣的想法一直都在。[23]美國很多作家對於印第安人與黑人的看法正是如此。從著名的西部開拓者如布恩（Daniel Boone）與克羅凱（Davy Crockett），到西部電影中都有這樣的想法，而這樣的流浪冒險者文化傳統深入人心，以致於小說家勞倫斯曾說：「美國式的心靈基本上是剛毅、孤獨、堅忍的，其實就是一個殺手。」而作為性方面的神祕魅力，原始主義思想一直是美國文學上的重要主題，屢屢出現在深受奧地利心理學家萊希（Wilhelm Reich）影響的美國作家的作品中。而美國政治上展現的原始主義，則傑克遜總統（Andrew Jackson）、弗里蒙特（John C. Fremont）、老羅斯福（Theodore Roosevelt）與艾森豪總統等人的公眾形象皆是有名的例子。

這並不意外：美國本就是由對歐洲文明的壓迫與頹廢不滿的人所建立，他們醉心於美洲大地的不是在此萌芽的社會制度，而是自然與野蠻。尋找世外桃源，離開歐洲奔向原始大自然的心態，重複地反映在殖民者從東岸向西部拓荒的歷史上。一次又一次地，美國人的心靈想要離開組織緊密的文明社會，因為文明一再地將枷鎖套在人身上；人類也許無法離開文明整體，但是其中有些東西的確讓我們窒息。

如果福音派與原始主義開啟了美國人的「反智」意識，則後來的商業社會確保了「反智」是美式思維的特色。從托克維爾開始，研究美國的人大都認為在這個國家中，實際的商業主義（business activism）壓過了思考與玄想。民主政治與商業至上的美式生活，培養出一種心態與習慣，就是凡事需要迅速做決定、快速反應以抓住機會。因此深入、細膩與精確的思考並不是美式生活所鼓勵的。[24]

要建立一個橫跨美洲大陸的國度並發展工業，追逐利益而行乃成為很務實的考量。但是除此外還有其他目標：美國商業的最高理想不只是滿足貪欲與追逐權力，還另有一些美好的願景；這些願景吸引著建設者、賭徒與政客，它比田獵與政治帶來的運動感或權力感還更刺激。托克維爾說：「在民主政治中，追求金錢的商業活動最為亮眼與重要，」在商業活動中的人，「不只是為了利潤，而是喜愛在追求利潤時的那種感覺。」[25]除了一些傳統的社會外，沒有其他階級或是價值可與商業比擬——因為已經沒有貴族了，而且企業精神就是最佳的世界觀。企業精神不單是吸引有活力有野心的人，也對社會其他人影響至大，例如律師、醫師、老師甚至牧師等專業行業，都採行商界的運作規範。美國的知識分子一直都在抱怨，他們與這些專業人士間的溝通無法順暢融合，因為後者的思維都被商業文化洗禮了。企業文化發展到甚至開始貶抑傳統上所謂的文化，認為男性的世界裡不需要知識及文化，這些留給女人即可。

我們的宗教及商業深受美式生活中平等主義的影響，但是這個平等的精神在政治及教育中更是明顯。[26]我們現在統稱為「傑克遜式民主」（Jacksonian democracy）的現象，逐漸瓦解了菁英政治，雖然後者早就快要站不住腳了。早先，文學與學識曾被譏笑為無用的貴族們的特權，但是美國知識分子並不反對這樣的說法，因為他們大部分都支持民主政治。一個普通美國人最大的願望應是建立起不需要文學與智識卻能運作良好的社會——或是，一個社會中使用的文學與智識是一般人能夠理解的程度。因此，十九世紀初的美國，在教育上是鼓勵公民有普遍的識字率與具有充足的一般知識，獨立、自尊自重且關懷公共事務，而不是以要培養出第一流的科學家與文學家，或是第一流的大學為念。

在美國歷史中，尤其是近年，大家都一而再地憎惡「智識」，把它看成是一種傑出的能力、一種優異的表徵、對平等主義的破壞與一般人所無法企及的能力。在教育體系中最為明顯。美式教育有好些地方值得稱道，但是它可能是全世界唯一掌握在「反智」者手中的教育體系，且這些掌權者還刻意地維護那些智識上表現較差的孩童。雖然受史料不全之限制，但本書的最後一部分將要披露我們的教育是如何奠基在一個社會普遍接受的思維之上——對於「效用」（utility）與「技藝」的執迷、錯誤的平等主義觀，或以原始主義來期待兒童的發展。

第二部分

感性的信仰方式

第三章　福音運動的衝擊

1.狂熱信仰的來源與發展

美國人的心靈是近代初期新教思想的產物。美國殖民者接觸知識的第一個平台是宗教，所以「反智」的第一個動力也來自宗教。在美國早期的宗教活動中，任何貶抑理性或是學養的事物，後來都在俗世化後的美國文化中扮演同樣角色。思想應該實用、任何主義或是精微的奧論都無足重視、有思想的人反而應該服從能激發情感力量的人或真正能治事的人，這些都不是當代才有的觀念，而是美國殖民時期新教思想的遺產。

在所有的基督教文化中，心智（mind）與心靈（heart）、情感與智性間都會有緊張關係，所以我們不應該認為只有美國才有所謂宗教上的「反智」。遠在美洲被發現前，基督徒們一直就分為兩類：一類人相信智性在宗教中應有重要角色，另一類則是認為智性應服膺情感或完全由情感代替。在此我們並非要說新大陸產生了一種更惡性的「反智」論，而是指出在美國振奮派（revivalist）與狂熱派（enthusiastic movements）的聲勢壓倒了較溫和的傳統教派。於是較具學養的傳統教派牧師們失勢了，他們所傳播的較理性的信仰方式也因此失勢。在美國歷史早期，由於存在著新教傳統與反抗主流的激進派傳統之故，宗教上慣有的理性／感性之爭在這個國家變得特別尖銳，而振奮派與狂熱派於此事上屢獲重大勝利。美國「反智」傳統的崛起與蔓延，肇因於美國特殊的宗教歷史——其中最重要的是這個新的國家沒有傳承任何對知識分子友善的制度，而且福音教派之間的相互競爭，造成影響極大。

一個教會的風格一定跟其成員的階級性格有關，而某一教會禮拜的形式與遵循的信條可能對另一教會不適用。較富裕的階級通常喜歡把宗教理性化而且喜歡繁複的聖餐禮儀，而中下階層的人，尤其是不識字者，他們的宗教方式較感性；凡以感性面對信仰者就會反對繁複的宗教風格、聖餐禮儀與上流社會教會的牧師，也就是說，他們對貴族式的儀節與道德風貌很反感。[1]下層階級者的宗教常會顯現出千禧年情懷，也會強調內在宗教體驗的重要性，因而他們反對風格太正式或是太有學養的信仰活動，他們認為儀節應該簡單化，也不喜歡那些富於學養的牧師，有時甚至對任何專業的牧師都排斥。

早期的美洲吸引了無數歐洲不滿現狀或是無以為生的人前來，因此成為當時宗教上狂熱派「先知」們的天堂。這種狂熱的衝動來自於希望與上帝直接接觸。[2]這些狂熱者並非缺乏可遵守的信條或是能讓他們心安的聖餐禮（sacraments），而是因為一心想尋求心靈內在與上帝間的連結，使得他們覺得不需要儀式或是教義知識上的修養。他們對知識涵養與對美學一樣不感興趣；傳統教會多認為宗教藝術與音樂有助於心靈超升而讓人接近上帝，他們卻將這些看成是對純淨與能直觀的心靈之侵犯，甚至是障礙——但衛理公會（美以美教會）信徒（the Methodists）吟唱讚美詩是例外。狂熱派這種依賴個人內在經驗的堅持，恐會造成基督信仰上無政府主義式的各自為政（anarchical subjectivism），傳統的宗教權威與儀規將蕩然無存。

這可以解釋為何狂熱派內部永遠不斷會區分出派系及子派系。對於神職人員的權威，與其說狂熱派想消除它不如說是想割裂它；因為總是有某些牧師可以激發教友的宗教狂喜感（ecstasy）或與神連結的內在體驗。因此對於狂熱派而言，神職人員在宗教上的權威是因人而異的、繫乎個人魅力而不是制度性的；所以狂熱派教會，例如衛理公會，其領導人必須有很好的組織領導手腕，才能留住教友而不會散去。當然，那些較穩定的福音教派不會支持太過於個人主觀即興式的崇拜方式，他們會認為《聖經》才是權威，是一切的依據，但是要有正確的詮釋。可是什麼才是正確的詮釋？大家看法不同，但他們都不主張一定要遵從受過正規聖經學訓練者的解釋。最激烈的派別甚至認為每個人自己決定如何詮釋即可，完全不需要傳統的聖經釋義學的幫助。在嚴謹的聖經詮釋學（the Higher Criticism）興起後，對於狂熱派來說，能否保有個人詮釋自由（Biblical individualism）似乎已成為生死攸關的問題。

當美國還是英國殖民地、在西方文明的邊陲時，英國母國內的宗教抗爭現象對美國宗教的影響很大。當英國的宗教激進派認為宗教改革還不夠徹底、還未能滿足信仰者的社會與精神需求時，千禧年派（Millenarians）、再洗禮派（Anabaptists）、尋求派（Seekers）、浮囂派（Ranters）與貴格派（Quakers）等都紛紛攻擊傳統教會與其神職人員。他們要建立起窮人的宗教，也認為直觀與感動比研究教義和信條有用，他們選立教友來領導與講道，且視受過專業訓練的神職人員為「僵固、空虛且無權威的」。在清教徒革命時，模範新軍（New Model Army）[3]內的牧師站在反專業化與「反智」的立場毫不留情地攻擊傳統的神職人員、大學教師與律師等。大多數清教徒當然是衷心地希望他們的牧師受過教育有學養，但是這些激進派中「掘地派」（the Diggers）首領溫斯坦利（Gerrard Winstanley）卻激烈地反對知識分子而稱大學為「一灘死水、惡臭難聞」（standing ponds of stinking waters），平等黨（the Levellers）與掘地派中的牧師也仿效他，一方面稱博雅教育只會使人更有罪性，另一方面也不斷挑起窮人們爭取平等的情懷。[4]

在美國的英國國教派（Anglicans，又稱聖公會）、長老會（Presbyterians）與公理會（Congregationalist），有著嚴謹的教會組織章程與受過良好訓練的牧師，起初他們都能夠成功地抑制這種激進傾向。但是這些教會自身從一開始內部也就存在著一些異議者。尤其是南方邊疆地帶，很多人甚至一度離開任何教會。也有人批評或是抗議這些傳統教會，特別是在新英格蘭地區，因為在那邊激發高度的宗教情懷是生活中很重要的部分。例如在麻薩諸塞灣（Massachusetts Bay）殖民地成立的最初數十年間，赫金森女士（Mistress Anne Hutchinson）的行為對此殖民地的穩定造成很大影響，引發普遍的焦慮：她對於專業的牧師有敵意，也反對大學教育。[5]她後來很不幸地被迫害，一方面是由於她堅拒與主流教會妥協，另一方面是大家認為她對當地社會的人心與秩序帶來極大威脅。直到十八世紀「大覺醒」（the Great Awakening）時期這些狂熱派才能貫穿各殖民地無拘束地宣揚他們的想法。此時美國東岸殖民地在宗教信仰方面的「反智」主義就被確立了，而十九世紀重複出現的福音主義浪潮也在此時奠基。要了解「大覺醒」運動，我們一定要先了解殖民地的牧師的特色，尤其是清教徒的牧師，因為他們在當時幾乎就是美國歷史上唯一出現過的知識階層統治者；或更精確地說，是一個與統治權力密切關聯的知識分子階層。

2.十七世紀殖民地的智識盛況

就像大多數知識分子一般，清教徒的牧師也會犯大錯，而當他們有權力時這就會很危險。對我們來說很重要的一點是：大家對清教徒牧師的唯一印象就是他們常犯錯，即使不是大錯——這也變成美國知識分子處境的最佳寫照。清教徒牧師如果有這麼可惡的形象，正如同科頓．馬瑟（Cotton Mather）牧師的名字所代表的形象，那這印象就不但會長久占據我們腦海，也塑造了我們對知識分子的看法。這些牧師代表了美國第一代的知識分子，而他們的名聲已經毀滅，以致於後代的知識分子竟然也常常批判他們。[6]

其實其他的社群不可能也像麻薩諸塞灣殖民地般如此重視「智識」與學習。泰勒（Moses Coit Tyler）在寫美國殖民時期文學史時，僅以稍稍誇張的語氣寫道：

> 新英格蘭殖民地剛成立時並不是農業社群，也當然不是工業的或是貿易的：它是一個知識的社群，喜歡理念，而代表它的器官不是手，不是心，而是腦……也許沒有任何一個移民社會如此重視知識，尊敬任何與學習有關的象徵或工具。他們的社會是立基在書本上的……溫斯洛普（John Winthrop）抵達撒冷港（Salem harbor）之後僅六年，麻州殖民地的人就籌錢設了一所大學，因此當野外樹幹被砍伐之痕跡尚新，村落外之狼嚎聲尚不絕於耳之際，這些移民的子弟們已經在曠野開始學習希臘的亞里士多德與修昔提底斯，羅馬的何瑞斯（Horace）與塔西圖斯（Tacitus），以及希伯來《聖經》了……他們把有學養的人看成是貴族階級。[7]

在美國第一代的清教徒中，有學養者數目不少且被尊重。約略每四十或五十個家庭，就會有一個英國牛津或是劍橋的畢業生。清教徒們希望他們的牧師都是有學養的，但是在殖民時期整個新英格蘭的公理教會中只有百分之五的牧師有大學學歷。清教徒的移民們因為重視教育而且他們的社群多半由知識分子領導，於是就形成了尊重「智識」與追求學問的傳統，這讓新英格蘭在教育與學術的成就上，居這個國家之首達三百年之久。

我們切莫以為早期的哈佛畢業生只受過神學的訓練。一般都有個錯誤的印象，就是哈佛與一些殖民時期設立的大學一開始時只有神學課程——尤其是早期清教徒的先祖們深怕他們的牧師知識學養不夠，更加強了這種看法的可能。事實上，創立哈佛大學的牛津與劍橋畢業清教徒，當他們還在英國時就飽讀人文學科。創立殖民地教育的父老們，認為神職人員與受過博雅教育的仕紳其基本學養應是一樣的。近世專業的神學院訓練課程，其實是近代專業化風潮下的概念，當然也受到教派間競爭的影響以及源於對學院教育過度世俗化的反彈。但這種觀念不在當時殖民者視野之內。他們需要飽學的牧師甚於需要飽學的其他行業人士，但是他們也想要牧師與其他民間領袖或政客一般受到博雅教育的薰陶。而最後，事實也與他們的願望相符：哈佛前兩個世代的畢業生中，只有一半人變成牧師，另一半人從事世俗行業。

清教徒社群在其子弟中培養出有學養的一個階層後，給了他們很多自由發揮其才能。清教徒的牧師受到社群尊重，而他們也積極貢獻於社群。當整個殖民地的一切狀況愈來愈穩定後，牧師們開始有了閒暇寫作；他們中有些人的才華令人讚嘆。強調教育與學問的清教徒思想，非常注重對《聖經》的詮釋與理性討論，而不贊成狂亂的激情式崇拜。清教徒式的講道結合了哲學、虔敬與學養；事實上，他們的群眾教育目標之一，乃是訓練一個能了解如此講道內容的教友。至少在早期，這個目標是達成了。

可是真正達成的事遠比這個多。我們現在來評估這些清教徒殖民地當初的文化教育狀況時，千萬別忘了即使在公元一七〇〇年——也就是開始殖民七十年之後，新英格蘭總人口也不過十萬六千人左右，而且很零星地分布，而最大的城市波士頓在一六九九年時也只有七千人。也別忘了在一六七〇年代這些殖民地與印第安人有一連串的血戰，一半的殖民聚落遭到重創，而上戰場的男子中每十六人就有一人陣亡。即使在這樣隔絕、貧困與諸多不利的情況下，他們仍然創立了哈佛大學來教育出不少的民間領袖與教會牧師，而且創設不久後，這學校名氣就已夠資格讓校友獲頒牛津劍橋榮譽學位了。在這所大學中，年輕人不但研讀神學與詮釋《聖經》的著作，也讀赫西奧（Hesiod）、荷馬（Homer）、索福克里斯（Sophocles）、亞里斯多芬尼（Aristophanes），以及其他一些古典時代作家。有充分的證據顯示，麻薩諸塞灣的受教育階級都成為極有教養之士，沉浸於文學以及神學，成功地把歐洲文明中最好的傳統帶來新大陸。除了哈佛之外，他們也設立了小學、出版社與圖書館等。牧師們發表了品質量很好的講道詞、歷史著作與詩，同時也做了些政治上的論述，而這些論述後來竟催生了美國獨立革命時期的政論文獻。這些清教徒先祖們創下了獨特的教育制度以及培養出社群內敬重學養的文化，以致於新英格蘭與新英格蘭人的心智，在美國文化史中獨領風騷三百年。牧師們不獨傳播宗教也傳播啟蒙思潮，推廣神學也推廣科學，在小村莊中樹立起每個人對於知識及文化尊重的心態，若不是他們，這種難得的心態無由產生。[8]

當代對於清教徒牧師的普遍印象是不僅一般教友們的缺點他們都有，甚至他們會帶領迫害異端教徒。但這樣的看法可能需要重新檢討。我們現在來看他們所處的時代，那的確是不寬容的時代，而牧師們也難免有這樣的心態。尤其是來到新英格蘭的第一個世代牧師，他們有一般知識分子在政治事務上易犯的毛病：認為他們可以改造整個社會使其符合某種道德或宗教理想，並且在社會中維繫住統一的信條。他們為了證明此點而橫渡大西洋並在新大陸不斷墾荒，當然最後這個目標難以實現，因為他們常常做得太過頭了而引發反彈。

但是要評斷像清教徒牧師一般的任何一個知識分子群體，最公平的方法並不是拿當代最寬容與開明的標準檢視他們，而是用他們自己時代的標準來看，以他們所處的社會與教友群體作為分析他們行為的背景。當代自由主義的觀點會認為牧師們一定在我們今日深深不以為然的獵殺女巫事件（例如撒冷案）中扮演領導角色，因此清教徒群體在這些事情上的偏激行為他們要負責。

但是事實遠比此複雜。牧師們彼此的立場都不同，且自第一代牧師凋零後，加上殖民社會人口的逐漸增加，這些都使得牧師群內部成員的特質漸漸不同。[9]也許世代差異與地方性差異是最顯著的分歧處。老一輩的牧師，尤其是教區在遙遠鄉村的，堅守著清教徒最原始的教義信念。但是到了十七世紀末，大都會區的年輕牧師就偏向於自由寬容，也樂意於與歐洲最新的思潮對話。這些泰半在靠海的新興市鎮。

很多證據顯示，都會區與受過較高教育的牧師（包括馬瑟父子）都屬於知識分子階層，他們贏得了人們的尊重。他們不靠威權或是控制來領導，而是以他們的影響力來感召，希望人們能更寬容、更樂於追求知識或了解科學發展，並去除某些鄉紳、大眾與較封閉的牧師常會有的拘泥猶疑的心態。到十七世紀結束時，教會中主要的牧師們的思想已經比年歲較長的教友或是地方的政客們來得自由，前者控制了大部分的鄉村教會，而後者常會投選民之所好而鼓吹宗教基本教義主義。

在一六八〇年以後，對浸信會與貴格會等非主流教會的態度，清教徒的牧師們已經比波士頓的大眾較為寬容了。而波士頓城中較有影響力的牧師，例如馬瑟牧師，也比鄉間的年長牧師來得自由派些。大城市中的牧師們從英格蘭引進對教義分歧採寬容主張的書籍，因此逐年漸漸地與喀爾文教派嚴謹的傳統悖離，對此教會中的年長教友們表達反對。在十八世紀中葉以前，獎掖科學的事多半是由牧師在做（哈佛的第一個非教士出身的教授是一七三八年開始任教的溫斯洛普〔John Winthrop，編按：與建立麻薩諸塞的溫斯洛普不是同一人）。當時，在生活中是否該引進科學的最大爭議是關於麻疹疫苗注射的問題，而受過教育的著名牧師們紛紛支持此創新的決定。馬瑟就是一個例子，即使在受到威脅後仍然不改立場——反施打疫苗派的暴徒曾將炸彈扔進他的書房。即便在獵殺女巫這種事上，牧師們往往也表現得比法官或是一般人理性些。正如同西方世界的一些睿智人士般，多數的牧師雖然不相信巫術，但是卻強烈反對撒冷女巫案審判中的草率蒐證，許多牧師也呼籲大眾要冷靜。[10]

十七世紀末了，清教徒的宗教意識中出現了若干足以影響牧師們佈道生涯的問題。清教主義的運作本來就在智性與感性中尋求平衡，前者在新英格蘭被視為是宗教的真正基礎所在，而後者對支撐鼓舞教友的虔敬感極為重要。但是這種平衡是脆弱的，最後在教友間造成了各有所偏的分裂。一邊是世故穩重且對於事物採取自由寬容的看法，但是在宗教情懷上就顯得較為中規中矩與冷淡。另一邊則傾向於振奮派（revivalism）的情懷，會對於某些觀念或是熱忱深深感動，可是常常其中較激進的教友會陷於「反教儀」或是「反智」。愛德華茲（Jonathan Edwards）在新英格蘭最重要的牧師中幾乎是唯一的，他支持往昔將智識與虔敬結合的方式，且接納新觀念。到了十八世紀中葉時，新英格蘭的宗教已經像其他殖民地一般，醞釀出一股對於「智識」質疑的風潮，這對於注重學養的牧師們會有很大的衝擊。

3. 十八世紀的大覺醒運動

有學養的牧師們受到的第一波主要的攻擊與責難，發生在十八世紀中葉的「大覺醒」運動期間。這些振奮派運動本身雖然沒有對於智識與學養造成明確的傷害，但是他們卻為之後對有學養牧師的攻訐立下先例，並且鼓舞了不拘泥於形式儀規的民粹式教會與非專業化教會領導者的出現。

美國的「大覺醒」運動其實是歐洲同性質宗教變革運動的翻版，尤其是德國的「虔敬派」（pietism）與英國的「衛理公會」（Methodism），但是美國的改變力道特別強。很多美國人既不是異議派——例如寄生在聖公會與公理會中那些難以馴服的浸信會友——也不屬於任何教派，也根本不上教堂。不管是空間上還是心靈上，民眾們已遠離了牧師們的掌握範圍。在某些地方，尤其是維吉尼亞州，很多聖公會牧師根本發揮不了作用。即使在新英格蘭地區，宗教氛圍也冷淡了。到了一七三〇與一七四〇年代，新英格蘭的教會，以及紐約與賓州等中部殖民地的長老會，已經明顯缺乏士氣，也被中上階層的人看成只是呆板的「教義貯藏所」而已。他們一貫以有高深與抽象的智識為榮，可是現在這些對於普通民眾實在缺乏吸引力；往昔因為有由宗教改革引發熱烈爭辯的教義問題，才促成了這些教派的興起，現在也顯得毫無意義。[11]第一代清教徒的熱血情懷與他們飽受良好教育的下一代現在都已是歷史。

牧師們失去了以往那種動力，也因此失去了以往所享的尊榮。牧師們學養太好，也多才多藝；但是也許因為學養太好、太多才多藝與俗世化，使得他們看起來不像是牧師了。教友們在他們枯燥晦澀、陷溺於教義爭論的講道中打瞌睡。「大覺醒」運動中的一員，懷特菲爾德（George Whitefield）說道：「教友們像死人般一無反應，這是因為像死人般的牧師在對他們講道。」[12]從麻州一直往南到維吉尼亞州，甚至更南，眾多的教友們其實都在期盼著有什麼牧師能真正地喚起他們的宗教熱忱。

「大覺醒」始於一七二〇年，當時一位受到英國及荷蘭清教主義吸引而來到新大陸的年輕牧師弗里林輝森（Theodore Frelinghuysen），用他生動的講道詞深深打動了紐澤西州荷蘭改革宗的教友們。他在紐澤西引發的「振奮運動」帶動了紐約與賓州等地的蘇格蘭愛爾蘭長老會之「振奮運動」。一七二六年田楠（William Tennent）在賓州創建了「小木屋學院」（Log College），這是一種簡陋、基礎性的神學學校，而在往後二十年間，他於此訓練出一批年輕的牧師前往賓州各長老會宣揚振奮派的福音精神。一七三四年時振奮派已經獨立地成為一個教會在英格蘭出現。愛德華茲是「大覺醒」時期很特別的一位牧師，他竟然可以結合清教徒重視教義與印發書面講道詞的傳統與振奮派式的熱情與激昂。他的講道詞雖然在一七三四與一七三五年間鼓動了麻州北安普頓郡（Northampton）與周遭鄉鎮，但與一七三八、一七三九年兩次來到美洲宣道的懷特菲爾德（英格蘭的衛斯理牧師的助手）比起來就遜色許多。懷特菲爾德第二次來美洲時是從喬治亞開始，而兩次成功地向北方前進一路風靡教友，最後在一七四〇年秋天時抵達新英格蘭。葛瑞克（David Garrick）說他有突然使群眾狂野激動起來的本事，因此他的講道在美國大受歡迎。數以千計的人從鄉村湧入城鎮聽他講道，很多人聽後覺悟到罪性而感覺到精神上的重生。懷特菲爾德第一次到英格蘭之後，田楠的兒子紀柏特·田楠也接著造訪，他竟然讓振奮派式的傳福音激烈狂熱到讓某些原本還願意接受這種宣教方式的粉絲也感覺到不快的地步。

振奮派傳福音方式中，走狂怪路線的還有戴文波（James Davenport），他是長島的牧師，耶魯大學畢業生。他在一七四二年及一七四三年時遊走於康乃狄克州與麻州，肆意攻擊謾罵傳統教會的牧師，而且完全藐視教會慣用禮儀（例如邊唱著歌邊走進教堂與上聖壇），使得當局對他很不悅。在一七四二年夏天，他被以「藉宗教集會之名破壞公共秩序」的罪名起訴，但最後還是逃過了較嚴重的處罰而改以驅逐出州界了事，因為他被當局認為已「失去理智」。幾個月後，他現身波士頓，這次因為誹謗牧師而繫獄數月，但稍後又以「精神異常」（*non compos mentis*）為由被釋放，而他回到長島後卻因為疏於教區職守被審判。在康州新倫敦（New London）這個地方又經過了一次類似的醜聞後，他最後終於同意辭去牧師職，而在一七四四年時寫了一篇看起來並不是很由衷的懺悔文。戴文波被紀柏特·田楠嚴厲譴責，但是後者卻是當初啟發戴文波走向振奮式宣教的人。由此可見較溫和的「覺醒派」與一般的牧師一樣，都對這種走激進偏鋒的路線已心有警覺。[13]

絕大部分的傳統牧師起初對於遊走四方的振奮派宣教者都歡迎，因為他們的確可以提振教區信友們的熱情，甚至連當時著名的波士頓自由派知識分子柯門（Benjamin Colman）也都如此表示。但當「大覺醒」運動成了氣候之際，這些牧師才開始明白原來「大覺醒」派並沒有把他們視為同路人，而是當成競爭者，並且他們還是非常低劣的對手。

紀柏特．田楠在他的宣道講詞〈論沒有全然順服的教會之危險性〉（The Danger of an Unconverted Ministry）批評了傳統的牧師（那些「正統的、學識佳的以及正規的法利賽人」）之宣道方式；他認為他們是工於心計、殘酷、冷血、過於拘泥且信仰不堅定的偽君子，而且根本瞧不起一般民眾。他又認為這些傳統派（不屬「大覺醒」運動的）牧師們無論動機與虔敬程度都很有問題，因此不是同工而是敵人（「如果他們能，他們絕不會讓一個真正虔誠的人進入教會，這樣他們倒行逆施的詭計就可得逞」）。紀柏特．田楠如此的手法絕不可能討好社會，但他相信自己是在發掘一個真正的問題，而且我們很難否認他的主張其實是一種宗教上的民主。他認為：在目前的教會組織結構下，牧師們是冰冷而未完全順服主的人，若未經其同意「大覺醒」派的信友進不了此教會，那麼這整個教會又如何能夠趨向「虔敬」呢？[14]這時紀柏特．田楠發揮了當初「改革宗」（Protestant）教徒所具有的精神，把這個問題發掘出來：在宗教組織被壟斷的情況下，信仰如何傳播？但對現有的傳統派牧師們來說，這個問題卻是以另外一個面貌呈現：在他們必須遵守教內信條與禮儀的情況下，如何能與指控他們為敵人的振奮派牧師如紀柏特．田楠與懷特菲爾德這樣的人競爭呢？

事實上，傳統的牧師們發現他們自己很難與振奮派競爭。一般的牧師在平凡、嚴肅、無特別刺激感的宗教環境中，日復一日、年復一年與教友們共同度過，但卻要肩負起不斷提振他們信仰使其不致流失的責任。當他們要面對像懷特菲爾德這樣熱情又吸引人的牧師時，或是像紀柏特．田楠與戴文波這樣名氣略小但是會以激昂的身體語言振奮聽眾的傳教士時，他們就像是上了年紀的家庭主婦，眼睜睜看著老公被唱詩班裡年輕貌美的女孩吸引而有著無力感一般。反觀振奮派的牧師們，當然除了知識程度極高而教友們難以望其項背的愛德華茲以外，其他人的講道都不需要訴諸教友的理性或是觸及某些困難的教理問題。而又除了愛德華茲外，他們也不寫講道的文稿，而即興地與教友們對話。他們通常去觸及宗教上最根本的問題——人的原罪感、尋求救贖的渴望、求上帝的愛與憐憫等，而且在鼓動教友們的情緒上從不遲疑，所以癲癇、顫慄、尖叫、呻吟、俯伏以及發呆恍神等現象都出現了。例如，紀柏特．田楠常會激動頓足陷入精神恍惚、語無倫次的狀態，而聽眾竟因害怕恐懼而信教。但這樣的表演顯然大家很需要：他在新英格蘭的三個月旅行佈道期間，經常可讓他的皈依者激動欣喜地俯伏在一呎深的大雪中。一名有偏見的聖公會教友卡特樂（Timothy Cutler）如此報導：「在懷特菲爾德之後來了一個叫田楠者，他真是個喧囂、厚顏無恥的野獸，他告訴聽眾他們被上帝詛咒、詛咒、詛咒了！而這顯然風靡了聽眾，於是在最刺骨的冬季裡，人們紛紛挖坑匍倒在雪地裡，不分晝夜，就是為了激使他的叫聲能持續不停，而許多人也因此在聚會完後疲累不堪地離去。」[15]

不久，振奮派最激進的這些牧師開始挑戰公理派、荷蘭改革宗、長老會或聖公會的儀規了。如前所述，新英格蘭的公理會與其他地方的長老派一直都強調牧師必須是飽學專業的。一直以來他們的牧師都備受尊敬，不但因為飽學，也因為虔敬與宗教上的素養。學養在此有著很基本的重要性，因為大家認為對於教義的理性認識是宗教生活的關鍵。並且，常態的教會中所有的事務都井然有序。牧師們是被聘任而來，且需獲授職晉任，他們與教友間是穩定、嚴肅的連結關係。沒有任用資格的牧師是不可能出現的，而也從來就沒有不請自來的講道者。

但這些傳統現在都受到挑戰了。最激進的振奮派傳道者的行徑破壞了牧師這個職業的尊嚴，他們也侵犯、分化了傳統派牧師原本的教會；他們批評這些教會是冰冷而無感召氣息的，[16]他們宣稱虔信精神而非知識才是獲救贖的關鍵，最後，他們甚至（即使紀柏特・田楠及一些人反對）任命一般教友來執行宣教佈道的工作，這樣無異於破壞了牧師這個職業的專業性。於是不久後，很多教會開始分裂，像是公理派與長老會等都派系林立。整個情勢明顯失控了。此事發生二十年後，史泰爾（Ezra Stiles）回憶道：「群眾們認真、清醒、嚴肅地失去了理性！」[17]

4. 保守派的反擊

當然不久後，傳統教會開始不歡迎這些振奮派了。到了一七四三年時牧師們自己站了出來——不是為了反對任命未經受訓的教友為牧師或是外人侵入教區演講，因為這些大家都不同意，而是反對振奮派運動本身。少數人（可能至多到占三分之一）認為儘管振奮派運動有些缺點，但是它「不失為應樂見的宗教復興運動」，但是大部分人視之為充滿迷信的狂熱、對傳統與理性權威的「反智」性挑戰。對於振奮派最全面的批判來自於最不願與其妥協的敵人：有點呆板但是屬自由派的波士頓牧師界領袖邵西（Charles Chauncy）。他於一七四三年出版的《對於新英格蘭宗教現況的及時反省》（*His Seasonable Thoughts on the State of Religion in New England*）表達了他對於這些傲慢無禮的宗教「暴發戶」的憤怒：這些來自不同階層行業的人挑戰了現行的教會制度，雖然他們完全不夠格但卻無比的自傲。他認為這些振奮派已經為「未受訓練的牧師」（lay exhorters）開啟大門，他認為這些人「來自各行業但是自以為可以勝任當別人的心靈老師；沒有學識或能力，但是卻自以為有；沒有受過專業訓練，但卻想要在信仰上教導附從者。」[18]

「而他們也不願學習！」這就是振奮派最大的問題了。邵西認為，以往發生的錯誤現在又來了。過去的異端認為「不需要任何書只需要《聖經》」；他們認為牧道一事無須訓練，他們可以靠著聖靈引領而勝過嚴格訓練出來的牧師，這樣說來彷彿聖靈與訓練是相對立的。邵西認為這個就是振奮派最根本的錯誤所在：

> 他們以為只要依靠聖靈就不需要學習教理，也因此許多人看輕學校與學院。又認為只要有一顆虔敬聖潔的心，就能有力量。於是大群的素人牧師就出現，吸引隨附的群眾，但他們其中很多是連常識都沒有的……也有很多這樣的牧師在講道時連《聖經》都不看，也不學習基本教義，因為他們認為看多了會限制聖靈的發揮。[19]

對於重視《聖經》與正確解讀其含意的人來說，以下觀念簡直是異端的極致了：一個人只要感受到聖靈，則不需要學習基本教理，就可以正確解讀上帝的福音而來拯救他人的靈魂。在此，我們看見了振奮派與傳統教會的最主要差異：對《聖經》的悠久詮釋傳統重要，還是發展出內在宗教情懷來與上帝溝通重要？

振奮派牧師如此解釋他們的立場：

上帝其實賦予每位弟兄都有資格來講道，只要他是夠虔敬的。講道的最基本資格由是否充滿聖靈來決定，對經典語文的熟悉與人文社會學門知識之有無並非絕對必要，他們如果正確使用會有幫助，但是如果缺乏聖靈的洗禮而想以學識代替，則反而會是個陷阱。[20]

對保守的人來說，這無異於完全拒絕學習教理，而且如此的感性崇拜方式，最後將會把信仰活動中的理性全部抹除。南方有一位反對福音派的人這樣寫道：

如果沒有理性，則沒有真正的信仰。在宗教中真理與意義永遠是必要因素，而理性是辨識它們的工具。我們的信仰最可貴處在於心靈內在的反省。如果宗教只是關於身世、氣質、興趣或是任何外在的狀況或動機等，則所有的宗教都會變得相差不大。由於教育我們明白應該信仰真正的宗教，但是如果我們不能真正了解我們宗教的優點何在，則這種信仰對我們無助益。如果我們給上帝的是「愚人的奉獻」，則上帝不會悅納。[21]

所以我們可以理解，在受到振奮派波及的殖民地中，保守派的牧師們從原本期待振奮派能帶來些助益到馬上開始對他們害怕，認為振奮派對於他們的地位、對教會及對所有真正的信仰都是威脅。振奮派忽視基本的教義，不循教會常規的體制還誹謗它。即興式的講道把信仰中所有的理性元素都拋諸腦後，很多福音運動牧師自己承認他們的講道來自於「聖靈當下把思想注入他們腦中、把話語灌入他們口中。」對保守派來說，這樣的方式即使在一個經過正式養成訓練的牧師身上出現都是不好的，而對素人傳教者更是危險，因為他們只是「未受過教育、沒有知識、不認識福音教理的尋常百姓。」[22] 最後，這些爭議現象的出現，不但在許多教會中製造出分裂與爭端，也使得牧師們紛紛害怕振奮派的如此作為，認為最後會傷害學院教育的發展與傳統的牧師教育訓練體制。

這些害怕是被誇大了沒錯，但是振奮派的確想打擊學院體制，且最激烈時還有焚書的舉動出現。即使溫和的懷特菲爾德都曾主張某些書應該燒毀，且曾成功地說服跟從者燒了一些書。一七四三年三月時，戴文波勸告新倫敦的人把個人擁有的珠寶與值錢奢華的東西都燒掉時，也要把馬瑟、柯爾曼與邵西等牧師與其他一些傳統派牧師的書與講道詞燒毀。一個週日的早晨，碼頭上出現一個熾燃的柴堆焚燒著書，戴文波與其跟隨者唱著《榮耀頌》（*Gloria Patri*）與《哈雷路亞》並且高聲叫喊：「這些書帶來的折磨與這些作者的錯誤思想，都已隨著冉冉上升的煙被送進了地獄……」[23]

振奮派運動對於教育的立即影響是正負面兼具的。在長老會中，許多牧師是由蘇格蘭的大學訓練出來的有知識的人，所以振奮派的牧師其實知道自己的做法是會遭指控為傷害知識與學養的。田楠在他的小木屋學院中訓練出不少能幹的學者，他的兒子也不像坊間傳說的一般無知。更重要的是，長老會中的振奮派在一七四六年設立了紐澤西學院（College of New Jersey，也就是後來的普林斯頓大學），以確保他們有自己的教育機構。此時其他教育機構——例如布朗大學、羅格斯大學與達特茅斯學院等——也都是由親近振奮派的人士所設立。振奮派敵視教育其實是後期發生的事。必須說明的是，振奮派出現的後果，是教育受到教派分裂的影響，而且某一學校是受到某一教派的控制。這些激進的教派所要的不是要建立一個一般性的學府，而是要有一個他們自己的教育傳教機構；在其中他們可以推展他們自己的教義傾向，而非傳授俗世的博雅人文教育。即使博學的牧師愛德華茲有一次也抨擊哈佛與耶魯不願意做「信仰的搖籃」，花很多力氣在養成人文學者而非致力於宗教教育。[24]

懷特菲爾德自己是一位有責任感的福音派牧師，但他也不滿這兩所學校。他抱怨這兩所學校的教育失去了光芒，「非常暗，可以感受到它是非常黑暗。」當他在一七四四年回到新英格蘭時，當初歡迎他上講壇的傳統派牧師們都不再接受他了，哈佛與耶魯的教師們也寫文章攻擊他，回應他對於學院的攻擊，也對他個人提出很多質疑。他的對手詆毀他，說他醜化與顛覆這兩所學校的目的在於推翻它們既有的牧師群，而建立一種培育下一代牧師的新方式。我們對這種說法不必相信。但是在那時代，振奮派頻頻對教友們說他們服膺的傳統派牧師即使並不邪惡，但缺乏虔敬心；在這種氛圍下，傳統派害怕自己的地位全然被推翻的心態是可以理解的。[25]

其實焚書與對學院教育權柄的覬覦，並不是振奮派一般會有的作為，而是一些過激的案例。振奮派一開始並不想要分裂教會、攻擊學院，或是誹謗知識分子與學術；其實他們的最基本目標只是想要振興信仰與讓靈魂接近上帝而已。而且，「大覺醒」運動在新英格蘭與賓州等地對像邵西這樣的牧師所做的任何辛辣的攻訐，它的「反智」效果其實有限，因為這些地方的公理會與長老會中有著強大的尊重教育與理性的傳統。但是即使在新英格蘭，「大覺醒」運動也會有向極端發展而失控的時候。反對它的人會像邵西一樣，說「大覺醒」運動的本質是狂熱與「反智」，但是贊成的人卻認為這些都不過是例外與偶然，「大覺醒」本質上是一個正向的基督徒重生的運動。從短期來看，在新英格蘭教會普遍的保守自制的氛圍下，贊成者的說法沒錯；但是反對者卻說中了振奮派日後的發展趨勢——尤其是當這種運動跨越出有著節制與傳統主義特質的新英格蘭，而向美國廣大內地發展後。一位晚近對新英格蘭「大覺醒」運動研究的學者，雖然字裡行間明顯地同情它，但依舊如此結論道：「這個運動說明了，缺乏智性的狂熱福音主義出現的可能性，與可以成功地散布開來的事實。」他又認為在當時反對教育與學養的只是「大覺醒」運動中的少數人，但是之後竟然變成新教信仰中的主流態度。[26]

因此，傳統上對於「大覺醒」運動的看法，無疑地是很正確的：它是美國民主化的重要推手，因為它主張的信仰方式適合於一般人，且給他有別於菁英階層所打造出的體制之外的另一種選擇；讓一般人有權利選擇他們喜歡且聽得懂的牧師類型，甚至有時也讓他們自己上去講道，振奮派的確打破了社會原本的建制而提高了美國一般人民的自信感與自我具足（self-sufficiency）的能力，這些都是外國人來美國時所不斷觀察到的美國人民特質。此外，若干人道主義的舉措，例如反對奴隸制度與對奴隸與印第安人宣教，也都可看成是「大覺醒」運動所帶來的影響。對一位熱心善良的「大覺醒」運動的支持者而言，世界上每個人的靈魂都能夠獲救是他所願。但在信仰一事上，智識與學養所可能帶來的負面影響則要多所考慮。在美國「大覺醒」運動的支持者其實並不是首先站出來反對心智能力的人，但是無可諱言他們的確是加速了「反智」。而且他們給予了美國的「反智」在對抗傳統時的第一個短暫的勝利。隨著「大覺醒」的出現，美國歷史上的清教徒世代（Puritan age）結束，而福音派紀元（evangelical age）開始。此後的振奮派運動，都不過是在更大的範圍上重複著十八世紀振奮派運動的優缺點而已。

5. 振奮派的擴張

原本新英格蘭與紐約、賓州等地是以公理派與長老會為主，但振奮派運動在這些地方興起、盛行並逐漸向外擴展到南部與西部時，它變得更原始、更感情化，更著重聖靈到來後迷醉式的表現。牧師所受的教育訓練更少了，更加強了用身體的動作來表達對聖靈的感動；俯伏、抽搐、哭喊、大叫等行為都大為增加。從一開始，懷特菲爾德所教授的方式就在南方風行，福音運動受他的鼓舞很大，再加上賓州長老會中振奮派的外移，傳播到了維吉尼亞與北卡羅來納等地，到一七四〇與五〇年代甚至遠至更南方。在這些地方振奮派發現了許多沒上教會的人，而且在此處有時候聖公會的牧師會不修邊幅，因此他們對於當地牧師的攻擊遠比對北方教區容易。更且，在當地，聖公會老是與上層階級合流，所以較傾向於民主與異議非主流的振奮派，其俗民精神自然就被凸顯。在南方，即使有像戴維斯（Samuel Davies）這麼優秀的長老會牧師（後來是普林斯頓大學校長），但是因為浸信會與衛理會還是占了多數，這些團體都不像長老會與公理會般注重牧師的教育。所以振奮派推行他們的巡迴演講牧師制度、教友講道制度或是抨擊許多現職牧師時阻礙較小。

南方振奮派在傳福音時，發現當地人不僅不上教會，連文明程度都很低。聖公會的伍德梅森（Charles Woodmason）牧師在一七六〇與一七七〇年間在卡羅來納窮鄉僻壤四處宣教時，記錄了當地粗鄙無文化的生活，與那些巡迴的宣教士如何引導民眾反對傳統教會的事蹟，這些行為絕對會讓任何一位正直的人無法忍受：

這些地方除了集會、教義問答、唱詩歌與約翰．班楊的《天路歷程》（*The Pilgrim's Progress*）與振奮派牧師的講道詞外，幾乎完全看不見《聖經》。他們也對於閱讀歷史書籍沒興趣，即使唸給他們聽也都不願意，這就好像當年英格蘭的粗鄙之人般，這些人不重視知識，他們對於有學問的人——無論是在藝術、科學或是語文上，都加以鄙視且敵視，這樣的情況甚至連地方上的重要領袖人物也不例外。

伍德梅森數年後也報導了浸信會中振奮派與新光明派（New Light）對於權威的全然反對，他們不但成功地打擊了傳統的教會，現在連國家也不要了。執法者現在開始注意到這情況：「振奮派（就像以前一三八一年英國農民革命領袖拉克史特勞〔John Rackstraw〕與泰勒〔Wat Tyler〕一般）想要摧毀知識分子這個行業。他們認為人類只要追求知識，就是違背了上帝的精神。」[27]

伍德梅森在十八世紀的卡羅來納所觀察到的，就是當時的移民社會顯現的狀況，雖然可能稍有誇大。當美洲獨立後，人們在逐漸向西移民之際，他們更是將傳統的制度拋在腦後。制度永遠無法隨著移民的速度擴散。西維吉尼亞州的居民從一七九〇年的十萬人，經過三十年後暴增到二百二十五萬人。很多家庭在短短數年內遷移了兩三次。因此各種社會組織與規範都難以維持。教會、社會組織與文化制度都瓦解了，而人們快速向更廣漠的原野遷徙而去的頻率，使得這些機制很難在短暫的停留時期內被建立好。彌爾斯（Samuel J. Mills）是美國「聖經協會」（Bible Society）的創建者，他在一八一二到一八一五年間帶著兩位伙伴參訪西部，他發現那邊很多社區即使建立了多年後，仍然沒有學校或教會，但也沒有意願要設立。在當時伊利諾州首府卡斯卡基亞（Kaskaskia），他們甚至找不到一本完整的《聖經》。[28]

佩克（John Mason Peck）是伊利諾與密蘇里地區第一位浸信會的牧師，他回憶道：「這些在墾荒邊區住在臨時棚戶區的人們，至少在一八一八年當時是處在一個極度貧困的狀態下」：

> 大約九點時我找到了我要拜訪的家庭，這個家庭是早期在遙遠邊界墾荒的棚戶區居民的典型代表，如果仔細描述他們居住的破陋情況可能會令讀者吃驚。現在一八六四年在密蘇里全境中已不可能找到這樣居住狀況的家庭了。在玉米田附近一間極端簡陋搭蓋的小木屋，一位大家長與老妻帶著幾個兒女：兩位已出嫁，她們的先生與小孩們也跟祖父母一起住，老夫婦還有同住的一子一女也近成人。老先生說他識字，但是能認的字「非常非常少」，老太太想要一本詩歌，但是她看不懂文字。家庭內其他成員根本不需要書籍，視之為全然無用。我對他們自我介紹：我是浸信會牧師，四處宣教傳福音。

老先生及妻子在城鎮居住時曾是浸信會教友，此處的城鎮乃是指維吉尼亞與卡羅來納，或是肯塔基與田納西，他們年輕時大概住過。但這些地方當時會有浸信會牧師的可能性極低。老人甚至還能指出他當年參加聚會的地方。但是老太太與年輕人則說他們自從走上墾荒之路迄今十年，尚未見過任何一位浸信會牧師。但他們偶爾會去一次衛理會的集會。當時在密蘇里無數拓荒者的宗教生活狀況就是如此的。而這些巡迴四方宣教的牧師們總是會受到民眾盡可能的熱誠招待。年輕人會害羞而遠離牧師宣講的小木屋，也不願意進來聽講道或是禱告。他們真的是處在非常落後、破陋的生活狀態中。

室內看不見桌、椅或是任何家具。這種簡陋在拓荒者圈中是常見的，因為他們從城鎮出發時，靠著馬車只能帶些最基本的東西，如鍋碗瓢盆類、床與換洗衣物等，其他的稍微奢華物皆不可能。而一家之主如果沒有木工的技巧無法製作出一張餐桌的話，那吃飯一定得勞累萬分。在當時，所謂的「餐桌」有兩種形態：一種就是把大樹幹直接劈成兩半的半圓柱，然後削成板狀，加上四隻腳就成了一張像板凳的「桌子」。另一種則是先製作一個木框，然後四邊安上腳柱，表面用磨平的隔板釘在框上，就成了一張桌子。在成百上千的拓荒者小木屋中，都有這種桌子……

要知道這種棚戶區生活的艱辛，再看看他們的食物就知道了。餿掉的培根肉在烹煮時發出腐敗的味道，而一起烹煮的豆子也經常沒熟。放了一整季的酸奶簡直不能入口。

這些拓荒者唯一能入口的早餐，其時間通常已是十點以後了，竟然是水煮的玉米而已。

有時，這些宣教士真的是被拓荒者的貧困生活嚇到了。有一位寫到一八三三年他在印第安納州小鎮的遭遇：

此處充滿了無知。完全沒有智識的氣息。對文學拒斥是很常見的現象。除了偉德弟兄與我外，此處沒有任何一位受過教育的人。我不知道這裡有任何可以教授最基本文法或是地理知識的人。有若干地方從來就沒設立過學校。很多父母與小孩同樣地無知。是有一些人每年中有幾個月可以上學，但是教材及教學方式都極為老舊。完全就是無知的最佳寫照。學校裡如不教導純粹的知識也不是過錯。沒有人想要改善這狀況，因為無論男人、女人或小孩，不論無知或是不識字都比當學究強。我們教會前些時候選了一位不識字無法讀《聖經》的人做長老。另外，我也看不見有什麼家庭會閱讀政治或宗教的文獻，他們去郵局寄信所花的郵資加起來也沒有我一人多。所以我更不必提醒你們有某些心態會如何易於傳染散布，例如嫉妒、偏執、懷疑與盲從、壞心眼等……[29]

可是這些住在貧困環境中的人還得要面臨印第安人襲擊、熱病與傳染病的威脅等，也常在喝酒與爭吵中度日，另一方面卻無法接納教育或文化，因為他們對於無法擁有的東西，乾脆拒絕它會比承認缺少它是個缺點來得容易。

印第安納城鎮區有另一位牧師以較為同情的口吻說：「這些墾荒的人勤勉地耕種他們的土地，他們很窮也離市集很遠。」可是在文化上他們實在太缺乏了：

這裡的社會還沒有形成體制，聚集了南方各州來的人……各式的教派雲集，各種宣教者多如過江之鯽，有些甚至不識字，有些竟還在安息日宣講。也有人說耶穌不是神！但他們卻都共同地反對教育，也反對領薪水的牧師。在西部，這樣無知的狀況何時才會終止？[30]

當然，描述拓荒者的貧陋生活，就等於給福音派在此傳播的最好理由。因為既然鄉間各處文化水準本來就不高，就不能怪他們的態度或是宣教方式阻礙了文化與教育。福音派中最高水準者固然在其教區中領袖群倫，但是最差的也不致讓原本的情況更壞。教會派去的家庭宣教師其實是不斷地在面對社會解體後所顯露出的徵候：例如很多人無教會可去、無信仰、婚姻不符教規、生活不檢點、酗酒與鬥毆等。福音派牧師雖然受歡迎，可是還是會有反對的聲音，最溫和的是質疑他們，最惡劣的會致使他們面臨危險的地步。最有名的巡迴衛理會牧師是卡萊特（Peter Cartwright），他曾回憶在宣教營帳內，曾有暴徒持刀棍馬鞭等武器要破壞他的集會。此外，某個週日早上當他的集會被騷擾時，他還必須領著信徒拿武器對抗。所以那些致力於對西部拓荒者宣教的牧師，如果採用在東部城鎮時的態度或禮儀是絕對行不通的。他們如果沒有發展出一套在地的風格，如何可以感召折服那些在篷車上不斷西征的流浪拓荒者？這些風格就是反權威、反貴族、反東部文化與反學識。各教派在這問題上各自尋找立足點：但一般來說，整體原則是教友地位要被提升而牧師地位下降。簡言之，在西部這種粗獷的社會環境中，文化菁英的價值被貶低了。如果我們要評斷福音派牧師的作為，則應考量他們當初在西部教會所展示出的誠懇、自我犧牲、勇氣與智慧。既然我們的目的是考察文明的變遷與文化的發展過程，我們對當時社會發展的狀況就應謹記在心。那是個勇氣、性格、堅毅與狡黠決定一切的社會，而不是產出詩人與科學家的社會。

第四章　福音主義與振奮派

1. 牧師職責與意義的轉變

現在回顧起來，很明顯地，美國十九世紀的環境導致美國有獨特的基督教會形態，不論是組織上或是對牧師的要求上皆然。早期基督教的歷史中一向是單一教會，而不是教派分立的情況。但是美洲殖民地從一開始就充滿了信仰各種不同教派的殖民團體，有「右派」的也有「左派」的，這些都是歐洲宗教改革運動的後果。所以大家也早就知道，要在這塊殖民大陸上維持一個單一的教會極為困難。到了十八世紀中葉時，整個社會都已習於宗教上的互相容忍，且立法來落實這種態度。

因為宗教多元帶來了教派林立，美國人很早就不習慣只有單一制式的教會，也一向擁抱信仰自由。在十八世紀末十九世紀初的美國各州，由於信仰自由的結果，使得原本在歐洲被視為異端的教派在此得以穩定發展成為具規模的組織，雖然不似往昔「正統」教派一樣強大，但也早已脫離異端教派的零散狹隘格局。於是乎在傳統教會式微而各新興宗派壯大的情況下，一個信仰上的「自由競爭市場」出現了，最後演變成為現在我們看見的「改革宗各分支並存」（denominationalism）。[1]這種「改革宗各分支並存」現象的本質是：教會從此被視為「自願性組織」（voluntary organizations）。教友們可以隨意選擇他們喜歡的教派依附並參加聚會，以往傳統性教會一支獨大、強迫入會的現象已不再。往昔在歐洲，教友們多半是隨著家族傳統而進入教會，而國家對異端的迫害也等於強迫教友留在傳統教會中，接受其教義與儀式。但是美國的信友們並非如此，他們不是生下來就必須接受上一代歸屬的教會或是禮儀，而是根據他們自己的宗教體驗而決定加入哪一個教派。

這種選擇性並不是虛幻的。由於十八世紀末時美式生活的自由化，加上宗教改革打破了傳統教會的建制與組織，所以在一七九〇年時可能有多到百分之九十的美國人沒有參加任何教會。但是隨後幾十年間這種令人吃驚的「宗教無政府狀態」大大改變了，教友們各自歸宗，選擇適合他們的教會參加。但是在這個過程中，個人可以一再地自由做選擇。在宗教上，美國人很希望與過去割斷、對未來懷抱憧憬而離開傳統崇拜方式，所以每個改革宗分支教派大抵都可滿足他們這樣的需求。美國在政治上有一種根深柢固的觀念，就是歐洲代表了過去的腐敗，因此美國需要超越舊大陸。改革宗各分支對於傳統基督教的看法亦如此。[2]他們認為教會的歷史充滿了腐敗與墮落而不是日益完善，因此原始基督教的純真精神不再。於是虔敬者的職責不是保存傳統所留下來的形態，而是找尋可以回復原先精神的方式。著名的長老會教友巴恩斯（Albert Barnes）在一八四四年寫道：「自由的年代來臨了，人類終將享有自由。傳統的宗教儀式或組織都是過去留下的呆板智慧或愚蠢，顯然跟追尋自由風氣、寬廣視野的潮流不合。」[3]

現在的目標是要回復基督教初期的純樸精神，它唯有從《聖經》中可找到線索，此點即使不喜歡美國宗教發展方向的人也無法否認。一八四九年時德國改革宗的發言人認為美國人訴諸個人的閱讀與理解《聖經》來尋求指引的方式無異是：

> 對過去權威性解釋必然的抗議，除非過去的解釋是有理的。因此，對真理真正的尺度來自個別教派出自內心虔誠的解讀，而非過去頒布的教律……一個真正的教派並不會在乎它過去並不為人承認。它的目標在於從《聖經》中獲得啟示，從《聖經》通往天國……教會傳承的歷史，對於這些教派來說並不重要。[4]

因此，將各改革宗分支聯繫起來的力量並非那些傳統的力量，也就是說，不在於過去的傳統對教義的解釋，而是在於得出新的見解。既然在各分支間教義的統一不是必要的，因此對於教義的嚴謹討論——這在過去是教會中理性思辨的重要來源——就被視為是對目前穩定狀態的干擾，會造成衝突。所以雖然對教義的討論沒有被放棄，但是卻受制於一些大家認為很重要的實際目標之下。[5]結果是教派的任何一個教義主張只要會影響教派的發展傳播，就只好被放棄。[6]一切以福音能被傳播出去為最高考量。在當時社會的變化很快很大，沒有去教會的人數量很多，各教派都在爭取新人，擴張是他們最優先的考量，其他的都次之。

各教派分支都在爭取的這些人，過去並沒有宗教信仰，對教義或是聖餐儀式也沒有特定看法。所以爭取他們並不需要靠特定教義或是儀式。能找到基督教最初成立時，宣教者所散發出的情感與熱忱才是最有用的。振奮派就是在這方面成功，而傳統派失敗。宗教情感上的振奮取代了嚴謹的儀規與教理的認知。對於單純的人，要用單純的道理打動，激昂催促的牧師不用繁瑣的教義而只用最簡單的選項給聽眾：到底要天堂還是地獄？救贖繫乎選擇：罪人應該選擇宗教，而不是宗教來選擇罪人。因此任何只要能讓人皈依宗教的方法，就是好的。作為努力不懈拯救人的牧師，穆迪（Dwight L. Moody）曾說：「你如何使人信上帝不重要，重要的是你讓他信了。」[7]即使在實用主義成為美國文化上的信念前，福音派已為它約略建立起輪廓了。對於教友來說，在信仰一事上是否「實用」的一個測試就是皈依的感受；而對於牧師來說，則是可否引導信徒皈依。牧師是否能成功地帶領人進入信仰，會被認為是他說的話到底是不是真理的一個證明。[8]

教派分支的現象與福音主義都對牧師的制度產生頗大衝擊。不論屬於什麼教派分支，各個教會多少都會嘗試朝向以教友為尊的聚會所方式（congregationalism），或是地方教會（localism）方式來前進。地方教會與振奮派的結合不啻大大鼓舞了走偏鋒或是想分裂出去的團體：只要有最後成果，誰也不能說什麼！當然也對本派教友的地位多所提升。牧師已不能像以往般從中央教會得到資源挹注，其薪資乃是從教友奉獻而來，因此必須發展與教區教友的和諧關係。當然牧師還是盡可能希望建立權威，但是美式生活的傳統，是對於教會內事務教友得享說話的權利。在南方各州，即使在牧師權威最大的聖公會內，也可看見權力逐漸轉移到教友身上。於是各處出現的共同情況，是牧師們的表現由教友來評斷，或可說牧師成為被教友「使用」的人。在十八世紀時，克雷夫各已經說過荷蘭人對他們牧師的態度：「他們把他視為是聘雇而來的人，如果表現稱職則他可得到約定的薪資，但如不是，則會把他解雇，即使因此聚會禮拜時沒有講道也無妨，有些教堂甚至被關閉了好些年。」[9]

也因此，牧師們再也不能像在舊大陸時一般，依靠中央教會組織或他們的身分來立足，而必須像個政客一樣圓熟地處理教會事務，充分運用俗世那套人際關係技巧。而對於那些善於鼓動宗教與民族情懷的牧師而言，他們就可以朝向改造這個國家的心靈、使大西部的拓荒者皈依這兩個目標前進。一位牧師說，十九世紀上半葉時，美國的社會為了達成這兩個目標，「於是只好靠著牧師來完成這些工作，牧師就像社會的管理者般，在相關部門間穿針引線。」[10]大家常會以牧師在社會改革與促進社會進步方面的表現來評斷他們。因此社會學家米德（Sidney E. Mead）指出：「牧師此時實質上已失去傳統的角色，而成為帶著聖職、由上帝召喚而來的社會發展促進者。」[11]

最後，牧師職務的終極評鑑指標乃是——到底他拯救了多少數目的靈魂？我們如何評斷地方教區的牧師之優劣呢？一個就是看他「個人魅力」（charismatic powers）的多寡，二就是看他能動員多少教友參加有名的巡迴牧師帶來的動人心弦講道節目？[12]很諷刺地，以多少顆星星來評斷牧師竟比我們用來評斷電影還早。當福音運動愈來愈流行後，對於牧師的甄拔與訓練就開始採用振奮主義的標準。往昔清教徒將牧師視為智識與教育領導者這樣的看法逐漸消失，代之的是福音派將牧師視為在宗教上能鼓舞說服群眾的人。牧師的神學教育不再重要，只要具備基本的教義知識即可。往昔教會與俗世間在智識上的連結大幅地減少了，將宗教視為人的整體知識生活之一部分這樣的看法也被放棄；不注重理性的學習，把它看成只是科學的範疇。一八五三年時有一位牧師抱怨道：「現在竟然有一種流行的看法，就是如果牧師太有學問，則虔敬度必然不夠；一位卓越的牧師必然要在智識上有所欠缺才是好的。」[13]

2.福音運動的高峰

前述只是非常概括的陳述，如作為對美國宗教的定論是有危險的，因為各區域間狀況不同，而且美國的宗教太複雜。但是我們認為以上的概括描述，還算適用於形容改革宗各分支的狀況以及福音派的發展。當然，某些保守的教會並未受到福音運動的影響，像是天主教或是路德宗，除了些微表面形態上的部分，餘皆未受福音運動衝擊；聖公會則是依各地情況而受影響程度不一；至於長老會與公理派，則由福音運動帶來了內部的分裂。

如果我們比較美國剛獨立時與一八五〇年時的社會，前者只占有現在東部的區域，而後者幅員遼闊且教派分支已形成，則會發現福音運動的擴展很蓬勃迅速。在剛獨立時，改革宗之中，聖公會、長老會與公理會是三個最大的教派。前兩個是歐洲傳來的，最後一個則是美國所特有。但到了一八五〇年時，改變非常明顯。全國最大的教派仍是天主教，但在改革宗內部，最大的現在是衛理會與浸信會了，它們之前不過是非主流的。其後才是長老會、公理會與路德派。聖公會變成第八名，這表示了它的脆弱特質——它是屬於上層社會、保守的教會，在美國社會中自我隔絕地存在。[14]

大致上來說，改革宗在廣大西部與新興城鎮的發展，都是靠較貼近大眾的福音派而非傳統教會。像是衛理會與浸信會的大肆發展，就是它們能夠適應美國當時狀況的明證。而福音派成功地進入到公理會與長老會內部，也說明了它有改變傳統教會結構的能力。

所以福音派是傳播改革宗基督教的主要力量，而振奮運動則是它塑造熱烈氛圍的方式。從十八世紀末直到十九世紀，振奮派的浪潮橫掃美國各地。第一波大約是從一七九五年到一八三五年，明顯地出現在田納西與肯塔基這兩個新的疆界，然後到了紐約西部與中西部各州。隔了沒多久，新的一波又出現，此次席捲城鎮都市，證明了振奮派絕不只是在鄉間有市場（振奮派牧師穆迪、桑戴〔Billy Sunday〕與葛理翰稍後也明白了此點）。在一七五七與一七五八年，振奮運動達到高峰，但帶來了許多紛擾。紐約、費城、波士頓、辛辛那提、匹茲堡、羅徹斯特、賓罕頓等，與一些較小的城市，都可見振奮派。[15]

但福音運動的成功不是只靠振奮派。到一八三〇年時，福音運動已經成立了一些社團，例如聖經學會、基督教教育學會、主日學校聯盟與修養團體等，大多是跨改革宗各分支而成立的。這些組織成立的目的是對整個密西西比谷地地區宣教，使其不再對宗教冷漠、不信神或使其脫離天主教信仰，當然最終是要讓整個美國都變成福音信仰的地方，甚至全世界亦然。有一段很長的時間，改革宗內部的差異都在這共同目標下暫時化解了，大家合力克服無信仰者的消極、懷疑態度，或是對抗天主教。在教派合作的範圍之外，則由上述社團提供想入教者幫助，而當牧師不想參加或介入某些活動時，社團也給某些積極的教友參與領導的機會。總之福音派在一七九五年到一八三五年間維持互相合作的態勢，直到一八三七年時開始有些轉變。一方面是由於教派間的紛爭擴大或是教派內的分裂，另一方面則因福音運動已達成其基本目標了。[16]

從各種跡象顯示，福音運動怎麼看都算成功。從數字可看出在困難的環境中，皈依於福音運動的人數很多。在十八世紀中葉時，美國國內的基督徒比例是所有基督教國家中最低的。雖然美國關於宗教上的統計數字非常不準，但是一般估計在一八〇〇年左右，每十五人中只有一人去教會，但到了一八五〇年時每七人中就有一人。在一八五五年時，二千七百萬人中有超過四百萬人去教會。在二十世紀的美國，因為大多數人都去教會，所以這些統計數字看起來不怎樣；但是我們要知道，所謂「上教會」者的定義，現在很寬鬆到幾乎沒特別意義，但是當年卻是非常嚴謹的，所有的福音教派都要求信仰者有皈依的體驗與嚴格的宗教紀律。因此，「上教堂」的人應遠多於教派成員，也因此在一八六〇年時全美人口約三千一百萬，但是教堂座位卻有二千六百萬個。[17]成員人數增加最多的是衛理會與浸信會，合起來約占了改革宗各支派總和的七成。

3. 長老會的芬尼

福音派浪潮首先向西部荒野地區席捲，繼而進駐較繁榮的城鎮，於是漸漸可看出美國的宗教版圖是三分天下的：衛理公會、長老會與浸信會。想要了解美國的福音文化，就得看看這三個教會的情況。

在所有的福音派中，對智識最感興趣的應算是長老會教友了，他們把新英格蘭的公理會（Congregationalism）與殖民時期的長老會傳統都帶向西部。長老會與公理會在一八〇一年簽署聯盟計畫（the Plan of Union），但他們的結盟日後卻使得公理會在新英格蘭以外的地區難以順利發展，這是因為在結盟計畫中採用了喀爾文神學所理解的「兩個教會」理論[18]；而當麻州以外的所有公理會都不反對長老會的組織方式時，它們就慢慢地被吸納入長老會中了，尤其是紐約州及中西部各州。但無疑地，公理會的特殊文化與新英格蘭式風格還是在這些中西部的長老會中留下印記。

長老會通常很執著其教義。因為他們樂意吸收商界企業人士，所以彷彿成為新興改革宗分支內的菁英人士之教會。[19]長老會教友樂意於資助高等教育，期待對於他們的教會事業有所幫助，但是終究還是會與高等教育學府因為教義上的執著而起衝突分裂。由於受到公理會的影響，部分長老會牧師開始宣講「新庇護所神學」（New Haven theology），這是一種相當自由化的喀爾文派教義，宣講神對大部分人類所賜予的恩寵，而採用福音派振奮主義的精神及做法來傳教。但是一些較老派的信友，尤其是以普林斯頓大學及其神學院為基地的蘇格蘭或蘇格蘭／愛爾蘭傳統的教會成員，不接受這種新的觀點。從一八二八到一八三七年好些爭議及異端事件困擾著整個教會。長老會中的福音派領袖，例如巴恩斯（Albert Barnes）、庇策（Lyman Beecher）、馬漢（Asa Mahan）及庇策之子愛德華．庇策等都被指控為異端。到了一八三七年時，新派被守舊派驅逐出去，從此後全國的長老會教友就必須選邊站，決定依從新派或是舊派。舊派認為新派除了教義上與其有歧異外，也對那些跨教派宣教團體太過於同情與接納，又不積極反對在教會中日漸茁壯的反教儀主義之同情者或煽動者。耶魯大學、歐伯林學院（Oberlin College）與辛辛那提的藍恩神學院（Lane Theological Seminary）是新派福音主義的大本營。其中最重要的是芬尼（Charles Grandison Finney），他是介於穆迪與懷特菲爾德兩時期之間美國最有名的振奮派人士。

芬尼可算是說明「長老公理會福音主義」（"Presbygational" evangelism）這個詞意義含混不清的好例子，或是讓人難以對「宗教反智主義」遽下定論的好例子了。芬尼與他的同伴是新英格蘭智識傳統的繼承者，所以很關切教育。歐柏林學院與卡爾頓學院（Carlton College）都可視為是新英格蘭傳統之移植於中西部，當然也說明了這個傳統在此的受重視。其他的福音派團體中很難找到像芬尼、馬漢與庇策這樣知書達禮的人，在內戰後還有什麼人寫得出芬尼的《回憶錄》（*Memoirs*）這種水準的書呢？這些人的心由於不斷地咀嚼喀爾文神學要義而變得堅毅，也由於需要發展出個人的神學理論而變得睿智善思考。可惜他們的文化觀非常狹隘，他們對於教育的看法也只是注重其工具性，所以他們不但沒有把所繼承的智識傳統擴大，反而把它限縮了。

雖然今日只有對美國宗教史特別有興趣的人才會認識芬尼，但不管怎麼說他都應算是美國歷史上的偉人之一。他是康乃狄克州一個向西部拓荒家庭的子弟，因此童年在紐約州中部度過，接著又向西移居到安大略湖畔。他曾在紐澤西州短暫做過老師，後來通過律師考試而在紐約州中部的小鎮執業律師。他直到二十九歲時才信教。他回憶道，當時他是在一間陰暗的律師辦公室內因為尋求精神指引而進行禱告時，「受到了聖靈的洗禮」。這是他一生中數次這種神祕體驗的第一次。第二天早上他告訴一位客戶：「主耶穌剛成為我的新客戶，所以我無法接你的案子了。」[20]自此以後，他全力投入佈道生涯。一八二四年，他在長老會中成為牧師，而從一八二五年到一八三五年，他發起了數次有名的振奮運動，使他在當時福音派牧師中聲名大噪，也使他成為美國宗教史上最出名的人物之一。

芬尼天生有大嗓門，並且善於在講壇唱作俱佳的表演。但是他最寶貴的天賦是那雙電眼，凝視人時充滿了無比熱情與先知式的指引，這對令人難忘的眼睛在美國十九世紀的肖像畫中除了卡爾洪（John C. Calhoun）外無人能比。他的講道對於教會會友來說是充滿震撼的——兼具理性與感性、批判與柔情。「上帝要我以巧妙的方式讓他們打開心房」，他回顧早年一次最成功的振奮式講道時說：「信友們紛紛從椅子上東倒西歪跌下，哭喊乞求著上帝的慈悲……幾乎整個教會的人不是跪著就是俯伏在地上。」[21]

芬尼創造出他自己的神學思想，猶如一個充滿個人風格的鄉野民間哲學家，嘗試著去實踐一些連他自己都不知道後果如何的觀念或想法，這點讓法國的托克維爾讚賞為「美國式的勇敢」。他為了成為長老會牧師，婉拒了傳統教會一些資深牧師打算送他去普林斯頓神學院進修的提議。他回顧說：「我明白地告訴他們我不會像他們一樣遵循傳統，我有自信他們受的訓練與教育是不對的，他們不符合我心目中一個宣揚基督福音的牧師應有的風貌。」雖然自承是神學門外漢，但是芬尼對於與他意見不一致的常見神學觀點並不接受。「對於神學著作，我除了《聖經》外什麼也沒讀過，所以在神學問題上，我用像研讀法律書籍一樣的態度來從《聖經》中尋找依據。」此外，「我無法因為某人是神學權威就接受他的觀點……我只信從《聖經》，也只相信由我的心靈所生的哲學與知識……。」[22]

芬尼用法律的素養把清教徒注重理性與思辨的精神帶入了講壇（他曾說他會用說服陪審團的態度來對教會信眾講道），他在對受過教育的中產階級信眾時尤其如此。但即使他佈道時有無比的感情，但很快地還是被某些福音派牧師認為是太理性，他們警告他說曾經有人這樣認為：「他會不會有成為一個智識派分子的危險啊？」[23]可是芬尼卻對自己講道風格能訴諸感性之程度自豪，他在鄉村佈道時充分強調感情面，而在較有文化的城鎮時就稍微加一點兒理性思辨。他說：「由於我的佈道，法官、律師與受過教育的人們紛紛歸主了。」[24]

無論如何，芬尼並沒有「變成一個智識主義者」的危險。大體來說，他講道的方式與對佈道者一職的理解上，都是忠於振奮運動的。雖然他對於牧師缺乏知識這種狀況並不認同，但是卻很贊同無論用什麼方式能爭取到信友都是好的。他也對於書面的講道詞嗤之以鼻，因為這樣較不能引起信友產生自發性的感動情懷，他同時也把世俗文化看成是對於心靈救贖的障礙。

芬尼並不依靠他所受的牧師養成訓練，或是採用那些受過良好教育的牧師所用的佈道方式。他說他「從不利用高等教育學來的知識」，當然也就非常自知會被許多同行看成是個業餘的角色，也自知同行將他看成玷汙了牧師這職業的人。芬尼在初擔任牧師時就知道，大家都認為如果他這樣的做法能成功，那就會讓學校及教育機構瓦解。做了一陣子牧師後，他開始相信「基本上學校的訓練摧毀了許多原本可以成為好牧師的人」，因為他們大量學習有關於《聖經》的知識與神學，卻不知如何應用於使人歸主之上。其實最重要的是經驗：「一個人只有在實際佈道中才能學會如何佈道。」那些神學院訓練出來的牧師的講道詞「簡直就像是文學作品……叫人閱讀這麼優美的文學作品怎能算是佈道？這對文學的愛好者是很大的享受，但是卻沒有教化功能。」[25]

不論是文學或其他事物，芬尼對於任何形式的優雅都不以為然。例如華麗的衣飾或是家具、生活品味與方式，在他看來都與抽菸、喝酒、打牌或看戲一樣是不好的傾向。至於文學，他說：「我不相信一個愛上帝的人會喜好世俗的小說。」他常常威脅教友：「讓我看看你的書房與閱讀的地方，這裡有什麼書？拜倫、史考特、莎士比亞以及一大堆製造麻煩與對上帝不敬的人。」即使是一般認為牧師需要懂的古典語言，如希臘文拉丁文等，他也認為沒什麼用。他說學生在神學院內「花了四年讀很多古典作品[26]，但是上帝並不在其中」。當這些學生由神學院畢業時飽學了知識，且對於拉丁文嫻熟，縱使學到了如何使幾百人信上帝歸主的技巧，心裡卻可能看不起那些無知的教友。[27]他把智識視為與虔敬對立，因此認為這些剛從神學院出來的年輕牧師們「心中高傲如學院之門牆般」。神學院教育的問題在於「它讓年輕人具備智識，卻沒給他們道德感」。這些準牧師們在神學院中的進展基本上只是智識上的，年輕人……「失去了宗教精神……他們的智識長進，愛上帝的心靈卻荒廢了。」[28]

我們很難判斷芬尼對於美國神學院教育的描述是否正確，但是他的看法代表了主流福音派牧師的立場。所以不論神學院訓練出來的牧師們在智識上多麼充足，他總是反對這樣的訓練方式。

4. 衛理會的轉向

我們詳細地介紹芬尼，因為他是長老會內福音運動的代表人物，他在長老會牧師中既不是最博學也不是最無知的。福音運動作為一種宣教與使人信主的新方式，它整個的效果就是讓長老會及公理會中長久以來的追求智識與教育的傳統不再。至於衛理教會，身為美國招募信友最多的教會，它的歷史恰恰相反。衛理會開始時對於智識並不熱衷，也不注重教育或是牧師的學院式訓練。可是隨著時間與教會的發展，他們慢慢地變成主流大教會而不再是以往那樣的非主流激進教派，而吸收進來的新成員也都漸漸重視教育。到了十九世紀中葉時，衛理會中不同立場間的爭辯已時有所聞，也就是懷舊派與中產階級信友間的爭執，前者贊成沒受多少教育的巡迴牧師那種激情招募信友的方式，而後者希望牧師接受正規的神學訓練。衛理會與浸信會的歷史，就是美國宗教史上這兩種路線矛盾衝突的最好例子。一方面，有許多信友支持「反智」的福音運動，而另一方面規模較大的主流教會中，一定有期待以文雅而正式的神學來宣道的聲音。所以美國的宗教早已出現後來拉夫（Philip Rahv）所稱的、如同美國文學史中的「粗鄙與優雅路線之爭」。

衛斯理（John Wesley）本人是牛津大學訓練出來、喜愛閱覽群籍的牧師，他兼具智識上的嚴謹與易讓人信賴依靠的風格。他為衛理會立下了相當好的智識標準，但是之後美國的衛理會信友卻沒興趣維繫這些標準。無疑地福音運動的本質使得振奮運動成為「反智」的，但是美國特殊的狀況卻使得「反智」風潮特別壯大。[29]

衛斯理自己與美國衛理公會的創立者之一奧斯柏力（Francis Asbury），兩人都是巡迴牧師出身，但是他們這樣宣教不是因為方便而是有其原因。他們相信在地的牧師（有如許多英國的教區牧師般）時間久了一定會逐漸頹廢失去衝勁，而巡迴佈道卻能夠讓聽講者的宗教精神昂揚。在美國這塊土地上，衛理會的巡迴佈道是特別適合於吸收流動移民與拓荒者的宣教方式。早期美國衛理會很引以為傲的就是他們的巡迴牧師，這些牧師展現出了當初受訓練時所沒有被教導過的機動性、彈性、勇氣、辛勤工作與奉獻精神，放下身段去服務教友。他們以自己的犧牲奉獻為榮，將福音傳給民眾。他們待遇微薄又工作超時，在各種天候與艱困的旅行環境下宣教（暴風雪時人們有一句諺語：「今晚沒有人會在外面，除了牛隻與衛理會牧師外。」）。他們能夠忍受辛勞就是虔誠的證明，[30]而他們爭取原本不去教堂的人成為信友的輝煌績效令人驚訝。也因為他們的努力，使得美國的衛理公會從奧斯柏力來美四年後的一七七五年時只是三千人小教派，再過八十年後成長為最大的改革宗分支，有超過一百五十萬教友。

那些走較高貴路線的教會及他們之中受過良好教育的牧師，不管他們因為何種理由反對「振奮主義」，巡迴牧師們都知道自己的方式是有效的。巡迴牧師們發展出自己的一套宗教實用主義，而其中只有一個單純的目標：在最短時間內拯救最多的靈魂。如果以達成此目標為務，則那些受過良好教育的牧師所宣講的教義也許只是花拳繡腿而已，甚至可能是障礙。一個簡單的理由即可支持這些沒有多少知識的巡迴牧師之做法：他們真的有成果，顯示在歸主人數上的具體成果。為何會如此？很少人知道。

衛理會的領袖們自己也知道他們主要的宣教對象是窮人與未受教育者，而他們認為這是好的現象。奧斯柏力有次曾因耶魯大學若干學生表現出的上流社會姿態而感覺被「冒犯」了，而他甚至覺得連貴格派的人舉止都過於「值得尊敬」。[31]就全國而言，衛理會在吸收教友上輕易地超越其他改革宗分支。新英格蘭因為經濟較優渥，故民眾比較認同受過良好訓練的牧師，因而此地對他們來說很難攻克，吸收教友的成就最少。但到了十九世紀初時，衛理會還是能夠在此地有所開拓。起初他們在這裡升起類似新英格蘭「大覺醒」運動的旗幟：「我們一直以來都著重於保存一個有生命力的教會，而不是一群受良好教育的牧師。」[32]李傑熙（Jesse Lee）是新英格蘭衛理會的領袖，當有人質疑他受過的教育時（這現象在那兒很常見，因為衛理會牧師必須與其他教會競爭），他僅簡單回答說：「我受的教育夠讓我周遊全國而無阻礙了。」[33]漸漸地，英格蘭變成了衛理會能否存活的指標，而事實證明他們可以存活下來。他們為了適應環境，在各方面都做了調整，企圖讓人覺得可敬、文雅與受過教育，這些也成為日後在其他地方做出（幅度較小）調整的寶貴經驗。

例如在康乃狄克州的諾維（Norwich, Connecticut），一八〇〇年時曾有人寫文章形容衛理會的成員是「最懦弱、無教育無知識，社會中最底層的一群人」。[34]但是到了十九世紀中葉時，一位公理會成員用這樣的話來形容他們所做的改變，這些改變可以代表各地的衛理教會的情況：

> 雖然他們起初是由社會上底層的人組成，但現在他們的成員已和其他教會成員一般值得尊敬了。他們已經不再以穀倉、學校或是臨時處所來聚會，他們也不再拖著瘦弱的身軀、消瘦的臉龐與散亂的頭髮來集會，或是講話不合文法、用詞低俗，而牧師也都受過教育，顯示出優雅與尊嚴。[35]

當初衛理會沿著不注重教育的區域之邊界與南方各州散布時，它還是帶著發源時期的特色前來：成員出身好、受過教育且經濟穩固。但是當它成功地擴展後，就必須站在中下階層的立場來面對其他教會優雅高貴風格的挑戰。一般來說，在去中心化分權制的教會裡，每一個地方教會都可以自行決定風格，但是在像衛理會這樣一個高度中央集權的組織裡，決定全教會風格高低的辯論就會異常頻繁。我們從教會中一份走高貴路線的刊物中就可看出立場的反覆變化，這就是《衛理雜誌與季刊》（*The Methodist Magazine and Quarterly Review*），在一八四一年之後，它稱為《衛理季刊》（*The Methodist Quarterly Review*）。在一八三〇年代初，很明顯地衛理會自知他們是傳統教會攻擊的對象，所以他們有著路線上的困擾：一邊是贊成巡迴牧師風格式的迎合中低階層路線，另一邊則是某些教友與受過良好訓練的牧師對於教會風格提升的要求。[36] 一八三四年時這個爭議被桑德藍牧師（Reverend La Roy Sunderland）的一篇文章帶到檯面上，文章要求所有衛理會牧師都接受良好教育，也等於是提議廢除巡迴牧師的制度。他大聲疾呼：

> 我們教會中可有任何部門的任何一個章程中，明確載明要成為牧師需先接受某種程度的教育訓練嗎？沒有！我們許多規定或是傳統豈不是故意地要讓人以為牧師教育根本不必要？我們內部的會議中不是多次提及，如果有天賦及神恩與智慧，那就夠資格成為牧師了？

有一個舊路線的代表站出來反駁桑德藍，他說主張嚴謹精緻的神學訓練其實是將佈道看成是像法律及醫藥一樣的「專業」，需要「專業訓練」。「但是我們現有的牧師群並非無知之人，如果要這樣說他們，則不啻『落實了我們敵人的指控』。我們不是早有了自己的學院與大學嗎？我們的年輕人現在都受了良好的教育，但是他們的道德卻不會受到那些缺乏虔敬感的牧師所敗壞，也不會讓他們在學校中的教授或校長嘲笑他們所相信的衛理會。」[37]隨著時間過去，從這個期刊的內容我們可以看見改革派戰勝了守舊者：因為愈來愈少關於舊式巡迴牧師的事情被報導了，在以往這應是期刊的主要內容；而也愈來愈多關於基本神學與智識問題的討論了。

所以衛理教會在一八三〇與一八四〇年代經歷了重大的改變。大家都開始尋求提升格調以贏得尊重，而之前巡迴佈道時代的福音運動方式、「反智」方式的傳統漸漸褪去。同理，現在也開始注重對於信友與牧師的教育。早期衛理會對於教育實在是欠缺重視的。[38]在最早期，教會內不但受過教育的人很少，且從奧斯柏力自己到基層，上上下下都不重視教育。[39]多數的衛理會成員無法付學費受教育，而牧師的良好神學訓練看起來也是種浪費，因為他需要的僅是以簡單的福音告訴簡單的民眾。

所以早年即使廣設學校，遲早也會失敗，因為得不到財務支持。直到一八一六年奧斯柏力過世，一群從英格蘭來的堅定尋求提升教育程度的改革者，開始針對人數漸多而且素質提升的信友宣揚教育的重要性。所以到了一八二〇年代末期，衛理會已有一些書院（academy）與幾所政府立案的大學。康乃狄克州的衛斯理學院於一八三一年設立，接著又設立狄金森學院（Dickinson College），這是從長老會接收來的，然後在一八三三年時設立了阿力格尼學院（Allegheny College）與印第安納奥斯柏力學院（Indiana Asbury），一八四二年設立了俄亥俄州衛斯理學院（Ohio Wesleyan），這些都只是最為人知的。從一八三五到一八六〇年間衛理會設立了超過二百所學校與學院，但是都像以前一樣經營維持得不甚好，因為他們認為教育只是工具性的；雖如此，這已經比以前好多了，過去甚至認為教育對宗教來說沒有助益。衛理會開始重視牧師的教育訓練有兩個原因：一是有些領導人真的很重視牧師的養成訓練，第二就是教派之間有時候發生的教義爭論使他們不得不開始重視神學。[40] 但是他們對神學院還不是完全信任，因為這是異端的發源所，所以衛理會前兩所神學院都取名為「聖經研究所」（Biblical Institutes）。而這些機構的領導者都從新英格蘭來，反而不是從衛理會勢力最大的區域來，這是因為新英格蘭的教育學術水準最高。[41]

但是老派的衛理會人士並不願意向新方向妥協，例如設置學院、大學、神學院與期刊等。巡迴佈道家中最有名的卡萊特在一八五六年寫下的著名自傳中，記載了老派福音運動佈道家對此發展的看法。因為這個看法完全地代表了「反智」的立場，所以值得完整地摘錄於下：

現在讓我們來試著想像衛斯理先生在展開新的一天的佈道前，如果必須先集合一群飽讀詩書與受過良好神學薰陶的牧師才能開始他的拯救靈魂工作，那衛理會今天會變成什麼樣的教會了呢？……再假設奧斯柏力先生必須藉助一群充滿了高度文學素養的牧師才能宣教，則現今全美國境內大概就很難有誠心侍奉上帝的人了……

長老會及其他新教的支派，經常會提倡牧師應該受完整訓練，教會要有美觀的座席，獻詩歌時要有樂器伴奏，牧師要有固定薪資等。但是衛理會的人普遍反對這些，因為那些不識字的衛理會牧師能大大地感動信友，聲勢如同烈火，而其他牧師感動信友的能力相比之下只像在點火柴……

我並不想貶低教育，但是我看過很多受過良好訓練的牧師就如同長在桃樹陰影下的萵苣菜一樣毫無挑戰風雨的能力，也像小鵝在露水中邁著大步而自以為是，我實在看不下去。現在這些教育牧師的計畫與神學訓練都不是實驗了，因為其他教派早已試過，而且完全失敗……

我很為心愛的衛理教會擔心。如果廣設大學與神學院，發行雜誌或擴大組織，然後用我們最優秀的牧師來擔任這些機構的職位，那就等於把他們限定在一個地方並且把他們俗世化，不再巡迴佈道了。如果這樣的話我們就會淪落成為公理會一般，停留在別人以前的錯誤狀況中……

難道我們看不出來？因為很多牧師進入這些機構與學校的教職服務，造成一般佈道的牧師短缺。更且，這些非佈道牧師的職務有很高的薪俸，反而是那些辛苦旅行各地佈道的牧師，頂著風雪四處奔波，但所得的微薄薪俸卻經常不夠花費所需。因此很多人受到這些非佈道職高薪的誘惑，而不想去從事一般的佈道牧師工作來拯救靈魂……

或許，在我們教會成千的旅行各地佈道拯救靈魂的牧師中，可能只有不超過五十個人曾接受過比正式英語教育還高的教育，而多數沒有；而沒有任何人曾經在神學院或是聖經研究所就讀過，但是他們之中很多人在宣揚福音上是成果豐碩的，拯救的靈魂遠較現代的那些聰慧高人一等的牧師來得多，因為後者紛紛投入機構的管理職、教職或是期刊的編輯職，或是任何待遇豐厚的職務中，而不願意去佈道拯救靈魂。他們不斷地創造新機構與職位以便可以領高薪享受好生活，卻忍心讓數以百萬計的窮困、瀕死的罪人因為無法接觸上帝、聽到福音而投入地獄中……

我不會鄉愿地宣稱我是贊成學問的人，或是贊成牧師受更好的教育，因為這是最簡單的掩蓋真理的方法，也會鼓勵讓那些學養豐富的牧師們站出來宣稱，反對他們的人等同於主張無知才是好的，主張無知才會帶來虔敬。我們看看這些飽學的牧師——他們把神學當作是一門學問在研究——對這個世界有何幫助？讓我們回顧一下宣教的歷史吧！我們看到人要陷入驕傲是很容易的，很多受過良好教育的牧師就是因為學歷高而傲慢，造成了他們自己無法成為宣揚福音的好牧師。但我現在不在這裡報復，我還是要謝謝上帝讓我們有教育，也教育了傳福音的牧師具有好的教養。但是主張教育的人可曾知道成百上千沒受過太多神學教育的牧師，會對我們推行的高等教育與神學訓練教育做何感想？沒錯，我們之中很多主張牧師接受高等神學教育的人，用傲慢的語氣說出對不太有知識的舊式佈道者的觀感，但我不得不誠實地說出我心中對這種處於天龍國度的人的感受，我認為他們心裡真實的聲音，就是其實多虧有了那些無知的人，他們才能有今天的成功。[42]

無疑地批評旅行佈道者的人是會有這種心態的，但是卡萊特應該要承認其實他們並不是完全沒道理。不是所有的福音派牧師都拒絕承認此事實。而在芬尼之前有一群福音工作者曾這樣說：「與未受過教育者相比，跟受過教育的人一起工作比較困難，這些人有世故複雜的心思，又喜歡質疑任何事情。」[43]

5.浸信會的革新

在許多方面浸信會的歷史都與衛理會相仿，但因為浸信會的組織比較沒那麼中央集權化，比較堅持傳統，比較支持牧師不需有特別高的教育甚至主張牧師不支薪，所以他們在這方面的轉變較緩慢，也不像衛理會那麼劇烈。史衛特（William Warren Sweet）觀察到：「沒有任何其他教會像浸信會般，對於受高等教育與領薪水的牧師那麼反感。十九世紀的前期，這種偏見不但存在於邊界拓荒的團體中，甚至在整個浸信會中都如此。」[44]

浸信會曾受到有良好教育的牧師及傳統優勢教會的鄙視，尤其是在公理會當道的麻州及遍布聖公會的維吉尼亞州，他們常受迫害。他們習慣於選用自己教友中的一些人來擔任牧師職，浸信會的牧師可能是個耕田的農夫或是製作板凳的木匠，就像任何一位教友一般，平常從事維生的工作。但到了週日或是受洗禮、喪禮時他們就搖身一變為牧師。他們忙於營生工作，當然沒時間念書，也不喜歡其他的牧師與他們做佈道上的競爭，更是堅決地反對那些從東部或新英格蘭傳道協會來的牧師跟他們一起傳道。他們藉著抗拒「外來」的影響與母教會的中央集權，因而建立起自己的信友團體。浸信會內甚至還有一種傳說，誰跟傳道協會有關係，就不歡迎到浸信會來。一個肯塔基州的浸信會團體說：「我們不接受從這些背離《聖經》精神的傳道協會來的個人或是團體到我們之中。」伊利諾州有一個團體，在一封公開信中以對任何權威極端懷疑的口氣說：「我們要昭告，我們跟聖經協會沒有關係，我們認為任命一小群人來翻譯神聖的《聖經》是很危險的。耶穌讓我們獲得自由，我們要站穩在自由之地，不要被綑綁住了。」[45]的確，《聖經》的翻譯被一個機構壟斷的確可議，而浸信會對此的懷疑與不信任感，乃源自於早年他們受到的迫害與嘲笑。[46]

浸信會反對傳道協會派牧師來，那是因為他們反對中央集權式的領導。他們覺得，只要對教會中央機構讓步，就好像讓領導機構慢慢成為「羅馬教宗與邪惡宗教」。浸信會中那些沒有受過教育也沒有支薪的素人牧師們，當然會痛恨受過良好教育而領高薪的牧師來接近他們的信友。他們很自然地會相信這些受過教育、從東部來的牧師其實是為了錢才做此工作。[47]當時一位觀察者認為這是因為未受教育的牧師知道自己弱點何在，但是對於上帝派了更好的人來宣道「卻不加以歡迎，乃因他們的自尊受傷，這是狹隘且懦弱的心靈常見的毛病。」曾經有人出來打圓場，說沒人強迫信友去聽那些外來牧師宣道，而他們也沒有要求金錢回報除非本地教友自願給他們。但是一位浸信會牧師對此坦誠的反駁，透露出上述對浸信會牧師的行為做的診斷是正確的：「出來打圓場的這位好弟兄，你要知道，森林裡的大樹擋住了小樹的陽光，而這些外來牧師就像未來的偉人，人們都會去聽他們佈道，我們就沒人理會了。所以我們反對。」[48]

浸信會友們，如同老派的衛理會信友般，無法理直氣壯地完全拒斥受過教育的專業牧師這種潮流。於是只有一種方法可以兼顧自尊與尊重他人，那就是「革新」。一個維吉尼亞州的浸信會，決定在一七八九年創設自己的神學院，他們做了以下的宣示：

> 我們周遭其他教會的弟兄們再也不能嘲笑我們不懂教會儀規了，也不能因為不習慣

我們使用的日常宣道語言就忽視我們佈道的內涵，如果我們這樣做（其他事也一樣）是為了榮耀主以及拯救靈魂，那我們相信上天會贊成我們的。[49]

浸信會友們對此事意見分裂，有人認為應該革新以獲得其他教會的尊敬，也有人喜歡原來那種親切又不花錢的佈道方式。到了一八三〇年時，浸信會的領袖們已經決定朝向專業牧師與受薪牧師這兩種方向大幅邁進，也同意信友本身的教育水準也應提升。但是浸信會長期以來對於智識的偏見，是不易立刻改變的，這需要日後不斷地與振奮運動帶來的衝擊對抗磨合才能轉變成功。[50]

6. 佈道家穆迪

在美國內戰之後，教會的社會地位有了重大的結構性改變。城市逐漸擴大，於是向都會中的居民宣教便成了緊迫的事。當然這很困難，因為教會必須了解都會勞動者的心聲及需求，他們一般是很貧窮的，而教會也要盡量照顧從鄉下移居來的人。在一八四〇及五〇年代時都市化很迅速，城市中這些需要振奮重生的靈魂數目很多，因此成為迫切的議題。從穆迪到葛理翰的期間，一位福音宣道者在大城市中——或是國際間——感化人數的多少，就成為他是否成功的最終指標。只能在鄉間與小城鎮佈道者，會被看成是第三流的。

穆迪可說是介於芬尼與桑戴（Billy Sunday）間最出名的佈道家。他父親是麻州北田市（Northfield）的一個窮困泥水匠，而且在他幼時就過世，他十八歲時受到一位公理會的巡迴福音佈道牧師感召而皈依。內戰前夕他正好二十出頭，但已經開始參與了教會在大城市中的宣教與慈善活動。他在芝加哥從事鞋類批發生意頗為成功，但是一八六〇年時決定棄商而成為獨立佈道者。內戰時他活躍於「基督教青年會」（YMCA），而戰後他就成為該會的芝加哥分會會長。穆迪自十三歲起失學，因此他從未尋求接受按立成為正式牧師。

在一八七三年之前，他的主要成就在於YMCA與興辦主日學校，但基於好奇與對宗教的雄心壯志，他也去了英國兩次，觀察那邊的教會領袖如何領導。在一八七三年他應邀到英國從事一系列福音佈道演講時，獲得了生涯第一次的重大成功。從一八七三年夏天開始，他帶著自己的風琴師與演唱人員桑奇（Ira D. Sankey）在兩年間巡迴了英國各大城市，包括約克、愛丁堡、格拉斯哥、伯爾發斯特、都柏林、曼徹斯特、雪菲爾德、伯明罕、利物浦與倫敦等。光是在倫敦就有約二百五十萬人聽過他的佈道。從衛斯理與懷特菲爾德之後，英國就沒有出現過這麼精采的佈道了。他離開美國時沒沒無名，但回來時已是光芒萬丈；從一八七五到一八九九年過世為止，他不但被公認是美國福音佈道界的第一人，也是美國改革宗歷史上的偉大人物。

穆迪與芬尼很不同。芬尼用可怕的力量震懾聽眾，但是穆迪卻是和藹可親令人喜愛，用進入天堂的應允代替了入地獄受苦的警告。他像曾出任美國總統的格蘭特（Ulysses S. Grant）[51]將軍一樣矮胖留著大鬍子，但是他們倆的相似不只是外貌體型而已。穆迪像格蘭特一般是個單純的人，但是有著堅強的意志力，他組織群眾的力量就如同格蘭特將軍在著名的攻克維克斯堡（Vicksburg）戰役中所展現的一般。他們兩人都習於將優勢力量集結起來進攻敵人最弱處，使敵人的抵抗瓦解。他們都把真正的意圖藏在誠懇的面容後。但從這時起，兩人有了差異。即使沒有自信心，格蘭特會努力以赴他應做之事；他在戰前做生意失敗，但後來從政雖當上總統卻未能留下好名聲。但是穆迪卻是自信滿滿的人，他很年輕時就做生意成功，然後突然轉向宗教；在任何需要毅力、精明、決斷、魄力與人情味的現實生活領域中，他都能成功。他真的沒什麼知識，甚至連文法也不通——這是批評他講道者常說的。但是他對《聖經》嫻熟，他了解他的聽眾。他佈道一點兒也不激昂狂野，但是卻顯得永不疲累，他會持續地問他的聽眾：「你是基督徒嗎？」然後他用綿密不斷的語言勸勉眾人、他的聲音充塞整個講堂，讓人無所逃遁，最後大家終於被他鼓舞而迎向救贖……

穆迪傳講的信息很概括，而且也不從任何改革宗分支教派的立場出發——所以幾乎所有教派都歡迎他的講道，除了天主教與一神論（Unitarians）、普救論（Universalists）等例外。[52]他也根本不在乎對神學做正式的討論（「我的神學！我不知道我還有神學！請你告訴我我的神學是什麼吧！」）。[53]當時的知識、文化與科學對他來說毫無意義，他明白地表達對它們的不屑。所以，在這方面他是與主流的福音派傳統一致的。雖然他並未要攻擊傳統的牧師與他們所受的訓練，但是他熱烈地主張一般信友參與佈道的工作，並且認為那些受過正式訓練的牧師「被教育成離信友愈來愈遠」。[54]他認為任何教育只要是不符合宗教的需要都是無用的——他說，世俗的教育並不告訴我們人生是多麼脆弱坎坷，反而讓人類高興地以為「人因為受了教育就跟天使一樣。但是受了教育的流氓會是流氓中最壞的一種。」除了《聖經》外，他幾乎不讀任何書。「對於書，我只有一個原則。我只讀能幫我更了解《聖經》的書。」小說嗎？「言詞太華麗……不合我胃口，也不想讀。即使我喜歡那調調，我也不會去讀的。」戲劇？「人們說有教養者應多看好的戲劇。算了吧！讓那種教養隨風飄散吧……」文化？「有相當程度的文化是很好，但是把它置於上帝的重要性之前，這是極度癲狂。」學識？對尋求信仰的人來說毋寧是一種累贅，「我寧可有信仰熱情而無學識，現在世間有很多學識是沒有信仰熱情在其中的。」科學？在穆迪的時代，科學已經成為信仰的威脅，而不是幫助我們認識或榮耀神的工具，「其實相信人是上帝造的要比相信科學、人是由猴子變來的容易多了。」[55]

穆迪對於智識與文化的態度完全合於福音派的一貫立場，但是他還是在那一代的振奮重生運動中開啟了新的一頁，這不是在目標或是態度上的新，而是方法上的。在愛德華茲的時代，大家都把振奮重生看成是由於神意的降臨。愛德華茲在他聞名的著作中，把北安普頓那次眾多人受感召的重生事件，看成是「令人驚喜的神的事功」。他用「令人驚喜的」來形容，就表示那次事件並不在牧師的控制中。我們可推測懷特菲爾德對這種事情了解更多，他一定知道通常人的意志會扮演一些角色的。大家毋寧如此認為：神的意旨是關鍵的，而人的意志在此是被動消極的。但是到了芬尼時，這樣的看法逐漸改變。美國福音派特有的著重人類意志的觀點（voluntarism）從此刻開始昂揚。芬尼強調，「宗教繫乎人的作為」。他固然承認神使人遵行祂的旨意而行。但神的旨意永遠都在那邊，好像是數學中的常數（the constant）；人對神意的反應才是變數（the variable）。振奮重生發生於人的意志響應了召喚。芬尼主張，人在信仰上的重生，「絕不是奇蹟，或是依賴奇蹟而生。完全是各種因素與方法具足後邏輯上的結果。」因此，坐著等待振奮重生像奇蹟般的來到，是錯謬可鄙的。「你為何沒有振奮重生的現象出現？因為你根本不想要。」[56]

芬尼的《論宗教振奮演講集》（*Lectures on Revivals of Religion*）就是專門針對如何依著意志而促成信友的振奮重生而談的。但此處要注意的是，芬尼談的不只是用什麼程序方法這類技術性事宜，而是關於如何適切引導人的頭腦、心與意志一齊朝向那顆宗教之心的復甦的經驗。雖然所有振奮派牧師同樣都要在新的工業時代中激發人的信仰熱忱，但是穆迪與他同時代的同僚卻開始運用不同的方法。我們不能說穆迪這樣充滿了動力與虔敬的人缺乏內在的精神力量來感化人，只好發明新方法，但是他的確在一般的福音派牧師所表現的風格外又加上了一個元素：商業組織的技巧。芬尼的振奮佈道與傑克遜總統和庇策是同時代的，但是穆迪則不同，他屬於實業鉅子卡內基（Andrew Carnegie）與巴農（P. T. Barnum）的時代。

芬尼的振奮佈道雖然經過精心策劃，但是沒有藉助太多的工具。但是穆迪卻依賴了一個有力的機制。首先是派人取得地方牧師對他們佈道的邀請。然後就是大力地廣告宣傳，包括海報與報紙（而報紙的宣傳竟然是放在娛樂版）。即使最大的教堂也容不下佈道會的聽眾。於是必須借用體育館或是大演講廳，如果沒有這些場所時，他們就臨時蓋一個。這些臨時蓋出來的場所，當佈道結束後就變賣換取現金。穆迪在波士頓的佈道場花了三萬二千美金，而為了應付佈道的支出（在大城市做系列的佈道，花費可從在紐約的三萬到在倫敦的十四萬美金不等）他成立了財務委員會，透過此委員會可吸收到地方上一些企業家的捐款。其實穆迪不只是依賴中小企業家的捐款，他也有大企業家的資助，例如在芝加哥有麥克科米克（Cyrus McCormick）與阿莫（George Armour），在費城有庫克（Jay Cooke）與沃納梅克（John Wanamaker），紐約有摩根（J. P. Morgan）與范德堡二世（Cornelius Vanderbilt II）。佈道會需要很多人手，包括引導群眾入場的帶位員，緊接著佈道後舉行「意願調查座談」（inquiry meeting）的協助人員等。當然也需要負責音樂的人，例如桑奇與他的風琴，或佈道當地的歌詠團（人數可從六百到一千不等）。就像任何一宗生意般，參與穆迪「意願調查座談會」且決志的人數就成為評估成敗的指標。起初穆迪本人反對做這樣數字的估計（例如有人指出倫敦有三千人歸主，芝加哥二千五百人、紐約三千五百人），但是到了後期他也開始有系統地記錄決志歸主者的姓名與住址了。

如前所述，芬尼自己對於他曾受到的法律訓練可應用到講道上非常自豪，而穆迪也同樣不自覺地在佈道時，把他早期做生意的經驗應用上。有的時候，他聽起來就像是一位專門銷售「救贖」的業務員一樣。當他在「意願調查會」站上椅子高聲問大家時，更像在賣一項產品了。他問：「現在，誰要接受主？你只需要主！有了基督，就有了永生與一切。沒有祂，只有毀滅。祂來到你身邊了。現在，有誰要接受主？」[57]有時他會對人說：「如果有人要買外套，他一定要買最物超所值的外套，這是世界不變的道理。如果我們能證明信仰是世間最有價值的東西，那我們必能贏得整個世界。」布萊德福（Gamaliel Bradford）說得有道理，這簡直像「賣鞋人所講的話語」。[58]他同時代的人也看出這點來了，艾伯特（Lyman Abbott）如此描述穆迪：「他看起來像個生意人，他穿著像個生意人，他把佈道會弄成像個生意人會做出來的舉動，連他說話都用生意人的口吻。」[59]

芬尼至少曾在一項社會議題上是激進的，那就是奴隸問題，但是穆迪卻始終是保守的；而往後的振奮運動中產生的福音思想與企業精神的連結，其實大部分歸功於穆迪。他的政治立場與支持他的共和黨企業家是一樣的，而且他從來不諱言談論福音思想是如何有助於有產階級的。「我告訴芝加哥的有錢人，如果共產主義或是無神論來了，他們的財產都會不見。」又說，「對芝加哥的資本家來說，沒有比投資在福音上更能保護他們的豪宅與財產了……」但是他並不是在投機邊緣徘徊。他的保守主義反映了他的末世觀（millennialism），因此他對世間有一種深沉的悲觀。他認為人是墮落的，無可期待：「我曾聽說悔改，悔改，到最後我厭惡聽到這詞。我們需要的是藉助聖靈的力量來重生。」因此，穆迪對於任何社會改革思想都沒有興趣。[60]對他來說，人無法成就任何事情。真正重要的事是拯救人的靈魂，因為世界像一艘快沉的船。

7. 佈道家桑戴

從某一方面來說，穆迪那時代的振奮派宣道，需要比前面的人來得更收斂。早期振奮派那種「靈恩」式的呼喊、呻吟、暈厥、大吼等現象現在都不適宜了。不只是表達虔敬的方式需要更收斂，在城市中的振奮佈道都在媒體的監看下進行，所以任何會觸怒大眾的事情都不能做。在鄉村的教堂與拓荒者營地中，可以有失控的激情演出，但是在城市演講廳舉行的大型佈道會如果這樣可能會引發危險。同情振奮運動者之中較有智慧的人，可能會對佈道會的激情狀況覺得尷尬。芬尼雖然常常激發信友的激情，但是卻認為這樣做是不好的。穆迪根本就不喜歡這樣，所以他有時會請工作人員將某一位太激動的聽眾請出場。當聽眾們喊出太多的「阿門」或是「哈雷路亞」時，他會說：「你們別這樣，我可以自己來做呼喊。」[61]他的後繼者桑戴相信可以不必用激情而感動信友，他對聽眾的要求很嚴，也會請服務人員把太激動的聽眾趕出去。有次他曾大喊：「不用兩個人一起叫喊，兄弟，我來喊就可以了。」而另有一次他說：「等一等，這位姊妹，不要一直發聲，省點力氣。」[62]他也很注重禮儀，當他講道時別人最好不要打擾。

雖然在城市佈道需要讓聽眾保持平靜，但是講道者可不是如此。對福音宣教歷史熟悉的人都知道，這種宣教在過程上是愈來愈激烈，從非常淺白口語化到最後竟然有些粗俗。對虔敬派的人來說，佈道就是要淺顯、粗俗、真誠而不修飾，這樣才能感動質樸的老百姓。芬尼就曾說，好的佈道就要像好的生活般，沒有虛矯文飾。他佈道用簡單的口語就能打動人心，也從不事先準備講稿，因為他認為當場即興想出來的話才最直接最有效果。他說，當人最誠摯時，「他的話語是直接而簡單的。他會使用簡短的句子，清楚而有力。這些話語能激起行動，會產生結果。這也是為什麼之前那些沒什麼知識的衛理會牧師與態度誠懇的浸信會牧師，能夠比博學的神學家們更能感化人。而現在我們就在這樣做。」[63]

我們很難反駁芬尼對於口語化佈道的呼籲。畢竟，所有好的佈道不是都有口語化的痕跡嗎？例如，馬丁·路德當初就是用最直接與親切的方式與他的信友溝通：

想想看一個剛結婚一年的懷孕少婦，不能待在納匝肋（Nazareth）[64]的家中生產，卻需要大腹便便走三天逃到外地去……而生產的過程尤其可憐，沒有人知道其實她是生第一胎。沒人憐憫她的狀況……她一點也沒有生產應有的準備：沒有燈光、沒有火，在深夜裡、全然黑暗中……我認為當初如果約瑟與瑪麗亞知道她快要生了，她可能會被留在納匝肋……沒有人告訴這個可憐的少婦應怎麼做。她從未生產過。我很驚訝這嬰兒竟然沒有受凍。[65]

也許，芬尼這種平易近人的風格，就正好是繼承清教徒的最佳佈道傳統而來。當然，美國佈道歷史上最偉大的意象，乃是愛德華茲將靈魂比喻為一隻蜘蛛以一根絲懸吊在廚房的火焰上，這時就完全看神恩了。不正就是這樣的平白比喻給了美國文學豐富的原創性與特色嗎？

芬尼對自己佈道風格的想法的確是有道理的。而後來福音佈道家的問題乃在於，如何使得這種風格維持穩定而不致太粗俗。與芬尼同時的牧師史旺（Jabez Swan），在描述舊約中約拿被魚吞吃那一幕時，無疑地加入了更生動的元素：

大魚這裡那裡上下跳躍、四處濺水花激起泡沫，想要吐出約拿。最後，正當它愈來愈累時，終於抵達岸邊而從嘴裡把約拿吐出。[66]

雖然穆迪習用芬尼可能覺得太過激情的方式來表達，但他講道雖很平白卻不粗俗，且說話速度可以快到每分鐘二百二十字。像芬尼一樣，穆迪也不喜歡「寫文章式」的宣道，因為他認為「講道時採用文雅渾雄的語氣是愚蠢的」。[67]傳統的聽眾可能不喜歡他的通俗語氣，倫敦的《週六評論》（*Saturday Review*）認為他「只像是個最粗俗的喧囂派教友而已」。[68]但總的來說，他的講道並不會低俗，而年輕的一代福音派像是瓊斯（Sam Jones）對傳統派的攻擊才叫尖銳：「這城裡有一半的文謅謅牧師擁有漂亮的學歷，學士、哲學博士、神學博士、文學博士等。」「如果有誰受不了我們用簡單的話語道出真理，那就請到別處去吧。」[69]後來桑戴仿效的正是瓊斯這樣的風格，而非穆迪較溫和的風格。

等到桑戴出現後，福音派宣教的語彙達到了最粗俗的地步。桑戴是從一八九六到一九三五年間宣道的。即使我們今天的葛理翰牧師與他比起來，也簡直可說是溫文儒雅了。桑戴的宣道生涯與穆迪有些類似，他父親是愛荷華州的砌磚匠，但是在一八六二年內戰中陣亡，所以他可說是在貧困中長大的鄉下小孩。高中未讀完就被職棒球探相中而加入了芝加哥白襪隊，從一八八三到一八九一年他以職業球員為生。而就像小說情節般，一個狂妄自大的棒球員有一天突然轉向了宗教的靈性生活而相信了福音。與穆迪一樣，桑戴是經由YMCA而進入福音宣道工作的。

他在一八八六年歸主，也開始逐漸在YMCA集會上演講，離開職棒後他當了YMCA

的祕書，而在一八九六年正式開始講道。穆迪自認為未受牧師訓練沒什麼大不了，但是桑戴卻渴望能接受教會正式的按立，於是在一九〇三年時他接受了一組芝加哥教會長老的面試。雖然有很多的問題他只能回答：「這對我而言太深了。」但是最後他們決定桑戴不需要經過面試合格就可取得牧師資格，因為受他感化而歸主的教友比任何在座的面試官都多——他們不再問他問題而直接授予登台講道的權利。

一九〇六年後桑戴離開了他發跡的中西部小鎮，開始到大一些的城市發展。到了一九〇九年時他已是大城市的重要佈道家，彷彿是穆迪的繼承人了。像布萊恩（William Jennings Bryan）、威爾遜（Woodrow Wilson）與老羅斯福等著名政治人物都曾以各種方式祝福他佈道事業成功，商業大亨們捐款給他如同對穆迪一般，上流社會也樂於接納他，而成千上萬的人前來聽他佈道。一九一四年《美國雜誌》（*American Magazine*）調查誰是美國最偉大的人，他竟然與實業鉅子卡內基並列第八。他的佈道事業在形態上都與穆迪類似，只有兩點差異。穆迪希望地方牧師邀請他前去講道，他也需要這些邀請，但是桑戴卻是以橫掃千軍勢如破竹的姿態讓不情願邀請他的牧師最後自動歸順。穆迪雖沒累積什麼財富但是可以過舒服的日子，可是桑戴卻成為百萬富翁。當有人質疑他每場佈道會花費太多時，他反駁：「平均下來我每拯救一個靈魂只花兩元，而若以人數來平均的話我比其他福音派牧師花費少。」他與穆迪都像個生意人，但是穆迪喜歡吃大餐，桑戴卻酷愛華麗炫耀的衣服。他穿著大條紋的西裝，豎起的硬領，鑲鑽石的袖扣，閃亮的靴子，然後偶爾吐痰，氣質上簡直就像個正要去跟女孩約會的樂手。像穆迪一樣，他也有自己的音樂伴奏與歌者羅德西佛（Homer A. Rodeheaver），但是穆迪的伴奏與歌者桑奇用甜美的音調演唱，而羅德西佛卻是以喧囂的方式來演唱詩歌。[70]

芬尼如在世一定會對桑戴的風格感到驚訝，也會對福音佈道會上的娛樂效果覺得不可思議。桑戴請一位馬戲團的巨人站在佈道會門口，他絕不模仿當時其他人的佈道方式（但芬尼曾經鄭重地訓示眾人佈道不可輕率），他在佈道講到高潮時會當眾脫下外套與背心，並間歇配合上若干敏捷快速的舞台肢體大動作。桑戴對於他自己的粗俗風格頗為自豪，他說：「我怎在乎那些小鼻小眼的牧師在旁邊嘀咕，就因為我說的是很平易淺白的英文？我要讓人完全明白我的意思，所以我貼近他們的生活。」他認為用詞文謅謅的牧師，「只是想要討好那些知識分子，但卻忽略了一般大眾。」桑戴認為，穆迪的語言雖然平易近人，但是還不夠辛辣。穆迪曾說，「教會對虔敬的標準太低，以致於毫無意義。」桑戴就說：「教會設的門檻太低，只要一隻豬穿上西裝然後手裡有點錢，都可以進來。」穆迪曾很驕傲地說：「我們不需要智識與錢，我們只需要神的話語。」而桑戴加以引申：「美國的教會如果只有百萬富翁與大學生，很快就會腐爛而下到四十九層地獄。」[71]

這種貼近庶民的佈道方式必然會把《聖經》故事日常生活化。桑戴就是有辦法採用小鎮人喜愛的表達方式傳達宣教的旨意。例如他說魔鬼曾這樣地引誘耶穌：「請你把石頭變成麵包讓人飽餐一頓。」然後他這樣形容耶穌這次變麵包的神蹟：

耶穌看看四周發現了一個小男孩，他的母親給他五個餅與一些魚作為午餐，耶穌對他說：「孩子，來這兒，神需要你。」然後耶穌告訴男孩他需要的東西，男孩就說：「耶穌，我有的不多，但是如你要，全部都給你。」

在一九二〇年代時被巴頓（Bruce Barton）《誰也不認識這人》（*The Man Nobody Knows*）書中的粗俗嚇到的人，可能不知道巴頓將耶穌形容成一個極為能幹的人，其實是受桑戴的影響。桑戴說：「耶穌很能幹，他就像是一具六缸引擎非常有力，所以你如果以為耶穌是溫和柔弱的，你就大錯了。」他也認為強調耶穌並不是好好先生是很重要的。他認為耶穌是「史上最會戰鬥的人」。[72]

第五章 對現代性的反抗

1.現代主義的挑戰

桑戴的粗俗語言只是個表面的現象，它本身不重要，重要的是它所透露出的福音派立場。在粗俗的語彙後面的其實是芬尼與穆迪兩人都不知道的一種對抗情懷。早期的福音派牧師當然有所對抗——與地獄的力量對抗，奮力戰鬥以爭取拯救更多的靈魂。但是桑戴要對抗的是另外的東西，這東西甚至是他最主要的對抗——現代化。當然這有他個人出身背景的因素在，但是也和時代的氛圍有關，那就是基本教義主義的精神已逐漸在沒落中。

如果我們目光放到二十世紀，就會發現福音派傳統正面臨危機。這危機的第一部分是內在的：舊的宗教觀念與現代性之間的扞格愈來愈大，快要無法共存了。不管是信友或是牧師，只要是持基本教義立場的人，都不願意看到福音派中最主要的衛理會與浸信會屈服於現代性觀念，而他們對於屈服者個人的厭惡更加深了這種敵視現代性的情緒。第二個部分是外來的：俗世觀念對於宗教挑戰的歷史遠較這個國家還久，達爾文演化論思想再加上新興都會生活的氛圍，更加深這種挑戰的力道。

此外，教育普及、人口快速移動與全國性的思想交流，在在使得知識分子傳達的理念與基本教義主義者抱持的《聖經》教條可以繼續各行其是。只要某些俗世觀念只存在於少數菁英身上，基本教義主義者就可以順理成章地在講道時說那只是若干偏激的思想。但是現在這些俗世的觀念慢慢普及而成為一般人會接受的大眾文化時，那科學文明與教義間的扞格與衝突就愈來愈頻繁了。

這裡我們並非意味宗教逐漸從俗世思想範圍中撤離是不可能的，而是對某些強硬的宗派來說它們不願意這樣做。對很多人或很多團體而言，宗教表達了平和的信仰、個人的寧靜與心靈的慈悲。但對於強硬派的人來說，它乃是對他人敵意與憤怒的來源或是出口。有一種人樂於與他人發生衝突對抗，我們其實在某些好戰的反天主教運動、反共濟會活動與一些激進組織中看見這情況。宗教基本教義主義有溫和的與激烈的，也不知道哪種數目較多。現在我們要討論的是激進的那一型，他們在宗教上反對現代化，而在日常生活與文化上反對現代性。這種類型的宗派雖然並不算大，但是在整個福音派運動中也有相當人數，他們竟然認為可以用狂熱與努力經營來挽救逐漸失散信友的頹勢。

桑戴的講道詞中有兩個最明顯的特色，一個是強硬，另一個是嘲諷批評，這兩個特色可看成是一種新的大眾心態的表徵。我們在桑戴的語言中可看出一種「絕對如此」（one-hundred percent mentality）的心態的出現，也就是「任何人都不應該反對我」。這種心態是最近才由宗教基本教義主義思想與美國至上思想混合產生的，有著非常明顯濃厚的激進氣息。[1]這些抱持著「我絕對正確」心態的人，他們不容忍任何立場模糊、語意曖昧或是意志猶疑不決，更不容許批評，認為只有如此堅定的氣魄才是強悍與男子氣概的表現。有人說與桑戴同時代的人中，「連羅斯福總統都不像他一樣刻意地要顯現男子氣魄。」如果耶穌是個會打架的人，則桑戴就是個打破傳統上基督徒「應有柔弱容忍被人欺壓不還手」形象的人。他認為「神要讓我們基督徒離開肩不能挑、手不能提、沒有氣魄沒有勇氣的柔弱女性意象」。也就是說，桑戴致力於改變「基督徒不應過問世事，盡可能溫良恭儉讓」的刻板印象。他會用老羅斯福總統的語氣說：「道德戰爭讓一個人堅強，虛假的和平使人懦弱。」他也自承他就是強硬好戰：「我不會崇拜一個沒有震懾威勢、不敢打擊惡人的上帝。」[2]

要了解這種逐漸滋長的好戰心態的意義，我們必須回顧福音運動的歷史。米德（Sidney E. Mead）曾說，自從西元一八〇〇年以後，「美國就面臨了一個困難的抉擇：是要選擇根據知識界的標準來過完全理性的生活，還是要根據教會的要求盡可能提升宗教情懷？」[3]這個抉擇在一八〇〇年時並未像在一八六〇年時那麼嚴峻，而到了一九〇〇年時又更加如此。根據米德的研究，在一八〇〇年以前俗世派與虔敬派之間對此彷彿有某種默契，大家基於博愛情懷與宗教自由，並不特別堅持什麼嚴格的界線。例如富蘭克林（Benjamin Franklin）在費城聽了懷特菲爾德的講道後，捐了不少錢，而當其他傳統牧師拒絕懷特菲爾德登台講道後，富蘭克林竟然捐錢蓋了一座佈道館給任何前來講道的牧師用。在傑佛遜總統任內，虔敬派與俗世派的互相尊重到達頂峰，例如像浸信會這樣的激進團體，就會支持任何聲援宗教自由的人，不管他是以俗世還是信仰為重。[4]

當然，到了一七九〇年時，那時美國的唯物主義自然神論的影響到了頂峰，很多人開始談到失去信仰的可怕並且爆發了疑慮。這些傳統教會所設立的學院與教會中的若干接納自然神論的教友，很自然地會被這波疑慮所攻擊。[5]一七九五年後的振奮派風潮下，牧師常會拿伏爾泰（Voltaire）與潘恩（Thomas Paine）當作代罪羔羊來斥責。[6]但是這些牧師並不明白，由智識所帶來的對宗教懷疑心態其實是對於純樸的一般大眾最大的威脅。他們只知道主要的敵人不是理性主義而是對宗教的冷淡，所以他們認為最重要的事不是反駁潘恩的攻擊《聖經》之言論，而是如何讓根本沒讀過《聖經》的人有信仰。當福音教派從一七九五年到一八三五年間快速發展後，自然神論此時也正好消沉，這時虔信派與理性主義的戰爭就退到了後台而不再重要。福音派的人們對如何在美國廣大內陸擊敗天主教與宗教冷淡感的重視，遠勝於如何驅趕現在已經是微弱的啟蒙理性主義心態。

但自美國內戰後，這些狀況改變了。理性主義又變成了福音派的主要敵人。達爾文演化論深遠地影響了每一個領域，也讓基督教陷入需要不斷防衛自身的尷尬；達爾文主義的影響此時又因為受過現代教育的牧師與信友們對《聖經》的新解讀而變得更大。到了本世紀末時，由於工業化與都市教會的興起，於是主張平等與社會改革式的福音觀念廣為興起，這又是另一個現代現象。牧師與信友們此時都需要選擇究竟依從基本教義或是現代主義立場，並且在傳統保守的基督教與主張社會改革的福音思想中二選一。

而漸漸地，愈來愈多的牧師——甚至包括那些對福音思想深具同情者——變成了自由派。[7]也即是說，他們現在不必覺得是與一小撮對宗教懷疑的理性主義者共處一世界，或是看見信友們不斷地質疑基督教義並轉而擁抱現代主義：好像基督教已經從全然關懷永恆的救贖問題，變成了需關懷俗世議題的信仰，例如勞動工會問題、社會福利問題與甚至推動社會主義問題等。到了十九世紀末時，基本教義主義者已經非常清楚，他們不再受人尊敬，也失去了影響力。於是他們之間很自然地興起了一股應當反擊「現代」——諸如聖經考據學、演化論、社會福音派，或各類理性詮釋《聖經》的活動——的主張。這不啻是神學以及社會思想上的保守反動，也就是日後「絕對如此」心態（one-hundred percent mentality）的來源。

這種立場上的逐漸強硬可從穆迪與他的接班人之比較看出。穆迪的立場是接近基本教義主義者，但是他的風格早在一八七〇年代初就已形成，只不過那時現代主義的影響只及於一些知識分子圈。每當他提及基本教義主義與現代主義間日漸增加的衝突時，多是由於他從個人立場出發的善意提醒而來，或是由於他早年感受到的兩者間的不相容狀況。他一直認為《聖經》是上帝的話語，所以內容必定是好的，任何想詆毀《聖經》的企圖都是撒旦的詭計。「如果《聖經》中有哪一個部分不對，那整本都沒有價值了。」那時，人們還可以逕行忽視用科學與理性來理解《聖經》的方式，因為「基督徒不是用理解來讀《聖經》的」。他對於將《聖經》詳加分析與探究式的閱讀是不耐煩的，「現在大家都這樣讀，可是如此會失去真義。」[8]雖如此，穆迪思想中卻顯著有開明自由的一面。他寧願與他尊敬的宗教上之自由派人士保持和平，他也邀請他們來參加他的佈道大會，他不喜歡保守派稱呼他們是背棄信仰的人。他的思想淵源其實是自由包容的，這可從他創立的神學院後來變成現代派看出，一所是芝加哥的穆迪聖經學院（Moody Bible Institute），另一所是麻州的北田神學院（Northfield Seminary）。這兩所神學院都自認為他們是穆迪精神的繼承者。

至於桑戴就很不同了。他從不懷疑基本教義派必須要強硬、徹底與毫不妥協。他會對於那些《聖經》考據研究與演化論毫不留情地謾罵，就如同他謾罵所有他不喜歡的事物般。「《聖經》說有地獄，你們就不要黑心、假裝死硬而不信，這樣是笨蛋。」又說：「成千上萬的大學生們正快速向死亡邁進，如果我有一百萬元，我會統統捐給教會，只捐一元給大學。」「當上帝說這樣而學者說那樣時，這些學者應該下地獄。」[9]

2.達爾文演化論與史科普案

變化的速度愈來愈驚人。對傳統的挑戰來勢洶洶，也已經進入到許多重要領域，無法再被忽視了。一般而言，宗教基本教義主義者必然自己偶爾也會懷疑所信仰的宗教是否完全無誤，但是現在情況不同，整個社會都在提出這樣的懷疑了。如同尼布爾（Reinhold Niebuhr）所說：「極端的基本教義主義正因為它如此狂熱，因此反而暴露出一個事實，就是懷疑論已經進入到教會的核心了；當人們的信仰受到挑戰時，他們反而會特別堅持原有的信念。」狂熱的基本教義主義其實是一種克服懷疑的解藥。[10]

傳統派深怕用辯論的方式無法抵擋理性主義與現代主義，所以竟然就訴諸了激烈的言語暴力來壓制他們，最後變成了以迫害及恐嚇的方式來對付敵人，所以就有了一九二〇年代的「反演化論十字軍」（anti-evolution crusade）事件。桑戴在當時的一次講道中說：「現在開始，我們應該要把這些異端人士驅逐出美國了。」[11]但不幸的是，這些基本教義派的人才被看成是異端了：他們沒有能力恐嚇與鎮壓反對他們的人，他們與歷史的潮流違逆。即使在廣大的福音派成員中，他們也沒有得到支持。許多衛理會與北方的浸信會友，對此問題開始採取自由的立場。基本教義主義者失去了福音派多數人的支持後，很多人開始絕望。

對美國的改革宗來說，一九二〇年代是「文化鬥爭」（*kulturkampf*）最激烈的時期，在許多的廣告宣傳、廣播、雜誌與大眾教育中，舊與新的立場無可避免地、直接地衝突起來。傳統的、鄉村的與小鎮式的美國，現在不得不全面與現代性的生活內容對抗了，他們奮力打擊都市化與都會心態，打擊天主教以及知識分子所掀起的懷疑主義與道德解放。這些戰役包括了三K黨運動（Ku Klux Klan movement）的興起，對於禁酒令的辯護，對於史科普（Scopes）在課堂教授演化論的法律裁判，與反對一九二八年民主黨總統候選人史密斯（Al Smith）的運動等，在在都顯示出「舊的美國」還在徒勞地負隅頑抗現代化；他們唯一成功的是讓史密斯沒當選，但是史密斯卻已成功地讓民主黨成為一個都會型政黨，這讓之後的民主黨在選舉中頻頻勝利。[12]

在一九二〇年代傳統派的焦慮呼號中，我們可以發現大家都清楚地意識到「舊美國」即將成為過去，而知識分子正是打造這殘酷景象的禍首。一九二六年時三K黨的領袖艾凡斯（Hiram W. Evans）寫了一篇令人動容的文章來陳述他們組織的目的，他認為當時整個社會主要的問題是一場「具西部拓荒精神的美國平民大眾」與「自由派知識分子」間的戰鬥。他又認為，美洲白人原本有的道德與宗教情懷，一方面被不斷移入的其他人種所破壞，另一方面也被自由派知識分子所訕笑。所以他說：

我們是普通人民的一股運動，我們沒有高深的文化涵養，或是智識上的理論支持，

> 或是訓練有素的領導階層。我們期待社會的主導力量回到普通人身上，我們會成功。所謂普通人就是：過著一般日子的大眾，沒有特別的文化涵養、並不會特別有智識主義心態，沒有驕縱自滿也不會整天想著要改變美國，是很尋常的傳統式美國人。我們的成員與領袖都從這樣的人之中出來，所以很自然地會反對那些長期占據這個社會領導權又背叛美國傳統的知識分子與自由派。當然，這樣的素質會是個缺點。它會讓人覺得我們的成員多是「鄉巴佬」、「粗人」以及「開二手福特車的中下階級」。沒有錯，是這樣。可能還更糟的是，我們因為沒有良好的表達能力，所以我們連好好地把我們的目標與理由說清楚都沒辦法……每個草根運動都有此缺點……
>
> 我們並不相信從情感上與直覺上判斷事物是個缺點，人不是凡事都依靠冷冰冰的理性而行。所有的行動不是都從情感發動的嗎？我們的情感與激發情感的直覺是千百年流傳下來的傳統，它們在人類心中的歷史比理性久得多……他們是美國文明的基石，甚至比一些重大歷史性文獻還重要。它們是可靠的，但是那些違反自然的知識分子所做的精細推理卻無法信賴。[13]

這樣的說詞並不無道理，也不算粗鄙。但是要找到不粗鄙的方式來實踐它卻很難，因為三K黨人過去不良的紀錄充分證明了此點。基本教義派的恐慌也是同理，喬治亞州一位州議員曾說：

> 讀《聖經》吧！它教你如何做人做事。讀詩篇吧！它是史上最美的詩。讀曆書年鑑吧！它告訴你天候與自然變化。其他的書都不用讀，所以我反對興建任何圖書館。

以這位議員的地位來說他的話也許不值一顧，但如果一位卸任聯邦國務卿同時也三度參選總統的人這樣講，就值得注意了。布萊恩一九二四年在基督復臨安息日會（Seventh Day Adventists）說：「美國的所有問題都從演化論而來。乾脆把所有的書籍都燒掉算了，只留創世紀前三段即可。」[14]

基本教義派的氣勢是在對抗演化論時到達最高峰，而在史科普案（Scopes trial）時表達出了最堅定的立場。本案可視為是基本教義派與現代化派之間，一切價值衝突與立場對抗的指標性事件。這案子是關於高中課程可否教授演化論，所以此事表明了現代性思維已經從菁英知識分子擴及到一般人民的生活中。學校應不應教演化論？之前已經在大學中討論過，而當時保守派人士曾經在一八六〇年後的三十年間力圖阻擋達爾文主義的浪潮。當初這事件是在菁英階層間的辯論，因此保守派人士雖然輸掉此戰役，可是其結果對於基本教義派的核心陣地影響不大。因為那時虔敬信徒上大學的不多，即使有，也可以選擇那些不受《物種起源論》影響的偏遠學校就讀。但是到了一九二〇年代以後，演化論已經在高中教授，而大部分的人也都有高中學歷了。在第二次大戰之前的十五年，高中的數量倍增，而戰後這種成長的趨勢還在持續。高中文憑已經變成美國的小孩子必須有的教育程度證明，尤其是如果想在社會上立足的話。許多虔敬且有企圖心的教友開始覺得他們的小孩應該要上高中，但他們也知道上了高中後這些小孩會受演化論的影響。史科普先生（John Scopes）正是因為採用演化論教科書上課才被田納西州政府控告。該州教育委員會早在一九一九年就採用這本書作為官定教科書，而某些學校甚至在一九〇九年就開始使用了，但是當時大家都不覺得這本書有什麼「危險」。

對該州及其他地方的基本教義派來說，阻止學校教授演化論就等於挽救孩子們的信仰——甚至是全家人的信仰，使他們免於受到演化論者、知識分子與國際化人士的影響。[15]如果這些基本教義派值得任何同情的話——我認為他們值得——正因為此點。因為他們的憤怒與頑抗，完全是由於他們將演化論之爭議視為是對其家園幸福與家人的保護，他們甚至至今都如此。田納西州議員同時也是「基本教義派浸信會」（Primitive Baptist）會友的巴特勒（John Washington Butler），他所以發動立法阻止該州教授演化論，就是因為他聽說家鄉有一位年輕人進城讀大學之後回來就變成一位信仰演化論者。這使他擔心他的五個小孩。在一九二五年他終於成功地使立法通過。在州議會為此法案辯論時，有一位州議員提出這樣的口號：「讓我們幫上帝拯救我們的小孩。」當達羅（Clarence Darrow）先生在史科普案中陳述說「每位小孩都應該比他的父母親更有智慧」時，他讓基本教義派的恐懼升到了頂點。如果所謂更有智慧表示拋棄父母擁有的舊觀念與生活方式，其實這正好就是這些父母親所不要見到的。布萊恩在案件審理時提出證詞：「這些受新教育的小孩回家後嘲笑他們的父母親，各位，我們為什麼要讓這樣的事發生？這些父母親當然有權利主張，收了他們學費的老師們不應剝奪小孩子對上帝的信仰，而且回家後變得不信神、不虔敬或是成為無神論者。」他在審判開始前對外宣稱：「我們在此案中的主要目標與唯一目標是：維護父母親保護其子女之信仰的權利⋯⋯」[16]對布萊恩與他的支持者而言，「很明顯地，達羅要摧毀宗教與家庭。」有一位田納西居民甚至在達羅面前揮舞拳頭，說道：「去死吧！你別想曲解我們從小讀的《聖經》！如果你敢，我會把你撕成碎片。」[17]

全美反演化論風潮的領導角色，最後會落在布萊恩這樣的一位普通教友身上是不令人意外的，因為在他身上有著這個民族歷史上流傳下來的兩種「神聖」傳統：福音派思想與庶民式民主。在他的腦海中，信仰與民主共同形成了一個反智識主義的理由。在一邊是人民的聲音與內心的信仰，另一邊則是一小撮被偽科學與偏狹的理性主義所誤導的、傲慢的知識分子菁英。他稱他們為「科學蘇維埃」團體或是「自命為知識分子的一群不負責任的寡頭團體」。[18]他認為，宗教從來就不只屬於菁英，「基督宗教是為所有人出現的，不是為了那些所謂的『思想家』而生」。心智（mind）是機械化而無彈性的，需要靠心靈（heart）來導引。心智同時可以完善規劃出做惡的手段，但也可以思考出有利社會的各種作為。「單單崇尚心智的能力，這就是今日知識性社會最大的罪過。」只有心靈——也就是宗教的範疇——可以將心智導向正途。

這裡出現了問題的癥結所在：民粹性民主結合了老式的宗教方式。一般人所應該要做的事，就是要遵循他們心靈之所歸趨，而一般人的心靈在宗教方面的直覺是跟知識分子一樣好的——甚至更好，因此在宗教事務上應該遵循一般人的判斷。於是當宗教與科學有衝突時，應該是公眾而非菁英——他們看待人只是以文憑與學歷來論——來做決定。社會學家李普曼（Walter Lippmann）指出，所謂所有人在上帝面前平等這個信念，在布萊恩的腦中到了最後變成了：對演化論的複決案，田納西州所有人都是一樣優秀的生物學家。事實上，當布萊恩提議要用表決解決此問題時，這個爭議就立即轉變成為「多數人的權利」這個民主政治常用的口號與觀念了。

> 如果依據基督徒對於《聖經》的詮釋，則《聖經》是不承認演化論與任何唯物性質的演化思想的。相信《聖經》是收錄神的話語的人中，每十位中不到一人可能會相信人是經由演化而來。所以除非這麼少數的人有什麼方法可以逼使大多數人改變他們的信

念，那麼演化論必然要被視為是有違上帝旨意的學說。[19]

在布萊恩的心中，試圖在學校中教授演化論簡直就是對於大眾民主制度的挑釁。「只占一小部分的演化論信徒，憑什麼可以花公家的錢去用所謂的科學來批判《聖經》，而占絕大多數的正統基督徒卻無法讓學校教授對《聖經》的正統詮釋？」布萊恩無論如何也無法相信演化論者的科學說法是對的，但他說，就算他們是對的，他們也不能無視於「政治的科學」，那就是「民主」與「多數決」，除非憲法對於少數人的某些權利有特別的保障。現在，不讓少數人的看法得以在公立學校被教授，其實並沒有侵犯他們的權利。「教授演化論的老師沒有權利要求學校付他們薪水，因為他們教的內容並未經過家長與納稅人的同意。誰提供學校的經費，誰就是學校的管理者。」現在的情勢好像逼得基督徒需要成立他們自己的學校與大學來教授正確的基督教理論。「但是為什麼不是那些無神論者與主知論者（agnostics）去蓋他們自己的學校、教他們自己的理論呢？」[20]因此，如果當初布萊恩獲勝，現在的公立學校大概都不能教授演化論了，而新式科學的教授也只能限於在一些私立的俗世化學校。這樣當然對於美國的教育是大災難，但是布萊恩執意要如此，因為他不認為教育與純正的信仰間有何衝突。他認為沒有信仰的人好比一艘船沒有駕駛，「如果要在宗教與教育二者中擇一，我們應該放棄教育。」[21]

3. 宗教基本教義與政治極右

到了今日，演化論的爭議已遠去，就如同荷馬的世界之於東方的知識分子一樣的遙遠，我們也可能會對於當時的雙方都覺得可笑。但是在其他地方或是其他領域中，這樣的爭議仍然存在。「史科普案」在數年前被搬上舞台成為戲劇作品《傳承》（*Inherit the Wind*）而演出時，在百老匯的舞台上這齣劇給人的感覺，較像是精巧的藝術作品而不是為了宣揚言論自由而產生的劇作。但是當同樣的劇本由劇團帶到蒙大拿州小鎮演出時，布萊恩的角色在發表演說時觀眾中有人突然大喊「阿門」。雖然今日的知識分子在校園中面臨著比基本教義主義者更可怕的鬼魅之威脅，但是我們卻不可忘記一九二〇年代當時的知識分子是如何害怕這些宗教基本教義主義者的。也許那時校園的知識分子並沒有面臨麥卡錫時期的可能失業這麼嚴重的威脅，但是他們的恐慌與驚嚇也是同樣的真實。我們在史普力（Maynard Shipley）對當時狀況描繪的書《向現代科學宣戰》（*The War on Modern Science*）中，可以看見那時候知識分子是陷於真正的恐慌中的。史科普案就像是三十年後的麥卡錫案一樣，使得大家可以好好認清這種狂熱心態，然後也把這些激進與狂亂掃除乾淨，徹底解決。所以當案子結束後，我們看見這種激烈護教心態的氣焰被阻擋了下來，也開始覺得知識分子的恐懼可能太過度了。但是在史科普案子審判前，護教心態在很多州都獲得強烈支持，甚至還有幾個並不是南方的州。卡許（W. J. Cash）親身觀察到，在南方，護教心態與三K黨這種草根運動一樣，都獲得絕大部分尋常百姓的極力支持，甚至也包括了教會、政治領袖們在內。[22]如果知識分子待在學院或研究中心這些場所是用不著害怕的，但是他們非常擔心這個國家的正常中學教育，會在這個問題上被毀滅了。他們為中學應當教授演化論所做的辯護其實並不完全順利，因為即使到目前為止，中學課本上談到演化論時所用的語言都很小心，許多課堂談到演化論時也只是用間接與模糊的方式來陳述。就在幾年前，一項對高中生的意見調查顯示，大約只有三分之一的人很明確地說：「我相信人是從低等生物演化而來。」[23]

演化論與史科普案大大地催生了反智心態。這在二十世紀來說是第一次，知識分子與專家公開地被民間領袖們批評為社會的敵人。雖然這些好戰的基本教義派在全國來說是少數，但是他們可是重要的少數；他們其實反映了很多人的感覺，這些人雖未必願意和他們一起站上檯面進行激烈的抗議，但是卻一樣地憂心時代的走向對社會帶來的衝擊，一樣地分享了他們對於若干事物所帶來的影響的畏懼，例如：都市化生活的心態、智識主義的心態與道德及文學上的實驗主義心態等。[24]布萊恩對於所謂「專家」進行的異常激烈攻擊，顯示出雙方的立場有極大差異。但是以往並非如此。過去在「進步時代」時，知識分子們曾覺得他們之所為，是與民眾的基本利益與期待相一致的。而現在我們可看出，這樣的「和諧」並不是一定會出現的。當大眾在宗教上愈是虔敬時，他們跟大多數知識分子間的鴻溝就愈大。至於那些基本教義派，雖然他們在主要的論爭戰場上被擊潰，但是他們並未被殲滅或消失，他們懷恨地轉往其他領域繼續戰鬥，尋找現代派最脆弱的地方下手。在有關宗教的爭議中他們雖無法戰勝現代派或是世俗主義，但是他們積極尋求在其他方面出手。

在一九三〇年代的大蕭條中他們找到了機會。他們在教義上的偏激使他們自絕於大部分的主流福音教會，而大蕭條使得大部分福音派牧師變得傾向自由派且左傾。[25]然而，教友的轉變卻並未像牧師一般大，許多保守的教友覺得現在這個有些左傾的「社會福音」運動已經創造出一個（教會右派人士稱之為）「牧師階級」，這個階級已經跟大部分教友的價值觀有些隔閡了。基本教義派的人數雖然日益減少，但還是擁有不可輕忽的數目，由於他們日漸有孤立感與無力感，所以就紛紛加入了反對「新政」（the New Deal）的極右翼行列。於是現在，我們看到了宗教上的基本教義派與政治上的極右翼合流。從一九三〇年代起，基本教義主義就成為美國政治上極右派的重要成分，在面對各種議題時，極右派的思想處處透露出與宗教基本教義主義相關的心態。[26]涉入政治後的基本教義派人物把尋常百姓基於「反智」心態而對於演化論產生的疑慮挑動起來。他們其中一位領袖說：「我無法從政治學專業的立場談論政治，我也不懂那些歐洲藝術大師的作品，但是我要說——我了解一般美國人民在想什麼」。他認為知識分子們悖離了一般人民：「他們如同二十世紀（《聖經》中的）的律法家與法利賽人……對整個民族傳播某種特定思想，包括政治上的一些新花樣、宗教上的態度、虛假的道德觀與若干敗德的想法等。」自古以來都一直有這樣的（對教義解釋的）對立，現在這些反知識分子的人用最簡單的話說出來了：「我們要將國家從這些都會中的滑頭者手中奪回，還給天真純樸的人民，他們仍然堅信簡單的真理：二加二應該是四，天堂有上帝，《聖經》是真理。」[27]

雖然沒有人曾追索一九二〇年代的基本教義派與大蕭條前後的極右思想間的關聯性，但是這些運動的領導者卻有傳承關係。很多右翼的領袖是牧師出身，或曾經做過一段時間牧師，要不就是出身有嚴謹宗教氛圍的牧師家庭。一些曾在一九三〇年代中期與桑戴有關係的人後來成為了美國右派或是準法西斯派的成員。堪薩斯州的溫羅德（Gerald Winrod）是當代著名的右派領袖，他的抗爭經歷始於一開始乃是反演化論運動的大將。另一員大將史密斯（Gerald L. K. Smith）是牧師之子，他本身也成為「基督門徒會」（Disciples of Christ）的牧師。已故的諾理斯（J. Frank Norris）是居反演化論運動最前線的德州浸信會牧師，後來成為了最著名的極右派領袖之一。麥金泰（Carl McIntire）是右派反現代主義運動的領導人之一，原是學院基本教義派領袖麥岑（J. Gresham Machen）的愛徒。[28]近年「伯區會社」（John Birch Society）與若干基督徒護教團體（Christian Crusades）中右派力量的興起，在在證明了基本教義思想與政治右派間的關聯較往昔日趨明顯。我們甚至可以說，右派運動乃是由牧師或曾任牧師者領導的。極右派的文獻中也透露出一種一致的風格——宗教上的基本教義派已經與鷹派的民族主義（militant nationalism）合流（也因此史密斯將他的文章標題取為〈十字架與國旗〉〔The Cross and the Flag〕）。

具有政治敏感度的基本教義派轉向為政治上的極右，並非全然是機會主義心態使然。他們其實就像其他人一樣，有著自己的世界觀，因此當他們的宗教觀與政治態度能夠相連結時，最能提供他們滿足感。也因此他們常能將若干原本不相干的敵意感相聯繫，而使得彼此強化。例如，當代某些基本教義派將它們的宗教態度與冷戰連結，在一九二〇年代時有些基本教義派曾將第一次大戰與之後的反德國情結與宗教連結在一起。他們與現代派人士辯論時，最常掛在口邊的就是十九世紀的德國學者發展出的「批判性聖經研究」（higher criticism of the Bible）對基督信仰傷害甚大。因此他們就把戰爭時德國所表現出的殘暴與聖經研究連結在一起。很多人用不同的方式表達此看法，而其中最直接通俗的就是桑戴所言：一八九五年時在波茨坦宮德國的皇帝召集大臣商議征服世界的謀略，但是當有人告訴他德國人民信仰馬丁·路德的思想所以不會贊成此想法時，皇帝怒答：「那就讓我們改變德國的宗教吧！」於是之後就有了德國的「批判性聖經研究」。[29]

這世界的確是存在特定偏見心態的。某些針對政治不寬容與種族歧視的研究指出，政治上與種族上的敵視與歧視，經常與宗教信仰上的偏執與激進相連關。[30]就是這種心態造就了所謂的「絕對派」（the one-hundred percenter），也促成了右翼與宗教基本教義派在行事風格上的高度相似。事實上，由於冷戰與持續不斷的反共產主義鬥爭，使得基本教義派找到了一個新的生命焦點所在。就像世界上任何其他事物一般，基本教義主義本身也經歷了世俗化的過程，但是此過程卻催生出一種假的政治意識，我們經由過去「振奮派」牧師與其主持的集會如此的歷史背景可了解它。基本教義派往昔在道德與言論審查的戰場上屢屢敗戰，在禁止演化論一事上亦然，因此他們深深覺得社會上的主流媒體一直在忽視或是打壓他們的價值觀。在這個現代的、充滿實驗性的與複雜的社會裡，他們一直被排擠在一旁，飽受訕笑，即使當今那些所謂「振奮派」也改採往昔宗教基本教義派無法接受的低調方式宣教。可是在政治場域上，這些基本教義派可是找到了出口。二戰後的反共政治氛圍使得基本教義派找到了除「絕對派」之外的有力聯盟：某些有錢人，尤其是小時候受過基本教義洗禮者，他們痛恨所得稅、更厭惡所謂的「新政」與其社會改革方案；美國門戶主義者與民族主義者；天主教中的基本教義派，這是他們第一次與曾迫害他們的人聯手反對「不信神的共產主義」；以及南方那些近來被反族裔隔離運動惹惱的一群人。

我們這個時代在政治上對於右翼人士一直欠缺理解的原因，是沒有將他們的世界觀中所蘊含的宗教因素納入考量。政治上所累積的洞見與判斷，如果要成為可以解決問題或是成熟而能引導社會的力量，就不能囿於偏見或是朝向一己之私利而行。我們應當將衝突視為現實上必然存在的現象，也應將人類社會看成是由於不斷妥協而得以存在。不應該凡事非輸即贏，而應把消滅敵人達成全然的勝負看成是不可能之事，因為它破壞了對社會有好處的平衡。我們應該認為凡事都要有餘地，事物存在各種層次，無法非黑即白。世界上很多事本是相對的，沒有一定標準，這樣才符合人應有的謹言慎行態度。

但是基本教義派完全不是如此：他們認為世界非善即惡，兩者永恆地對抗。因此他們對於妥協這個概念完全不接受（誰願意與撒旦妥協？），也不容忍立場模糊。他們常分辨不清事物間的差異，因而認為這些差異絲毫不重要。例如，他們認為自由派會贊同社會主義；社會主義是共產主義的一支；而共產主義就是無神論者。我們通常在政治上會認為現實是如何很重要，因此我們會納入各種正負因素來估算某些政策目標是否能達成；但是基本教義派不是這樣，他們首先定義出什麼是對的事，而認為所謂政治就是不計代價促其實現的領域。例如，他們不認為冷戰是俗世政治的結果——也就是兩種政治勢力間為了生存而被迫彼此妥協共存——卻以為那是信仰上的衝突。所以他們不考慮權力消長的實際狀況——例如說，蘇聯擁有核武——而是一心想要在思想精神上與共產黨人對抗，尤其是國內的共產黨人，他們不管這些共產黨人做了什麼事，或是什麼原因導致他們出現，而只是一心一意要將他們樹立為精神與價值上的不共戴天敵人——即使他們從未親眼見過任何共產黨人——而加以打倒。

因此，現實世界中的對抗被轉化為彷彿末世最後的鬥爭，所以即使一個日常事件也被看成具有無比關鍵意義，而不是用正常的俗世眼光看待。所以當某位右翼領袖指控艾森豪總統不啻是國際共產陰謀的代理人時，我們通常會把這位領袖看成是胡言亂語，但我認為更正確地說，他的思想與心智其實已經離開了這個世界的範疇了。他想要評論的已不是我們通常所理解的所謂艾森豪的政治行為，而是艾森豪在他眼中所代表的象徵意義：艾森豪此時在善惡終極對抗的精神界中已是一位墮落的天使，而這比艾森豪在現實世界的政治中代表的意義更重要。如果我們把握此點，則這位領袖所言並不荒誕，而是進入到另一種境界中的語彙。古羅馬有諺語：因為它太不可能了，所以我相信（*Credo quia absurdum est*）。大概就是這意思吧？

4. 關於美國天主教的一些討論

到現在為止，我們主要在討論改革宗的福音派與美國「反智」思想間的關係，這是因為美國是一個改革宗的國家，基督新教形塑了這個國家的典章制度。但是如果不論及美國的天主教傳統也不行，因為它也對美國的「反智」傳統起了重要影響。雖然美國天主教徒在當今這兩三個世代裡人數急遽下跌，它的政治影響力與人們對它的接受度都降低，但是在十九世紀中葉時，即便它屬於少數信仰，而且新教徒中也有反天主教情結，它卻曾是美國最大的單一教會且逐步擴張中。今天天主教宣稱美國有四分之一的人信仰它，這麼大的接受程度即使在三十年前也是無法想像的。

大家一定都認為天主教會在美國的文化發展過程中扮演一些角色，因為它帶來不同的歷史觀與世界觀，對人性與社會建制有著不同的理解。但事實上，這些都沒有發生，因為它在美國並沒有建立起自己的智識傳統，也沒有培養出一批領導自己教友或是與較俗世取向的新教徒對話的知識分子。相反地，美國的天主教會一直都在抨擊或接受美式生活中打轉，它批判那些它無法接受的面向，卻接納模仿另外某些部分——也就是「美國化」——以便自身作為少數信仰可以被人接受。結果是，在世界各國中除了巴西與義大利外，美國天主教會成為吸引入教人數最多同時組織也最健全的，但是卻一直沒能夠建立起它的智識文化。布羅根（D. W. Brogan）對此現象曾說：「在西方社會裡，從來未發生過天主教的文化聲譽與智識形象低於所在國家的平均水準的。」在過去二十年內，我們看見了天主教在美國中產階級間的顯著成長，因而天主教的領袖們不得不正視此問題。所以數年前艾力斯蒙席（Monsignor John Tracy Ellis）[31]對於美國天主教的智識形象低落發表了一個洞徹的觀察後，獲得了天主教媒體一致的好評。[32]

美國天主教早期發展歷史中有兩個因素造成了它一向不重視智識生活的特色。第一個就是在十九世紀發展時期所塑造的「不必知道」（know-nothing）心態。當時宣教環境不利，天主教被視為應被驅逐出去的外來信仰，也很可能是敵對國家的工具，因此天主教極力地美國化，以證明自身的正當性。許多以自己信仰為榮的教友在當時狀況下是以「堅定對抗」（militant）的態度來面對這不利的大環境；而教會的領導者也覺得當時需要的是辯駁敵視者而非發展學術。[33]於是教會錯誤地決定採取這種對抗的態度來發展宣教，到了今天，即使當時這種對它的偏見歧視已不存在，教會成員還是懷抱著艾力斯蒙席所形容的「自閉一隅心態」（self-imposed ghetto mentality）。第二個因素就是長久以來，教會的資源一直用在發展組織及擴大教堂教區等以應付源源不斷湧入的天主教移民——在一八二〇到一九二〇年間約有一千萬人——提供他們最基本的天主教儀式與教導。這幾乎耗盡了教會方面所有的資源，以致即使教會內有任何人對智識與學術文化表達出重視，也已無力發展。

最重要的是，在美國天主教成為了移民者的信仰。[34]對美國的天主教徒而言，他們真正的教會在歐洲，他們也願意接受「只有歐洲人才有天主教的智識修養與文化」這個事實，因此他們無緣由地、過度狂熱地崇拜像白洛克（Belloc）與雀司特頓（Chesterton）這類天主教的寫作者。這些非英語系的移民對神職人員、甚至整個美國社會都顯露得非常地被動與消極。但其實最重要的原因——天主教的研究者都忽視了此點——就是愛爾蘭人在移民與美國社會間扮演了中介的角色。由於他們說英文，也較早來美國，他們發展出了完整的教會上與政治上動員的機制，其他的天主教移民們通常經由此而融入美國社會。美國天主教會內最有影響力的就是愛爾蘭裔的人，也因此美國天主教會就較少吸取德國天主教的優秀宗教學術傳統或是法國教會的好做智識探討的傳統，反而是愛爾蘭教士常會有的嚴厲清教徒氣息與好戰性格成為美國天主教的主要特色。

天主教的移民多半是勞動階級，在語言與社會地位上都與主流的盎格魯撒克遜清教徒不同，也無法融入，因此更無法產生智識階層為其發聲。反而教會中存在的智識分子領袖通常是英國移民後代轉信天主教而來，例如布朗遜（Orestes Brownson）與海克神父（Father Isaac Hecker），他們因此與大部分的教友出身不同。關於美國教會高階神職人員的家庭出身與文化程度並不高這方面的問題，一九四七年時大主教庫興（Archbishop Cushing）曾說得好：「出身美國公民的高階神職人員，沒有一個主教、總主教或是樞機主教的父母親是大學畢業的。我們的主教或是總主教都是勞動階級的小孩。」從這樣文化程度不高的家庭出身的高階神職人員固然有受過若干教育，但是大抵是職業教育。史伯丁主教（Bishop Spalding）曾在巴爾的摩的教會會議上說：「不管在美國或其他地方，如果以為教會的神學院是要訓練出高級文化知識分子，這將是幻想。」所以，即使天主教作為基督教世界中歷史最久的教會，到了美國後其體質與氛圍還是受到美國在地環境的巨大影響，也因此在智識文化上幾乎是要重新建立。一八八九年美國教會領導階層決定改善此問題而創建美國天主教大學（Catholic University of America）時，最初的八位教授中的六位是從歐洲延聘而來，剩下的兩位美國人也是在教會外受教育而後來皈依天主教的。

與其他教會或宗教比起來，長久以來天主教信友中有能力捐款相當數額給教會的只占非常少數。當然，近代以來有一些發跡新貴是天主教徒，但是這情況也沒有改善多少。艾力斯蒙席說，美國天主教大學在它成立的前六十六年中，大約只收到過十筆數額超過十萬美元的遺贈捐款，而且其中只有一筆慷慨的善款，其金額是接近通常支持一所私立大學所需的數額。由於後來天主教友的社會地位逐漸提升，他們之中像新教徒般把自己小孩送去接受大學教育的人數漸增了。但是無論是天主教的教育家或是像賀金斯（Robert M. Hutchins）這種同情他們的教外教育界人士，都一致認為天主教學校都還是在培養職業人才或是運動人才，他們相當惋惜這種普遍在美國高等教育界中「反智」傳統的延續。不論是科學或是人文方面，天主教大學的學術水準一直低到令人驚訝。耐普（Robert H. Knapp）與其團隊在一九五二年對美國科學家曾接受的大學教育背景所做的調查顯示，「天主教大學是素質最差的。」令人吃驚的是，他們甚至在人文方面的表現更差：「雖然天主教學校在各方面都很不行，但是科學方面卻是他們表現最好的。」[35]

所以我們可以預期，天主教界的知識分子的處境是非常艱困的。他不但需要與新教徒學者及學界同僚競爭，也要向教內信友證明他作為天主教的知識分子是有功用的，因為天主教的人比一般美國大眾更質疑知識分子的重要性。通常天主教的學者與寫作者們如果能得到他們的教會的認可的話，也常是遲來的。[36]

與其說這些都顯示了美國天主教人士的「反智」，不如說是他們的缺乏文化與缺乏智識。但這一切更加證明一件重要的事：美國許多天主教徒跟新教徒基本教義派一樣反對現代化，他們對於美國社會「絕對派」心態的出現也絕對脫不了關係。這背後很重要的原因是因為天主教內的知識分子——他們現在人數多了，影響力也大了——當時還未有足夠的力量，去制止這種對現代性的反動心態的最糟糕發展可能，包括了對心智生活的不信任與對知識分子的敵意。天主教內的神職人員很多精力都用於矯正思想言論、處理離婚、節育問題，以及其他一些頻頻會與俗世及新教徒起衝突的議題之上。甚至有些人會捲入政治極右派的活動中，這樣一來又正好與知識分子陷入敵對。一般而言天主教內的知識分子並不樂見此情況，但是他們無力阻止。[37]

當今世界最奇特的現象之一，就是新教徒與天主教徒二者的基本教義派間的聯合，他們用清教徒積極的情懷與堅毅卓絕但缺乏思考的莽撞去反對某些事物：首先是無端視其為政治問題，然後便聯合起來將之貼標籤為無神論的共產主義予以打擊。我們認為天主教徒一定對於曾經反叛侮辱其先人的新教徒不具好感，但是現在許多人卻能不顧此嫌隙與後者聯手。說來的確諷刺，以往一直無法做到的基督教內兄弟姊妹間的團結，現在竟然由對共同敵人的恨意而促成。在麥卡錫時代，這位威斯康辛州的參議員廣泛得到了右翼新教徒與許多天主教徒的支持，後者竟然幾乎相信他的政策不是出於個人好惡，而是天主教會的教條所指引。即使天主教會內部的知識分子部門，例如《同福》（*Commenweal*）雜誌與耶穌會的《亞美利加》（*America*）雜誌都極力譴責他，但也起不了作用。稍後，充滿新教基本教義派色彩的伯區會社竟然也吸引許多天主教友，以致於至少有一位教內高層對他們提出警告。對天主教徒來說，全國大肆反共這件事竟然帶給他們一絲驕縱的罪惡感。他們曾被新教徒迫害了一世紀之久，現在一定對於沒有人再質疑他們的「美國化」感到喜悅，也很高興能跟當初迫害他們的人一起追剿這個新的「國際的、充滿陰謀的、非美國的」敵人，這個敵人與外國勢力勾結，此時外國勢力不再是羅馬，而是莫斯科。這種追剿令人興奮愉快，所以即使國內已沒有共產黨人，他們也停不下來。這些天主教徒不會聽從任何人的建議而停止，包括教內的思想家們，因為任何理由對他們來說都已是不相關的阻撓，此時他們彷彿覺得已回到了當初在英國迫害清教徒的場景，沿路追殺著克倫威爾的手下們……

第三部分

民主政治

第六章 仕紳的沒落

1. 對傑佛遜的攻擊

當美國獨立時，知識分子與權力間的關係並不是個問題。開國元勳們都是知識分子。雖然國體是朝向民主發展，但是治國者都是上層階級菁英：在這些菁英群體中，知識分子可大大施展身手且很具權力。但在當時社會還不是如此科技化與專業化，所以作為專家的知識分子尚無法成為氣候；但是作為統治階級仕紳的知識分子卻在社會每一部門占鰲頭，例如在律師界，專業人士界、企業界與政界。建國始祖們是一群聖賢、科學家且有教養的人。他們中很多人受過良好的古典博雅教育，所以他們在歷史、政治與法律方面的淵博知識足以解決時局中所出現的問題。之後我們國家的歷史中再也沒有一個時期像當時一樣，產生那麼多充滿智識的政治領導者，如亞當斯（John Adams）、狄金生（John Dickinson）、富蘭克林、漢彌爾頓（Alexander Hamilton）、傑佛遜、麥迪遜（James Madison）、梅森（George Mason）、威爾遜（James Wilson）與懷特（George Wythe）等人。由於這些人在政治上貢獻良多、打造了美國立國的重要基礎，因此也永久鮮明地樹立了這樣一個典範：有學問與智識的人，大可以不需要藉助草莽的姿態來擔任政治領袖。

所以美國是由知識分子立國這個事實，現在看來其本身是具有若干諷刺性的，因為在隨後這個國家的政治史上，知識分子不是局外人、被使喚者，就是代罪羔羊。美國開國之初曾經有一個馬龍（Dumas Malone）稱之為「偉大世代」（the Great Generation）的一群人，他們帶領了大家完成獨立革命且制訂憲法，歷史上美國百姓一向對「偉大世代」有極高的崇敬，地位也許僅次於他們所具有的另一個堅信，就是林肯總統對統一國家有重大貢獻。我們當然就會奇怪為什麼百姓稍後就突然忘記心智與教養在政治上的重要性呢？為什麼甚至即使這些建國始祖還在世時，知識分子在政治上的名聲已經變成是負面的？

當然，從歷史看來，隨著時間遞移，美國政治漸漸民主化，統治菁英的角色慢慢沒那麼吃重了。但是我們還是不能將智識之重要性的下降，完全歸因於政治民主化的浪潮。在政黨內部發生裂痕後，黨內菁英開始齟齬不和，並開始不擇手段行事。這批品德高尚充滿勇氣、帶領民眾革命成功又順利立憲的人，竟然在一七九六年時因利益不同而走上無可挽回的分裂之途，也因為對法國大革命所激起的波濤反應不同而各行其是。[1]當初寫下獨立宣言與憲法的世代，沒想到稍後竟然也立下「外國人與叛亂法」（Alien and Sedition Acts）這樣保守反動的法律。當時那個「偉大世代」的領袖們再也不團結了，也失去他們的風範。即使當初他們同樣都是領袖菁英，共同領導了這個國家的誕生，有共同的理念與學養，但是現在卻陷溺於不顧風度、甚至失去了常識的政爭中。當許多政治上的爭議，若不幸夾雜了某些指控，例如與法國間諜共謀賣國、顛覆基督教，或是圖謀王政復辟、回歸英國統治等醜陋的陰謀時，最後竟然會演變成競相煽動群眾的勾當，簡直令人不忍卒睹。他們並不了解政黨政治該如何運作，也不知道扮演忠誠的反對者角色，這些建國始祖們最後被其政治激情牽引而陷入鬥爭中，無節制地使用嚴詞彼此攻訐。

連國父華盛頓都無法免於這種濫肆的攻擊。但是第一位「反智」的受害者卻是傑佛遜，對他攻擊的人是那些聯邦黨人（Federalists）與新英格蘭的牧師們。對傑佛遜的攻擊很具有代表性，因為這些批評包含了對手們對他人格特質的描繪，此後就成為美國政治上「反智」現象的標準語彙。當一七九六年傑佛遜有望接任華盛頓出任總統時，南卡羅來納州的聯邦眾議員史密斯（William Loughton Smith）發布一本匿名小冊子攻擊他，指出他不具資格當總統。史密斯企圖勾勒出傑佛遜的教條式領導風格是如何不宜、甚至是危險的。他認為傑佛遜基本上是個哲學家，而哲學家通常在政治上有某些滿僵化的理念堅持——試看洛克對於卡羅來納起草的不實際憲法、孔多塞（Condorcet）被譏為「政治白癡」（political follies），以及李騰豪司（Rittenhouse）具名參與「費城民主會社」一事皆是例證。[2]

> 當哲學家成為政治人物時，他通常會顯現幾種特色：膽小、異想天開、一意執迷於理論的不切實際，與在急迫緊要需果斷決定迅速行動時往往猶疑不決。

所以政治上需要的不是智識而是行事風格與能力，傑佛遜缺的正是此：史密斯認為，哲學家在乎人們怎麼稱讚與評價他，視名譽為一切，而傑佛遜的能力「更適合筆耕贏得文名而非治國」。而華盛頓卻是一個沒有人能找出他缺點的人：「偉大的華盛頓，感謝上天，他不是哲學家出身。如果他是的話，我們絕對見不到他在軍事上顯赫的功勛，我們的國家也不可能在他睿智領導下茁壯繁榮。」史密斯找出了一個日後在政治事務上批評智識主義的標準藉口：只要是會思考的人，就一定是面臨重要決定時趨於瑣碎並不合實際的。傑佛遜素以對大自然的研究與善於發明器物著稱，但史密斯卻以此嘲諷：他把蝴蝶與昆蟲釘於板上來製作標本的技巧，與構思出使用起來極為方便的旋轉椅的能力實在太好了，「他的朋友或是這個國家不應該把這位恬靜的哲學家從如此優雅的生活中，推入政治事務的火坑內。」一個世代後，有人企圖羞辱亞當斯總統，但我們可發現他所用的話正是史密斯用以羞辱傑佛遜的言詞：傑佛遜有某些優點「可能讓他很適合出任大學教授，但絕不適合當總統，就如同他絕不適合當軍隊統帥一樣。」[3]

在史密斯的攻訐中，還有另外的一些焦點充斥於後來的政治文獻中。其中之一乃是，軍事能力和政治領導能力相關。因為論者假設公民德行可經由武德培養，即使在今天知識分子從政之際，有時還得藉助服役的紀錄來洗刷書呆子的形象。

在一八〇〇年的總統競選過程中，所有的規範與禁忌都瓦解了。有人攻擊傑佛遜是只能空談的書生，當然這只是對他的思想與人格做全面攻擊的一小部分，而這樣全面的攻擊旨在將他塑造成一個沒有信仰與道德觀的危險煽動者，或是一個——如某位批評者之言——「沒有良知、信仰或仁慈心的人。」有人指控他畜養黑人婢女還生了混血小孩；指控他在美國獨立革命期間其實是貪生怕死的懦夫；他鼓動起了法國大革命；他曾誹謗華盛頓；他有變成獨裁者的野心，就像另一個拿破崙；他是一個不切實際的理想家與不知變通的教條主義者——更糟的是，他是一個法國式的教條主義者。[4]

攻擊傑佛遜的同時，也即是將心智視為極端邪惡之物。傑佛遜的學養與玄思此時竟成為指控他是無神論者的藉口；也使他被認為在地球的歷史一事上與神學家看法不一，或是被認為鼓動小孩不要讀《聖經》。如果只是一個哲學家，傑佛遜有這些特質無傷大雅，但若是當上總統，則對國家或是宗教都大有傷害。[5]他善於抽象思考以及所具有的文藝情懷使得他不適合實務性工作。在治國上他總是會搬出大套理論來：「只要是從經驗來的想法他都會嗤之以鼻。」[6]有一個聯邦黨人曾說：[7]

他的確是才華洋溢的人，精通於學問，且善於為文。他曾在法國住了將近七年，停留直到大革命爆發一段時間後，也在這段時間內他對於理論的造詣，對於道德、宗教與政治的批判都有長足的進步……我們都認為傑佛遜先生是一位政治理論家，也是一位道德家與哲學家。在法國當代的詞彙中，他足以擔當哲士（*philosophe*）之名。

同時代一些知名人士也同意這樣的看法。愛姆斯（Fisher Ames）認為傑佛遜「跟多數的天才一樣，著迷於宏大理論與體系性思想，而忽視了一般人會重視的淺顯事實與常識。」[8] 聯邦黨人丹尼（Joseph Dennie）認為他是那種「危險的、異端的且烏托邦的」法國哲學之擁護者。丹尼承認他「很有才華」，但是這些才華：[9]

卻危險與空幻。他雖廣讀群籍亦善於著述，確是個有學問的人，但卻應該退休了。他應在小書齋內用功，而非主持內閣。在他的小房間內，他大可研究博物、人種或是自然年鑑等……但是居政府要津時，他那些抽象的、不實際的政治理念一點用處也沒有，甚至有害於國家。此外，他的觀念非常法國式，這不啻冒犯了整個美國。對美國人來說，他們寧可田園裡長出草薊而非黍麥，也不願看見哲學家憑空治國，或是因崇拜法國哲人而企圖引導美國人民與可惡的法國人親近。

卡羅（Charles Carroll）認為傑佛遜是個「過度理想化與不實際的政治人物，無法審慎地領導這個廣土眾民的新聯邦。」[10]此話含意至為明顯，就是這個新的國家不能讓知識分子當家。教會中的保守派牧師攻擊傑佛遜的其中一個理由，就是他與他們所不滿的人結盟而帶來威脅。傑佛遜雖然是一個自然神論者同時也深好科學等俗世學問，但是卻有不少福音派與虔信派信徒與他接近，特別是浸信會教友。

他們不但喜歡傑佛遜擁抱民主的情懷，而身為宗教少數分子他們也對他的主張寬容大大歡迎。他們對於外界攻擊傑佛遜無信仰的事不以為意，反而是更在意主流教會對於他們的箝制。因為對於主流教會有共同的敵意，於是傑佛遜與一些俗世派知識分子，就與虔敬派等的信友們結合成政治上的聯盟關係。他們共同支持異於教會體制的俗世權力觀：自由派知識分子們擁抱理性批判，而虔信派則訴諸宗教神祕直觀所起的作用。於是在對於現有主流教條有共同不滿的情況下，自由派與虔信派暫時忘記雙方的差異：一方不要一切教條，而另一方不要保守禁錮的教會體制。[11]

為了拆解這個聯盟，保守的牧師們企圖向社會證明傑佛遜是對所有基督徒的一個威脅，而很多信友因為各自黨派立場的緣故，其實是深深相信此事的。虔信派與自由派知識分子間的結盟最終還是瓦解了，也因此在美國這個社會中，一般人與知識分子間的隔閡就此展開，迄今難以彌補。可是在傑佛遜競選總統時，自由派知識分子與福音派中的民主勢力所結成的這個聯盟還是穩固的。但諷刺弔詭的是，在這個聯盟瓦解後，在一向被教會內父權領導結構制約的庶民民主意識也獲得釋放後，福音主義的力道終於造成了日後的反智主義，這個反智主義在每一方面都比原來教會對傑佛遜的攻擊還威猛強烈。

2《自由之鑰》批判知識與財產階級的壟斷

對傑佛遜的惡毒攻訐，以及之後所通過的外國人與叛亂法，代表了原本若干富裕且教養高的聯邦黨人對於寬容與自由理念的背叛。但很不幸地，傑佛遜領導的民主派力量之後也並未捍衛這些價值。民主派後來變成了民粹與素樸型反智主義的工具，一味地對專家、仕紳與學者發洩敵意。

美國的平等主義在早期就已經顯露出對於「專家們」的不信任，後者在以前帶來所謂的政治專業化，現在則稱為專家政治。許多論者對於平等主義下這些自由的百姓能展現出的政治能力引以為傲，因此他們基本上是有理由對於菁英與富人操控政府的作為抱持懷疑的態度。他們不只對政治被操控一事懷抱疑慮，甚至很多人還對智識都抱持了敵意。的確，在美國早期的民間政治思想中，我們可以發現有一股「反智」的潮流。在獨立革命時期，某些著名的評論者就曾認為，如要適當抑制那些富人與出身良好者的權力而促成民主潮流的話，要連知識分子都一起包括在範圍內才是。麻州一位從鄉下地區選出參與一七八八年憲法批准會議的代表，用如下的話語表達了他對於憲法草案的反對：[12]

> 這些律師、知識分子與有錢人，他們談吐高雅，論事合宜，使我們這些鄉巴佬自慚形穢，好像只有他們才適合進入憲法大會殿堂議事；他們自認為應該掌理憲法制訂事宜，把所有的好處及資源一手攬走。主席先生，他們會像大怪獸般把我們這些小人物吞噬掉，也像《聖經》中大魚追逐吞噬約拿（Jonah）般。這就是我所害怕的事。

我們幸運地找到一位新英格蘭農民，麻州北比樂里卡（North Billerica, Massachusetts）的曼寧（William Manning）所寫的一份「政治小冊」（political pamphlet）。這份文獻顯示出了一位聰明而激烈擁護民主的美國百姓對政治的看法。文獻名為《自由之鑰》（*The Key of Liberty*），具有傑佛遜思想的風格。寫於一七九八年，當時黨派間的對立氣氛濃厚。我們應注意曼寧（他說自己不是讀書人，因為從來沒有上學超過六個月）對智識在政治鬥爭上的重要性之看法。他的文章是用這樣的話語開頭：「學識當然對於保存自由是重要的，如果沒有智識則無法長久保護我們的自由。」[13]但他認為，很多人卻把智識當成是階級對抗的武器。

曼寧思想的核心是對於知識與財產階級的深深不信任。這些優越的階級因為受過教育、有閒暇時間，使得他們不論是商人、律師、醫師、教士或是國家官員都可以藉助職業上的優勢來追求他們的利益，但辛苦的勞動階級每日忙碌不休卻無法如此。因此曼寧認為，這些階級通常都不喜歡民主，因為這樣他們就無法壟斷政治、上下其手。

當然要達成此目的要付出些許代價，但是他們首先會先合作，透過結盟或是集會、通訊等聯絡彼此。商人有商會，醫師、牧師也是，司法及行政官員在工作上密切聯繫，而舞文弄墨之士與富裕階級因為通常不用勞動，所以有時間彼此商量。他們所有的人因為利益而連結在一起，利之所在自然合作緊密，他們祕密聯繫圖謀奪取大眾應有的利益，這一切竟然都是用他們具有的知識而為之。

如果知識是追尋一己利益的工具，「這些少數人」自然喜好那些會增進他們階級利益的制度設計：「這些少數人總是宣揚大學教育的好處，因而製造了大批人整天在學院滯留不用工作，但這樣大量培養知識分子卻可以強化他們黨派的陣容。然而同時他們又反對廣設基礎教育的學校與女子學校，而這些學校乃是大眾求得知識最重要的途徑。」在大學裡（曼寧此時心中想的應是聯邦黨人最為愛好的哈佛大學）共和主義的理念受到批評，年輕人沉浸於王權政治的理想中。曼寧同時注意到這些學校畢業的學生「被教育成應該盡力維護他們職業的尊嚴」，但是曼寧卻反對此點，因為他們對自己職業自視過高，這會使大眾付不起追求信仰與教育的成本：「如果我們要聘請一位牧師或是校長，通常被告知需要付很高的薪水，他們不願降價，因為這是行情，而且他們如果降價會損害他們的尊嚴。」對曼寧來說，學校校長應該是像現在一樣的——社會地位不高且薪資微薄。

曼寧對於教育的看法其關鍵就在於此。教育不應該太貴而讓每個人都可接受得起，而高等教育其實只是為了生產國民普及教育的師資。「教育的推廣應該以價廉物美的方式進行，讓所有人都有機會接受」，「所以應該迅速大量的生產師資，只要用廉價薪資就可以聘請他們教書，正如我們雇請百工各業勞動者一般；於是教育就如同各種職業，教師資格只是一技之長，教師在課堂上勞動，於是社會上不再有學院中那些整日閒逸不勞動的人。」在當時麻州公立學校系統很不理想時，曼寧的話是有道理的。但是他提議的方式是要犧牲高等教育的願景來改善中低階教育，也就是將高等教育看成是製造廉價教育勞動力的事業。這樣意味曼寧視高等教育為無用。古典文學或是高深的學術，只要它們是超過了教育兒童基本識字之外的學養能力，「就只是讓紳士與富貴人家的子弟享用的東西，而且讓他們不用接觸現實的勞動與工作。教小孩子讀寫的老師並不需要會多種語文，就如同農夫並不需要學習特別的高超技藝就可以犁田般。」所以長久以來，教育成為了少數人的特權工具，而可能的話曼寧卻想致力其成為大眾的工具。他深信教育有一種壟斷及有害於社會平等的特質，他也不擔心他的改革方向會影響精緻文化，畢竟對他來說，這樣的文化乃是那些飽食卻不用工作者的專屬物。

在菁英與平民的對立上，教育問題正好反映出美國政治上的文化階級化問題。一方面是一個優渥富裕階級想要全力維繫高等精緻文化的教育，另一方面則是逐漸壯大而意欲爭取平等的一般百姓，想要透過取消造成特權與優越感的這些文化工具來達到階級平等。我們可以理解，平民們希望藉著受教育來增進福祉與社會地位上升的機會，但是沒有人知道如何可以將精緻文化予以平民化又不影響這種文化本身的品質。

然而我們也無從否認曼寧的說法的確是有些道理在。這些聯邦派出身的人的確霸占了哈佛大學，但是平民們為什麼不藉著控制國民教育的機構來反擊呢？如果平民們可以掌權，那麼可能就沒有哈佛了。又，如果智識階級一心只想要維繫特權，則社會不需要這樣的階級。曼寧發表他的看法之後半世紀，葛理立（Horace Greeley）卻說：「美國的平民們其實很尊重才智與學養，但是常常他們只是用它們來作為可獲取財富或是奢華生活的工具而已，這樣的心態對於人類文明沒有貢獻，反而只是不斷地消耗著他所分享到的文明。」[14] 在這樣的心態下，於是乎平民們對於教育權的要求在十九世紀時成形，它包含了免費的基礎教育，但同時也涵蘊了一種對於精緻文化的疑懼，認為這是他們的敵人所創發的。

3.從亞當斯到傑克遜：第一個「反智」運動的誕生

細想之下，美國此時湧現的平民式民主卻缺乏了一樣東西。平民式民主的主張者希望能減少、甚至消除社會上的階級差異，讓那些高文化與富裕階級不再獨占支配權。但是如果平民要自己當家，如果他們希望受到高文化與富裕階級者的領導愈少愈好，那他們在決定事情時的智慧要從何處來？當然答案是：從自身來。當平民民主成為潮流後，自然大家也就覺得平民的天生直觀、民粹式的智慧，的確超過那些世故有教養的而且追逐自身利益的菁英階級所想出的東西。正如同在宗教上福音派人士之所以反對建制化的教會以及受過正式嚴謹訓練的牧師，乃因他們覺得以素樸的心靈直接接觸上帝反而較好；現在民主派人士也一樣不希望具有專業智識與技能的領導者獨占政權，而認定平民從生活而來的實際智慧更接近真理。由於平民智慧受到如此這般的擁護，於是它就在人民民主的浪潮下輕易地化身成為一股激烈的「反智」心態。

雖然傑佛遜本人並不「反智」也不是一個平等主義者，但偶爾也有這樣擁護平民智慧的心態。他在一七八七年時寫信給他的姪兒彼得．卡爾（Peter Carr）說：「如果你要一位農夫與一位教授判斷一件事情的是非，則農夫可以做出好的判斷，甚至有時比教授好，因為他並沒受到太多後天人文規範的影響。」[15]此處傑佛遜其實只是表達了十八世紀時流行的一個觀念：上帝給每一個人必要的道德判斷力。所以他並不會覺得知識分子比農夫在此事上有更好的能力。可是把傑佛遜這樣的看法再往前延伸一點，我們就可以說任何政治事務其實就是道德事務。[16]這樣一來也就替否定政治事務上的專業知識這種態度打下了基礎。

如果農夫對於道德的判斷與教授一樣好，則他應該對於政治的判斷也會很好。於是我們就可以說（此處，傑佛遜不會同意）農夫其實不必向任何人學任何東西，也不需要學問好的人來領導他。如果從這種立場再更推衍下去，就會得到一個結論：像教授一樣的人不會是個好領袖，好的領袖應該向沒受多少教育的平民百姓圈子中尋找。很諷刺地，傑佛遜自己就受到這樣觀念的波及。而後來，這種觀念也變成傑克遜式（Jacksonian）民主的最重要信念。

傑克遜主義乃是美國政治史上第一個強有力與影響廣大的「反智」運動。它對於專業知識的不信任，對於中央集權、菁英掌控的痛恨，希望消除那些優勢階級的影響力，以及人民當然可以輪流當家的信念，在在都打擊了美國繼承自十八世紀思潮的菁英治國觀念，同時也是對公眾生活中知識階級所占有的角色的否定。雖如此，當時還是有不少知識分子，特別是年輕的，站出來支持傑克遜主義——人數甚至多到可以駁斥所謂「智識分子必然反對任何有利於平民擴權的運動」這個說法。雖然文藝知識界的人還是偏向維護他們原有的文化風格，且這個圈子依舊由輝格反對派（the Whig opposition）當家；但是當歐蘇利文（John L. O'Sullivan）創立《民主評論》（*The Democratic Review*）時各黨各派的人也都來捧場寫稿。雖然新英格蘭那些頂尖的名士們對這運動漠視或不屑，許多著名的文人例如布朗遜、布萊恩（William Cullen Bryant）、班克羅夫特（George Bancroft）、庫伯（James Fenimore Cooper）、霍桑、鮑丁（James Kirke Paulding）與惠特曼等人都程度不一地支持這股平民民主運動。[17]

歷史學家班克羅夫特也許是這批文人支持者中最著名的例子。在麻州的人民民主派陣營中，他們覺得需要一位士人來領導，以便對付敵對派系中的若干籍籍無名之士。班克羅夫特於是在三十多歲時就成為他所屬政黨的領導者。他被任命為波士頓港的關稅總監，又成為海軍部長，後來甚至做了駐英大使。他的地位使得他得以推薦霍桑成為波士頓海關官員，也使得布朗遜成為航海醫院院長（雖然他立即就後悔了）。但霍桑的情況適可作為知識分子被重用的反例。他總是低就一些遠在他才能之下或是令他生活拮据的工作。例如在海關他就充當量秤員或丈量員，這是他以歷史學家身分尋求加入南極探險隊不成後所換來的工作。之後他想要當郵局總管，但是政府只給他海港測量員的工作。最後，當他完成了大學同窗皮爾斯（Franklin Pierce）的競選用傳記後，他被任命為駐英國領事，但只是到次級城市利物浦。總而言之，傑克遜式平民民主運動風潮所追求的知識分子與平民百姓間的「和解」（*rapprochement*），其效果遠不及進步主義（Progressivism）風潮期間或是新政（New Deal）期間之所見。

一八二四到一八二八年間傑克遜與約翰．昆西．亞當斯（John Quincy Adams）[18]間的對立，充分說明了不同政治理念帶來的巨大差異。亞當斯政權顯示出在十九世紀的美國，具有知識分子的氣質的確不適任政治領袖。他算是老派仕紳出任總統的最後一人，因此也變成舊秩序的象徵與對知識分子不滿的風潮的主要受害者。他曾就學於巴黎、阿姆斯特丹、萊頓、海牙與哈佛。也曾是哈佛的修辭學與演說術的教授。他曾想要致力於寫史詩，同時像傑佛遜一般，他也對科學發明具有興趣。他曾經擔任美國科學院（American Academy of Arts and Sciences）院長多年，也在出任門羅總統（James Monroe）[19]的國務卿時完成了一份至今仍為經典的度量衡表之科學報告。亞當斯相信如果這個新的國家不致力於發展科學與人文，那就無異於「將才智之士埋藏於土中——那也是對上天賦予的神聖職責的背叛。」他與華盛頓、傑佛遜與麥迪遜一樣誠摯地希望，聯邦政府能夠成為這個國家發展教育與科學的推手與中心力量。當他提議把華盛頓特區變成文化重心時，遭遇到了平民民主潮流的反抗，因為他們不喜歡中央集權化的推動模式。

亞當斯第一次對國會演說時，提出了一項對企業界有利的內政計畫，也就是增加道路與運河的修築，同時也公布知識分子會歡迎的數個計畫：例如在華盛頓成立一所國立大學、國立海軍官校、國家天文台、接續「路易斯與克拉克探險」（the expedition of Lewis and Clark）之後的「大西北開發計畫」，國家專利標準局與獎助科學發展的國家科學委員會等。

亞當斯的風格理所當然會冒犯傑克遜所依靠的庶民民族主義。亞當斯指出，歐洲國家雖然在自由上不及美國，但是它們卻鼓勵科學，他甚至敢於冒大不韙地建議美國應該在這方面向法國、英國與俄國學習。在當時就如同現在一樣，這樣的國際化智識主義並不受到大家歡迎。亞當斯在藐視了民族自尊心後，又繼續藐視平民民主與大眾文化，他建議大幅增加科學研究經費。他甚至火上加油地呼籲國會領袖們不應該「自縛手腳且向世界昭告美國的代議士們一直受到選民意向的箝制。」更糟糕的是，亞當斯竟然挑釁地宣稱如由歐洲國家的政府捐助設立若干天文觀測台，那這些將會是「天空中的燈塔」般引導世人了解宇宙太空。國會自然暗笑他不識時務，當然燈塔案也就一再地胎死腹中。他自己的內閣閣員也都認為總統的方案會震驚國人——例如克雷（Henry Clay）就認為設立國立大學的構想「是絕不可行的」，同時前述他所提出的設立新部門的提議在國會中能否得到五票都是問題——最後，亞當斯果然放棄了。他的領導風格顯然過時了。漢彌爾頓、華盛頓甚至傑佛遜都對全國範圍內的中央集權措施很感興趣，而且都懷具了東岸仕紳們一貫會有的一個想法，就是對領土不斷向西擴張一事上需加以管控。可是整個國家發展得太快，不可能在此事上面加以調控管制。所以當在政治上這些領導人已過時之際，知識分子的地位也就岌岌可危。[20] 亞當斯算是美國十九世紀最後一位主張獎掖科學發展的總統，也是最後一位認為聯邦政府有責任鼓勵各種學術智識的總統。

如果他算是舊派，傑克遜就是新派，而在一八二〇年代的政治上他們之間的差異就代表了美國的過去與未來。美國一直都在嘗試脫離它的歐洲源頭，美國人慣以為歐洲已經「腐敗墮落」（decadent）而美洲大陸尚是純潔自然，他們害怕自己的文明會朝向高度「人工化」（artificial）發展而遠離了「自然」（Nature）。傑克遜的追隨者讚揚他體現了「自然人」的「自然智慧」。他們除了稱讚他是「紐奧良之役」英雄，戰勝了那些有教養的英國人組成的凶悍軍隊外，他也是庶民所具有的勇氣與力量的代表。大家認為：傑克遜很幸運地避開了有害於「人類的直觀與想像力」的正規教育；他是一位實際身體力行的行動者，「在大自然學校中受教育」，完全不會受到人工文明的制約；「幸運地避開了學校教育所施予的訓練與使用的語彙」；「他的思緒不受到學院中人士之玄想的干擾」；他有著不凡的「素樸直觀能力、實際生活中的常識、區別與判斷的能力，這些都比一位飽學之士的學養來得寶貴」，因為他無須受制於「複雜的三段論法邏輯，或是分析式理論的制約，或是邏輯演繹的引導」，他只要靠著天生的直觀能力就可以「如閃電般地有靈感且找到指引方向」。[21]

班克羅夫特身為教育家一定對此情況感到挫折，因此他對傑克遜的所謂「素樸心靈」（unschooled mind）做了這樣的評論：[22]

大家看著吧，這位西部未受教育的人，荒野中的孩童，隱世的農夫，沒讀過書、未通曉科學或歷史，經由人民的擁戴而進入權力頂峰，身居共和政府最高職位……他會給國家帶來什麼政策？他會從他的森林中帶來什麼智慧？他的心中會憑靈感迸出什麼行事準則？

面對這樣一位從森林與大自然習得知識的平民英雄，亞當斯看起來就像是「人工的」——尤其是他身上掛著那屢屢出訪國外的經歷與良好的教育背景。雖然一八二四年亞當斯贏了選舉，但是傑克遜已經是非常受歡迎的候選人了；所以當四年後這位將領再度挑戰亞當斯時，結果可想而知。在這次困難的選戰中，亞當斯只有在新英格蘭地區贏，此次的競爭被人形容為：

亞當斯能寫，但傑克遜會打仗。（John Quincy Adams who can write And Andrew Jackson who can fight.）

傑克遜的競選發言人攻擊亞當斯是個陶醉於自己世界的貴族，過著奢華的生活。最糟糕的是，在素樸對人工這樣的二分法下，亞當斯的學養與政治歷練此時被看成是減分而非加分。一群傑克遜的支持者宣稱亞當斯的學養並不會使國家更好：[23]

我們都承認他學養好，但是這些知識我們懷疑是否有用……我們承認自己著迷於下面這首英國詩人所說的心態：

所謂智慧就是在每日生活中所習得的經驗，
而不是從歷史書中傳遞下來如此遙遠、微妙又模糊的學說。
傑克遜將軍正是這種智慧的代表。

傑克遜的另一位支持者比較兩位候選人的過去行事紀錄，提出了這樣一個尖銳的比方：

傑克遜創造出法律，而亞當斯引用它。[24]

傑克遜終於大勝亞當斯。如果說這是「行動派」戰勝「知識派」會有點兒誇大，因為選民認為他們是在貴族與民主間擇一。在雙方陣營的形象戰中，貴族往往被與陳腐呆板的知識相連結，而民主卻是與天生直觀能力與行動力結合。[25]

4. 輝格派向民粹屈服

雖然傑克遜的擁護者強烈訴諸平等與「反智」的情懷，但他們絕不是唯一的。因為不獨傑克遜主義主張平等，全國皆然。兩黨政治的競爭使得深獲選民喜好的路線不可能由某黨獨占，因為對方會仿效。傑克遜的對手黨即使再不喜歡一八二八年他訴諸民粹的路線與風格，也還是會學著照抄。黨內的領袖如果不這樣做就會失勢。

黨內的領導者在應付地方要人——那些推動興建水壩、運河、公路與誓言提振製造業的意見領袖或政治掮客——時所一直面對的問題是：他們必須試著與民眾站在一起而且不能在某項議題上冒著失去民心的風險。政治人物如果能夠不與民眾脫節，卻又能明智地施政及在企業圈打轉那就是個大大的優點。[26]克雷很有政治能力，也具有若干公眾英雄人物應有的特質，但是迄一八三〇年代初時他在政壇已太久了，大家都熟悉他的政治立場，也認為他與亞當斯太過接近。黨內的大老中看到這問題的是偉德（Thurlow Weed），他當初是靠著反共濟會（anti-Masonry）的強烈平等主義民粹情緒而出頭的，而成為最著名的輝格派，但稍後又成為共和派的黨內大老。但是這批反傑克遜的人始終徘徊擺盪，找不到最理想合適的路線風格，直到原本出身於傑克遜陣營的克羅凱（Davy Crockett）出現後才得以解決。

身為拓荒者、獵人、軍人與田納西州西部墾殖者的代言人，克羅凱成為美國民間傳奇人物，他的自傳也成為美國拓荒地區的茶餘飯後題材。他不以自己的貧窮與教育程度為恥，靠著自身的特殊人格特質投入政治。近三十歲時，他來到田納西的屯墾區，被指派為保安官（justice of peace），接著又被選為當地民兵的團長，然後就被選入州議會。一八二六年時，有人建議他何不競選國會議員？他就用他經歷的一些有趣事蹟當作競選文宣，結果竟然當選。於是大家都知道田納西州有這麼一位眾議員「能扛著一艘汽船，站在密西西比河中，並輕易地收服那些不法分子」。他以一個鄉野之人站在國會殿堂演說也不害怕，因為「他能夠鞭笞馴服任何人」。

克羅凱很驕傲他能代表鄉野氣息與自然純樸。在一八三四年出版的自傳中，他很得意地述說他在田納西州議會所留下的法規，因為當時他甚至「連自己名字也不會寫」。他說「我的判斷絕非來自教育或法律知識，我根據通俗的正義觀與天生的直覺來決定人與人間的事務，我一輩子沒讀過任何一頁法律書。」[27]他篤信常識可以解決問題，這由他成功處理的許多法案可證明，但他還不以此為滿足，他蓄意地要打擊智識體系的形象。他曾在國會說：[28]

有一些人邀請我去麻州劍橋，那裡有很好的大學，授予人名銜。我不想去，因為他們可能會要強加給我一個文學博士的頭銜才讓我走。但我還不想換現在這個「美國眾議院議員」頭銜，它意味懶惰打瞌睡的蠢蛋，我的選民們一定會這樣翻譯這個頭銜的，但他們知道我從不會接受任何學位頭銜，除了一個「頭腦尚稱清醒」的學位外，因為我不會追求名不副實之事……

克羅凱於一八一三至一四年時曾在傑克遜麾下從軍，也曾以田納西傑克遜派代表身分初入國會以及代表該州偏遠西部的拓荒者，他們的處境其實就像他當年一樣落魄。但不久後他發現這兩個身分有衝突。由波克（James K. Polk）領導的一些田納西州的人，希望聯邦政府將該州西部割一塊荒地來設置教育機構，此時教育與貧窮墾荒者的利益無可避免產生衝突了，克羅凱身為這些墾荒者的代表，自然反對波克之提議。當初北卡羅來納大學的設立已經使他的一些選民失去土地，所以克羅凱表示波克的提案會同樣地傷害若干擁有土地者。他指出，他的選民都不會受益於大學的設立，因為他們都不會去上大學。他又說道：「我們只希望能有一間鄉村學堂就可以了，大人們冬日農忙畢去讀點東西，而小孩子可以終年去上學。幸運的話，我們學期末可以抓些浣熊做皮草或帶點什麼小東西給老師當學費……」[29]

克羅凱在國會表示他並不反對教育，但是他必須為他代表的選民利益發聲，這些選民過著「身上混著汗水與土壤的生活」，而現在唯一安身的小屋與土地要被州議會徵收，為的是「蓋學校給有錢人的小孩讀書」。[30]

我必須重複，我堅決反對此案，不是因為我敵視教育，而是教育不應以犧牲公平來完成。大學教育制度區分了階級，它讓有錢人子女優越於窮人子弟。我的選民們的子弟從來沒看過大學裡面長什麼樣子，以後大概也沒機會……如果透過接下來的法律程序他們被剝奪了現在僅擁有的家園，我無法在此沉默不為他們爭取公平。

在此，我們聽見了對早先曼寧觀點的重複：公立學校提供所有民眾基本教育，而大學卻是富人的專利。但對美國社會來說，高等教育與一般民眾的教育如今被對立起來看待，實在是一件可悲之事。但對於亞當斯─克雷派的人來說，因為他們一直處於傑克遜派人的巨大壓力下，現在田納西州的傑克遜派自己分裂了，這無異是天上掉下來的禮物。所以當他們知道克羅凱的事情後，趕忙去接觸他，想利用他對傑克遜總統長期的不滿與他們自己陣營的分裂而拉攏他加入反對傑克遜陣營，因為這陣營內如果有一個拓荒的平民派人士出現，對傑克遜派會是個有力的牽制。美利堅銀行（United States Bank）總裁畢德（Nicholas Biddle）的朋友克拉克（Matthew St. Clair Clarke）先生，居中牽線了克羅凱與全美國的反傑克遜陣營，這個聯盟至遲一八二九年已成形，而於一八三二年就鞏固了。於是有人開始為克羅凱撰寫國會演說稿，他那著名的自傳有若干部分也是他口述而由專人捉刀。[31]一八三五年時克羅凱發文攻擊范布倫（Martin Van Buren），這成為了一八四〇年民粹的輝格風潮的前奏。

到了一八四〇年為止，輝格黨[32]內已被民粹言論占領。克羅凱因侷限於鄉野地方出身而且性情不穩定沒有做總統的格局素養，所以他就跑去德州，在阿拉摩戰役（Alamo）[33]中身亡，因此被塑造成神人形象。在一八三六年的總統選舉中，像當年的傑克遜一般，哈里遜（William Henry Harrison）是一位與印第安人作戰的英雄，大家認為他有大眾緣而推他出馬。雖然他在一八一一年與印第安人作戰其實是慘敗，但是健忘的選民看見包裝美化後的競選文宣後，還是認為他像紐奧良之役的戰鬥英雄「老胡桃樹」（Old Hickory）[34]一樣偉大。雖然實際上他住在俄亥俄河邊一棟類似豪宅的屋子裡，一八四〇年的選舉他還是用平民化的形象獲勝。事實上可能是因為經濟蕭條，所以對他的對手范布倫不利，但是輝格派的確是使用了醜化汙衊對手的方式來打選戰，就像十二年前傑克遜對付亞當斯一般。賓州眾議員歐格理（Charles Ogle）在眾議院發表了一個精心設計的演說，叫做〈總統官邸的王室氣息〉，這個被廣為印行流布的演說已為這次選舉定調，就是貴族平民之爭。他對白宮花費三千六百美元整修房舍一事大作文章，而誇大其詞地對眾議院同僚虛構范布倫的奢華生活場景，卻絲毫不提在一八二八年亞當斯受到的同樣質疑。這個長篇大論疲勞轟炸最後來到高潮，歐格理指控范布倫在白宮裝設了巨型的澡盆，好比羅馬皇帝卡拉卡拉的巨型大缸之浴場般（the baths of Caracalla）。[35]

一八四〇年有一面輝格的旗幟上寫著：我們甘願臣服（We stoop to conquer）。這些輝格派原本是有教養與愛挑剔之尊貴人士，當初極力反對普遍選舉權，而現在卻開始自稱是平民的朋友，不顧一切開始採用一些不怎麼高雅的競選手法。許多著名的政治人物都在過去的較含蓄的政治競爭環境下長大，許多話他們說不出口，但是他們現在卻在媒體所稱的「克羅凱路線」上行進。有一位南方出身良好的保守派紳士勒家雷（Hugh Swinton Legare），暫時放下了他的身段而進行旅行演說。而一位韋伯斯特（Daniel Webster）先生竟也說道：「雖然沒有這樣的好運在小木屋中誕生，但我的哥哥姊姊們卻是的……我每年都會回到木屋探訪，也都會帶小孩去，好讓他們知道當初這種生活所養成的儉樸堅毅性格。」所以任何人如果現在叫他是貴族，則這個人「不僅說謊，而且是懦夫」，韋伯斯特準備跟他打一架。克雷也私下說，他「很遺憾現在必須順應風潮而投這些鄉村人民之所好，去順應他們的感情與感覺，而不是理性與判斷。」

輝格黨派中有些對自身形象較敏感的人，可能不習慣滿口說這些為了競選而降低身段的俗民語彙，但是如果他們要留在政壇，他們不可能完全不理這個需求。也就是說，因此美國政治上的仕紳階級正在進行彷彿集體自殺的行為。亞當斯在華府觀察到這樣的現象後，感嘆地說道：「在這場喧譁的選舉中，產生了人的氣質與習慣的革命性轉變。」[36]這個過程開始於數十年前，而他自己一八二九年選舉失敗從白宮退位就正好是此現象最慘痛的象徵。迪克斯（Morgan Dix）評論道：「我們歷史上第一次直接訴諸中下百姓，不論以多粗俗低下的方式，投其所好博其歡欣，以求勝選。從那天開始，這種趨勢就停不下來了，最後甚至出身於良好家庭都成為了阻力，連被稱為仕紳也會有負面的效果。」[37]

5.官位標準的改變

比較理智清醒的階級持續地從政治撤退，而黑奴問題與階級的矛盾更加速了這狀況。在一八三五年時法國的托克維爾，就曾經評論過這種「庸俗氣味」（vulgar demeanor）與國會議員出身的低落。如果他一八五〇年代再回美國看，他一定會發現這種退化更顯著。一八五〇年代美國的海軍部長甘迺迪（John Pendleton Kennedy）寫信給他的叔叔，「你看看那些在檯面上的人之言行足以讓人稱道嗎？……仕紳這個詞幾乎已經完全從人們的腦海中消除了！我們如果還保有任何仕紳的特質，也不見容於今天的世面了。」[38]在一八五〇年時，波文（Francis Bowen）在《北美評論》（*North American Review*）發表文章，宣稱國會參眾兩院「都變成吵雜紛亂的辯論俱樂部了」。[39]

> 威脅與誇大的言詞取代了以往冷靜與優雅的辯論，國會山莊的議事廳裡面亂象叢生，讓人慚愧；現在國會的名聲已經壞到很不堪：已是所有文明國家中堪稱最無功效、

混亂、無助的立法機構。

喬治亞州的眾議員童柏（Robert Toombs）深表同意。他寫信給朋友時說道：「這一屆的國會素質之低落未曾見過……其中大量混雜了政治掮客、酬庸者、沒有固定教區的牧師及巡迴牧師等人，他們不但沒有智慧與知識，連禮貌都很差，所以預期這屆我們很難有好的法案出現。」[40]到一八五三年時，甚至必須立法禁止國會議員藉著質詢勒索政府，或是收取賄賂。[41]在一八五九年時，國會素質的低落到達頂點，因為甚至連議長都選不出來。約翰·昆西·亞當斯之子查爾斯·亞當斯（Charles Francis Adams）那時正好在華府探視他當眾議員的父親，他事後回憶道：[42]

> 我對參眾兩院的記憶很深。兩院都讓我印象不好。眾議院是個嘈雜喧鬧的場所，就像是一個拓荒時期的聚落場景。派系林立，而且野蠻無禮的舉措到處可見。威士忌、咳痰與藍波刀成為議院裡的三樣代表現象。紐澤西的潘寧頓（Pennington）議長，是歷來最無能的議長，他最後只有靠這三樣東西來主持會議。

在美國成立之初，居高位的人可以輕易地任命有才幹的人至某些職位，但這並非如表面看來這麼地不民主，因為被任用者常是出身低微，所以也符合社會公平。例如在一八〇八年傑佛遜總統寫信給一位叫做弗特（William Wirt）的人，他是一位律師及散文寫作者，從開一間小客棧的移民家庭出身：[43]

這封信的目的是……想請你來國會工作。國會是這個國家的最重要舞台，也是要進到政府職位的敲門磚。以你擁有的名聲、才智與正確的觀念，只要小心審慎，你就可以成為眾議院中共和派的領袖。經過一段時間鍛鍊後，你就可以選擇進入軍事、司法或是外交與其他政府體系工作，只要你喜歡的地方就可以去。你現在是我們國家的最優秀人才，所以保證你可以獲得最好的工作。

數年後當傑佛遜過世後，這封信中所展現的任用人的自由與自信已不復存在。在政界尋求發展的方式已有所改變。政治人物面對群眾時能展現的魅力，遠比他的才能是否折服同僚或長官來得重要。許多人是因為由下到上的選舉出頭而非經由從上到下的政治甄拔得以出線。

選舉出身者的素質與擔任公職者的命運息息相關。美國公務員的任用規範，乃是由華盛頓為聯邦派所建立的，後來又由聯邦派與傑佛遜派共同支持施行到一八二九年為止，這是一個「由仕紳管理的政府」。[44] 若從當代歐洲政府行政的觀點來看，華盛頓的用人標準雖有黨派屬性，可是算是高的；他要求能力，也重視個人的人品與名聲，「希望所用之人都能增加聯邦政府的聲譽與榮耀」。從一開始，就強調選拔人才的區域平衡，也避免裙帶關係。到一七九二年時忠誠度已經變成重要因素，但是尚非關鍵，正如華盛頓的繼任者亞當斯所言：「華盛頓總統任命了許多色彩鮮明的民主派與革命派人士。」[45] 選拔人才進入聯邦政府服務最大的障礙在於薪資太低，這是由於民意的要求，而從一開始起政府公務員的社會地位就不高，所以對就業者吸引力不大，即使內閣閣員的位置亦然。當傑佛遜代替聯邦派入主白宮後，他為了降溫選舉時期引發的激情與動盪，也避免選後大規模人事改組讓人心不安，為了這些政治理由所以盡可能讓聯邦政府不要大量換血；因此除了那些最激昂最敢言的聯邦黨人被換掉外，其他人只要保持緘默都可以留住工作。雖然傑佛遜的理念是用人要黨派平均分配，但是官員們的甄拔管道大抵還是維持不變。舊的選才標準要求品德與操守還是依舊保留。傑佛遜帶來的所謂「一八〇〇革命」其實在行政上沒有大改變。而選拔人才的標準維持不變才是值得注意的事。[46]

但在此同時，在某些州政府的層級上，用人根據黨派屬性與酬庸開始流行，尤其是賓州與紐約州。職務輪替的概念開始從選舉獲得的公職擴展到政治任命的職位。由於選舉權的普遍化與平民化的熱潮，舊的行政傳統被公然的黨派酬庸與分贓所替代。職位依勝選黨派而輪替固然符合民主的原則，但傑克遜派的人把它看成是一種社會改革，而不是對於行政效率的阻礙，他們更把因選舉結果得以進入政府任職看成是平常百姓的社會流動機會。他們認為，依選舉而更換政府人事，可以避免產生一個不民主且長久不替換的官僚階級的產生。所以他們認為官員的整批替換並不是行政上的弱點，反而是民主的好處。一八二九年傑克遜總統對國會的年度國情演說上就把這觀念做了最正式的表達。

傑克遜認為即使個人的人格良好可避免腐化，但是長久在位的人卻容易產生不良心態或習性，有損公益。長久在位的人，「會把職位看成是財產的一部分，也會把政府看成是他個人利益的來源而非服務民眾的工具。」不論是因為明目張膽的腐化或是正確觀念的逐漸變質，遲早政府的目標會從具正當性的變為以私害公服務少數利益的。傑克遜並不擔心新換上來的人經驗不足，「所有政府職位的職掌都是明訂清楚的，所以任何有腦筋的人都可以很快上手。」讓人久居其位的弊病要大於任用有經驗者的利益。我們從這些話語中可看出傑克遜要把政府職位隨著政權交替而開放視為民主機制的一部分，也要打破政府職位被視為私人囊中物的舊習。他把政府職位更換看成是「共和政治的首要理念」。[47]

所以這個問題現在很清楚可以如此陳述：政府官位以往被大家看成是一種私人財產或利益，而傑克遜要把這種財產分享。他對於官位的看法正好也可類比於他對於經濟的看法。如果一個社會的政治或經濟資源之分配決定了這社會的動能或發展潛力，那麼傑克遜的敵人們可能沒有看到一些隱性的潛在人力資源。傑克遜認為政府執掌很清楚單純、以致任何人可以很快上手的這個信念，會使得我們惡意忽視專家與經驗在某些複雜公共事務中的角色。[48] 正如同仕紳與仕紳風範因為選舉的關係而被時代淘汰，同樣地，專家們、甚至能力勉強夠格者，其在政府中的空間也因黨派競爭與職位更替制度而被限縮。決策與管理過程中，訓練與專業智識的角色完全被忽視了。很不幸地，當初公共生活中智識的地位取決於仕紳對於教育與訓練的重視程度，但是隨著仕紳政治命運的墜落，它也一併崩解。在十九世紀的美國，這是一盤糟糕的局。

第七章　改革者的命運

1. 內涵優雅的改革者

到了十九世紀中葉時，無論是選舉還是政治任命的職位上，仕紳已經在美國政治舞台上被邊緣化，甚至可以說沒落了。內戰時他們的不滿被戰火淹沒，這場戰爭讓文化差異暫時被放在一邊。戰爭所爭取的目標，也就是為何而戰，有最優先的地位，所以北方的統治階級團結起來維繫這個國家的存在，暫時也就不管仕紳政治文化是否值得挽救這個問題。林肯總統看起來對此問題有著正面的態度，他做了一件事讓這些北方的仕紳們很高興：任命好些飽學有教養之士擔任駐外大使——查爾斯・亞當斯、畢機樓（John Bigelow）、葛提斯（George William Curtis）、郝威爾（William Dean Howells）與莫特利（John Lothrop Motley）等人。如果美國的民主文化可以產生像林肯這樣的人，也許仕紳們一向低估了這文化也說不定。

但當戰爭結束後，整個美國政治制度的失敗很明顯地被暴露。因為之前政治制度運作的失敗所引發的戰爭，致使萬千人喪命，而戰後的重建工作基本上也是個大失敗，所以這整場內戰除了挽救國家免於分裂這個最起碼的目標外，沒有起了其他任何作用，也沒有讓這個國家學到任何教訓。戰後新一代的企業家比之前的更貪婪，而政治也淪落為煽動與復仇的戲碼，國家的公共利益被出賣給鐵路大亨以及關稅詐騙集團。一八五六年抱持理想主義成立的共和黨這時乃是像巴特勒（Benjamin F. Butler）與韋德（Ben Wade）這樣的人的集合，再加上弊案纏身的格蘭特總統及其屬下。

很多想改革的人早在一八六八年時已發現到這墮落的趨勢，例如達納（Richard Henry Dana, Jr.）就出來挑戰巴特勒在麻州的席次。對這些改革者而言，事情很清楚：在麻州這個美國優勢階級的心臟地區與領導階層的智識發源地，現在有一個人要出來把那個譁眾取寵者趕出政壇。《紐約時報》認為：「這是一場頭腦清楚會思考的智識者對抗不思考、魯莽、喧鬧、不在乎的群眾的競爭。」[1]同時這也是一小群菁英對抗一大群移民者與工人階級的選舉，由達納的選舉文宣與策略可見一斑。[2]但選舉結果立即讓達納這個群體的人看見他們黯淡的未來：他只獲得不到百分之十的票。

他的挫敗其實只是後續一連串類似事件的開端。改革者在四處都遭受挫折。莫特利因為一個流言而被傑克遜總統解除了大使的職務；雖然之後他又被格蘭特總統任命，可是再度被解職，因為格蘭特想要藉著解聘他來打擊孫木楠（Sumner）。郝爾（Judge Ebenezer R. Hoar）

被提名大法官也被國會封殺，因為卡邁隆（Simon Cameron）參議員說：「他得罪了七十位參議員，你覺得他適合嗎？」傑出的經濟學家威爾斯（David A. Wells）因為他的自由貿易觀點而被從稅務專員解職，領導文官改革的考克斯（Jacob Dolson Cox）也因得不到總統的支持而辭去內政部長一職。到了一八七〇年時，查爾斯・亞當斯之子亨利・亞當斯（Henry Adams）離開華府回哈佛教書，他說因為「我所有的朋友不是已經被踢出政府就是快要了，所以我已沒有伙伴或是資訊來源。」[3]

曾經期待林肯與格蘭特政府能有所改革的若干年輕人，現在已經不懷希望了。當美國在內戰的煙火後蹣跚地站立起來時，同時出現了一個落魄的貴族階級，他們就是一群希望改革美國民粹發展趨勢的人，而他們也代表了在政治與經濟快速變遷下被迫疏離的知識分子。這些「內涵優雅的改革者」（genteel reformer）最在意的就是公職人員的素質；他們很想要做文官改革，他們的理論代言人是《國家》（*The Nation*）雜誌的葛德金（E. L. Godkin）；他們的政治英雄是克里夫蘭總統（Grover Cleveland）；最能夠表達他們的心聲的是亨利・亞當斯所寫的擲地有聲的〈教育〉一文。

歷史學者現在回顧當初這些內涵優雅的改革者的作為，發現他們的確對某些重要的議題很少討論，甚至有很多他們連碰觸到都沒有。可能大家覺得他們已是力有未逮，因而也就期待他們之中出現一位像查普曼（John Jay Chapman）一樣能夠振奮而勇往直前者。但是這個階級基本上是社會中受過較高教育者，然而在美國政治中，智識是否可以發揮作用，端視運氣了。他們也了解此點，羅維爾曾要求葛德金在《國家》雜誌中抗議有人認為「共和黨人可以不用思考做事情也行」，諾頓（Charles Eliot Norton）也曾說過：「《國家》與哈佛、耶魯三者乃是現代野蠻與粗俗潮流的最終障礙。」[4]

這些內涵優雅的改革者並非全國性的，也非具有某種代表性。他們一般都是生在東北部，主要在麻州、康乃狄克州、紐約州及賓州，即使有一小撮人住在中西部，也一定是新英格蘭或是紐約人遷過去。這些人在道德觀及智識上都是承繼自新英格蘭，而且實際上大部分就是新英格蘭子民的後裔。他們傳承了普救派（Unitarianism）與超驗主義（transcendentalism）理念、清教徒主義的道德觀、禁黑奴運動的精神、新英格蘭對教育與智識的崇敬，以及「洋基」（Yankee）鄉親對於公共責任與市政革新的追求。

他們以「洋基」鄉親自信與自重的精神行事；大多數內涵優雅的改革者對於自身的道德純淨程度很有自信。出版商普特南（George Haven Putnam）在他的自傳裡說：「每個世代都會有一些無私的人，抱持著對社會的責任，隨時準備全力為這個社會與同胞效命。」[5]這種可以無私奉獻的能力，源自於經濟上的許可與家庭教育的傳統。這些內涵優雅的改革者並非都很富裕，但一定是小康以上。幾乎沒有任何人是出身寒微而苦學成功，他們都是商人、實業家、律師、牧師、醫師、教育家、編輯、記者、出版商等的後代，他們跟隨著父親入行。

他們受的教育比一般人好很多，在大學生尚很少的年代，他們中很多都有學士文憑了，而若沒有的也多半有法律的學位。有些人是歷史學家、考古學家或收藏家，其他則有詩人、小說家或評論家等。上過大學的人之中大部分是去哈佛、耶魯，要不就是新英格蘭有名的貴族學校像是愛莫斯特（Amherst）、布朗（Brown）、威廉斯（Williams）、達特茅斯（Dartmouth）或是歐柏林（Oberlin）。宗教上他們大多是信仰上流階層的教派，尤其是與新英格蘭傳統或是商業富豪有關的，例如公理會、普救派或是聖公會等。[6]

如同亨利．亞當斯剴切地指出，政治上與道德上這些內涵優雅的改革者其實是無家可歸的漂泊者，他們沒有朋友或是盟友，無論在美國的經濟或政治生活上，一群慧黠但粗俗無禮的人已經占據了整個舞台。在內戰後，當亨利．亞當斯從英國回到華盛頓，他觀察到：[7]

我們現在可以看見有一種跟格蘭特不同的人出現了，他們才像是現在主流的類型；他們充滿活力，不太思考；多半是農民出身，對自己或是他人沒有信心，害羞但善嫉妒，有時對一些事很堅持，外表通常不傑出，需要別人給他指引提點，永遠以行動來表達自己，往往最後落得與人衝突打架。這類人是循著直覺做事，照本能的衝動而行，絕對不是學者般。許多人們都追隨他們的腳步，所以現在很明顯地，在公共事務上討論與智識已經不可能了。

所以現在有教養的人紛紛發現他們正面臨對他們有敵意的一股力量與心態。一群暴發戶與新貴正逐漸占領了企業與政治——這些暴發戶在社會層面上是危險的，在個人層面上既粗俗又裝闊氣。這些就是小查爾斯．亞當斯（Charles Francis Adams, Jr.）所謂的「他根本不想見第二面」的一些暴發戶，或是完全不具有優雅、思想與氣質的人。[8]而這些政客們也不遑多讓——葛德金稱他們是人格卑下的一群——不但粗鄙，而且還無知、無效率且腐敗。[9]亨利．亞當斯回到華府不久後一位內閣閣員告訴他，跟這些國會議員打交道，再有耐性還是沒有用：「不能待他們以禮，他們是一群豬，一定要用棍子敲鼻子才行。」所有波士頓、新英格蘭與紐約的人都警告亨利．亞當斯，「華府不是優雅的年輕人待的地方」，他之後自己也發現這地方沒有文明法理，不成社會，即使有教養的人也沒有任何方法可以影響這些人的行事：[10]

整個社會似乎視此為當然，行政方面與國會對此都避而不談。社會中沒有人願意聽政府中人的說法。政府中的人也不顧社會上的人如何想。一切都離開了政治的常軌，而政治也脫離了社會。內戰的倖存者——像班克羅夫特與海恩等人——都想要涉入解決，卻都失敗。他們可以說些什麼或做些什麼，但是沒人會理會的。

這些內涵優雅的改革者不但離開社會大眾很遠，其實離開政治與經濟的權力核心也很遠。他們如果發動激進社會改革，會付出太多成本，但是如要與其他改革者結盟，他們又看不起後者。內心充滿不滿的農人屢屢有暴衝的想法，又一直以為錢可以解決很多事，但只會讓他們反感。他們特有的優越感加上與平民格格不入的氣質，又有階級利益的考量，使他們與勞動階級或移民疏離。小查爾斯·亞當斯曾說他的階級，「不與勞工往來」。他更進一步說「這其實對雙方都不舒服」。[11]至於移民，他們認為由於政府對他們沒有好好安排，使得各地的「政治掮客」（political boss）得以滋生。他們又常對於無限制擴大民主與普遍選舉權抱懷疑的態度，也嘗試想要用教育程度測驗與繳稅紀錄等來排除最底層的民眾之選民資格。[12]

這些內涵優雅的改革者的訴求由於遠離了社會主流的需求與利益，所以他們無法取得盟友，也因此在政治上被邊緣化。他們希望偶爾可以「得到那些少數有智識與富裕者的贊同」，[13]也藉此獲得些許自我滿足。舒茲（Carl Schurz）在一八七四年說：「我們希望建立一個本國最優秀的人可引以為榮的政府。」[14]他們認為美國現在是一個去菁英化的社會，更別說是受過教育的菁英了，所以他們只想要建立起一個好的領導階層，受過教育且嫻熟公共事務。但是現在，「最優秀的人」竟然被摒棄在政治外。他們的崇高社會地位此時反而是不利的因素，他們的高教育程度更是。在一八八八年羅維爾（James Russell Lowell）曾經如此感嘆：「我們很多有影響力的政治人物與報紙認為，一個不證自明的道理就是那些書呆子學究們理應被排除在公共事務外，如果他們不知好歹竟敢大放厥詞，也不應讓其他公民受他們影響。」[15]

他們也深知並未得到一般人的普遍支持，所以也就不敢貿然對任何政治團體或是行政單位進行批評或攻擊。這些內涵優雅的改革者被迫採取獨立自主的策略。當兩大政黨的席次差異很小時，他們就在中間可以左右局面，因而有了與人數不成比例的影響力。[16]曾有一短暫時間，他們處之泰然認為可以好整以暇地利用這個優勢的想法，真是令人驚訝。起初，他們自以為可以在格蘭特的政府中有影響力，然而當格蘭特讓他們失望後，他們在一八七二年轉向命運多舛的自由派共和黨派閥。當繼任的總統海斯（Rutherford Hayes）善待他們而讓他們燃起希望後，但終於又失望而去了。大致上來說，他們只能獲取一些小小的勝利，像是郵局與紐約州關稅局的改革，又如像費雪（Hamilton Fish）、郝爾、伊伐特（William M. Evarts）、舒茲或是麥克維（Wayne MacVeagh）這些人進入內閣這種事情。一八八四年的選舉是他們最高興的時刻，因為他們相信代表他們的共和黨莫溫（Mugwump）派閥，在脫離共和黨之後讓紐約州從支持共和黨的布廉（James G. Blaine）倒向了民主黨的克里夫蘭。但其實他們最優異的立法表現乃在於文官改革，也就是一八八三年所通過的「潘達頓法案」（the Pendleton Act）。這點需要特別說明，因為文官改革與鄉紳階層的階級問題，都是美國政治文化發生變化的重要指標。

2. 文官改革的障礙

改革者的核心理念——也就是他們一致同意也深受其鼓舞的理念——乃是文官改革，他們都認為若非先有此事出現則後續任何改革都不可能。[17]這種文官改革的觀念當然就與政客們的信念對立了。後者堅持主張政黨的組織與酬庸機制，也認為政黨輪替則官職亦應輪替；而改革者則強調公共行政需要能力、效率與經濟性，文官職位則應公開競爭、採績效制進行獎懲與保障其任期等。改革者提出好幾種模式供設計文官制度之參考，例如美國的國防人事制度、普魯士甚至中國的文官制度，然而這些具有濃厚英國氣息的知識分子，其實卻是以英國的制度馬首是瞻，自從一八五四年諾寇—屈味林報告（Northcote-Trevelyan Report）發表後，英國就開始了文官制度的持續變革。

英國的文官制度改革設計者非常著重文官與社會階層或教育間的關聯性。格萊史東（Gladstone）指出，他們的制度將高級文官職位給予仕紳階層，而較低層事務性或不需太多訓練的位置給予較低階層者。[18]這樣的規劃主要是受麥考萊爵士（Lord Macaulay）的觀念影響，他認為「高等文官的職位應該由仕紳階級根據他們在文藝及策論能力上的競爭結果來決定」。高級職位由在著名大學受過嚴謹古典與博雅教育的仕紳來擔任，而較低的職位則由教育經歷未如此顯赫者出任——在每一類別中都是經由考試來舉才。到了一八七七年時，身為主要改革者之一的屈味林爵士（Sir Charles Trevelyan）告訴他的一位美國朋友，英國所做的改革不但成功，且廣受好評。他說：雖然很多人受益於之前的「恩庇酬庸制度」（system of patronage），

但是更多人沒有受到恩庇制度之惠，這些包括了一些最優秀的人——很多專業的人士，如律師、各教派的牧師、學校校長、農人，商店店主等等。在文官職位上，他們可以很快地進入狀況，也以職務為榮。

屈味林爵士還說，這種文官與軍人任用方式的改變，「還同時刺激了教育部門」。之前，上流社會欲進入政府部門的子弟並不會在意求學的表現，因為他們一定可以獲得任用；但現在，他們知道他們學業上的實力會影響他們的機會，「所以大家開始努力學習。也就是說，公職與軍職的開放競爭，在教育上的影響，實在勝過千萬個獎學金名額或是表揚……」[19]

英國的改革者會對美國改革者有影響是很容易理解的。美國改革領袖關心的不是自身利益，他們並不貪圖政府裡的職位，因為只要是經過考試任用，都不會是他們有興趣的高階職位。[20]但是美國社會表現出來的態度，才是讓他們覺得受到侮辱的：社會覺得他們不應該出任政府職務，也不應該幫忙他們的友人出任。[21]他們覺得真正的問題應是一個屬於文化及政

治理念上的問題：能否把他們對於公正與能力的標準應用在政府上。這整件事牽涉到「國格」的問題。他們在古典經濟學課堂上學到的自由競爭已經應用在關稅問題上，現在應該用在政府職位上了：若把產業上的公平競爭原則應用在文官任職上，就是公開競爭職位與績效考評制度。[22]但對於那些政客來說，以考試的方式來取材就意味著明星學校的光環問題又出現了，也馬上引發了他們對於智識、教育與訓練這一連串事物的反感。他們會說，這就變成了學校內的考試一般。這無疑觸動了政客們最敏感的神經，於是「反智」風潮的潘朵拉瓶蓋被掀開。政客們抨擊以考試來取才並保障其任用年限，無疑是具有階級性、保護貴族的，且是仿效承襲英國、普魯士與中國的做法；而它又是承襲自王朝傳統的，因此對共和政治不利；同時也是軍事化的，因為它的考選制度仿效軍隊的招才。其實從一開始，對於智識的不信任感就被激發出來了。當一八六八年羅德島眾議員簡克斯（Thomas A. Jenckes）提出改革文官選才方式的法案時，伊利諾州的眾議員羅根（John A. Logan）就加以抨擊：[23]

> 這個法案是為了本國的貴族而設……它會導致這個國家最後只剩下兩種學校：軍校與產生文官的學校。這些學校當然也就壟斷了一切想要為國家服務的人的途徑。一個人除非進入這兩種學校而順利畢業，否則無論他能力多強，或是資歷多優秀，都沒有機會到政府工作。而當他藉著從這種學校畢業而進入政府且獲得終生工作保障後，他下一

步就是想辦法讓他的小孩也可以如此。很快地這些學校出來的人就開始相信只有他們夠資格進入政府，政府應該由他們管理，而非其他人。

隨著這個爭議不斷延燒，很清楚地政客們已將注重能力與學歷的文官選才辦法，看成是對於美國基本政治理念的挑戰，而面對這種挑戰，他們決定無上限地動員群眾反對。印第安納一位眾議員舉了例子來警告這樣一個情況可能會發生：如果現在有一個由南軍李將軍（Robert E. Lee）擔任校長的維吉尼亞州華盛頓學院畢業的學生，他來參加文官考試，那他一定考得比一位曾在南北戰爭中受傷的士兵好，因為這士兵可能沒受多少教育，而他也在戰爭中傷了一隻臂膀。那麼現在美國的大眾「不會允許叛亂的南方所辦的學院的畢業生，經由在文官考試上必然較優越的表現，拿走了傷殘但保衛聯邦的士兵為政府工作的機會；士兵雖然沒有教育上的優勢，但是卻有很好的實際經驗，因此更勝任這個職位才對。」[24]

威斯康辛州參議員卡本特（Matthew H. Carpenter）以同樣的語氣指出：[25]

在內戰那段時間，當這個國家的命運正遭受試煉、我們大部分的年輕人承受戰爭的洗禮時，沒有參與戰爭的子弟們卻在讀大學。當受傷的士兵回家參與公職考試時，他考不過那些當他為國流血時卻正在熟讀書本的大學生，因他不會答這些瑣碎、知識性、只有學校才強調其重要性的試題：好望角的潮汐時間、月亮何時離地球最近，或是流入裏海的河流有哪些？可是政府公職絕對是這位受傷的士兵所能勝任的，但是他就因為不會考試而被拒絕在門外了。

卡本特參議員認為，「進天國不需要考試」，實際知識與學校教育間存在有鴻溝：「一群被學院填鴨教導的書呆子，卻在文官考試中會勝過那些最成功、正直與能幹的企業人才，後者因為沒受多少教育，或是一向沉浸在務實的思考中，所以早就忘記了那些學院中的呆板知識，就如同航海者離港後就自然要告別逐漸遠離而消失無蹤的陸地了。」

這樣的看法不只限於為參與內戰的士兵發聲的北方人。密西西比州眾議員麥基（McKee）認為以教育來取才會使得那些教育程度較低者無法享受他們原本的優勢——國家文官依地理區位平均分布。其實講白了，他的抱怨就是：如果依照能力原則，那麼以後他再也無法為選民關說聯邦政府的工作職位了。假設說現在有一位新墨西哥州的農場女孩，她完全不知道墨西哥海灣洋流的方向，也搞不清楚很多事物在日本與英國的不同，雖然她做一些低職等的聯邦工作應可勝任，但是一定會在文官考試中被大學女孩擊敗，然而後者可能在一般常識上只有前者的一半。[26]麥基說：

我有一位選民他的知識比你們整個文官選拔會的人加起來還多。他從密西西比被帶到華府長大，大家認為他連做最低階的職員都不夠資格，但是他現在已是西部一間大銀行的辦事員了。後來緬因州一位受很多教育的人得到了這個政府職位，但是這個人的能力與常識連當擦鞋匠的助理都不夠格（笑聲）。這就是一直以來的狀況。

長久以來，反對文官任職制度化的人，一直在一般人心中根植一個對文官改革運動的錯誤印象，而這樣的不實指控乃是大幅度訴諸平等主義與反智主義情懷。葛德金曾說，當文官改革風潮剛起之時，「大家都只將它當成萬千個淑世憧憬中的一個，乃是文人階級為了打發無聊時光而發動的。」一八六八到一八七八年之間，政治圈內的人都不屑又詭譎地將之視為「假惺惺的文官改革」。「他們有時候說話語氣像是富豪，有時又像是一群心智薄弱的人，把政治看成是用甜言蜜語與小獎品哄騙小孩的主日學校，這群人只能對他們遷就而不能與其爭論。」[27]政客們已經深信所謂文官改革不過是特別針對大學畢業生的恩惠，它使得這些職位被擁有大學學歷的階級世襲，而且在考試時各種不合理與艱澀隱晦的問題都會出現（包克〔R. R. Bowker〕曾說：「這考試簡直如同對於應徵掃街工作的人問他一些古代史、天文學與梵文問題一樣。」）。把應徵考試辦得像學位考試般，讓反改革者嚇壞了，當然許多有心應徵者亦然。因此，一位反改革者說：[28]

要藉著競爭激烈的考試窄門才能進入公職服務，這樣實際上等於只讓大學生才進得去，也就是說某甲可以，但某乙不可以。這些進去的少數人可以終身擁有此職位而不用擔心突然失去工作。他們在這些工作上逐年地晉升，最後終至形成了一個與社會其他人分隔的群體，他們有著共同的利益而且只服從一個人的命令，那就是美國總統。

改革者一直辯護說這樣的考試是民主而公平開放給每一個人的，因為美國的教育制度本身是民主開放的，尤其是高等教育，但是這樣的說法社會無法接受。[29] 他們甚至把考試題目印出來公布，想要證明不是只有常春藤的畢業生才會做答，但是這也是徒勞。他們又把紐約關稅總局的人事統計表拿出來，想要證明此考試制度從一八八一年以來只有一小部分人是大學畢業生，也依舊無用。[30] 因為高學歷文官的幽靈早已深深占據了政客們的心靈。即使在加菲爾總統（James A. Garfield）被暗殺後，文官改革的呼聲日起，繼任的亞瑟（Chester A. Arthur）總統依舊對國會說，他對於文官考試並不放心，因為這樣選才「會將智識放在其他條件之上」，因而「有豐富經驗的人反而考不過那些大學剛畢業的菜鳥」。[31] 潘德頓參議員（Senator George H. Pendleton）為了要在國會推動文官考試的法案，只好向參議院保證這個考試絕不會只是對大學生有利的「學術氣息濃厚」的測驗。[32] 如果不是因為加菲爾總統被暗殺，很可能潘德頓參議員提出的文官改革法案還要延遲一個世代之久。

3.改革者被批過於女性化

文官制度改革者對那些政客的批評中，這幾個字眼是一直重複的：無知、粗鄙、自私與腐敗。政客們為了自清，必須提出有效的反駁。他們不只不能輸掉辯論，同時也得合理化他們的極端憤怒。當把社會大眾的利益列入考慮時，政客們當然在動機上是有利的。但是如果這場辯論是循著改革者的理路來解析，則對政客們很不利。所有居政治外圍非決策者的人都知道，如果沒有決策的負擔與責任，就可以輕易地宣稱自身的清白。相較於政客們，改革者在這方面占有優勢。多數的改革者出身於望族家庭，小有財富也已有不錯的職業，並不像政客般需靠政治謀生；所以牽涉到公共事務時，一般認為極重要的廉潔中立這件事上，他們就較職業政客有優勢。此外，他們也的確是教育程度較高也較富於教養。

而那些政客們與地方上的權力掮客反擊的方法，乃是把對手們較高的教育與教養，比喻為恰好是政治上的負面條件，同時質疑這些清高的人如何可以應付日常政治上那些必要的齷齪事務。政客們宣稱他們與政黨人士都必須面對一般人民生活及謀生的具體現實世界，這並不是道德與理想的世界，或是教育與教養的世界，而是冰冷殘酷的實際經濟與政治活動的世界。他們認為，改革者宣稱自身是無私的，但是這可能只是他們在自己完全無法融入的領域，身為外在的旁觀與評論者所導致的附帶現象。在無情的、現實的競爭性物質社會中，無私並非代表純潔，而可能只是無能與懦弱缺乏陽剛的表徵。

此時政客們搬出了大家習以為常的男性陽剛意象來批評對手，他們有意要指涉有教養文化的人通常沒有實務能力，相對來說是比較娘娘腔的。這些改革者私下覬覦官職，但是又欠缺這些位置所需的具體經驗與能力，所以只能含恨攻擊那些目前獲得官職的人。他們其實是在吹毛求疵式的挑剔與批評現今獲有官職與有權力的人，在布廉口中，他們是「愚蠢、自我欺騙、虛榮、無知的人，他們吵雜但人數卻不多，偽善卻不實際，有野心卻不聰明，愛做作卻沒能力。」[33]

改革者與政客們的衝突，留給了後者腦海中一個永遠的印象，那就是受過高等教育的人在政治上是不實際、靠不住的。在二十世紀初時，曾有一位記者可能略微加油添醋地記錄了這樣一段生動的話，這是某一位普藍克（George Washington Plunkitt）先生對這種心態的淋漓盡致描述。他說，「如果這城市的領導人都是書呆子與教授的話」，那麼：[34]

> 這個城市的前景真是堪慮。因為政治領袖多半是普通的公民，來自一般人也回歸到與一般人同在。他們不需要太高的教育就可以領導受教育並不多的平民。……我總是

跟一般人在一起，與他們相處時，我絕不會刻意秀我的文法程度，或是高談闊論憲法，或是提到電力學的知識，總之，就是炫耀我的教育程度。如果我這樣做，人民絕對不會喜歡的。

他又說：[35]

有些年輕人認為可以從書本中學到如何從政，於是他們腦海裡就塞滿大學中學到的東西。真是大錯特錯。請別誤會，我並不是要否定大學教育。只要有書呆子存在這世上，就會有大學。我也認為大學有它的用處。可是在政治上，大學一點兒用也沒有。事實上，如果年輕人上了大學後，他就不適合從政了。他雖然還是可以硬是要試，但是成功機會只有百分之一。

政客們指控改革者是偽君子與不切實際的，這還算客氣。他們認為改革者的教養與挑剔性格顯示出其為柔弱、多愁善感的娘娘腔，一點也沒有男子氣概。[36]有的時候，改革者這類型的人會被稱為「政治雙性人」（political hermaphrodites），意味他們的政治立場不明確，甚至性別傾向亦然。堪薩斯州參議員因格斯（Ingalls）對於他們的黨派忠誠度非常不以為然，竟以「第三性」貶抑他們——「非男非女卻很女性化，不能生育也不能傳嗣，沒有女性特色更無男子氣概，男人看不起他們女人也嘲諷他們，所以這些人注定要孤立、滅絕。」[37]

一八七二年的自由派共和黨運動是改革者形成組織的開始，此時他們就已被最著名的政治掮客康克林（Roscoe Conkling）批評為「一群理想主義者與蛋頭教授的組合」。[38]康克林也說出了美國歷史上最著名的一段惡言謾罵，指控改革者是娘娘腔。被他指控的是著名的改革派領袖與《哈潑》雜誌（*Harper's*）主編葛提斯，他曾經去德國讀大學，也是布萊恩、羅維爾與孫木楠等人的朋友。他以主張知識分子應在政治上扮演更大角色最為知名。一八七七年的紐約州共和黨提名大會上，改革者與傳統政治掮客間的衝突爆發到了頂點。當康克林上台致詞時，他說：「在報章雜誌上不斷地攻擊共和黨人，並且要在黨裡面當老師導正別人的信念與良知的人，是哪些人呢？」「這些人中有的是女性服飾的製造商、業餘藝壇人士與吃喝玩樂的玩家們。」「女性服飾製造商」（man-milliners）意指葛提斯的雜誌最近新增的關於女性時尚與服飾的版面，因而此語一出，引來哄堂訕笑。他繼續攻擊這些改革者，認為他們「自認清高」且不斷展示這種優越感，但其實是騎牆派與偽君子，又處處充滿著自以為是的心態，最後他結論道：「他們忘了政黨不是建立在儀態或是女性服飾、或是連番空談上……」[39]

其實當時所有的男人與大部分女人都認為，從政是男人的專利，女人不宜，而且政治能力的強弱甚至與一個人男子氣概的多寡有關，而這個觀念就是攻擊改革者的政客們所依靠的社會共識或是潛規則。從政是男人的事，而改革（至少在美國）則意味著不斷地與激進的、爭權益的女性牽連在一起。有關女性投票權的議題中，男人的看法乃是如果女人進入暗黑鬥爭的男人政治世界中，就會失去女人味，因而因格斯參議員說政治的純淨化是「像彩虹般的夢而已」。[40]

如果女人參政，她們會變得陽剛，就如同如果男人倡議改革，就會變得女性化娘娘腔一般。布希耐（Horace Bushnell）認為如果女人可以投票並問政，而且持續幾百年之久，則「女人味將盡失」。女人容貌將變得不再柔和，會失去阿娜多姿體態，聲音變得尖銳，動作不再婉約，過度自信，滿懷意志力與膽量，追逐權力與地位。而且很容易可以想見在這樣的女權高漲的趨勢下，「她們的生理特徵都可能發生改變，會變得更高大與粗壯，手腳都變大，腦容量也加大。」[41]

女人因為往昔未參與政治，所以大家都認為她們在道德上較男人純潔，[42]而且大家也都相信她們會透過妻子與母親的角色使世界實現這樣的道德感。只要她們不參與政治，她們就可永保純潔與理想性格。照此推論，骯髒的政治如果一定必須存在，它是屬於男人的，因而自以為將潔淨帶入政治的改革者就被對手指控為把政治女性化了，也破壞原本性別的區分。就像女人如果碰政治就失去女人味，改革者因為誤把道德引進政治而把自己性向搞亂了。對改革者的嘲弄——那些長髮的男人與短髮的女人——鮮明地表達了這樣的感覺。

把女人爭取投票權看成是性別混淆與違逆天道，曾是亨利．詹姆士（Henry James）的《波士頓人》（*The Bostonians*）的主題，因他像布希耐一樣深恐男性的世界會被女人激進的行為與某些女權理念所顛覆。他筆下的南方英雄人物藍森（Basil Ransom）如此說道：[43]

> 我們整個世代都被女性化了；男性的風格已經不再，現在變成了女性的、緊張兮兮的、歇斯底里的、顫抖的時代。這時代充滿了空虛而不誠實及虛假的精緻性，誇大的推銷性辭令與耽溺於感性。我們如果不小心，就會沉淪到至為俗氣之境地，滿是懦弱及平庸。面對世界以及各種挑戰的男子氣概，勇於嘗試與忍受的氣魄，這些都是我想要保存的，或是恢復的……

詹姆士認為這個現在被剝奪了男子氣概的世界當然不是卡內基、洛克菲勒、早期鐵路大王與康克林等人的世界；它是有教養的人的世界，這種教養也曾經被認為是具備行動實踐力與自信的男子氣概，而由波士頓代表的新格蘭社會。對此，詹姆士知之甚詳。這樣的社會目前迫切需要的是一種人，就是理念與行動力兼具的人。

4. 牛仔總統羅斯福

不管改革者知道與否，他們都已被冠上了懦弱與無能的印記。這是因為他們隔絕在美國的主流政治外。第一個面對這個挑戰的改革者是老羅斯福。他出身於改革派寄身的社會與教育背景階層，他很早就知道社會對於他們的批評是有幾分道理，所以如果要能推動改革，他們這些改革派需要推出一種具有活力形象的領導人。在他的《自傳》中，他回憶起那些改革派的人：[44]

> 他們是紳士，非常和善、有教養，他們對於腐敗的事物不能接受，也在更衣室或走廊下討論這些事。但是他們卻總是無法真正了解現實社會與其中的人們。他們總是高喊要「改革」，好像這是某種具體存在的東西，像蛋糕一樣有形體，可以在必要的時候傳遞給需要的人。這些走廊下的改革者沒有任何行動力，因為他們的熱情都用在批評上了……

當羅斯福在寫這些文字時，他早已與葛德金之類的改革者分道揚鑣，這是因為他們非常痛恨他，一方面他們認為他悖離了改革者這邊的道德信念，他是叛徒，另一方面他們也無法理解像他這樣出身背景的人為何可以向對方立場妥協。但是正好就是由於羅斯福個人的特質——雖然出身於東部望族，又是哈佛畢業生與寫作者，但是卻能跟牛仔們打交道——使得他在十九世紀末時受到全國性的支持愛戴。

一八八〇年時在家人與朋友的反對下，羅斯福決定參政，加入了紐約市共和黨的基層。他最初雖然不喜歡政治的骯髒環境與那些選區小樁腳的冷眼，但是他還是堅持撐了下去。當他二十三歲時首次進到紐約州議會時，他還是受到出身背景的烙印所苦。普林格（Henry F. Pringle）寫道：「他不但出身小康家庭，又是哈佛畢業生。同時帶著繫繩的黑眼鏡，也有點女性化。總的說來，他就是個公子哥的樣子，而且還是漫畫中那種被諷刺為美國人猛學英國優雅紳士的不倫不類滑稽樣。連杭特（Isaac L. Hunt）這位曾多次幫忙羅斯福競選的人都說：『他簡直是個笑話⋯⋯他的頭髮梳成那樣，講話的表情，無一不令人捧腹。』普林格也說，他的舉止與講究文法的說話方式讓他成為笑柄，加上他的穿著，喜劇性尖銳嗓音，且用殖民早期的方言發表議會演說，這種種都讓他的政治生涯不順利。[45]所以他的對手很快地就把他稱為是『娘娘腔大學生』。當得知他所屬的大學兄弟會有四位成員在紐約州議會時，《世界》雜誌（*World*）寫道：『天啊，天啊，羅斯福弟兄在議會中操控職位。他們兄弟會太囂張了吧。』『本州的選民如果知道他們的議員把大學玩的那套校園政治帶入議會，一定吃驚與不悅。』『兄弟會那一套東西可能對於大學生來說很有趣，但是對於成熟的政治人物來說卻不宜。」[46]

但是一小段時間後，羅斯福刻意經營的形象果然在報紙上產生作用。他做事有活力與誠懇的態度贏得了好感，即使他的優越教育程度與出身背景也無礙大家開始欣賞他。紐約上州的一份報紙說：「看到一位有財富與教育的年輕人關懷社會是令人喜悅的，因為他願意把老天給他的天賦與幸福用來服務社會。」波士頓的一份報紙說，即使他頗有美學素養，也不妨礙他「發表人人聽得懂的傳統共和黨式演說」。也有報紙說：「即使他因懷抱新舊大陸著名大學的種種理論被人們先入為主地看衰，但是他的確是聰明的年輕人，也有很實際的想法。」麻州春田市的《共和黨人》（*Republican*）雜誌一直認為智識訓練會影響年輕政治人物對於一般選民的理解，但它卻承認「羅斯福的教養並未使他離開大眾」。當羅斯福成為麻州人事處長後，報紙說：「改革對他來說並不是文藝事業般的消遣或是虛偽地應付黨內的要求而已。」

羅斯福對於美國大西部荒野的熟悉以及他曾在農場生活過的經驗，都對於他養成耐操勞的活力幹勁很有助益。人家形容他是「男子漢風格、身手矯健、充滿活力的人，他在西部有一些很不錯的農場，也很喜歡狩獵大型動物。」他也曾在居留於西部的那段年輕狂放歲月中「學到了荒野求生等技巧」。也有關於他與印第安人間的一些英雄故事。羅斯福的打獵技術竟然成為他的政治資本：「他對於那些政治掮客的蹤跡與伎倆的敏銳嗅覺正如同他在落磯山脈追蹤灰熊一般，所以他可以向政治腐敗有效地開火就像在獵場射殺獵物般。」他可說是改革派中唯一的一位，讓人能把他的文官改革類比成獵殺危險動物。

相較於都會化、商業、犬儒與女性化的世界，羅斯福代表了西部的豪放與曠野精神，充滿活力與男子氣概，並且有著誠懇與追求理想的形象。他了解到自己成功地將男子氣概、活力與教育及改革連結，也以把這種觀念傳給下一代為己任。一八九四年當他應邀到哈佛對畢業生演講時，他以此為題目：「政治場域中的成功表現與男子氣概」（The Merit System and Manliness in Politics），他建議這些學生「不但要做好人，也要做男子漢，不要讓壞人完全包辦了勇夫的形象」。一八九〇年代時他特別高呼，希望美國人投入具有理想性格的艱苦、實際的政治鬥爭中。他常說：「艱苦的事情不只是對外衝突與民族間的摩擦，其實國內的改革也是。好的美國人，不只會批評，也應會行動。應該要投入不甚優雅的派系鬥爭中，不要怕與那些粗鄙無禮又無理想的人為伍，因為他們有時很有能力，懂得操作，且很有效率。」我們應該培養出「堅實、男子漢般的個性，尤其是勇氣，也要有強健的體魄與意志，就像軍人一般。」「這種男子漢般的性格是每一個民族需具備的」，如果一個人因為害怕失敗或是畏懼困難而裹足不前，「就是懦夫與沒有男子氣概。」受過高等教育的階級特別需要避免「懦弱式的善良」，不要逃避「必要的粗野草莽與艱困的工作」，不要把自己變成政治事務上的業餘人士，只能略微沾邊即撤手。[47]

羅斯福這樣的態度在一八九〇年代經濟蕭條時期獲得了普遍的讚賞。一份加州的報紙說：「男子漢般的坦率與勇氣，是美國政府最需要的，特別是政治上與社會上目前正處於轉型階段。」他呼籲應該有強悍的民族主義精神與堅毅的人生觀，這充分表現了他的積極進取性格（aggressiveness）。他成為一個政治舞台上的知識分子，有傑克遜式的勇猛與果斷，絕對不會被視為像傑佛遜一樣的懦弱或是像亞當斯一樣的文謅謅，或是像葛提斯一樣處事屢屢猶疑不決。他絕對是個戰士。他喜歡戰鬥，但是都是為了讓政府更完善。羅斯福代表了積極進取的精神本身。在一八九六年時，美國的帝國主義被學界的人像是伍斯立（Theodore Woolsey）與馮賀斯（Hermann von Hoist）等人批評，而克里夫蘭的《世界》雜誌發現羅斯福有辦法對付這種懦弱的學究思想。它說羅斯福的影響力正好像「颳起一陣愛國的風……吹過了缺乏國族意識的平原，激起了人們的擁護，恰因為他的學術能力本不比這些學者差。」羅斯福曾在對抗西班牙之役中與牛仔們並肩作戰，這些傳奇事蹟廣為流傳使他成為美國英雄。一八九九年的《哈潑週刊》（*Harper's Weekly*）曾說：「他的廣受歡迎是因為他具有大部分人都認為很重要的男子氣概。」「大家喜歡騎在馬背上的勇士，不管他是在對抗西班牙人、在獵熊還是作為牧羊人。」一九〇〇年底特律的《新聞週報》（*News*）說：「大家群聚歡呼喝采羅斯福，是因為他成功地將牛仔與大學生組合在一起，橫掃美國近代歷史，因此贏得男人的讚嘆與女人的尊敬。」芝加哥的《新聞報導》說：「沒想到那些都會的、文弱無血色的、閒遊浪蕩的年輕人竟然也能受到羅斯福這種有男子氣概的人的鼓舞，而粗獷有活力的美國鄉村男人更是敬佩他。」

美國當時正是逐漸都會化與商業化的社會，卻是頭一次受到了經濟蕭條的打擊，大家都期待能出現一個新的世代像羅斯福一樣，也就是有活力的、具備男子氣概的世代，來對抗此衰退。羅斯福為後來的「進步時代」（Progressivism）打下基礎，因為他使得心向改革的受教育階層領袖重新被人肯定，這乃是由於他可以把教養與男子氣概成功連結。一向被教育成為應該粗獷與勇敢的美國人，如果站出來支持理想主義與改革時再也不怕被人說是失去男子氣概了。羅斯福體現了美國對政治人物的標準要求：如果一個想從政的人被懷疑太文弱與理想主義、智識性格太強烈，則只要他有從軍的紀錄就可以過關，如果沒有，則參與過美式足球隊也行。

羅斯福所完成的，不只是破除了一向以來的一個看法，就是認為仕紳／智識分子階級從政時總是缺乏魄力與娘娘腔，他更證明了屬於他身分階級的人可以在政治上扮演重要角色。他們上一代的智識分子，總是一貫地認為自己的出身與道德智識都足以成為領導階層，而羅斯福這一代的人則以事實及行動來證明自己在政治上的功用。對後者來說，學者在政治上的角色需建立在具有施政技巧的基礎上，因為這些技巧對任何政府而言日漸重要。所以仕紳改革者在政治上不斷受挫的時代已結束。稍後的「進步世代」（Progressive generation）來臨時，學者以專家的角色出現的時代就展開了。

第八章　專家的興起

1.「進步時代」的來臨

在腐敗的「鍍金時代」（Gilded age）[1]知識分子與權力間的疏離讓改革者很沮喪，但這情形到了「進步時代」[2]就突然終止了。因為美國此時進入了經濟與社會發展上的新階段，過去致力於發展工業、不斷擴張在北美大陸的領土以及賺取外貿盈餘這些目標，現在已與另一些新目標齊頭並進，例如對於因快速發展而出現的巨大企業與利益團體做出更人性化的處理與加強管理。美國現在似乎亟需精神理念的指引，例如希望能夠以基督教的道德原則來面對若干社會問題，這些原則一直深植於美國的立國信念，但卻少見於實際的生活中。對於這些，大家覺得需要自我檢討與分析。到了此地步，之前改革者一直呼籲實現卻徒勞無功的「善治」（good government）原則，現在似乎有點希望了。

但即使是這些「善治」原則本身，很可能也須做些修正了：文官制度的改革者對於何謂良善政府有很特定的看法，但是這麼少人支持他們的原因之一，就是他們從來就解釋不清楚為何這樣的看法是對的。而現在愈來愈多聰明的美國人認為自己知道為什麼了。工業鉅子與政治掮客們現在權力太大，所以有需要讓他們的行為合理合法並受到政府的控制，這種淨化政治的努力首先要靠強化政府的行政機能與管控能力。如果政府的職能愈來愈大，專家的需求量也就增加。為了民主政治的更好發展，過去那種傑克遜式對專家的懷疑心態必須改變。過去一直存在的知識分子與平民民主間的隔閡，現在似乎逐漸消失了——專家們現在開始尊重民主，而平民們也開始尊重專家了。

在此時新的社會狀態也開始成形：整個社會大眾都認知到美國現在正處於一個轉型期。整個社會對此的反省開始在日常生活上體現出來。知識分子既是專家又是社會批評家，所以他們開始回到社會的中心，這是一個世紀以來美國政治所未曾有的現象。但是在國家事務上，知識分子之角色地位回復的方式並不若先前的改革者所預期。過去，這些改革者認為心智的能力與階級相關，所以他們之前總是抱怨他們的心智能力未受到國家重用，因為人們並未尊重與服從他們；這樣的想法當然異常保守。而現在，對於心智能力大家有新的看法，認為不是依照階級而定出誰的能力高，而是依照事實上對這個正在快速發展與改革中的國家，能做貢獻的多寡來決定。現在大家決定衷心尊重智識，不是因為傳統的保守主義價值觀的緣故，而是因為它的確能夠幫助與導引改變。因此，進步時代中社會批判與行政革新的方向，不在於海斯與加菲爾時期對於公共行政的見地，而是小羅斯福總統「新政」時期福利國家的觀念了。

無疑地，進步派人士所創造的與其說是一個嶄新的行政體系，不如說是一種革新的氛圍。在那段時期特殊的道德與智識氛圍下，智識分子與整個社會或是政界領袖有了更緊密的關係。有些知識分子是從政壇外部進入的，但是有很多是原本就在政治圈裡面，現在受到的尊重與待遇比其前輩要好。現在有知識的人在政治圈中受到重視了——老羅斯福、威爾遜、羅吉（Henry Cabot Lodge）、貝立芝（Albert J. Beveridge）與拉福耶（Robert M. La Follette）等。但是在進步時代的政治領袖中，布萊恩（William Jennings Bryan）一人獨自地延續了平民政治中「反智」的傳統。[3]在進步時代中，拉福耶雖然不像他的某些同僚一般是如此知名的知識分子，但是他卻擁有特別的地位，這是因為他帶領建立起對知識分子信任的態度。這一方面是由於他在擔任威斯康辛州長時，成功地整合州政府與威斯康辛大學教授群間的合作，另一方面是由於他到華府就任參議員時帶去的一群有效率、有研究發展精神的幕僚令人耳目一新。拉福耶從一開始從政，就破除了普藍克所散布的謠言，也就是大學學歷在政治上是無用的。他第一次競選時就任用他的同學，打造出了一個非常好的政治機器的領導核心。如果老羅斯福已經證明男子氣概與智識可以共存，那麼拉福耶證明了智識在政治上是有效用的。

2.「威斯康辛構想」

進步主義的浪潮從地方層級擴展到州，最後到了全國的層級。在州的層級上，嶄新的管理制度與單位首先被導入，而且專家被邀請參與立法過程。專家政治的試驗場不是華府，而是各州的州政府，特別是威斯康辛州的麥迪遜市（Madison），它成為專家出來為人民與州服務的第一個範例。拉福耶在威斯康辛州的實驗，無論其成敗或是激起的反彈，在在都成為了日後在全國範疇上進步時代政治的先驅，也是「新政」以智識擘劃國政的雛形。威斯康辛州的試驗特別具有意義，因為它對於知識分子與專家參與政治的角色，從開始到結束有了完整的示範，而現在大家也已經熟悉如下的週期循環了：第一，變遷時代來到，大家對現狀不滿，所以需要這些人來改變；第二，知識分子與專家已經被等同於他們所帶來的改革，但當人們對改革的功效不滿時，就會對改革本身不滿。企業界是首先會表達不滿的，他們不願政府干涉、抱怨改革成本太高，也企圖用各種理由鼓舞大眾反對改革，包括反智主義在內。最後，改革者會被踢出政壇，但某些改革卻未必被取消終止。

第一波形成「威斯康辛構想」（the Wisconsin idea）的因素在一八九二年出現，那是當一個嶄新的「經濟、政治與歷史學院」出現在威斯康辛大學時。這個學院是由年輕經濟學家艾力（Richard T. Ely）所領導的，而透納（Frederick Jackson Turner）與張伯倫校長（President

Thomas C. Chamberlain）乃是這整個運動的領導者，他們希望讓威斯康辛州成為中西部各州在提倡社會科學上的先驅典範，因為他們覺得社會科學可以幫助了解與管理過去四分之一世紀以來所形成的複雜工業社會。在他們的構想中，要把威斯康辛大學規劃成一所訓練政府行政與改善公民意識與行為的中心，而且最終變成能有效服務該州全體居民與州政府的機構。

同時，這所大學應完全超越黨派，它不屬於哪一黨，而且以服務該州全體居民為宗旨，而不是任何一階級。大學也不從事任何意識形態的宣傳，而是提供資訊、統計資料、政策建議、技術與訓練。當然，也希望這所學府的聲譽會隨著它幫助州民的效能而提升。同時，大學的主事者也並不會去挑戰任何既得利益者。透納在給艾力的一封信中說：「請告訴我有什麼實際的方法讓這所大學可以服務威州的所有百姓？其實這所學校最特別之處，應在於它可以獲得這些死硬派威州商人的支持。」[4]稍後透納說明了什麼叫做公正地運用學術：

> 如果我們用科學、法律、經濟與歷史教育等來訓練一些行政官員、議員、法官、或專家等來擔任部門首長，則這些人將會公正地及明智地處理不同利益間的競爭。資本家與無產階級的對立在美國是大家所知道的一個現象，所以我們需要一批為全州人民服務的官員，他們可以防杜這些階級所做的爭權奪利行為，並且找出大家共同利益之所在，贏得所有追求美國夢的團體共同的尊敬與信任。這種想法的逐漸流行可在某些州紛紛設

置專家委員會一事看出，也可從議會中有大學學歷者增加看出，也可從聯邦政府各機構增加任用大學生看出。我們其實可以這麼說，要有良好的經濟與社會方面的法案，或是對其執行的成效，就需要讓大學扮演更重要的角色。

透納繼續說道，但這些角色對於大學也是危險的。美國是個移民國家，「拓荒者民主」（pioneer democracy）一向看不起專家，而專家就必須力駁這種「根深柢固的懷疑」，他們可依賴「創造性的想像力與人格特質」來克服別人的猜忌。[5]

直至十九世紀末時，威大已經聚集了一些著名學者，他們研究關於州層級與市層級的社會與經濟問題，也撰寫了若干傑出的書籍文獻。威大藉著在各處設立的分校，普遍地教育威州人民。例如藉著農民組織，威大拉近了自己與農業人口間的距離，也提高了威州耕種的技術水準。但是當拉福耶在一九〇〇年就任威州州長後，這個威大的產學合作計畫開始有些爭議性了。拉福耶本人是威大畢業生，他認同於懷抱各種理念的改革者們，於是開始採用專家的意見，這些專家分別提出對於稅制改革、鐵路管理以及直接基層選舉等問題的建議。

一個獨立機構「立法圖書資訊服務處」（Legislative Reference Service）隨後加入了威大對於公眾的服務，這是由一位威大充滿幹勁的研究生麥卡錫（Charles McCarthy）所創立的。麥卡錫對這個參考圖書服務的期待就像透納對威大一般，都希望它們提供社會最佳服務，同時也是個獨立於黨派的單位。在鐵路、電話、電報與保險公司興起的年代裡，麥卡錫認為州政府的任務複雜而州議員需要大量資訊才能做出好的立法決策。「所以讓專家來提供資訊是最好的方法。」但這並不是要介入立法過程中正反兩派的較勁：[6]

我們在威州的部門並不企圖影響任何議員，我們在議案中並不站在任何一邊或支持任何一人。我們只是政府中的一個部門。我們並不介入或導引立法，而只是幫助那些有心為州民服務的議員做出最好的立法，我們提供這些忙碌的議員任何他們所需之資訊，我們呈現出決策者所依靠的事實與數據。

這樣的理想現在看起來既天真又誠懇。拉福耶的政績中還是存留有好些待解決的問題；例如他得罪了那些透納曾經想要接近的商人資本家們，傷害了其利益。更且，在一九〇三年後，拉福耶的朋友海斯（Charles P. Van Hise）接任威大校長，他想要把威大變成州政府的一個分支，這個主張觸怒了保守派。再加上全國媒體紛紛報導「威斯康辛構想」（大多數是支持的）時，它們認為威斯康辛是一個代表著「進步精神」的州，因而誇大地說這是因為「威大在治理這個州」。[7]

對於其他州來說，這種新聞可能會刺激它們來模仿威州，但是對於威州自身的保守派來說，這就加深了他們原本的疑懼：原來威大是要跟州當局聯手對付他們。其實威大的教授專家們根本不認為他們自己是激進派，也更不認為他們想要大量地主導州政府施政。如果看一下威大在州政府任職的人事統計就可知，大部分的人都是技術官僚（工程師、地理測量師、科學家及農業專家等）而非州政府的政策顧問，而威大的專家主要功能在提供州政府技術方面的資訊而非意識形態。康門斯（John R. Commons）是威大最傑出的社會科學家之一，他說其實威大的教授絕大部分很保守，「除了進步時期外，我從來沒有被諮商過，他們需要我時才會找我。我從沒有主導過任何案子。」[8]

儘管如此，在稅務、鐵路管制方面與其他事情上，威大的專家們一直被諮商，而許多人也對他們具有的影響力不滿。以往威州重要政策都是在保護某些企業的利益，而往往是經由幾個巨頭密室協商而達成；拉福耶當州長後卻以週六午餐會的方式找威大的校長、院長與一群專家共商政務，他對這種決策方式的改變引以為傲。[9]在進步時代的政策下失去既得利益的一些企業——事實上許多企業僅僅是受到管制政策可能擴大的心理上自我壓力而已——就認定威大與立法圖書資訊服務處是他們的敵人，正如同鐵路管制委員會、稅務委員會與工商業管制委員會一般。

一九一四年在全國級層面上共和黨的分裂給了威州進步派共和黨人很大的打擊，於是保守派看到了機會。他們擊敗了拉福耶在進步派中的繼任者，而推出鐵路商人與伐木業商人菲利普（Emanuel L. Philipp）選上州長。菲利普在競選時以「反智」的姿態攻擊威大的專家們，並且誓言減稅與改造威大使它不再「介入」政治。他說，一定要把威大徹底「清掃乾淨」，因為社會主義已在那兒滋生，而且學生們帶著不屬於美國的理念畢業。如果繼續重用專家，則威大將持續地入侵政治。將政治交付與專家來管理，無異承認民選的首長不能勝任。如果州政府已經到了承認所有的施政都需要威大協助的地步，則一般百姓豈不應該自認為是近乎「白癡」了？菲利普的攻擊包括了取消麥卡錫之前所支持設立的「法案工廠」，也就是「立法圖書資訊服務處」。

但是當菲利普當選後，他對這些機構的處理沒有競選時所說的那麼激烈。雖然他還是有要求議會關閉「立法圖書資訊服務處」，且把威大若干單位重整，但是漸漸地他變得較為圓融。雖然他限制了威大的擴張與刪減其影響力，可是由於威大在全國有很多廣受人尊敬的支持者，所以他也跟威大校長海斯維持和平關係。即使是麥卡錫也躲過了他的攻擊：因為他發現麥卡錫所聲稱的「保持中立」確有其事，在保守派使用「立法圖書資訊服務處」時他們感受到了這種中立態度。[10]

其實威大內部從來就沒有對於進步主義觀點一事取得絕對的共識。康門斯說，威大很多人是保守派。不只如此，很多威大的人覺得大學如果介入實際政治，就是對於純粹中立的學術傳統的背叛。一九二〇年時派爾（J. F. A. Pyre）對於海斯校長所說的「威大應該成為州政府的一部分」這個看法有所反駁。他說，這種觀點太「唯物論」（因為學校經費來自州政府），破壞了學術自主與中立，最後會對學校造成傷害。[11]然而多數威大的教授是接受麥卡錫《威斯康辛構想》這本書中的實用主義立場的。他說，經濟學中老一輩的學者「只是純搞些理論，卻從未對於政府施政做過第一手研究。」現在這些老一輩的人被重視常識的專家替代，他們在實務的第一線研究經濟問題然後藉著「實際的事件與資料」來測試理論。[12]於是，當一般百姓在辯論是否應該讓專家介入施政時，學術圈則在辯論大學的未來應該是朝向實務或是純理論路線發展。

3. 學術與社會的結合

進步時代的理念在政治上的斬獲雖然有限，但是它所激起的氛圍卻一直擴散，而這對一直關注美國社會在心靈成長方面狀況的人來說是一種鼓舞。追求智識的風氣拓展了，自由且旺盛的發展，而且政界的高層似乎注意到此點並且也有參與，整個社會亦然。魯漢（Mabel Dodge Luhan）對此時文學與藝術上的狀況之觀察，其實適用於描述美國社會其他領域：「藩籬打破，以前從不互相接觸的人開始伸出觸角互相聯繫；現在有各種聯繫與溝通的方式正在進行。」[13]在這個彷彿是「小文藝復興」的時代，文學與藝術的基調是「解放」，而在學術上則追求影響力的擴張。處處可見到大家在追求新的自由與新的興趣。凡事都可以被檢討，從鐵路政策到性解放，甚至對兒童進行教育的方式。公眾樂意聽到各種醜聞被揭發，媒體人則評論許多時事代表的意義；牧師與作家們討論道德事務；學者們探究哲學、法律、歷史與政治上進步主義所代表的意義；而技術專家們從學院進入經濟與社會問題的實務研究上，甚至進入新設立的管制機構服務。

這樣的新理念熱潮並沒有帶來社會革命，到了進步運動的末期，美國傳統上的統治階層又湧現出來，還是像進步運動未出現前般牢牢地掌握著權力，只不過是在台風身段上有很大改變。對學者與文藝界人士而言，台風身段異常重要，對政治人物亦然。這種注重風格的風尚興起，智識分子受益最大，無論是像李普曼、克羅利（Herbert Croly）一樣的公共人物，或是像杜威與畢爾德（Charles A. Beard）一樣的學者，他們都共同追求一個目標：就是理論與實務間隔閡的消除。一九一四年李普曼出版《疏離與掌握》（*Drift and Mastery*）一書，就是闡揚此理念。他認為以所學來貢獻於實際社會的發展與運作，乃是這個時代的中心思想。當社會的管理與控制需要某種學術領域提供知識時，這個學門的學者，即使平素研究最抽象理論者也因此產生了重要感與使命感。任何理念都不能再被嗤之以鼻地看成是純「學術」的，因為學術與社會間已無距離。「現在新的形態的教授……到處都是，」有人觀察到：[14]

有的專家精通鐵路、造橋與地下鐵；有些對天然氣與電力熟知；有些是貨幣與銀行方面的專家；有些對於菲律賓的關稅制度或是委內瑞拉的國界線之分布熟悉、有些人知道波多黎各的工業發展，有些人對於文官制度的分類或是信託業務熟悉。

最重要的是，社會不僅是需要這些專家的專業知識，而且對於這些專家的貢獻給予高度讚賞。[15]也許有一些觀察家擔心專家政治會侵害民主的精神，偶爾也會有一些企業人士因為害怕管制帶來的成本提高，因此抱怨專家的角色太擴張。[16]但總的來說，這些作為政壇新秀的專家們是普遍得到好評的。馬修（Brander Matthews）一九〇九年時寫道：「美國社會大眾對於教授專家們的偏見已經不再，就像對於藝文界人士般。大家慢慢開始承認這些人對於國家的貢獻……這部分歸因於大家現在了解專家與其知識的價值了。」[17]

更重要的是，連政壇領導人都愈來愈接受專家了。媒體人馬可森（Isaac Marcosson）給老羅斯福總統看了爆料作家厄普頓．辛克萊（Upton Sinclair）在一本書中所披露的事證，這在那個時代是常見的做法。而結果就是一個有關食物的法案很快地通過了。除了在參議院裡的貝立芝與羅吉參議員常以自身的「學術涵養」為傲外，現在美國立國以來第一次有些總統也被形容是「知識分子」了。

如果我們細看老羅斯福與威爾遜總統的行事，就會發現兩人各自用不同的方法呈現了知識與權力間的界線。這兩位總統都相信在治國上知識的重要性，但同時，兩人都並非完全信任他們的知識分子同僚。老羅斯福很喜歡新觀念，也喜歡與克羅利、李普曼、史蒂芬斯（Steffens）等知識分子做朋友；任命羅彬遜（Edwin Arlington Robinson）為政府官員；吸引了很多有熱忱抱負的人為政府工作，這個情形已經一個世代沒出現過了，也針對鐵路管制、移民問題、肉品檢查與其他事務諮詢知識分子與專家。因此他可說是從林肯以來，甚至從傑佛遜以來，在公共事務上最為重視智識的總統。布萊斯爵士（Lord Bryce）談到老羅斯福總統的成就時，承認「從未在其他國家看到像當時美國這麼有效率、有智慧又熱心服務的專家群，他們比在華府的一班文官或是軍人對於國家都來得有貢獻。」[18]這看起來完全就是上一代的改革者們所希望的政府。

但是老羅斯福也有因為看起來像是一點小事而對他的知識分子朋友發怒的時候，面對不同意見時他顯得有些自命不凡。他對於日漸累積的許多溫和的抗議之嚴重性確實誤判了——例如，他對那些揭發醜聞者不以為然，認為他們對社會來說是危險分子，因為他們會累積「革命情緒」。雖然除了他以外，沒有一位美國總統可以稱得上是知識分子，但是他對於智識在我們生命中的角色地位的看法卻是愛恨交織的，正如同中產階級中受過高等教育的那些人一樣——而他們唯他馬首是瞻。他重視智識能力，正如他重視企業能力一般，當然，他對於智識能力的重視是更堅定的。[19]然而他對於所謂的「人格」之重視卻勝於兩者。誠然，他代表了美國人在政治上與生活中對於人格的重視勝於智識的立場，而且此立場常認為這二者是相對立的。他的著作中常提到此點：「對一個民族或是個人而言，人格遠比智識重要。」「正如同力量較美麗來得重要，人格較智識重要，甚至天才亦然。」「我多麼希望能提醒國人，千萬不要落入對於智識的盲目崇拜，尤其是缺乏道德責任的智識⋯⋯」[20] 老羅斯福這些話的問題不在於它們是錯的，而是它們毫無意義（除非他真的認為美國人現在正在崇揚智識而犧牲掉道德），因為當時正是美國進步主義思潮的高峰期，社會上的道德觀念很強烈。

大家都認為威爾遜當總統後為這個職位帶來了學者氣息，當然這樣有優點也有缺點；很少研究他的人會認為他個人的人格特質很適合擔任美國總統。他個性很嚴肅、一點也不浪漫，但是這可能是長老會的影響而不是因他是學者，更有可能是因為他自己天生性格使然。他完全是個老舊時代的學者與知識分子。在一八八〇年代末期，他出版了《議會政治》（*Congressional Government*）與《國家》（*The State*）兩本精采的書，但此時他的學術生涯幾乎已停止。他在品味上、思想上與閱讀的書籍上幾乎像是一位維多利亞時代紳士的美國南方版，他的觀念都停留在美國劇烈變化之前的時代。他相信小型企業、競爭性經濟、殖民主義、英國清教徒白人至上主義，以及男性才應有投票權等思想，但在他的時代這些早就飽受抨擊了。他受到白吉浩（Bagehot）與柏克（Burke）的啟蒙，但是卻恰恰錯失受到世紀末批判思潮爆發的影響，而這思潮一直延續到進步時代。在一八九〇年代時，他正在學而優則仕，企圖拉近學術界與一般人之間的隔閡。而當許多他學術界的同僚正試圖擺脫鍍金時代知識分子的自滿神情時，威爾遜卻以等待被奉承的態度來跟一般平民演說。從一九〇二年他接任普林斯頓大學校長後，他就與當時的思潮脫節了。一九一六年時他坦承：「十四年來我沒有讀完過一本重要的書籍。」[21]可以想見，在政治生涯的歲月裡他並沒有受到當時最創新的思潮之影響，他的思想絕不會受到那時知識分子的重視。

無可諱言，一九一二年威爾遜當選時，他受到了對老羅斯福不滿的知識分子的支持，他們認為毫無疑問威爾遜具備了貴族的氣味。但是在一戰前，學界出身的威爾遜並沒有一如大家期待般在政治上廣泛重用知識分子。更且，他一向不信任所謂「專家」。與羅斯福或是拉福耶不同，他從不認為專家是改革的推手或是執行者，他反而認為他們在為大企業或是利益團體服務。

大多數進步時代的理論家都將由大企業控制的政府與平民政府相對比，而後者雇用大批的專家來管制企業的不當運作；但是威爾遜卻是將大企業、利益團體與專家三者視為一聯盟，而與之相反的乃是平民政府。他與老羅斯福相反，他認為參與控制大企業的專家到頭來都會變成被大企業收買控制。在一九一二年競選時，他說：[22]

我害怕的是專家政府。老天爺禁止我們民主國家的人民自己不管理政治，而把政府交由專家管理。如果我們國家困難的事情都被交由一小群專家用只有他們知道的科學來管理，我們都不用參與，那我們算什麼？如果我們不了解政務，那我們就不是真正自由的人群。那我們就應該暫時拋棄我們的自由制度，去找一個人好好問一下我們到底是誰？我曾經在一個工人的酒吧裡聽過最深刻的對於時事的辯論，因此一個人每天忙於謀生的話，他是不會用華麗的語言而是用事實來討論事物。所以我只對事實有興趣。

威爾遜常去工人酒吧而且討厭華麗的詞藻，這當然是很特別的現象。總的來說，他在內政上的立場與作為的確是如上一段話所言。但是無可避免地，在他任內專家在政府事務上的角色逐漸加重，[23]正如十年前迄今就一直如此。例如他也向布蘭戴斯（Louis D. Brandeis）尋求經濟政策上的建議，因為後者的企業競爭理念正好合他胃口。但是稍後他又屈服於波士頓上層階級（後灣區）與企業團體的壓力而將布蘭戴斯趕出內閣。基本上他會向不同類型的人尋求意見，像是一向崇拜他的祕書圖穆提（Joe Tumulty），這個人對於政治運作與媒體關係非常在行；或是他充滿進步思想但卻不聰明的女婿麥卡杜（William Gibbs McAdoo）。而最重要的策士，是豪斯上校（Colonel House），這個人聰明而周到，最善於體察總統之意、承他歡喜做些滿足他虛榮心的建議。豪斯可被視為是有錢有勢者利益之代表，他在總統身邊算是布蘭戴斯、布萊恩與麥卡杜這些進步派人士的相對立平衡力量。

在一開始幾年威爾遜的施政並不廣受知識分子歡迎——特別是那些認為進步運動應該不只有侷限於恢復小型企業競爭經濟、童工問題、黑人民權問題、勞動環境問題與婦女投票權等的人。[24]積極尋求改革的知識分子對於威爾遜是有些疑慮的，他們甚至不太能接受威爾遜喧囂宏亮的演說方式，認為這代表了過去守舊保守的氛圍。他們的疑慮是有道理的，因為威爾遜的改革經常是以高傲姿態的方式進行，彷彿施恩惠般。克羅利認為威爾遜的心內「充滿了自以為正義的信心與驕傲，而以各種光彩言詞來包裝這種自信。」他也抱怨這位總統的思想「複雜到能使最單純的事變得抽象……他的思慮好像一束光，照到的事物卻變得輪廓模糊，好像很有啟發，但是卻空無一物。」[25]

直到一九一六年自由派知識分子才衷心地擁護他，這是因為他推行的「新自由運動」（New Freedom）與避免美國捲入第一次大戰的努力。很諷刺地，是否參與第一次大戰的辯論竟然使很多人的影響力大增，比一些國內問題幫助還大。歷史學者與媒體評論者們都加入辯論，各種專家們都來政府中參與意見。軍事情報局、化學武器部門，戰時工業委員會等都擠滿了專家，而位於華府的「寰宇俱樂部」（Cosmos Club）就好像是各大學教授群聚開起校務或系務會議般。[26]在一九一九年九月時豪斯上校替總統組織了一個學者團體，叫做「諮詢會」（The Inquiry），當時在英國與法國都已有。這個團體人數最多時有到一百五十人，包括了歷史學家、地理學家、統計學家、民族學家，經濟學家與政治學家等。這些人加上他們的助理與幕僚群，讓整個組織有數百人之大。一直到停戰前這個組織都是祕密的，戰後就轉變成為「美國和平協議團」（American Commission to Negotiate Peace）中的情報部門，若干人員陪同威爾遜總統到巴黎和會，扮演不小的功能。媒體上對此團體有一些嘲諷，而若干老派的外交官也對這些業餘新手存有疑慮，儘管他們帶著幾卡車文件與會。[27]但大體上來說，民眾對於專家學者積極扮演的諮商角色已能接受，這是因為戰爭時協助全國掀起一股熱情、和平協議的談判與簽訂、國際聯盟的設立等等事件中，專家都顯示其重要性。只有伊利諾州參議員謝曼（Lawrence Sherman）例外，他反對戰時總統擴權行為，特別是當時政府已成為「一群教授與知識分子的政府」，因此還是抱持著惡意的「反智」心態。[28]但是他卻準確地預測了未來，因為後來反戰的氛圍使得進步主義受到大大地打擊。

突然間社會的氣氛有了大轉變。懷特（William Allen White）在一九一九年時還告訴共和黨全國委員會主席說，本黨那些老頑固氣數已盡，而一年後就悲嘆「法利賽人正在廟庭之上」，民眾對知識分子當權一事不加反對。「這是什麼樣的世界，」他於一九二〇年寫信給貝克（Ray Stannard Baker），「如果有人十年前告訴我這個國家會變成今天這樣，我當時一定會懷疑他瘋了。」[29]社會出現這樣的狀況對於知識分子是嚴重的打擊，因為他們已經把自己與威爾遜總統及戰爭綁在一起，所以任何反對總統的力量就也會反對他們。更關鍵的是，大多數的知識分子在戰爭期間不顧一切熱情地支持參戰，這背離了知識分子原本應有的理性立場。除了社會主義者，以及像伯恩（Randolph Bourne）與《七藝》（*Seven Arts*）雜誌的那些人，大多數知識分子不是親自參戰就是全心地支持參戰，也因此期待戰爭勝利與戰後的改革，就如同當時他們支持進步運動般。但戰後的狀況讓他們失望、慚愧與有罪惡感。李普曼說：「如果再來一次，我會反對參戰。我們犧牲太多人了。」克羅利也說他不明白「美國人在世界大戰的壓力下是如何思考的」。[30] 知識分子與民眾間的和諧關係消失得比建立的快。大眾把知識分子看成是發動錯誤與不必要改革的人，打造管理型、管制型國家機器的人、支持戰爭的人，甚至是布爾什維克黨人。知識分子已把美國人變成蠢材、笨蛋與狂熱之徒。所以尚能夠自由活動的若干年輕人就自我放逐到國外，其他人只好留在家鄉夢想過著太平日子。現在只有「大蕭條」與改革紀元的來到才能改變這種疏離的心態了。

4.「新政」與專家地位的頂峰

在小羅斯福「新政」期間，知識分子與民眾間的良好關係又恢復了。民眾的政治觀與知識分子的心態如此完美地和諧，以前從未出現過。在進步時代，基本上民眾與知識分子都有同樣的目標。而在「新政」時期，這些目標更為接近了，而且對知識分子的需要更為殷切，超過了威爾遜與老羅斯福時期。但是反對「新政」的那一小撮人，懷抱著美國政治史上少見的敵意。所以當二戰之後，就在知識分子的地位提升時，一股針對他們而生的惡毒敵意湧現。

就長期而言，這些人當然會對知識分子造成傷害，就如同短期而言，「新政」會嘉惠知識分子的地位一般。但是，我們且先來看看這是什麼樣的嘉惠！智識分子如同一般人，都受到「大蕭條」的影響，例如失業與對士氣的打擊。「新政」為年輕的律師與經濟學家創造了成千的就業機會，他們蜂擁而至華府，出任各管制機構的職位；而「就業促進局」（Works Progressing Administration）與「全國青年局」（National Youth Administration）所推行的研究、藝術與劇場的計畫更是雇用了許多失業的藝術家、知識分子與大學畢業生。但是比這些實際的幫助還更具意義的是「新政」帶來的隱形效果：由於大量雇用教授與理論家作為顧問並設計理念，它把智識與權力做了前所未有更密切的連結，這是從建國以來未曾有的。給剛離開校園的年輕人工作當然是好事，但是像「新政」般給予知識分子這麼重要的角色，就等於給任何一個教授或是某些怪異叛逆的心靈正式的認可與頌揚。於是，理念、理論與各式批評都有了新的價值，而要得到它們就要向知識分子堆中尋找。[31] 經濟上的崩解說明了社會需要專家，但是直到有「新政」大家才知道專家的表現搶眼。除了一小撮保守者或是一小撮激進派以外，「新政」讓所有人耳目一新，這並不讓人意外。（即使是從一九三三年到一九三五年間激烈反對「新政」的共產黨人，也都滲透進入知識圈希望能分享當時對知識分子的崇敬。）

知識分子地位提升的明顯表徵是主政者展現了對專業知識的依靠，也就是「專家政治」（brain trust），而這幾乎是「新政」第一年內常常出現在新聞報導上的。摩利（Raymond Moley）、塔格威與伯利（Adolph A. Berle）等都是小羅斯福所信賴的著名專家顧問，他們最常遭受攻擊，然而他們的受寵也代表了上千在聯邦機構中的顧問們的際遇，尤其是從哈佛來到華府的法蘭克福（Felix Frankfurter）的弟子們。在「新政」初期，小羅斯福總統本人有很高的聲望，所以很自然地他的對手們會以他輕易聽信身邊邪惡顧問的建議這一理由來攻擊他。但是這些顧問對他來說，至少有一個功用，就是可以作為躲避攻擊的避雷針。很多對於「新政」的批評本來應該直接針對他而來，現在落在他身邊的人身上——如果攻擊實在太強烈，就把這些顧問調開到其他職位。

當摩利很早就在攻擊下殞落時，塔格威教授就成為攻擊「新政」的保守派最愛的目標。塔格威實在不該預告改革規劃，並寫下幾本書來解釋他的理念。所以當一九三四年他被提名為農業部部長時，就出現了對「這位邪惡的理論家竟被重用」一事的一波猛烈攻擊。南卡羅來納州選出的重量級參議員史密斯（"Cotton Ed" Smith）就堅持塔格威必須先證明他在「上帝的大學」畢業（也就是在大自然的土地上勞動過）才能當農業部長，所以這位哥倫比亞大學出身的經濟學家花了很多功夫證明他的確可說是一位農夫，因他小時候經常在農地裡遛達，靴子裡滿是泥土。（小羅斯福還因此消遣說：「告訴塔格威，我不知道他小時候這麼髒。」）史密斯告訴參議院，在「上帝的大學」取得文憑，「靠的是辛苦的經驗，因此如果沒有在曠野土地上流過汗的人，絕對無法解決美國的農業問題。」（但是他無法指出過去有哪個農業部長可以符合此資格。）羅斯福最後只得以任命史密斯推薦的他自己選區的人當聯邦警長作為交換，但此人曾有殺人紀錄。總統後來曾對內閣說，這個人是史密斯「所喜愛的殺人犯」。由於以一個「殺人犯」交換一個「教授」的任命，最後塔格威在參議院以五十三對二十四票獲得通過。

後來塔格威在媒體上的名聲愈來愈糟，是因為他極力支持「食物及藥物法案」，而此法案激使某些藥商與強有力的利益團體在媒體上攻擊他，連一位並非知識分子也非激進派的人士法利（James A. Farley）都認為這樣的公開攻擊太赤裸裸也沒有必要。攻擊塔格威的人將他描繪成兩面人：一面是個不切實際的蛋頭學者，但另一面是個惡毒而有破壞性的人，足以大大地顛覆社會。但是塔格威在各方攻訐下仍然保持冷靜，這表示了進入政治的知識分子並不必然是臉皮薄而易發怒的。[32]

如果對於總統的對手而言，這些被倚重的專家顧問要作為代受責罵的標靶，那當然他們在權力舞台的重要性一定要被誇大才行。《芝加哥論壇報》（*Tribune*）的一位編輯寫道：「這些被倚重的專家完全壓過了內閣，他們對總統的影響力更大……這些從各校來的教授們讓內閣變成了單純的行政單位。如果是一般的行政事務，內閣來處理，如果是政策問題，則要看這些教授們怎麼說了。」[33]在「新政」剛開始的三個月內，國會在面對「新政」時不知所措地倉促間通過了大量的法案，並未經過仔細地琢磨執行細目。於是這留給了「新政」的最內圈決策小組很多的空間或灰色地帶讓他們裁量發揮，等於是把決策權完全交給他們。但是以美國的政治程序來說，一切的決策背後都必然是利益團體或是選民的需要，不可能讓一小群專家旁若無人地完全攬權肆意規劃。所以當國會恢復了鎮定後，法案審查與一些程序就大大地限制了專家們的影響力。當「新政」中某些措施獲得知識分子或是愛好創新人士的讚賞時，這不是因為它們獲得「新政」團隊的專家們垂青，而是因為美國的選民們需要它們。專家們為大眾服務，但是專家們並不握有統治權。一般來說，計畫愈是理想性與實驗性格濃厚，自由派專家們愈是被框限與抵制。「新政」曾經試行過學院派建議的一些不成功的通貨膨脹貨幣政策，但這是由於參議院方面給的很大壓力要使通貨膨脹，同時也不是多數小羅斯福總統手下的專家之所欲。因此在若干重要議題上，自由派早就潰散了。在法蘭克（Jerome Frank）領導下的自由派，想要保護消費者與佃農，早就被逐出政壇。塔格威對於鄉村重建的構想沒能實現，他自己後來也失勢。摩利與國務卿赫爾（Cordell Hull）在關於倫敦經濟會議一事上有摩擦，最後總統也未支持他。[34]

儘管如此，整個國家都認為現在是教授們在治國，而反對專家政治的戰爭很明顯地展開了，還喚醒與帶動了以往「反智」的傳統。教授們其實並未實際治國，但是民間這樣的印象卻有幾分道理在：他們代表了美國政治上權力分配的新形態。他們雖然本身沒有權力，也就是說最後決策權並不在他們手上。但是對於決策者，這些教授們有廣泛與關鍵性的影響力，因為現在很多事都是由專家來從事問題的認定與設定其討論框架，也界定出某些案子的社會與經濟衝擊程度。反對教授與專家的右派人士對於權力的想像未必符合時宜，但是他們對於戰略的直覺是正確的。即使社會大多數人並不聽他們的話，但是傳統以來社會對於知識分子的偏見是他們可以揮舞的武器。更且，知識分子突然開始出名，使得以往掌權的政客與商人相形失色，他們覺得以前這麼一群大家並不重視的人現在突然竄紅，自己卻相對不受社會重視了，他們憤恨難消。曼肯是個一向語言聳動的人，他用這樣的話語形容此情況：「幾年前這些『新政』的新貴們還是沒沒無名的無用之人，當街角的警察跟他們打招呼時他們還會興奮地臉紅，現在他們已是世俗中的貴族了，也像教會中的主教。」他又說：「專家們現在紅極一時，他們相信自己可以替社會開出萬能藥方。」他問道：[35]

你該怎麼辦？如果你突然被帶離只有學生喧譁聲的教室，而被丟入權力與榮耀的場域，如同歷史中羅馬皇帝或是拿破崙才享受得到的氣氛，有一大群華府的記者們整天追著你跑，報紙頭版已準備好登載你所要發表的高深理論？

批評「新政」的人過度誇大了知識分子的影響力，同時也將他們描繪成不切實際、不負責、懷著不軌的實驗性計畫的人，他們愈來愈驕傲，而且一意沽名釣譽，一切都是因為他們突然變得重要。《週六晚報》（*Saturday Evening Post*）是「反智」意識形態的大本營，如果隨便看看裡面的評論，就可找出類似這樣的：[36]

一群教授被從教室中拖出來丟到「新政」中。他們是非常在意公共形象與知名度的人，現在也知道他們自己可以成大名了。如今他們就像占據在壁爐前的貓一般，想展示自己給所有的人看……這些人得意洋洋地四處走動，嘴裡問著：「現在美元的匯率合適否？」彷彿絲毫匯率的變動對他們來說是不得了的事情，但是他們沒有一個人可以產出一百元價值的東西……於是在國會中由這些只會攪局的外行人提出了關於各行各業管制的一些法律……任何會思考的人都可以知道，這些專家的想法其實來自俄羅斯的意識形態……應該有人教教這些年輕知識分子或教授們企業經營的真實狀況。利潤不是空想即可得到，而且匯率的變動也無法讓農夫種出白菜……到頭來還是需要靠農夫與企業家在大自然與政府的適當配合下，來解決自身問題……我們為何如此愚蠢以致放任這些自以為是的非專業的政策實驗者，來分析拆解我們的社會與企業然後模塑成他們想要的樣子……也就是把美國人的生活、自由與產業變成實驗品……實驗室的試管與真實的生活是完全不同的事。我們現在受夠了活體解剖……這些沒有實際經驗的人來亂攪和……業餘的人管理政治——這些大學出來的人，無論老少，他們都像喝醉了般，可能才剛飲完伏特加酒……這些是理論家，懷著政治烏托邦的夢想家，變戲法的大師們……然而務實的參眾議員卻是在他們的小吏衣間中思考出重要政策的……

為知識分子辯護的人就試圖估算出他們真正的權力有多大，免得外界誤解，而且說明他們其實不可能表現得比被他們取代的「實務者」差。維拉德（Oswald Garrison Villard）在《國家》雜誌寫道，我們應該「歡迎務實者的路線」，而且現在全世界的務實者「完全都陷於困惑中了」。[37]密契爾（Jonathan Mitchell）是自由派的媒體人，也曾是「新政」的顧問，對這問題做過最為深入的分析。他認為小羅斯福任用這些學院派，其實是美國行政體系的特質與其所面臨的危機下的自然結果。他認為，這些教授其實並未做決策，他們只是在過程中提供一些技術性幫助。因為政府中的文官無法勝任這樣的功能，總統只好臨時去政府外部找人，這是無可避免的。[38]他說得對。政治人物無法應付「大蕭條」帶來的問題，而文官中也沒有可以處理這方面問題的人才。而企業界更別說了，毫無用處。羅森曼（Samuel I. Rosenman）給總統建言：「通常在這種危機下，總統候選人會找企業家、金融家與政治領袖會商，但我認為應該另起爐灶。因為這些人都提不出解決今日窘境的好方法……那為什麼不去大學校園試試呢？」[39]

可是他的說法在反對「新政」者看來，卻是挑釁的：

> 羅斯福現在需要的人是中性的、沒有華爾街氣味的人，但是卻也不會讓有錢人害怕的人。此外，他還需要有頭腦、有能力與執行他政策的人。羅斯福選了大學教授，他認為全國沒有其他人適合……
>
> 美國沒有繼承領地的貴族，好從這些人中挑選「新政」的官員，而最接近貴族的就是大學教授了。出仕於華府的那些教授，將會決定「新政」的成敗……美國以往曾有一個階級與其他人都不同，而大家也樂意請求他們調解紛爭。這個階級就是殖民官員，尤其是新英格蘭的那些。他們基本上不問俗事，而且管理政務比羅斯福的「新政」還嚴苛，他們根據靈感來判斷事情……新英格蘭的這些殖民官員離開很久了，但是現在這些大學教授們就是他們的繼承人……但以後我們一定要建立起一個專業的文官體系，有自身的傳統與認同感。

然而這些說法都不能讓企業家、被專家替代的政治人物與保守派們放心或滿意，因為他們從來不覺得美國需要一個專業的文官體系，他們也不認為教授們是中性的，他們相信教授們會把有錢人嚇跑，他們也絕不相信會有一個階級能夠公正地處理社會的紛爭。因此沒有一個方案可以讓他們放心，即使是密契爾的方案的最溫和版本也不行。他們並不是怕專家，而是害怕他們所熟知的世界崩解掉。在他們敵視的事物裡，實施「新政」為知識分子帶來的新地位，正好喚醒了根深久遠的「反智」傳統，也強化了其憤怒。

如同第一次世界大戰般，第二次大戰讓這個世界更加需要專家，不只是「新政」的那類，而是更多更廣的學術領域的專家。即使是古典學家與考古學家都熱門起來，因為我們需要增加對於地中海區域的認識。但是當大戰結束後，以往對於「新政」的反感加上厭惡戰爭的氛圍橫掃美國。這就打下了稍後對抗專家政治的基礎。因而知識分子與民眾間「和諧」（*rapprochement*）的關係再度劃下休止符。

5.從史帝文生到甘迺迪

一九五二年史帝文生（Adlai Stevenson）成為反對知識分子與專家浪潮的受害者，這股浪潮自一九三三年起就開始在美國右翼醞釀了。很不幸地，他的遭遇竟然變成自由派知識分子估量美國政治中智識所能占的份量的指標。史帝文生所犯的錯誤其實難以避免：他像是一位悲劇英雄，而知識分子們都以他為榜樣。在令人失望的杜魯門政府之後，他的出現算是一股清新的風。但是他與艾森豪／尼克森搭檔組合的重大風格差異，是這個悲劇的主因。史帝文生善於言詞，對比之下艾森豪在初期時拙於表達，再加上尼克森不當的辯護自清演說，讓差距加大。最後就是麥卡錫參議員的醜陋形象，他對於黨提名的候選人的幫助可能不大。美國總統選舉一向格調不會定得太高，但是一九五二年的共和黨總統候選人的競選格調，竟然比杜魯門的公然賄賂華爾街都還差。所以史帝文生的優點更顯露出來。

知識分子們都一致熱烈支持史帝文生，這在美國歷史上僅見。老羅斯福總統的受知識分子歡迎，是他自己在漫長的公職生涯中極力爭取而來的，而當他接任總統時，有很多知識分子其實是懷疑和稱讚參半的。他與知識分子最親近的時候是當他卸任時；他的聲望在一九一二年競選時達到頂峰，但是由於戰時的強硬外交路線他的聲望下跌。威爾遜總統特殊的個人風格與學術立場，使得知識界很多人對他保持冷淡，但他也不以為忤；而很多人都同意李普曼對於「新自由」政策的批評：它是未妥善規劃與缺乏前瞻反而向後回顧的計畫，而且主要是為了中小企業的利益；由於戰時對於民粹心態的反彈，他的名聲也受到影響。小羅斯福即使重用專家智囊，在第一次競選總統時大部分知識分子都對他失望；而且在「新政」早期無法得到大家信任，也成為左派攻擊的目標。知識分子直到一九三六年時才對他友善，而且似乎是由於討厭他的對手而來。但是對於史帝文生，一切都不一樣。他在當伊利諾州長時，人們不太知道他；在一九五二年他獲得民主黨總統提名時大家認為他是顆政治新星，聽到他的接受提名演說時開始喜歡他。他簡直太完美了。

當「麥卡錫法案」通過時，也許就已經可以結論道：史帝文生的慘敗乃是美國平民對於知識分子與智識的責難。對於抱這種看法的知識分子來說，他們對手的言行更是證明了此點無誤，這些批評知識分子的人有很多根深柢固的偏見。他們認為：美國的知識分子根本不了解或是愛戴祖國；他們傲慢而不負責；他們的天譴即將來到。所以無疑地很多知識分子受到了傷害。但是如果認為史帝文生是因為他個人的機智與智慧受到大眾攻擊，這個看法禁不起考驗。以這種理由解釋他的競選失敗是過度誇張了。一九五二年時，他的對手強過他太多。這一年任何一組共和黨候選人都可以擊敗民主黨的任何候選人，何況艾森豪實力滿強。他是具有無法抵擋魅力的全國性的領袖，不只比史帝文生、甚至比任何政治人物都受歡迎。民主黨此時已執政二十年，在兩黨政治下，早就是政黨輪替的時候了。對韓戰的不滿使共和黨占了大優勢，而奚斯案（the Hiss case）[40]以及共產黨滲透到聯邦政府的傳聞，加上杜魯門政府的某些雖小卻令人搖頭的性醜聞，都給予共和黨不少優勢。然而如果不是共和黨打這種格調不高的選戰（尼克森與麥卡錫在選戰中主導的角色比艾森豪多），讓一些選民看不下去，史帝文生的注定失敗可能會更早定案。

回顧起來，沒有理由認為史帝文生的風格、智慧與正直對他的選舉沒有幫助。如果不是因為他個人聲譽良好，民主黨的失敗可能更大。所以如果假設大眾對於他個人的素質並不在意，這絕對不是正確的。但如果像某些正反批評者所一致同意的，就是他個人的特質並不吸引人，那我們也很難解釋為何在一九四八年他會以歷史上壓倒性勝利贏得伊利諾州長，也無法解釋為何他不想選總統民主黨還是提名他（他幾乎是美國歷史上第一位如此不情願接受提名的總統候選人）。

史帝文生敗選的原因，的確因為兩黨競選活動的顯著落差而被誇大。十二年前，維基（Wendell Willkie）也一樣是跟超級政治明星對手競選，也跟史帝文生一樣得到同樣比例的總得票數，他的才能公認是卓越的。所以一九五二年的選舉，兩位候選人個人都很強，當選舉氣氛炒熱時，他們的競爭把投票率拉高了。史帝文生雖輸，但是他總得票數較杜魯門一九四八年勝選時還多，或是比一九四〇，一九四四年小羅斯福時還多。選後史帝文生的信箱塞滿了選艾森豪的人寫來的信，他們都說對於他的競選風格很欣賞，也希望美國選前的社會情況不是那樣，否則他們就會投他。

但這並不足以否認史帝文生的「形象」——借用現在流行的術語——沒有問題。他本身當然知道民主黨執政二十年後，要帶領這個黨恢復生機並不容易。但是他不願意承擔責任則是鐵的事實——縱使這還可能是加分——難怪有些人會悲嘆。史帝文生在民主黨提名大會上說：「我接受提名，並接受本黨的黨綱」，「但我多希望是一個比我更強、更聰明、更好的人在說此話。」在當時，說這樣的話並不合適，有些人會不安，很多人覺得這些話不如艾森豪充滿自信的言語來得好。史帝文生的謙虛是真誠的，但是他說的語氣似乎有些驕傲。他分析公共事務時可以公正地獨立思考，不必受制於俗規，但是有人質疑他是否能有效率地運用權力，如同兩位羅斯福一般。（我們很難不將社會對艾森豪與史帝文生所有的錯誤印象提出來討論：艾森豪的團隊有其優點，但是他在位時卻未能提振他所屬政黨的士氣或地位；而史帝文生沒選上卻大大地振興他的黨。）

如果說史帝文生的失敗是因為他是知識分子，或是認為這種形象加分少減分多，其實這些都是錯誤的。對於一般大眾來說，知識分子的身分的確不利；但即使我們避免誇大知識分子階級的數量或是影響力，我們還是要好好研究它，因為我們若要了解反智論，就不得不先了解這個階級。

史帝文生個人特質最受攻擊的不是他的智識（intellect），而是他的機智（wit）。[41]在美國，機智的形象從來不受政治領袖的垂青。大眾喜歡幽默——林肯、兩位羅斯福都使用它——幽默是草根的，通常很簡單易懂。但是機智卻是高等文化的幽默，它更鋒利，它是風格與世故的混合，也有貴族氣味。史帝文生不斷地被人稱為「喜劇演員」或「小丑」，而且被漫畫家嘲諷成戴帽子鈴鐺的雜耍特技演員。在當時令人傷痛、憤怒與挫折的韓戰背景下，他逞口舌機智的時間不對、也令反對者不快。反而艾森豪笨拙的言詞與凝重的表情比較合乎時宜。雖然事實上史帝文生並沒有在選民面前對韓戰開玩笑，或是笑談其他嚴肅的事，但還是於事無補。所以他的機智並未彌補他的公共形象中較弱的部分，反而是拉大了與若干選民的距離（他優美的英語更是遠在一般人的水準之上）。對於這次大選，有一位女士在底特律報紙的投書說得最好：「候選人應該與我們至少有一些相同之處，這就是為什麼我選艾森豪將軍的原因。」

史帝文生是奚斯的偶像，所以他特別容易受到與左派有所牽連的指控，例如人們會談到智識與激進主義的關係，激進主義與背叛美國的關係等。支持他的知識分子很容易地被抹黑，尤其是很多人來自哈佛，這點成為批評者緊抓不放的藉口。「哈佛教印第安納如何投票」（HARVARD TELLS INDIANAHOW TO VOTE），《芝加哥論壇報》用如此聳動的標題告訴讀者，主要是針對某些哈佛的知識分子，如施萊辛格父子（Schlesingers, father and son）、馬克來西（Archibald MacLeish）等人對於他的影響，而這些人都與社會主義者有所關聯。佩格勒（Westbrook Pegler）基於法蘭克福對於「新政」有很大影響的事實，一直提醒他的讀者史帝文生就像小羅斯福一樣，都是與哈佛關係密切的人。史帝文生曾就讀於哈佛法學院，所以佩格勒認為他一定受到了法蘭克福的影響，因為他也「自一九三三年以來就斷斷續續曾是執行『新政』的那批最危險的官員之一」。佩格勒注意到史帝文生的支持者與傳記作者都刻意地不提他的哈佛背景與跟左派的關係，但是佩格勒卻還是不斷地提醒大家「史帝文生這位從伊利諾來的男孩正在追求一個左派的政治路線」。因此，史帝文生在哈佛時期所曾有的關係，例如法蘭克福、奚斯、施萊辛格等人，都被右派打造成與史帝文生連體的惡魔的政治圖像。

其他的大學也沒好到哪兒去。當哥倫比亞大學的教授群起連署擁護史帝文生而批判自己的校長艾森豪時，紐約的每日新聞報用「左傾教授」（pinko professors）來形容他們。一份中西部的報紙聲稱哥倫比亞大學師生對於校長的反對只會對艾森豪有利，因為大家早已知道「這所大學已經被左派思想滲透很久了，他們對共產黨效忠」。這種支持只會對史帝文生不利。「知識分子史帝文生，一定同意他的顧問的意見，否則他不可能會選擇他們當顧問。而支持普通美國人艾森豪，就是支持民主。」這時以往對於「新政」的怨恨又重新在各地的媒體湧現，寫稿人不斷強調社會主義者對國家的不忠誠：「我們有一個老的傳統，它使得美國強大，但現在我們已經遠離它了。我們的大學中充滿了左派分子，這些自命聰明的人想要使美國變成一個新的世界。我們只希望美國不要再出現四年的新政了。」

在一九五二年的選舉，人們又開始把智識等同於娘娘腔，這在前面討論改革者時已談過。在此點上，史帝文生實在無法招架。他在兩次大戰中都是以平民的身分服役，所以當然完全無法跟艾森豪將軍相比。如果他曾經是個拳擊手、獵人或是像老羅斯福一樣是個軍人，或是個美式足球員（艾森豪就是），或像杜魯門一樣服役於砲兵部隊，或像甘迺迪一樣是個戰鬥英雄，那麼大家就不會把他從男性世界中排除掉。但是他只是個常春藤出身的文人，沒有任何「英勇」事蹟可以讓他免於質疑——被美國人心靈中根深柢固的「政治場域需要的是男子漢」的心態所檢視。紐約的《每日新聞》（*Daily News*）對他極盡嘲諷之事，甚至譏笑他說話的聲音不夠渾雄男子氣。而至於他的支持者，他們是一群「穿著蕾絲袖口襯衫的哈佛娘娘腔男人」，對麥卡錫加諸的尖銳指控只能暗自飲泣，卻渾身散發香水味的人。史帝文生的敵人認為，政治是男人玩的粗獷遊戲。所以他與支持者都應該有自知之明退出才是。他們應該學習尼克森發表「為自身財務清白辯護的演講」時的男子漢氣魄。

即使在那些不需要粗鄙與勇猛的領域，大家也覺得艾森豪比史帝文生有「看得見的能力」，他擊敗了象牙塔的人。有人說：「從過去的表現來看，我覺得我們需要艾森豪，因為他有傑出的成就，而史帝文生不過是個思想家與演說家。」傑佛遜與亞當斯可能對以下這種曾經攻擊他們的邏輯覺得熟悉：「艾森豪對於世界局勢知道的比美國任何人都多，他的知識並非從報紙或是書本而來。」這種觀念一直扮演重要角色。八年後，艾森豪在為尼克森與羅吉助選時說：「這兩位的知識不是只從書本來，他們是從每天的實務運作裡磨練出對世界事務了解的經驗與知識。」[42]

但是就在同一場選戰中，甘迺迪證明了早就應該是明白道理的一件事，那就是讀書、甚至寫書，不應該是智勇兼備的總統候選人的負擔或障礙。他似乎把二十世紀初老羅斯福所顯示的格調帶回來了，亦即智慧與品格兼備——這是一種對於智識與文化素養的尊敬心態，對於處理公共事務上所需智慧與能力的熱情追求，同時再加以實務過程上需要的一些德性。史帝文生在選舉時對此展現了敏感性與特別注重的態度，而他也訴諸知識分子最喜歡的風格來呈現自己的路線。但甘迺迪則表現出權威與自信的樣式，他要迎合知識分子的口味，也就是他們想要看見智識、文化與權力、責任的結合。他具有艾森豪的自信，卻沒有他消極；他選贏尼克森是因為他在電視辯論會時的積極與自信，即使他有非新教徒的宗教信仰背景，且年紀與知名度都遜一籌。簡單來說，他展現了男子氣概。

對大部分知識分子來說，甘迺迪的頭腦即使不是思想深刻，至少也是精明、世故與警覺性高的。而且他很快地就讓大家知道他的態度，即是他認為在國政上智識與文化應該占有一席之地。在他之前的某些極有智慧的總統，例如胡佛（Hoover），他們對於總統常要參加的繁文縟節儀式深感不耐，認為是在瑣碎事情上浪費寶貴的時間。但是建國始祖們卻不這樣認為。他們認為在一個共和國中，一國的領袖應該是一個象徵，這個象徵人物與大眾之間的連結乃是政府治理的重要基礎。以華盛頓來說，他參與了新政府這件事本身就帶來了新政府的成功，因此也是上面這個連結的最好例子。在二十世紀時，社會對於大眾傳播媒體與公共形象的重視，使得總統辦公室承受不小壓力。小羅斯福善於運用媒體與廣播，是第一位在媒體上成功地塑造自己的總統。甘迺迪是第一位發現知識分子與藝術家是國家慶典時應該頻頻露面的人，同時也是第一位讓官方承認他們的重要性以爭取他們好感的總統。也因為總統的公共形象在政治上很重要，因而規劃白宮的重建，而重建的過程也在電視上呈現。甚至對於華府政治圈的一些人來說，白宮也可成為他們接觸文化的表徵——詩人與音樂家們都應邀前來與白宮的賓客齊聚一堂。而現在「權力應該由智識來導引」這樣的觀念大家都熟悉了——最令人印象深刻的事就是諾貝爾文學獎得主在一九六二年應邀來白宮晚宴，甘迺迪總統說道：「聚集在白宮的明智之士從來沒有像今日這麼多，想想當年傑佛遜是一個人在此用晚餐的。」

當然，這一切都只是政治上的儀節，為了顯現對於各方團體或是價值的重視。例如愛爾蘭裔總統去參加義大利節慶，或是猶太領袖參加愛爾蘭節慶活動。就像少數族裔的文化活動般，知識分子也需要被大眾認識與接納。在甘迺迪的政府中，他們對於各族裔文化的重視不如他們對於知識分子的重視，以致於他的政府成為了最重視專家的政府。知識分子在政治上的地位與名聲忽上忽下，但是對專家的需求卻是持續上升。例如艾森豪的政府，雖然他不喜歡這些「蛋頭」，也經常批評他們，可是他還是得重用許多專家，共和黨的領袖們也致力於尋找能夠「運用」友善的知識分子的方法。我們在最後一章會談到一個更大的問題，就是那些進入政府工作的專家與整個知識社群間的關係，因為前者進入了權力圈之內。智識與權力的關係中很困難的一點是，大家都認為無論進入權力圈或是被權力忽視，都對知識分子的社會功能是一種威脅。在現代社會中，智識作為一種力量，它所呈現的既尖銳且矛盾的問題是，它無論與權力接近或是被排除在外都不好。

第四部分

社會文化

第九章 商業與智識

1.商人與知識分子的敵對

在十九世紀中，有四分之三以上的時間美國知識分子都視商業活動為智識的敵人，而商人自己也都長久接受這種論調，以致於到現在商人對智識的不友善已經被看成是自然的。當然，做生意與求知識的本質不同：二者追求的價值不同，一定會有衝突，而且智識對於任何機構或是權力機制來說都是潛在的威脅。但是這兩者的對立，卻會被一定程度的互相需要而稍加沖淡，因此也不到公開宣戰的地步。二者立場不同固然造成衝突，但是一些歷史的因素也促成二者間關係的升降。例如在美國工業化的過程中給予了商人在反智陣營中核心的角色，以致於其他的反智者都被邊緣化了。

若干年前《財富》（*Fortune*）雜誌的記者張伯倫（John Chamberlain）寫文章抱怨，美國的小說家們在作品中都對商人的社會地位加以藐視。他認為在美國的小說中，商人總是被描繪成粗魯、沒有文化不知禮儀、腐敗、具掠奪性、反動與缺乏道德。在許多跟商人或商業有關的小說中，張伯倫只發現了三本是對商人形象有正面的描述：一本是由不知名的通俗小說作家所寫，另兩本是郝威爾的《拉罕傳》（*The Rise of Silas Lapham*）與辛克萊．路易斯的（Sinclair Lewis）《德茲沃斯》（*Dodsworth*）。[1]這兩本小說的靈光一現正好證明了張伯倫的觀點。《拉罕傳》於一八八五年寫成，這時商人與知識分子間還沒有完全敵對；郝威爾在五年後出版了《橫財的風險》（*A Hazard of New Fortunes*），自此小說中常見的商人嘴臉開始出現，而稍後他也寫了一些傾向於社會主義的文章。而辛克萊．路易斯在《巴比特》（*Babbitt*）中首度創造了美國小鎮上庸俗商人的形象。

張伯倫認為大體來說，小說家對商人的描述是來自於既定的刻板印象，而非實地觀察企業界運作或是對商人的深入了解。但是張伯倫的指控很可能只是出於他自己的想像。我們的社會從來沒有商人作家，而當小說中的商人與現實世界中的商人不一致時，這可能是因為小說家們從未在商人世界中生活過，所以沒有機會好好觀察。其實雙方對彼此都有敵意，很難說商人面對作家的攻擊時沒有自衛或是反擊能力，或雖有但是沒有使用。

可是張伯倫的論點還是有點兒道理的：美國小說中對商人的描述只是反映了知識界一般的看法，而這些看法多半是左派或是激進派的觀點。自從內戰後美國的工業蓬勃發展，商人與文人間的疏離關係也持續加深，而且自從「新政」與進步主義時代之後，商人與自由派社會科學家的緊張關係更形尖銳。在太平時期，知識界因為沒有深陷政治衝突中，因此常自滿於睥睨商人為庸俗這樣的立場中。但是在面臨政治與經濟的風暴時，二者的衝突加劇，商人對知識分子就無情了。商人與知識分子的價值觀永遠相異：一邊是一心只想著錢與權的人，只在乎勢力大小與財富多少，善於吹捧與裝出虛假的熱情；另一方則是具批判精神的人，不信任美國社會文化，一心追求道德價值與素質。知識分子非常了解商人操控社會的高明伎倆把戲：商人到處都是，他們捐錢給政黨，他們擁有或是控制媒體與文化機構，他們出任大學董事會成員或是學區委員，他們也舉辦文化活動。基本上，他們遍布社會各個掌握權力的角落。

現代的商人自視為成功者與慈善家，肩負許多責任但是卻得承受某些輕浮的批評，而這些指責者甚至連企業都沒有經營過，因此商人不願意接受視他們為恣意妄行者的指控。商人們囿於福利國家的諸多冗繁措施，而這些並非出於其意願；他們感覺受到工會強勢的掣肘，而且受知識分子鼓動的大眾總是以懷疑眼光看他們。他們也許知悉，早些年時——例如鋼鐵大王卡內基時代，商界領袖多是頗具文化素養的。那時許多企業家是全國性的知名人物，在生活的各方面都值得別人學習。但從汽車大王福特開始，這種名聲消失了。商人只有從政或是在政府任職時才會上新聞。通用汽車總裁威爾遜（Charles E. Wilson）一九五三年當國防部長時上報紙的次數比早先在汽車界多了十倍。[2] 有錢人還是可以參政，例如甘迺迪、洛克菲勒、哈里曼（Averell Harriman），李曼（Herbert Lehman）與威廉斯（G. Mennen Williams）等人，但是他們並非真正的企業家，而是繼承了大筆財富的人，通常也都有自由派的思想。

有時候商人會認為知識分子刻意塑造了一個對他們敵視的氛圍，而與其同路人一齊對他們圍剿，使他們名聲日益受損。如果是這樣，那就太抬舉知識分子的能耐了。事實上，商人的名聲不佳，主要是由於他們自己的作為：他們創設了超大型企業，卻在此巨大機構的營運邏輯下變得身不由己；他們不斷地宣揚美式生活價值與自由企業的觀念，這些觀念深入人心，以致於個別企業的成就與特色都淹沒在大眾對美國式企業環境的刻板印象中。以前是偉人創造財富（fortunes），現在則是偉大制度造就富人（fortunate men）。

其實知識分子與企業間的嫌隙有一個頗尷尬的內情，那就是許多知識分子出身於商人家庭卻背叛它。所以企業與智識間有一種不安的共生關係。對於藝術與教育的支持，美國政府遠不如歐洲政府，因而文化大部分都靠企業來贊助，但即使在知識分子大幅批評企業的同時，這種贊助也未嘗減少。於是這些好批評的知識分子的立場就變得窘迫：他們的作品與生計是靠這些大企業設立的基金會贊助，例如古根漢、卡內基、福特與洛克菲勒等，以及一些較小的慈善基金會，但是一談到最高原則與價值時，他們馬上雙手握拳要與商人戰鬥了。智識與藝術上的自由意味著自由地批判與離開常軌，自由地毀滅與創造事物，但是在現實的日常生活上，知識分子與藝術家卻都是受雇者，是被保護的人，是受益人——或根本就是一個經營事業的人。而這種曖昧關係也影響到了商人。商人對自己的名譽很敏感、對批評很害怕也會憤怒，又自傲於自己擁有的權力，所以他們只好承認獎掖教育與藝術對他們的名聲有幫助。若更坦白地說，他們其實受到傳統道德觀念影響很深，他們認為有以自身財富致力於公益的社會責任。他們也懂得尊敬知識；用現代術語來說，他們必須時刻仰仗知識才能做好事業。最後，也是人之常情，他們當然希望能獲得別人的尊敬。

商人的反智——或是狹義地說，商人對知識分子的敵視，其實是個政治現象。但是若廣義地解釋反智為對智識的不信任，則美國人在生活的各個面向與層次上，早習於「實用性」（practicality）與直接的經驗之引導，這心態確實對抽象智識的地位不利。在美國各種階級的情況不同，而隨歷史發展各時期也有不同，但是社會中經常會有一種刻板印象，認為商人階級是最為實際與實用取向的。就反智心態而言，我們當然得承認人總是應該要有務實的需要，只要不是太過度的反智或是太鑽牛角尖地只承認經驗而不顧或嘲諷其他要素，我們實在不應該輕視「實用性」的考量。「實用性」可能是一種美德，只不過我們歷史中曾出現過一種價值逆流，要把「實用性」無限上綱。

2. 對科技與進步的崇拜

如果我們將企業視為是美國反智的先鋒，應該不是故意要誇大。當然，美國一向有一些富人、大企業家樂於贊助文化，對藝術與教育的貢獻很大，因此針對上一句話很容易找到反證。我們所以強調企業內所存在的反智心態，並不是意指企業比社會中其他部門更反智或是缺乏文化，而只是因為企業乃是美國社會中力量最強大、勢力最廣的團體。這是因為兩點：一方面是「實用性」本就是美式生活的最重要原則；二是商人比其他行業為美國的反智運動帶來了最大的力道。哈定（Warren G. Harding）[3]在一九二〇年時說：「美國基本上是一個商業國家。」他這句話也可被柯立芝（Calvin Coolidge）的名言佐證：「美國的事業就是做生意。」（"The business of America is business."）[4]至少在一九二九年之前，美國社會的主要焦點在於商業，因此我們的討論才會聚焦在這方面。

美國商人反智頗為成功的其中一個原因是，這樣做與傳統民間的想法觀念相符合。例如，商人對於高等教育的看法反映了一般人的看法。柯克蘭（Edward Kirkland）說：「人們對教育體系的看法究竟如何，已可從他們的行動得知。他們停止讓小孩上學，或是不讓他們上大學。」左派的勞工運動領導人亨利．喬治（Henry George）曾告誡他的兒子，既然大學教的東西不實用，日後必須從腦中除去，那還不如現在就直接去報社工作，以便早日跟實際社會接軌。而有一個企業大亨也跟小孩說同樣的話。[5]

在有關商業的文獻中，我們常可見到對於「實用性」的強調，這也就透露出這個社會對於智識的害怕與對文化的厭惡很普遍。這種心態的成因是美國社會對於文明與個人信仰的兩種流行態度。第一，大家輕視任何關於過去的事物；第二，在自立與奮鬥追求個人成功的目標下，即使是宗教信仰也成為了「實用性」之下的工具之一。

我們首先來看看美國對於歷史的態度，這受到了科技文化的影響很大。大家都說，美國這個國家沒有歷史，也就是沒有各式文化遺跡、廢墟等；在歐洲國家，祖先遺留的精神資產是伴隨每個人成長的，它們所象徵的歷史文化感即使連農人工人也都知曉。因此美國是一群企圖逃避過去的人所建立的國家。它的人民都是決定拋棄過去迎向新世界新生活的人。[6]這些深深期待未來的人，有著廣大的土地但是缺乏人力與技術。所以他們珍視技術知識與創新發明以便開發資源，享受未來富裕的生活。科技與技術，也就是掌握產業順利發展的「訣竅」（know-how），才是美國人迫切需要的。歷史感其實是不實際的虛幻東西，應該被超越或拋棄。因此美國十八世紀末、十九世紀初所出現的不重視歷史心態，其實是其來有自可以被理解、甚至可以被稱許的。所以美國並不是要建立起一個科技物質化的粗野文化，把一切歷史丟進垃圾桶。美國的不重歷史心態只是平等主義與共和主義下對於王權與貴族舊社會的反動與抗議，是普通人民尋找到的心理出路。它代表了反對迷信的理性抗議，以及對舊社會的消極與悲觀的抗議。它代表了充滿生機與創造力的心態。

但是這樣的心態，即使其動機並非要反文化，其結果卻是如此。它催生了將歷史視為不過是混亂、腐敗與剝削等現象的陳列館，它催生了對任何不實際之思考的拒斥與對任何無助於進步之情懷的拒斥。這樣的看法一定會導致一種心態，也就是生命的目的在於尋求生活的改善與進步。它也激發了一種自滿的情懷，就是美國式生活才是合理的生活方式，而這種生活方式在世界各地被蓄意地打擊或是排斥。[7] 很多美國人竟然認為快樂生活的祕訣在於專利商標局，一八四四年有一位應邀至耶魯大學的演講者對學生說，他們可以在專利局看到美國未來的希望：[8]

> 哲學的時代過去了，並沒有留下多少痕跡。光輝的年代也不再，過去只留下了一些痛苦的回憶。但是效用的年代（age of utility）要開始了，我們不需要太多想像力就可以知道它會長久支配人類歷史，它會掀開大自然之謎而放出光芒。

當機器生產時代降臨後，效用與傳統的界線就更分明了。美國基本上是與效用站在一起，與發明進步、金錢與舒適站在一起。大家都知道機器生產時代會趕走守舊、落後不舒適與粗野，但是大家通常不知道它也會創造出不舒適與粗野，破壞傳統、感情與美感。也許歐洲與美國在這方面的不同，在於歐洲一直有一個對抗工業文明的反抗傳統。這個傳統由不同的人所代表，如歌德與布萊克、莫理斯（Morris）與卡萊爾（Carlyle）、雨果與夏都布里昂（Chateaubriand），羅斯金（Ruskin）與史考特（Scott）等人。這些人宣揚對於語言、地方風土、古典文物與自然風貌的熱愛來對抗機器，他們代表了對於資本主義工業文明的反抗傳統，代表了對於工業文明後果的懷疑與人類在道德、美學上對它的反抗。

但我們並不是說美國都沒有人如此做。美國的確有些人表達了對於無限崇拜進步之心態的反彈，然而這些人往往自覺是在主流之外的，孤立無援且他們的呼籲並無效果。霍桑在他的小說《大理石神》（*The Marble Faun*）的序言中表達了他的不滿，他認為在美國寫作是困難的事，因為這個國家「沒有歷史、神祕性，甚至沒有晦暗的一面，只有繁榮與天光。」《白鯨記》作者梅爾維爾（Herman Melville）在小說《克拉瑞》（*Clarel*）中警告到：

> 人類就要被科學所欺凌摧殘了。

所以他說科學與進步主義只是「在製造新的野蠻人」。亨利・亞當斯可能也一樣會用犬儒心態與抽離的態度看待美國的情況，但是他們都不認為自己有代表性。梭羅（Henry David Thoreau）在《湖濱散記》（*Walden*）一書中表達了人類對於此種文明發展的抗議，見到了在鐵路所象徵的工商業文明下，人類精神的逝去與生命的消融。他不受美國社會對未來充滿了期待與熱情的影響，他反對這個社會持續地發展各種「現代化」的運動，追求擴張、科技與效用。在一八五三年梭羅寫道：[9]

這整個國家所從事的事業，例如擴張到奧勒岡與加州，甚至放眼到日本，不管是經由徒步或是鐵路，其實都是西進而不是上進，而我對這些一點興趣也沒有。這不是某種思想的結果，也不是某種情懷的展現，其實根本不值得人們冒生命危險追求，甚至犧牲一副手套來說都不值得，還不如好好看份報紙還有意義。這種事業沒有價值，只是一味往西部邁進而已。他們儘管追求夢想吧，但我可不會參加的。

路易斯（Tayler Lewis）是一位古典學家與東方研究的專家，也以類似的口吻表達對於美國社會的不滿。他認為美國一向以個人主義自豪，但是在教育上著重追求效用卻等於是一直灌輸「平庸的一致」（mediocre sameness）。「我們何時才能追尋真正的原創性？」他問道：「當我們的小孩一味地被教導追求進步、鄙視過去的歷史以及憧憬一個未知的將來時，他們的思考空間都被塞滿了這些東西，哪有個體性可言呢？」[10]同意此看法的人雖也發出了宏亮的聲音，但是卻是少數。鋼鐵大王卡內基曾說：「我們不要被無知的過去綁住，它並不是教導我們應做什麼，而是應避免什麼。」一位石油大王認為學生不應該「學習拉丁文這種已死的語言，學習希臘那些無稽的神話，以及人類過去一些野蠻的事蹟。」美國第二十任總統加菲爾說他不想要鼓勵年輕人「將精力投入在過去已死的年代中，應該要專注在當下時代尋求生命的啟發與活力。」汽車大王福特在一次訪談中表示「歷史其實是無用的，它不過就是一些傳統。」以上這些人的立場才是主流。[11]

美國社會對於過去的輕視，對於未來科技與發展所抱持的希望，很容易就成為代表性的聲音。許多年前布魯克斯（Van Wyck Brooks）在他傑出的著作《馬克吐溫的災難》（*The Ordeal of Mark Twain*）一書中有一段話膾炙人口。他批評馬克吐溫「對於機器時代的熱情遠甚於他對文學的熱情。因為他完全接受當時社會的觀念，認為機器的進步等同於人類的進步。」布魯克斯引述了馬克吐溫讚美打字機發明的一段話，後者認為這是人類所創造最美妙的東西；然後又引用馬克吐溫寫給詩人惠特曼祝其七十歲生日的信件，信中說詩人「活在一個科技日新月異的世界，例如有著用煤渣做成的各種化工產品。」但布魯克斯說，難道馬克吐溫忘了同樣這個時代也產生了像惠特曼一樣的詩人？[12]關於此點，以及其他關於馬克吐溫的看法，布魯克斯是對的，但是那封信在惠特曼看起來可能並沒什麼，因為詩人在三十年前自己也寫道：[13]

看看過去幾十年無數的發明所帶來的便利與舒適吧？浴室的用具、冷藏室與冷藏箱的發明、捕蚊蠅的器具、門鈴與伸縮餐桌、墨水與嬰兒尿片、掃街機器等等。看看專利局成千上萬的資料就可知道這個一八五七年是多麼幸運的一年。

在這整個崇拜現代化現象中，馬克吐溫尤其令人感興趣，因為在他身上反射出了人們對於科技的無比信心。為何我們說「反射出」而不說「承載」呢？因為他是個道德主義者也是個悲觀論者，所以他應該不會認為機器時代足以作為我們的目標。但他是個自我矛盾的人，很少人像他這樣熱情地擁抱工業文明但又鄙夷它。他對科技最尖銳的批評是其小說《亞瑟王朝廷中的洋基佬》（*A Connecticut Yankee in King Arthur's Court*），在其中他並列對比了十九世紀的洋基佬心態與六世紀的社會，而將兩者一齊嘲諷。他寄託於這個故事的寓意是：人類的惡行與輕信迷信神話的習慣會持續到機器時代之後，但是在故事裡洋基佬最後還是占上風，因為他靠著蒸汽機與電力而取得了主宰權。洋基佬說：「我擁有權力後會做的第一件事，就是設立一個專利局，因為一個國家如果沒有專利局或是一套專利法，就會是一個落後之地，無法發展只能後退。」[14]當然，馬克吐溫對於他筆下的洋基佬是愛恨交織的，雖然他可能像亨利．詹姆士所言只是個善寫小人物心靈的作家，但是他本人應該不至於天真到連工業文明的一些侷限都不知道。[15]不管如何，小說中這個洋基佬有著心智上與道德上的優勢，讀者都同情他。馬克吐溫的民族情懷顯現在這本書中，他告訴英國的出版商這本小說不是給美國人，而是給英國人看的。這小說是回覆英國人對美國的批評（雖然他沒說但我們可知，這尤其是回覆阿諾〔Matthew Arnold〕的批評），是要「讓英國人更成熟像個男人」。他意欲嘲諷人類，尤其針對洋基佬的工業主義心態，但此乃隱藏在要為日後我們稱之為「美國式生活」辯護的意圖中。雖然書中有一些對美國社會的批評，但是全書主要是對歐洲與過去歷史的一種回應，對那種充滿迷信、骯髒、殘酷、無知與剝削的社會的回應。如果馬克吐溫想要同時諷刺六世紀與十九世紀的社會，那顯然他沒表達好。然而我們很容易地就可以知道他的企圖只有一個，就是讚嘆美國文化、讚嘆科技文明，這樣的解釋與他稱讚打字機發明在精神上是一致的。他的作品《國外的無辜者》（*The Innocents Abroad*）也有同樣的宗旨，馬克吐溫終於承認了他較在意歐洲的公路系統、鐵路與車站等，而不是義大利的藝術品，「因為我了解前者但是無法欣賞後者。」[16]這種對他作品的詮釋方向，也可以解釋為什麼在馬克吐溫的小說中湯姆（Tom Sawyer）代表了不切實際的傳統文化，而赫克芬（Huckleberry Finn）則代表了美國注重實際的傳統。

3.獎掖文化的商人

馬克吐溫其實是為瀰漫於美國的一股對科技的複雜心情發聲。雖然大家都對專利的不斷發明與對未來充分懷抱期待，但是卻有很多美國人與馬克吐溫一樣，對於東岸所代表的傳統氣味仕紳文化很尊敬（我們歷史中最痛苦的一個對抗就是馬克吐溫所說的，要「補償」這種高級文化的逐漸失落但同時卻敵視它——這是他在詩人惠提爾〔Whittier〕七十歲生日晚宴上所引發震撼的話語）。當然這種文化有其侷限，但是終馬克吐溫之一生，這可能是美國唯一的高級文化。而它主要是依靠商人來支撐的。

美國的藝術與教育由於缺乏傳統貴族與國家的支持，只好靠商人階級的贊助了，因此一直以來美國商人的觀念與看法對於智識文化的發展前景很重要。美國從一開始就必須是一個注重工作的實用社會，但早在十八世紀中葉時東部沿海城鎮就已經對藝術與教育有了經濟上的扶持。也就是說，一個注重文化的商業社會已經成型。一七四三年時富蘭克林就已經規劃了一個各殖民地間合作以促進科學發展的計畫，他說：「殖民初期的那種只能顧及物質生活的時期過去了，現在各地都有許多人有餘裕可以追求精緻生活與藝術，或是增進知識。」[17] 許多沿海的城市在那時甚至已是整個大英帝國中最大的都市之一，其中的商人與專業階級都已經熱衷於獎掖教育、科學與藝術，而他們也立下了美國贊助文化與智識活動的範例。

支撐這個階級的骨幹是商業財富——某些人手中的財富，這些人顯然並不以創業與累積財富作為人生所有目標。有些商人認為做生意就是生活全部，但是另外有些人僅把做生意視為是通往豐富人生的手段，或是人生諸多目標之一。對後者而言，賺了很多錢後退休過喜歡的生活是理想的願景。鋼鐵大王卡內基是他同時代巨富階層的特例，因為他即使沒有全然做到此點，至少也在口頭上有如此宣稱。他在三十三歲時就已年收入五萬美金，他寫道：[18]

> 每天頭腦被生意的問題所盤據，或想著如何在最短時間可以賺到錢，這樣的生活最後會讓我崩潰。我三十五歲後就不想再做生意了。

在美國一直有著許多一心只想著賺錢的人，對這樣的說法自然不會同意。但是卡內基所表達的願望，的確是有吸引力。波士頓、紐約、費城或是十九世紀初時美國第四大城南卡羅來納的查爾斯登（Charleston）有一些老派的商人，他們見過世面。透過做生意他們看過歐洲與亞洲的不同世界，所以眼界較廣。往昔帆船時代，做生意的節奏就與船的速度一樣慢，但是十九世紀中葉以後航運與通訊速度都快了很多，因此經商之餘就有了更多的閒暇時間追求精緻生活。十八世紀晚期美國還是一個相對而言有些階級化的社會，上層商人階級中許多人其實都是繼承了家裡的財富與地位，因此他們的閒暇可以投入生養小孩、從事休閒活動或受更高教育。此外，他們還常常參與政治，在經商之餘追求官職或是涉入立法與行政工作，因此生活中充滿各式社會性與思維上的活動。

十九世紀繼承了這種文雅商人參與社會事務的傳統。他們並不覺得宣揚清教徒的勤奮工作、節儉與禁酒，會跟仕紳階層追求的休閒、文化素養與豐富的生活內涵有任何衝突。著名商業雜誌《杭氏企業雜誌》（*Hunt's Merchants' Magazine*）[19]的編輯與發行人杭特（Freeman Hunt）是麻州造船商人的兒子，他進入出版業就像十九世紀很多發行人一樣，是從印刷業入手的。在他身上我們看見了新英格蘭商人的傳統、知識分子與白手起家者三種特質的融合。他從小父親過世，因此必須自立。一八三九年杭氏雜誌首期就登出了這樣的一段觀念，「商業是偉大的行業，可以提振心靈、擴大見識與增加我們的常識。」「我們目標之一，」他寫道，「乃是增進商業這個行業的素質。」他強調正直廉潔與榮譽感的重要性，認為一個商人如果缺乏此德行則無論有多大成就均不足以稱為真正的商人。而商業需要各種不同知識，甚於任何其他的行業，例如對於其他國家的土壤、氣候、語言、生產與消費都需要了解，也需要對世界的歷史、政治、法律、語言與習俗知悉。他自己希望能承擔起提高商人智識與道德聲望的責任：「當年輕人想要學習成為理想的商人，以替代那些具有過時心態的老商人時，我們希望能幫上忙……我們希望能幫助那些想入行的人實現他們的理想。」[20]他曾經出版一本書名為《尊嚴與財富》（*Worth and Wealth*）。後人不斷地引述他的話：「商業與文明是一體的。」杭特雜誌許多年來一直有一個文學版面，介紹一些品質很高的書籍。而雜誌也會報導紐約商會圖書館所辦的演講。雜誌曾經刊登一位牧師的文章〈閒暇時間的利用與錯用〉。另外，一篇名為〈商業的優點與利益〉的文章指出，「在注重商業原則與道德的國家中，商業從事者多半都能有相當程度的人文素養。」所以杭特所強調的是，商人的角色重要並不是因為他幫助了國家社會的經濟發展，或是他在職業生涯上能夠以榮譽與正直廉潔的德行來從事，而是他可作為在企業經營之外的國家文化領域的推手。[21]

老派的理想商人作風，強調實用的、道德的與文化的責任，可能看起來不易達到，但是卻真的有不少人——尤其是在東海岸城市——讓它延續且實現其精神。例如波士頓的富豪山姆・愛普頓（Samuel Appleton，一七七六至一八五三年）與納珊・愛普頓（Nathan Appleton，一七七九至一八六一年）兄弟。山姆活躍於商界與政界，六十歲從商界退休後，終其一生從事慈善。他贊助學校、研究機構、學社、醫院與博物館等，絲毫不手軟。他的兄弟納珊，對科學、政治與神學有很高的興趣，他支助了波士頓圖書館、麻州歷史學會及其他文化機構。他曾說如果不是機緣進入到棉紡織業，他有了在貿易上賺的二十萬美金就已經很滿意。亨利・亞當斯的外祖父布魯克斯（Peter Chardon Brooks，一七六七至一八四九年）有三個女兒，分別嫁給愛佛瑞（Edward Everett）、佛羅丁漢（Nathaniel Frothingham）與查爾斯・亞當斯；他三十六歲時就從商場退休，然後從事公職或是慈善事業，但同時也襄助他兩位女婿的政治事業。以上這些人雖然生意都成功，但是卻能急流勇退，不啻是真正實現了服務社會的理想。富比士（John Murray Forbes，一八一三至一八九八年）是文化涵養頗高的鐵路大亨，愛默生對他的讚美，成為了知識分子與理想商人形象間的契合案例：[22]

> 他不管做什麼事都是一位慈善家。以出身背景論，當然他應該很會騎馬、很會打獵、駕帆船、打理豪宅與處理各種事務，但是他同時在朋友間也是最會說話的人……我告訴自己，這位先生令人崇敬，因為他對人有同情心，又對文學家與科學家尊敬，總之要找到一個比他優秀的人很難。所以我認為美國偉大，因為可以出現這樣的人物。

紐約最傑出的文化商人是著名的日記作家宏恩（Philip Hone，一七八〇至一八五一年）。他的經驗告訴我們在地的貴族團體如何成功地吸收了一位新人進入他們階層，因為沒有人比他更接近文化商人的理想，而他只是一位不富裕的木匠的兒子。他十九歲時與一位哥哥參與了進口生意。四十歲時他累積了五十萬美金財產後就退休，首先是遊歷歐洲。他在十六歲之前沒上過學，但是跟其他白手起家者不同的是，他並不以此為傲。他在一八三二年時寫道：「我知道我的不足點。」「我也願意用我財產的一半來換取古典教育。」他雖然沒受過正式教育，卻有著豐富的人生經驗。[23]這些年來他收集很多書，也廣泛、有效率地閱讀它們，收藏了一些藝術精品，贊助歌劇與舞台劇，指導紐約學社（New York society），也是哥倫比亞大學的董事，又贊助了無數的慈善事業。他的家成為作家、演員與外交官、甚至是政治領袖的聚會處。他熱衷參與政治，曾任市議員甚至一任的紐約市長，亦擔任過輝格黨內重要人物的顧問。他與許多仕紳一樣也許都只有皮毛的文化涵養，但是美國的文化與智識生活若沒有這些人的贊助，一定失色不少。

4.經濟優先時代的來臨

富比士與宏恩這些商人的生活適足以反駁托克維爾所說的「美國沒有一個階級可以像歐洲般，用『家傳』（hereditary）的財富與閒暇生活方式保留了精緻文化，同時也贊助了文學藝術。」[24]對托克維爾言，「家傳」很重要，也因此富比士與宏恩這些人的例子無法大量複製。托克維爾訪問美國而寫下他看法的十九世紀三〇年代後，這種無法大量複製精緻文化的情況更明顯了，而此後有增無減。商業的重要性逐漸減少而製造業卻增加，於是商界有一小群人只好轉而開始接觸國外市場與海外貿易，但此時美國的經濟與心智卻逐漸走向封閉與自我滿足。當商業進入西維吉尼亞與中西部後，文化與精緻生活方式卻沒有隨之進入。人與物質移動的速度快過制度與文化。許多新商機使得企業界增加很多財富新貴，他們的文化與品味當然開始主導了社會。早先，特別是在沿海城市，地方上的貴族仕紳人多勢眾可以轉化那些新貴，但是在內陸的那些新興城市與紐約、波士頓與費城比起來像是荒地，於是新貴與在地貴族平均地融合，許多地方甚至新貴凌駕了在地貴族。像辛辛那提與列辛頓（Lexington）這樣的地方，雖然最後也成為文化中心，但是它們的影響力很小。在內陸地區，商業新貴較不用附庸風雅，或是像在波士頓般他們的小孩要靠嫁娶來提升地位。這裡一切都很新，很粗糙。

一切不只新與粗糙，同時也缺乏穩定。即使連宏恩這樣的人也免不了受到衝擊。在一八三〇年代時他幾乎失去三分之二的財產，他後來重新回來做生意後，榮景已不如前。在美國的商界，很容易大起大落。交易的速度很快，各種行業分工益趨精密。過去大西洋貿易時代，船在海上時就是進出貨的空檔，商人可偷閒，但是現在新的機會與威脅不斷湧出，商人需隨時待命，不斷忙碌。因此商人不像以前般參與政治，更不涉入文化活動中了。一八五九年時英國旅行家葛拉譚（Thomas Colley Grattan）如此描述美國的年輕商人：[25]

> 他們像苦力般地追逐生意，且極度熱衷政治。他們成家，且不跑宴會應酬。衣著儉樸，雖然有年輕的臉龐，但是看起來老成、精明卻憔悴。他們的態度、禮節與對話都很拘謹，不論肩膀、知識或是志向都沒有寬度。他們的身體孱弱，意志委靡，腦袋放空，

只剩下賺錢的念頭而已。他們沒有常識或人文素養。一心只想著貿易、金融、法律與當地的商務資訊。藝術、科學、文學幾乎與他們無關。

與此同時，企業雜誌的文化氣氛也不見了。《杭氏企業雜誌》曾經有顯著的文學版，現在也逐漸消逝了。一八四九年後雜誌的書評部分從八頁變成了四、五頁，又變成兩頁，最後在一八七〇年整個消失了。同年底雜誌與《商業金融紀事》（*Commercial and Financial Chronicle*）合併。《杭氏企業雜誌》是月刊，而合併後的雜誌則是週刊。因為商務的速度加快許多，在刊物最後一期發行人指出，月刊的形式已經過時了。[26] 後續的刊物因此配合趨勢編輯，但是有關人文的部分就闕如了。

企業愈是支配了美國社會，它愈不覺得應該向企業之外無關的因素妥協。早先企業還為此尋找一些理由，例如商業的繁榮其實對於信仰上帝是有幫助的，也能夠提振人心與文化。雖然這種論調至今仍存在，但是人們已不太提了。當企業成為美式生活的主角，一個物質、經濟的帝國在新大陸崛起後，所有的一切都開始用財富來衡量了。美國的企業早先乃是用支助文化發展的理由取得人們的尊敬，現在只需要宣稱它可以提高生活水準即可。[27] 幾乎所有的實業家都會說，企業帶來的經濟繁榮即使本身不是道德，也會幫助道德的實現。在一八八八年時，鐵路大王柏金斯（Charles Elliott Perkins）說：[28]

大商人、大實業家、大發明家對世界的貢獻難道比牧師與慈善人士少嗎？物質生產發達與經濟繁榮帶來的成本降低與享受增加，難道不是文明進步的主要推手嗎？讓人人可以飽暖，他們不是會比挨餓受凍的人更會成為好公民嗎？貧窮乃是犯罪與悲慘不幸的泉源，而大量生產物品降低了生活成本就是避免貧窮，除此外沒有其他方法。歷史與經驗都告訴我們當財富累積而生活無虞後，人的素質就會提升……他們會有較好的思想、會體恤他人、會追求正義與慈悲……所以一定要先有物質的繁榮，而所有其他的進步都以此為基礎。

早先富蘭克林就宣稱文化發展必須立足於物質基礎之上，而在他之後的一個半世紀，這種看法——「經濟優先」論的看法——終於受到了無比的肯定。

第十章　白手起家與勵志型信仰的出現

1. 反博雅教育

當掖助風雅的理想商人形象不再吸引人時，「白手起家」（self-made）自行創業的商人形象取而代之，後者的確反映了美國無數鄉下小孩打拚成功的故事，他們即使未成為百萬富豪，至少也是殷實商人。當代研究社會流動的學者再三強調，這些白手起家的事例，啟發鼓舞的意義大於實際人數到底有多少的意義。[1]當然，美國即使在企業快速成長繁榮的十九世紀各年代裡，最頂尖的商人階層還是家族性的，但是有很多白手起家者傳奇性的成功，給予了這種創業奇蹟豐富的案例。除了頂尖階層的商人外，中間階層者也可算是相當的成功；當然只有極少數人能夠像洛克菲勒或是范德堡那麼成功，可是不少人也獲得不錯的成就，只是遜於他們。如果有些人不能做到傳奇性白手起家的地步，至少也達到了獲得別人尊敬的地位，而他們的打拚經驗屢屢被傳述，以解釋為何可以成功。

更且，美國白手起家者的定義即使不是從貧窮到致富，則也會是不靠教育知識或是遺傳下來的家財而成功。白手起家者最標準的定義是：不靠學歷，也沒有人文教養，只有靠做生意的個人風格或手法而成功者。到了十九世紀中葉，這類的人已經是社會中的主流，而他們的生活方式廣為大眾注意。雅瑟（Timothy Shay Arthur）是費城的一名小作家，他的書《酒吧十夜》（*Ten Nights in a Barroom and What I Saw There*）頗有名氣，而其本人也是一名自學成功的作家與道德主義者。他指出：「這個國家中最傑出與最有衝勁的人並不是生於富豪之家或是名門的人，而是那些靠著自己的努力而獲致財富與名望的人。」他強調，這個國家的繁榮都是靠這類人：[2]

> 這些人的奮鬥事蹟對年輕人是無比重要的……迄今為止，美國社會都在流傳政治家或是文學家的傳記……我們的年輕人只能看這些是不足的，因為他們就會對如何打造一個繁榮的社會有錯誤印象，不知道進步的動力是從何而來……我們希望社會中白手起家者的事蹟能廣為流傳，大家就可以知道他們如何力爭上游的事實。

白手起家並不是什麼新鮮事。清教徒與新教關於「天職」（calling）的教義都跟此有關。富蘭克林也大力推廣這觀念，可惜他自己的後半生並不符合他自己所說的勤儉致富原則。他賺了一些錢後，就進入了費城、倫敦與巴黎的知識圈與社交界，改為投入政治、外交與科學，而非繼續經商。白手起家的人在十九世紀初的美國是社會的標竿。「白手起家者」（self-made man）這個詞是克雷一八三二年在參議院有關保護性關稅的演講中提到的。他不認為這種關稅會對商業家族有利，正好相反，它會帶來社會公平，讓一些平民有機會賺錢成為富人。「在肯塔基州，每一個我所知道的工廠都是有企業心的白手起家者設立的，他們靠著耐心與勤勉工作而累積了財富。」[3]克雷三十年後過世時，這類人不只隨處可見，他們已經是美國社會仿效的對象，在精神上引領許多人。

在此，「精神上」並無任何諷刺意涵。偉利（Irvin G. Wylie）在他傑出的著作《美國的白手起家者》（*The Self-Made Man in America*）中指出，所有有關「白手起家」的報導都不是關於經營方法，這些報導根本不涉及生產、會計、工程或是廣告、投資等面向，而是關於企業主的個人特質，而這些看來大多屬於新教徒的心理特質。毫不令人意外，牧師們在靠自己努力成名的作家中占了不少，尤其是公理會牧師。[4]「靠自己的努力」就是一種人格特質上的鍛鍊成果。有關於「白手起家」的文獻都是關於如何鍛鍊意志力——如何培養勤儉、勤奮工作、堅毅恆心與不嗜飲酒的精神。所以報導「白手起家」故事的人常視出身寒微為利多因素，因此藉此可養成日後成功所需的心理特質。

無論報導故事的人與「白手起家者」都強調成功與一般所謂的天才無關。無疑地這中間有一些小小的模糊處。誰不希望或是羨慕有一顆「天才」的頭腦？但是所有文獻都說成功是個人與性格特質決定，並非智商決定。此外，聰明的人常常反而缺乏培養鍛鍊這些個性的動機。一般人只要好好利用他個人長處，或是盡力發揮常識，則效果等同有「天才」頭腦，或是更佳。一位紐約商人說：「其實天才並不是關鍵，即使天才的確存在，但是有些偉人說天才不過是非常具有常識的人罷了。」憑恃資質的人常會懶散或是缺乏鬥志與責任感。因此，所謂「天才」頭腦，可能其實是無用且浮華的東西而已。庇策（Henry Ward Beecher）在一八四四年對一群年輕人說：[5]

> 對於所謂的天才，我到目前為止的觀察是：他們充滿在學院以及那些話劇社團中，充滿於辯論社團中，以及在年輕藝術家與專業人士團體中。他們很內斂、非常地敏感，也極端懶惰。留長髮，襯衫扣很低，每天讀些灰色的詩作，寫出來的東西更是。他們很自負、感情易起伏、不好相處而且一點用也沒有。總之，沒有人要視他們為朋友，收他們為弟子或是與之作伴。

在十九世紀時，這種對於天才的不信任感深植於商業圈的文化中，庇策描述天才的話語發表八年後，《美國雜誌》上有一篇文章，叫做〈為何我從不雇用天才型的人〉。作者將商界的天才描述成脾氣善變、神經質與不負責的。以他作為一個企業主的經驗，這種人簡直帶來災難。「用好的材料，如果安裝不正確，也不一定做出好鞋。」他說：「如果用一般的材料，但是用心仔細安裝，最終會做出好東西。」「因此我就近從身邊找原物料，這些堅固耐用的材料讓我的事業成功，在鄉里的標準來看我成為富有的人。」作者說他可能只被人家認為是個平凡的人，因此比他優秀的人他也辨識不出來。他坦承，這樣的說法可能有些道理：[6]

> 我的確是平凡。但是……企業與生活就是立基於成功的平凡之上。成功的企業並不是因為雇用天才，而是知道如何讓平凡者盡量發揮他們的能力。我很抱歉我的小工廠沒有能雇用這些天才的人。但是我知道克倫威爾乃是訓練普通人而建立起全歐洲最好的模範新軍。而全世界歷史上最偉大的團體是耶穌從加利利湖邊選出的十二位門徒。

就是從這樣的心態產生了對教育持續的敵意，以及相對地對於現實經驗的崇尚。對經驗的崇尚指的是讓有志於企業的年輕人及早接觸「從辛勞中得到的日常生活的鍛鍊」。學校教育，尤其是不斷延長的教育，阻礙了年輕人受到鍛鍊。木材大王懷厄豪瑟（Frederick Weyerhaeuser）認為大學生「經常認為他們不應從基層做起，像十四歲就進公司的小弟般逐步熬出頭。」[7]但是這裡必須指出的就是，報導「白手起家」案例者通常贊成學校教育，可是這些靠自己成功的人本身卻不這麼認為。在商界，對於義務教育的看法有分歧，有人認為這可以有助產生素質更好的勞工，但有人心疼他們的稅金，或是相信教育只教會工人更愛抱怨。[8]

但是大家都同意兩件事情：教育內容應該更實際，以及各大學內像以往般的博雅教育對要從事企業的人是沒有幫助的。所以商界致力提倡在高中階段的職業教育，不希望高中成為提升人文教養的地方，在這方面他們大抵上是成功的。麻州的羊毛工廠老闆說他希望工人只要有小學教育就好，更高的教育彷彿是要讓人有能力去競選國會議員，而他的工廠不需要受過良好教育的工人，因為高中學的幾何代數在這裡無用。像他這樣的老闆其實不少見。美國第一家專門出版工業與技術書籍的出版社老闆貝爾德（Henry Carey Baird）一八八五年說：[9]

> 太多的拉丁文、希臘文、法文與德文，尤其是會計學，如果教給一個中下階層出身的子弟，絕大部分都是只有反效果，只會製造出一群刻薄的「紳士」，他們適合的職業是站在販賣絲織品、手套或是蕾絲等物品的櫃檯後，或是記帳……我們法律所制訂出來的教育體系，在小學階段以上的，都是極端邪惡的——其弊端遠大於所興之利。如果

我有權力，以政府的錢辦的教育來說，除非特別的行業有需要，那麼每個男孩女孩都只讀完小學就可以了。至於高中，一定要改弦更張，要用技職教育來代替，最好學校與工廠連結……我們現在製造了太多的「紳士」「淑女」，而結果是令人失望的。

而大學階段的博雅教育比高中更糟，因為它讓年輕人對那些無用的東西接觸更久，結果只會讓他們更虛榮、更愛好閒散安逸的嗜好。有一位商人甚至為兒子沒考上大學慶幸，因為他兒子就免於這些「毒害」。「每當我看見富豪臨死前要捐贈遺產辦一所大學，我就告訴自己，真可惜，他應在沒發跡前死去才對。」[10]

還好，很多富豪並不這樣想。范德堡經常被人家認為是不以自己無知為忤的典型。當一位朋友告訴他，帕爾莫斯頓爵士（Lord Palmerston）曾說他這麼有能力的人竟然沒有上過學很是可惜，他回答：「你告訴他，如果我曾去上學，我就沒時間學其他有用的東西了。」雖如此，他的財富讓他進入了上流社會，但在此群體中他的未受教育背景還是給了他很多的苦頭（據說他只讀過一本書，且是在年紀很大時，那就是《天路歷程》）。他曾對牧師說：「人們都說我不重視教育，其實不然。我曾去過英國，見過貴族與各種高貴的人，我知道我比他們聰明兩倍，但是我還是不敢說話，以免暴露我的缺點。」談話間他的女婿進來聽到了這話，就責怪岳父說他終於承認他缺乏教育的壞處了，范德堡就找了下台階，他說：「你們看，但我至少過得比一半以上受過教育的人好。」雖如此，他告訴牧師，「我今天寧可花一百萬元買你所得到的教育。」而後來，他真的捐了這麼多錢來創設了范德堡大學。[11]

有傳言說，有一次卡內基在紐約第五街上看見年紀比他大又遠比他有錢的范德堡在對街上，就對他的同伴喃喃地說：「用再多的財富換我的莎士比亞知識，我也不願意。」[12]雖如此，總的來說卡內基還是與范德堡一樣對於教育的功用有點兒懷疑。他有一次寫道：「博雅教育讓人有除了追求財富之外的品味與目標，也得以進入一個即使百萬富翁也無法得知的精神世界。我們雖然知道這種東西無益於從事商業的能力，但是也證明了它確是一個更高的境界。」[13]由於卡內基慷慨地興學與樂於與知識分子交往，我們很難說他以上所說的話是虛矯之詞。不過他的確喜歡偶爾酸一下高等教育對經營企業的用處，就如同他也常稱讚文史哲素養般。他對於美國大學的博雅教育很鄙視，喜歡提跟他自己一樣從辛苦學徒生涯打拚成功者的名字，也對沒讀大學的人經營企業勝過大學畢業生的事蹟如數家珍。他寫道：「大學教育對於經營企業幾乎是致命的傷害。」[14]因此他對於傳統的大學課程非常批判。他認為學生「浪費寶貴的數年在學習歷史，但是歷史的功用僅在於告誡我們應該避免什麼，卻不是應該做什麼。」人們送子弟去讀大學，這些年輕人「浪費了他們的精力在學拉丁文與希臘文，學這些語言跟學印第安人語言一樣是沒有用的」，但是他們卻因此「腦中裝了一大堆無聊的古時候部落民族間的衝突故事」。他們受的這種教育只會讓他們養成錯誤的觀念，「厭惡實際的日常生活」。「如果他們用讀大學的這幾年早一些開始工作，他們可能會變成更有教養的人——不管我們怎麼解釋教養兩個字。」[15]史丹福（Leland Stanford）是一位致力教育的慈善家，但是他也對當時的教育內涵沒什麼好感。他認為從美國東部來的應徵者中，最令人沮喪的就是大學畢業生了。你問他們能做什麼時，他們回答：「任何都能。」但實際上，「他們沒有任何一項特定的專業技能」，對未來也沒有清楚的目標。他很希望他捐錢設的學校能藉由「提供實際的，而非理論性的教育」來克服這種缺失。[16]

雖然如此，我們還是得小心，不要因為有人不喜歡而對老式大學的傳統教學內容下了不恰當的結論；但是事實是，很多知識分子也不喜歡這種教學內容。老式大學想要保存西方文化的傳統，也想灌輸學生某種精神素養，但是卻疏於培養學生的批判能力。有三項因素其實對古典博雅教育的傷害勝於商人對他們的痛恨，那就是：第一，科學的快速進展；第二，這些大學以頑固堅決不變通的態度來捍衛老式博雅教育課程；第三，這些大學或學院中有著太陳腐老舊的教學方式。卡內基、洛克菲勒、范德堡、史丹福與約翰霍普金斯等人，以及其他興學的富翁，他們創設的大學提供了舊式注重博雅教育的大學或學院改造的範本與契機，也使美國的大學有新的氣象。但是如果我們仔細地審視商人對於教育的看法，則我們可以見到處處充滿了對於思考、文化與歷史的輕視的語彙。

2. 大企業興起之後

但是到了二十世紀初時，商人對於學校教育如何可培養出成功的企業人才之看法有了一個顯著的轉變。十九世紀後二十年由於大型企業的出現，在企業工作成為好像是在一個官僚體系工作一般。因此白手起家者創造了大企業後，反而使得之後有人要白手起家非常困難。人們雖然百般不願意，還是得承認未受教育的白手起家者愈來愈不能擔負大企業中某些重要的角色。大家開始必須面對這個事實：在大企業中，正式的學校教育學歷會帶來穩定的工作前景，大企業需要工程、會計、經濟與法律等專業人才。因此，雖然商界發聲的人還是口口聲聲提到「實際經驗才是學校」與「實地奮鬥就是大學」這樣的懷舊觀念，大家必須接受正式的訓練之必要性了。一九一六年時《商業金融紀事》（*Commercial and Financial Chronicle*）雜誌說：「如果一個年輕人要獲得廣泛的知識與更高的視野，以便與外國受過專業教育的企業幹才競爭時，往昔從基層做起、僅憑日常工作中累積的經驗來看事情的方式已經過時了。」鋼鐵大王蓋瑞（Elbert H. Gary）認為，企業人「從學校或大學中學得的知識愈多，愈能有效地管理企業。」[17]

而對教育的接受態度，已可從大公司掌舵者的背景反映出來。從一九〇〇到一九一〇年間大公司的管理階層只比一八七〇年間的管理者教育程度稍高而已。[18]但是他們多是大學畢業生。根據統計，一九〇〇年時百分之三十九點四有大學學歷，一九二五年時升到百分之五十一點四，而一九五〇年時是百分之七十五點六。[19]在一九五〇年時，管理者每五人就有一人有法律或是工程的碩士學歷。

雖然這些數字顯示過去那種不靠學歷只靠自己打拚而白手起家的模式已經不適用了，但是這並不表示人文教養在商人眼中的地位已獲得提升。大學提供的選修課程變得更職業取向。十九世紀時，有錢人送小孩去讀大學，大家都知道並不是為了去學就業技能，而是去學些文化素養以便可以取得社會形象（這兩種很容易可從行為舉止辨識出）。而在二十世紀，大家送小孩去讀書是一種生涯規劃上的投資（一九五四年到五五年間男性大學畢業生大多主修商業，比修習科學和博雅教育加起來還多）。[20]

美國高等教育走向職業教育化的一個徵候就是企業管理系所的出現。第一個出現的就是一八八一年賓州大學的華頓商學院，第二個則是十八年後的芝加哥大學商學院。在一九〇〇與一九一四年間，很多商學院紛紛設立。最早設立的商學院被兩種力量夾攻，一是學院派教授的敵意，另一則是商人們懷疑的眼光，因為他們還是不太相信商學院教的東西會有用。就像美國的每一種教育機構般，商學院很快地就在師資與學生素質兩方面參差不齊，連對要加入多少博雅教育到課程中都看法不一。有人嘲笑這些商學院身為「企業靈魂的守護者」，但是在大學中卻與神學院一樣成為知識圈的外人，因為大學真正的目的乃是知識。傅來斯納

（Abraham Flexner）以研究大學教育聞名，他認為雖然商學院有時會聘請很優秀的教授，但是總的來說商學院因為其職業教育的特質，其學術水準是低於其他領域的。[21]在大學中，商學院經常是非智識甚至是反智識的大本營，緊抓住一些保守的觀念。當哈佛商學院的佟漢院長（Dean Wallace Donham）向中西部一所商學院提議開授有關認識工會運作的課程時，對方告訴他：「我們不想讓我們的學生學習任何引發他們質疑自己管理方式的東西。」[22]

一本著名的美國大企業內部文化研究之書籍顯示，美國今日企業的狀況與往昔有些相似。再也看不到隻手打拚創業成功的人，這類人在政客演講宣傳上很有用，是神話般角色，但是所有頭腦清楚的企業家都知道，大企業在徵才與訓練人員時，最重要的是其人曾在大企業歷練過的資歷。然而在徵才與訓練時，企業傳統會有的反智心態又出現了，白手起家的觀念也適時推波助瀾。這次不是以嘲諷大學學歷為其方式，而是用某些狹隘的心態來篩選人才。這位研究者特別提醒，其實企業高層主管並不認同這樣的做法。當企業主管談及此主題或是在新人報到儀式中，他們通常都會強調在企業界中博雅教育、廣泛的知識背景、想像力等等的重要。我們沒有理由懷疑他們的誠意。他們中大多數人雖然非常辛勤工作也極力地維護企業文化，但一般來說仍然比他們的屬下教育程度高；他們也偶爾感嘆自己的人文教養沒有持續進步。所以他們會替屬下安排藝術課程或是邀請知識分子來聚會。在這方面，老的商人傳統裡視文化為發展實業的目的之觀念又復甦了。然而，他們對於受過良好博雅教育者重視的態度似乎在公司的人事主管身上找不到，後者才是真正每年在校園徵才的人。在這個環節上，企業給予美國高等教育的壓力絕對是職業能力取向的。

對於職業能力的偏好很容易就會與重視個性甚於頭腦的做法相連結，也就是說，員工具有團隊精神與容易指揮的性格要比有獨特個性或是聰明來得重要。有一位總裁說，我們以往總是尋找聰明的人，但是現在「個性」變得非常關鍵。我們不管你是否在校名列前茅，我們需要一個各方面均衡的人，因為他將來要面對各方面都均衡的職場人。一位人事經理說，通常公司會對個人主義者持懷疑眼光，而且不希望鼓勵員工身上散發這種味道。一位員工自己也說，我寧可犧牲聰明換取對人的理解。上述研究美國大企業內部文化的書中有一章名為〈壓制天才〉（The Fight against Genius），其中述說即使在工程科學的領域中這種心態也存在。工程科學家應該是服膺知識的，但是有家著名化學公司在招募的影片中顯示三位科學家正在討論，旁白卻說：「這裡沒有天才，只有幾位平凡的美國人在一起工作。」因此公司中的工程科學家的創造力相較於大學中的同行，是比較低的。而且任何時候只要出現「聰明的」一字眼，旁邊一定會跟著類似「不穩定的」、「內向的」、「古怪的」與「有怪癖的」等字眼。[23]

3. 宗教淪為世俗的工具

隨著十九世紀的美國社會愈來愈俗世化，傳統的宗教也開始注重實用性，甚至被崇尚實用性的信仰方式完全取代了。如果歷久不衰的暢銷書可以視為證據，則康維爾（Russell H. Conwell）的書《滿園鑽石》（*Acres of Diamonds*）與皮勒（Norman Vincent Peale）的書都有成千上萬的讀者，這個數目可作為崇尚實用性的信仰者之數字。從內部證據及其他資料顯示，這類信仰已是美國中產階級最熱衷的宗教信仰之一。我希望能證明它是美國白手起家文獻的另類版本，也證明了美國社會實用性觀念的廣泛傳布。而美國近代勵志文獻趨向俗世化，實用就是它的指標。皮勒指出，基督教完全是實用性的宗教。失敗的人竟能藉由宗教信仰翻身，著實令人驚訝。[24]

這樣的勵志文獻當然不會只有美國有，在任何渴望成功的社會裡，勵志與信仰間的界線都會模糊化。基督教世界裡一直有一種信念，就是做生意與信仰雖然看似衝突，其實應該關聯在一起，因為它們都和道德、人格與紀律有關。首先，它們的反向關係很明顯：中世紀禁止放高利貸的教規即是表示，教會的職責乃是約束經濟上的剝削行為。其後，清教徒關於「召喚」（Calling）的概念就又顯示出兩者間正向的關聯：勤勉於事業是服侍上帝的最好方式。因此，經營事業的成敗可能就成為一個人信仰狀態的表徵。但是後來這種關係逐漸顛倒過來。侍候上帝與利己間的區別已經泯滅。企業曾被視為是宗教的工具，是服侍上帝的方式之一，現在宗教反而成為經營企業的工具，將信仰上帝用於俗世的目標上。清教徒曾經將現世的成功視為是獲得救贖的象徵，現在美國人卻將救贖視為是經由意願就可以獲得的事，將救贖視為可同時帶來現世成功的東西。於是宗教成為可以被「利用」的一種事物。皮勒告訴讀者他的書中有「簡單可行的思考與行動的技巧」。書中強調「科學性的救贖之道，已在無數人身上驗證過」。「改善你的企業經營的思想觀念，就在本章所述的教會聚會儀式中。」「如果你信教，你的薄弱意志、自卑感、恐懼、罪惡感或其他任何阻礙你發揮能力的障礙都會不見。」「如果你信教，則會產生力量與好的效率。」[25]尼布爾（H. Richard Niebuhr）說，美國當代的宗教有一種趨勢，就是「將宗教視為可以增加個人力量的東西，而非關於靈魂如何受天啟指引而改造的東西」。因此，其結果是「人是宗教的核心，而上帝成為人的幫手而不是審判者與救贖者」。[26]

以往大量出現的白手起家故事與文獻，不管它們有怎樣的缺點，卻同時與我們生活中的世事及宗教都有緊密關係。它認為事業成功是人的性格使然，而人的性格由信仰所打造。因此當時的這種文獻可以說是新教道德精神、古典經濟學與開放流動的社會三者匯聚後的自然反應。然而很多當代研究指出，美國社會現在流動性雖然還是很大，但是人要創業成功的條件已經不同了：受正式教育比有堅毅性格還重要，儘管後者在白手起家文獻中屢見。當十九世紀的商人被問到成功之道時會說：「需要經歷貧窮與打拚的生涯。」但是現在的商人則說：「要有好的法律制度，但是生產技術也要好才行。」

近代的勵志文獻承襲了舊有的白手起家傳統，但也有不同處。在舊有的白手起家傳統中，信仰可以塑造性格，而性格則使我們可以成功應世；但是現在，信仰表示了自我操控能力，而此能力又可使我們有健康、財富、人緣或心靈寧靜。表面上看起來，這似乎是遠離了白手起家者追求的那種俗世目標，但是實際上它遠離的卻是他們觀看世界的方法，因為它解消了俗世與精神的分野。在舊的文獻中俗世與精神這兩者會互相作用，但是在新文獻中這兩者已經混合交融在一起。我們相信這不代表宗教的勝利，而是美國中產階級的心靈在不知不覺中根本性地俗世化了。宗教已經被相信某種魔法術的自我心靈操作所顛覆，而不是被世俗哲學觀有意識地顛覆。因此，宗教與俗世意識兩者都受害。不論他們能得到的多不多，有些想往上爬的年輕商人想看白手起家文獻來了解經營企業的約略要領，這應該不令人驚訝。但現在彷彿只有「失敗者」才閱讀勵志型信仰文獻，而且女人多於男人，因為女人雖然受到商業規範影響，但是並不實際進入商業中。

有些暢銷作家想要給讀者「生活中的力量」。十九世紀時暢銷作家的首要任務是告訴大家，信仰能帶來財富。從一九三〇年代初開始，就有一股風潮一直在鼓吹身心方面力量的培養。勵志型信仰的文獻滲入了精神醫學的元素，也對過去三十年社會發展所累積的焦慮有所著墨。雖然現在白手起家文獻沒有勵志型信仰文獻熱門了，但是它所提倡的原則還是適用於日常生活的運作。一整個世代的人都受其影響，它代表的意象與精神受到來自於企業、科技與廣告界的觀念與詞語的包裝，所以人們得到一個觀念，就是宗教信仰如同生產技術般，可以靠著系統性的良好方法而增進。史耐德（Louis Schneider）與佟布胥（Sanford M. Dornbusch）在他們對於勵志型信仰的研究專書中，把這種方法稱為「信仰工程學」（spiritual technology）。[27]有一位暢銷作家告訴讀者「上帝是二十四小時待命的電力站，你只要把插頭接上就可」。另一位則說：「信仰是一種意念傳遞的科學……就好像廣播信號有其原理一般。」還有一位說：「我們要有像高級汽油一般高辛烷值的思考，能夠帶來馬力與動力表現」，所以讀者們應該要時時連接上加油站。也有一位說：「身體就像是接收上帝廣播站訊息的收音機。」一個勸人多乘火車的廣告說：「搭火車可省油錢，就好像上帝的手在管控你的油門。」一家汽油公司廣告給人一種靈感，祂的油可以讓汽車的引擎發揮完全潛能，「則牧師如有好的講道也可以把我們靈魂中潛藏的能力發揮出來」。巴頓在他的書《誰也不認識這人》中說道：耶穌「從社會上低賤的職業中選擇了十二位門徒，但是卻打造他們成為一個征服世界的團體組織。」「用經營企業的方式來管理你的靈魂」，有一位作家這樣勸告大眾。禱告好似一種工具，「如果一個人學會如何正確禱告，那他的高爾夫球可以打得更好，生意更興旺，工作更順利，愛情更好，對教會服侍得更好。」皮勒說：「學好如何正確地與科學地禱告。」「要多使用已測試為靈驗的禱告方式，不要隨意心不在焉地禱告。」

在勵志型信仰的文獻中有一個令人訝異之處，就是他們展現出了主觀意志決定一切的思想，甚至已經到了瘋狂的地步。他們對於宗教的情懷一直在上升之中。新教曾經在其早期歷史中拋棄了許多儀式上的繁文縟節，而在十九與二十世紀時甚至把教義都盡量簡化。而現在這種勵志型信仰更是此趨勢的高峰，因為它可說已經把教義都除去了——至少把一切基督教的教義都除去了。因此，除了教友個人的主觀經驗外，其他都除去了。而連這個主觀經驗都化約成個人的意志。當勵志型信仰的作家說一個人可以心想事成時，就是指他可以設定目標然後請上帝幫忙讓他可以把潛力發揮出來。這些潛力真的是很驚人的；皮勒說：「你身上有很多力量，甚至大到可以把紐約市打成碎片。其實這在最先進的物理觀念中已存在了。」信仰可以釋放能量，所以人因此能克服障礙。信仰絕不是讓人接受命運安排，而是「讓人敢於向命運挑戰，絕不接受失敗。」[28]

德列瑟（Horatio W. Dresser）曾討論了勵志型信仰早期的一個現象，也就是所謂的「新思想運動」（the New Thought movement），他說道：「新思想運動的目標……是要消滅智識與『客觀心靈』，彷彿成為有思想的人是不好的，彷彿人只要在潛意識中不斷祈求某事，就會實現。」[29]總的來說，勵志型信仰中的反智傾向不是直接的，它們代表了逃避現實，也因此對於目的是要解決現實問題的哲學也一併排斥。同時，它們也是一種頗矛盾的俗世主義。

雖然某些自認是基督徒或是牧師的人寫出了受歡迎的勵志型信仰書籍，但是在俗世的學者看來，這些都是荒謬背叛教義的。而大家都認為，知識分子一向比這些「利用」宗教的人，在保護西方的宗教傳統上更有作用。

關於這種對於宗教信仰與自我激勵間的混淆，林克（Henry C. Link）的書《回歸宗教》（*The Return to Religion*）大概是最好代表，這本書於一九三六年到一九四一年間大賣。我們不認為這本書足以代表整個勵志型信仰的文獻，但是它值得我們特別關注，因其為美國有史以來在破壞文化與愚民上最頂峰之作。除了書名有宗教二字外，它的內容完全跟宗教無關。它是一位諮商心理學家與人力資源專家特別為大企業員工而寫的書，作者宣稱他靠著科學找到了回歸宗教的方法，而這本書視宗教為一種「積極的生活方式，藉此每個人可以掌控他的環境，而不是成為其犧牲品。」[30]作者覺得我們應該消除個體性與心智的運用，以便成就一顆會順從集體行為的心。

但是他用了一個自己創發的方式來定義這個問題。林克所使用的詞是「內縮」（introversion）與「外伸」（extroversion）（一般的意義，而非榮格心理學上的意義）。「內縮」就是內斂、自我檢討與個體性，這些是不好的。其實這就是自私。蘇格拉底有句話：「認識自己」。但是林克會說：「克制自己」，因為「好的個性或是品德是靠不斷練習而得，非靠內省即可」。另一方面，「外伸」是表示社會性、親和力、服務大眾，這是無私的，也是好的。耶穌就是一位「外伸」的人，而宗教其中一項功能——林克會認為是最主要的功能——就是將人的個性轉化為「外伸」型。林克說，他會上教堂是因為他原本不想去，但是他知道去了後會改變他的個性。常去教會可打造出更好的人格。同理，打橋牌或是跳舞與推銷都是，因為這時人需要與對象產生和諧。每個人最重要的是要遠離自我或是自我分析，而要學習掌控事物。這樣就會在社會中地位與權力都增加，最後人的自信心也提升了。

太多思考反而有害於這些目標的達成。大學中的知識分子與學生們遠離了宗教，而那些「內縮」的人在生命中逐漸會從社會退縮。林克在書中的一章〈理性的笨蛋〉中說，我們一向對於知識分子與理性太高估了。

> 理性本身不是目的，只是人在追尋生命的價值與目標時的工具而已，而後者是超越理性之外的。正如同我們用牙齒咀嚼，但是我們不咀嚼牙齒，同理，心是我們用來思考的，不是給我們帶來困擾的。心是生活的工具，不是目標。

所以很重要的事就是要有信仰，以及實踐信仰。雖然有人稱宗教是懦弱心靈的庇護所，但是真正的懦弱「在於每個人的心靈不能認識到人類心靈的缺陷」。「任何反對靈知存在的觀點是知識上的病態，即使對於信仰認識錯誤也比全然沒信仰好。」即使看手相這種迷信也非全然無意義，因為可以讓人與人握住彼此的手；看顱相可以讓人好好看看別人的臉龐。這些都可以讓一個人跳出自己的格局而進到一個更寬廣的世界中。總之，對於理智的崇拜以及知識分子對於宗教的嘲笑，只會讓世界更壞，不會更好。很不幸地美國有一個「內縮」的傾向，它有很多缺點，其中一個乃是讓人們逃避對於失業者的救助責任，認為應該交給聯邦政府就可以了。

心智也是對於婚姻的威脅，因為「內縮」的性格會阻礙婚姻的幸福。離婚者通常是知識較高的人。看看那些喜歡哲學、心理學、激進政治以及閱讀《新共和雜誌》（*New Republic*）的人，他們很明顯地在婚姻上沒有那些參加YMCA活動、查經班成員與閱讀《美國雜誌》的人幸福。林克書中有一章叫做〈教育的罪惡〉，其中他批評「創造有人文教養的心靈」這樣的目標「可能是教育中危害最大的事」——因為這是教育理論中最迷信與最不理性的信念，正如教會歷史上任何迷信一樣。這種教育只會製造出「無情的打倒偶像者」，而創造出一種奇怪的心態，為（自己所認為的）文化而文化，為（自己所認為的）知識而知識。自由主義使人從傳統與過去歷史中解放出來，但是沒有指引方向。接受這種教育的年輕人都認為自己的父母親古板過時，都喜好亂花錢，因為有了知識就嘲笑長輩在宗教上的虔敬，看不起父祖輩的職業而一味尋求智識型的職業，而且看不起商人。因此軍隊中的年輕人還比他們對人生有更正確的了解，因為軍隊是每日面對實際價值的地方，也是訓練人有「外伸」性格之處。

第十一章 其他領域所發生的智識無用論爭辯

1. 傳統農民的實用主義心態

商人們固然對於實用性一再強調，其實這種強調在美國的民間文化中早就存在，而現在已很難分辨孰先孰後。對這種觀念的強調與一再重申，每個時期不同，每個階級也不同，但是主軸很明顯，許多不同的職業或是政治陣營都有同樣的聲音。大家很看重實用性的證據太多了，美國的庶民文化中一直都有一種公認的心態，就是實用性才是做事時所需，它比學院知識有用，甚至優於應用科技的知識。大家都認為擁有學院的知識不見得有用，而且它似乎只是一小部分人的專利，大家對這些人的趾高氣揚與特權心態很不以為然。

我們可以先從農人的立場來看，因為美國有很長的一段時間主要是農業國家。十八世紀末時，美國人中十個有九個以務農為生，在一八二〇年時，十個中有七個；而直到一八八〇年時，非農業人口才與農人相當。美國的農人在各方面來說，都是一種商人。農人固然可以視務農為一種生活方式，但是這種生活方式很快地就沾染上商業的氣息。美國地大物博，人口流動迅速，社會中充滿了新教的積極精神，這些都讓農業具備商業性格與因應市場投機的性質。農人通常都會擁有比他能耕作範圍更多的地，以備地價上漲時獲利；他們也進行大面積粗耕而非小面積精耕；集中栽作某一類高單價作物；深耕土地，一旦地力用盡就賣地離開。一八一三年時卡羅來納的泰勒發現維吉尼亞州土地因為農人沒有小心維護地力「幾乎已經毀了」，因此他祈求同鄉：「不要殺了大地之母，不是為了未來子孫，不是為了上帝，而是為了你們自己。」一八三〇年代時托克維爾說道：「美國人把他們商人的習慣帶入了農業，他們做生意的頭腦也因此進入了農業，就像進入其他領域一樣。」[1]

農人對於何謂實用性有他們自己的看法，他們對於以科學進行農業改良與農業教育的看法，很清楚地表達了此點。在忙碌且辛勤工作的農村中，因為他們通常不富裕，所以找不到對於藝術與人文教養的喜好者，但是我們會認為對於應用科技的接受態度則應對農人是有幫助的。然而即使後者他們也認為無用。當然也許少數人不這樣想，但是大多數老式農民對於農業科技是抱持著觀望的態度。

就像美國社會的其他領域一樣，農業也是一個廣大的領域而內部性質不一。但是十九世紀初在此之中有一個階級上的區分，就是老式農民與紳士農民的區隔，他們是以對知識與科技的態度來區分的。這些紳士農民擁有大農場，他們是專業的農業投資人，受過大學教育懂科學的人，也可能是企業家；或者他們是一些不靠務農收入的農業雜誌編輯，他們愛好進行農業試驗、會寫關於農業改良的書籍，希望運用科技改善產量，推廣農業組織，並提升農業教育的品質等。這些紳士農夫中有些人很出名，但是多半是在非農業領域成名。像是康乃狄克州的牧師艾略特（Jared Eliot），在一七四八與一七五九年間他寫了出名的《新英格蘭農業研究》（*Essay on Field Husbandry in New England*）；而艾略特的朋友富蘭克林也屬於這類人，他在紐澤西州有一個農場，他雖然想用農場賺錢，可是也想用它進行一些科學試驗。華盛頓、傑佛遜、麥迪遜與卡羅來納州的泰勒等人，都算是新一代的農業從事者，希望能將十八世紀英國農業革命的成果應用到維吉尼亞州。

在他們之後是魯芬（Edmund Ruffin），以鈣肥研究聞名，也是《農友雜誌》（*Farmer's Register*）的主編。他後來成為激烈的南方分離主義者。在維吉尼亞州以外的地方，進行關於農業改良技術辯論最熱烈之處竟然不在鄉下，而是在耶魯大學，在那裡把農業發展與高等化學研究連結在一起；在史利門（Benjamin Silliman）帶頭下，耶魯的農業化學家們鑽研土壤化學、作物與科學農耕法；史利門之後又有諾頓、波特與強森等人。這些人都希望接續李比克（Justus Liebig）在土壤化學方面的研究成果。伊利諾州的透納（Jonathan B. Turner）也出身於耶魯，也是積極致力於農業教育；有可能那個著名的獎掖設置農業學院法案（「莫瑞法案」〔Morrill Act〕）就是他的功勞。在紐約州，自學出身的農業雜誌主編布爾（Jesse

Buel）一直呼籲大家要用高標準高品質來進行農業栽植。賓州的普爾（Evan Pugh）是一位傑出的植物化學家與農藝學家，他後來成為賓州農業大學校長，在他三十六歲猝死之前，也幫助推動了「莫瑞法案」的通過。

上述這些人將科學精神結合農業實務，公民責任結合農業利潤，無異提供了令人敬仰的融合智識與實務之範例。社會上並不是沒有人在乎。他們的成果普及到了紳士農人階級中，這些人通常是農業社團與農產展示會的骨幹，農業期刊的讀者，且是農業教育的支持者。當時一本好的農業實務的書籍，如果賣得好的話可以有一兩萬本的銷路。也許有十分之一的農夫會訂閱農業期刊，而在內戰前已經有約略五十本農業期刊了。[2]

但是一般的傳統農夫，卻厭惡主張農業改良的人與那些紳士農人。這種厭惡其實根源於階級差異：紳士農人組織與推廣各式農業活動，使得傳統小農夫們相形失色。在農產展示會上，紳士農人常能展出得獎的作物與不計成本研發出的新品種，這使得一般的傳統農夫們無法望其項背。[3]紳士農人們又很愛批評保守、不接納新技術與有若干迷信心態的人。美國農人雖然會從事土地投機，常常遷徙，也願購買新設備，這些讓他們看起來好像不是那麼「傳統」，但是他們對於農業教育或是農業科技卻是異常地保守。因此，專業的農業從事者與農業雜誌編輯們都感覺他們像是身處在一個即使不是有敵意也是多疑的環境裡。富蘭克林曾這樣寫信給艾略特說：「如果你家周遭的農夫害怕看到我像害怕離開祖先留下的土地一樣，則很難勸他們接受農業改良。」華盛頓則用較辯護的語氣寫信給楊格（Arthur Young），他說美國農人比較願意利用低成本的土地而不願施加昂貴的勞力，因此許多田地都利用最少勞力作粗耕以獲利，而非進行應有的精耕與改良式耕作。魯芬曾在鄰人的眾目睽睽下進行農業改良，但他結論道：「大部分的農夫都不願學習任何有關於化學的知識，不管是多容易。」布爾抱怨道：「我們的農人對於農業改良一直提不起興趣，一方面可能是因為他們不了解職責或是利益所在，另一方面可能是他們害怕改革會讓某些人興旺起來而他們被排擠出市場外。」《美國農友》（*American Farmer*）雜誌的主編在一八三一年時說：「農友們絕不會閱讀你給他們看的農業文章，而如果別人讀給他們聽，他們也不會相信其內容的。」二十年後著名的英國農業科學家強斯頓（James F. W. Johnston）在進行了美國的巡迴演講後，說道：「美國的農人反對改變，更對於別人說他們不夠聰明、跟不上時代這樣的話反感。」他也發現，在紐約「他們反對設立農業大學，因為那裡教的知識不是很有必要，而且實際應用的結果未必良好。」[4]

事實上，農友們可從農業改良專家那兒學到的東西很多。即使是心胸開闊的農友也可能不懂基本的作物或是畜牧育種原則、植物營養學、耕種法與土壤化學等。很多農友迷信農民曆（根據月亮圓缺）來播種與收成。因此他們的做法徒勞無功也耗盡地力。[5]農友們也用「書本農耕法」來諷刺整天喊著農業改革的農業教育者，認為他們只有理論，卻無實務磨練。有一位農人說：「對我來說，照著書本耕田的人根本不是農民。」「用手實作而不是照書本，才是耕田……以畜牧當娛樂的人才會進行實驗……讓那些有學問的人注意個案、性別、心情與時間長短吧……我們得要照顧牲口、擠牛奶、整修圍牆與田地。」[6]因為社會中存有如此大的偏見，改革者只好不斷地與之對抗。布爾抱怨道，在社會中的其他領域裡，不管是航行或戰爭、法律或醫學，美國人都相當重視教育，認為它是必須的：[7]

但是，說到農業，這種生產由老天賜給我們、日常生活所賴以維繫之物的活動，我們卻不設學校，也不教授課程，政府也不掖助，然而它卻比法律、醫學、戰爭或航海需要更多的知識。很多比農業還不重要的領域都視知識為不可或缺，但是我們卻在這個最重要的領域如此輕視知識，視它比小說家虛構的作品還不如。在很多領域中我們都視心智為重要的因素，但是我們卻似乎在農業中，忘了知識乃是最關鍵的因素，因為農業知識帶來的成果可以餵飽世界、造就道德與成就人類幸福。在我們目前的態度下，要說農業已經在大家的心目中成為一個像小丑般與不榮耀的行業，會令人驚訝嗎？

對農業發展最大的障礙，布爾認為，「乃是很多農人抱持對農業科學的貶抑態度，他們以為凡是跟科學有關的，不是對農業無助就是一般農民根本無法了解與企及。」[8]而農業雜誌的一再宣揚科學耕作，一再地需要對抗對於「書本農耕法」的訕笑，都證實了布爾的話。雖然並非每本農業雜誌都很好，例如有些只是在兜售某些騙術。但是，他們多半時間都被迫陷於自清與解釋的困境，要證明他們不是憑空杜撰一些無理論根據的栽種法，或是他們的文章其實大都由現職的農夫所撰寫。當一八四一年李比克關於土壤化學的偉大著作傳到美國時——在改革者與甚至少數一般傳統農民間廣受歡迎——他的某些發現竟然被《南方農人》（*Southern Planter*）雜誌描述為「過度精密的理論」：[9]

> 李比克無疑是具有高度智慧的紳士與深刻的化學家，但是我們認為他對農業的知識其實不比他對他家種田的馬來得多。所有維吉尼亞州還在耕田的老農民都會告訴他，他的精密農耕理論與他們實地耕作數十年的經驗顯然是不同的。

2. 設置農業大學的阻力

基於上述對於農業科學與「書本農耕法」的反彈，農民們反對送他們的子女去接受新式農業教育，應該毫不令人意外。如果農民們對新式農業教育還可能有一丁點兒的期待，也會被廣設學校需要增稅的恐懼淹沒了。一八二七年時一位贊成農業教育者在《美國農友》雜誌上表示，他發現農人們都極度不贊成設學校。[10]一八五二年《新英格蘭農友》雜誌的一位讀者投書指出，他本人反對設立麻州農業大學，而且認為十分之九的農友跟他想法一樣。他清楚地表達了反對的理由：農民根本不會去利用農業大學這個機構，他們會認為它「只是個花大錢的實驗」不會產生相對的效用；它只會讓某些從無農耕經驗的人「坐擁華麗的辦公室」，但是他們實在不配；贊成這計畫的人真正的用意只是要給有錢人的或是鄉紳的子弟一些農業知識而已。但是，「農耕這種東西不是能在教室傳授的，它只能依靠實地經驗的累積。」[11]

而這只是鄉村地區普遍反對農業教育的其中一個層面而已。傑克遜（Sidney L. Jackson）分析了推廣設立農業學校此一運動後指出，「農人在這波建立更好的農業教育運動中是阻力而非助力。」[12]在鼓勵設立農業大學的「莫瑞法案」於一八六二年通過前，美國設立農業大學的一些嘗試與實驗，主要是地方上若干有心的小型農業改良團體努力不懈的結果，這說明了直到聯邦政府介入前，美國這個以農業為主的國家在非常需要農業技術的情況下竟然缺乏任何應有的努力。[13]其實一八六二年通過的法案並非由於民間廣泛的支持，而是因一個遊說團體堅定地爭取而得到。在羅斯（Earle D. Ross）對於此捐地蓋大學之法案的卓越研究中指出，「我們看不見社會大眾自發性的支持。」那時正值內戰，新聞甚至沒有多加報導「莫瑞法案」的通過。而農業報紙也沒有積極地討論此事，有些甚至不知道此事。[14]

起先，這法案不過是代表了聯邦政府立意良善的一種承諾而已，而改革者們在此後三十年間發現到，若立場走在社會主流意見前面一段距離，的確很難從事有意義的改革。莫瑞參議員（Justin Smith Morrill）推動此法案的動機很令人理解。當其他國家紛紛致力於農業與農業機械教育時，美國的土地正在遭受不當耕種下的殘害與浪費；這時迫切需要進行改革實驗與農業現狀調查，農友們需要從科學技術方面給他們的建議；用出售公有地的收入來創辦良好的農業學校與農業機械學校，這與美國之前的政府鼓勵興辦教育政策是一致的；而這樣做也不會侵犯各州的權限，或是影響到既有的博雅教育大學（liberal arts colleges）。曾有一度莫瑞提出的法案被黨派政治所干擾，而出售國有地興建農業大學的構想也在一八五九年被布坎南（James Buchanan）總統否決。但是三年後林肯總統簽署了一個類似的法案。而國會也開始相信在農業上應該有所改革，雖然大部分農民們還是不這樣想。[15]但是羅斯說，很不幸地，捐地蓋大學法案從未針對教育方面的可能成效深入討論。反對者從違憲性或是其他枝節大作文章，以致於國會最終通過的此法案，已未能充分體現原提案者的立意。

法案通過後，依此法案而設立的大學遭遇到各種困難，其中一個就是原本存在的大學對他們的嫉妒與攻擊，而另外一個則是關於統一設校一事，美國一向有教育多元與分散的觀念，所以美國人對於國家統一的設校政策不喜歡。很不尋常地，這種學校在找教職員時竟然異常困難。傳統的教授們只習慣於博雅教育大學的氛圍，好像無法真正地接受所謂農業大學或是農業機械大學這樣的學府與其所相應的教育，因此他們有時竟然從內部抵制。而從外部來說，傳統的小農與民間的意見領袖也加以抵制，他們堅持相信科學對於農耕是無用的，這些學校沒有什麼「實際的」東西可以提供給農友。羅斯指出：「農業改良一事，農友本身才是最困難的一環，因為他們無法相信在職訓練是必要的。」即使他們不再抵制教育了，他們還是不認為農業技術應該從大學或是科學性的農業實驗中得來，應該要從實際耕作的示範農場中得到幫助。威斯康辛的農友認為在每個行業中都應該由實際從事者來教導實際從事者，「神父教神父，律師教律師，工人教工人，農人教農人。」某些州的州長希望農業大學盡量遠離文理學院代表的博雅教育傳統，例如俄亥俄州州長希望農業大學裡的講課「盡可能簡單實際，不要太理論性或是科學味道太濃厚」；德州州長期待農業大學應該是「為了訓練與教育農場上的工作者而存在」；印第安納州州長則認為任何高等教育都會對勞動者的培養造成阻礙」。[16]

除了理念上的口水戰外，最大的困難是來自於這個事實：送小孩上農業大學的農人不多，而當小孩真的去了大學後，他們就利用上大學的機會想要擺脫家傳務農的行業，通常是轉去工程方面的行業。所以多年來農業大學的學生不多，其中學工程的數倍於學農業的，而且逐年倍數增加，從二倍到三倍，再從四倍到五倍。直到一八八七年「海區法案」（Hatch Act）通過，農業科學發展的環境得到改善，聯邦政府在各地設立農業實驗所與各地的農業大學密切合作，也增加了這些大學的研究資源與能力。到了一八九〇年代時，這些農業大學才發展健全，終於可以在科學研究上做出實質貢獻。

捐地蓋大學法案的另一個缺失是它只考慮到最上層的教育。國會在制訂法案時並未考慮到鄉村地區的中學教育如何與農業大學體制銜接。但是一九一七年時「史密斯—休斯法案」（Smith-Hughes Act）解決了這個問題，聯邦開始補助中學階段的農業職業教育經費。一八七三年到一八九七年間，農業這個產業歷經了通貨緊縮的衝擊，但是之後又開始繁榮，所以農業教育的命運也開始好轉。由於利潤提高了，農人們開始想到企業化經營、育種、土壤科學與農業經濟的問題。機械化使得他們不再需要強迫下一代留在農村工作。學習農業的學生人數也持續地增加，而一九〇五年後快速地增加。到了一次大戰前夕，農業的學生人數已經幾乎等於工程學生的人數。羅斯福總統的農業部長威爾遜（M. L. Wilson）回憶道，在他老家愛荷華州的鄉親對於「書本農耕法」的輕視，直到二十世紀時才結束：[17]

> 二十世紀開始後不久，農友們紛紛接受了農業科學帶來的革命。我在一九〇二年去大學讀農業時，雖然並非家鄉第一個讀大學的，但卻是第一個進大學去讀農業的。而十年、十五年後所有經濟上可以過得去的農民都送小孩去讀農業了。

肯德爾（I. L. Kandel）在一九一七年時說得很有道理，「莫瑞參議員為了讓農業科技化，制訂捐地設立大學的法案，但直到五十年後的現在才發揮效用。」各位讀者一定不會認為農業大學與農業機械大學本身是智識主義的核心場所，所以會好奇即使農業成功地科技化又對消除反智識主義有什麼幫助呢？當然，我們並不想在這裡誤導地描述農業大學的性質，因為他們只是用來做職業教育之用，我們認為這很好。此處所要強調的乃是，有關實際經驗與智識的融合這件事，農業改革專家們以堅毅不拔的精神花了近一世紀才達成，他們讓從不相信理論對於耕作會有何幫助的農人們終於改變了態度。[18]

3.勞工運動與知識分子的疏離

也許我們可以將農耕一事形容為「自然」的生活方式，所以農耕者普遍地害怕如果相信專家的話而採用「書本農耕法」與科學理念，則失去的將會比得到的還多。但是對於工廠的工人來說，他們的生活方式，在社會主義者眼中看來是「不自然」地，應該要培養出某種自我意識與相互組織化，才是正確地面對現實環境的方式。從一開始，智識與勞工運動間的關係就和智識與農耕的關係完全不一樣。德曼（Henri de Man）在其傑出的作品《社會主義的心理學分析》（*The Psychology of Socialism*）一書中指出，「如果勞工運動缺乏知識分子親身參與及理論上的幫助，那麼這運動將只不過會是另一個利益團體運動，也許勞工會變成新的布爾喬亞。」[19]

這樣的看法雖然諷刺，但卻是真實的情況，因為美國的勞工運動的確是正在使得勞工成為一個新的布爾喬亞階級。與其他國家一樣，美國的勞工運動確實是由知識分子一手發動的。但是後來勞工為了形成自身的認同，卻與知識分子對立了。如果不是經歷了一個奇怪的辯證發展過程，美國勞工運動領導核心的出現與組織化目標是無法達成的。首先，知識分子對資本主義的批判催生了勞工意識與運動；而之後勞工運動卻擺脫了知識分子的影響，除去一些從後者立場所帶來的意識形態與理論上的累贅與紛擾，而專注於工會的組織與運作，使工會強大到足以與資方談判。

從歷史上來看，美國的勞工運動並非從狹隘的工作內容、工資談判與罷工等議題開始，但這些後來卻成為工運的主要訴求。一開始，工運是由布爾喬亞的知識分子所帶領，追求某些社會改革理論家所提出的目標，因此背後隱含兩種企圖，一是成就與鞏固這些領導者在布爾喬亞社會中的地位，第二則是意圖全面地改造社會。故工運早期充滿了理想主義色彩，沾染了某些「萬靈丹」式的改革思想，例如土地改革、反壟斷、主張去除金本位的紙幣制度（Greenbackism）、生產合作社、馬克思主義與亨利．喬治的單一稅等等。但是以這種運動方式，美國工運進行了四分之三世紀後毫無進展，於是鞏伯斯（Samuel Gompers）與史塔瑟

（Adolph Strasser）接手，以實用主義的方式聚焦在工作與薪資談判以及工會組織上，希望透過工會對於各該行業勞動市場的掌控而取得談判的優勢。

鞏伯斯與史塔瑟早年都與社會主義有關，前者是社會主義者，後者是勞工聯盟的領袖。鞏伯斯在他的自傳中對於年輕時受到的左派思想訓練似乎不那麼由衷感謝：

> 很多對於工會運動的發展有貢獻的人早年都受到了社會主義的影響，而後來找到了實際的政策目標……他們都是有理想遠見的人……如果可以在社會主義的思考模式中開發出實務目標，則社會主義的訓練是有其幫助的，因為它可以幫助工運者很快找到努力方向，也能理解現實的那些具體目標最終可以成為實現若干較高的精神理念的手段。

然而，諷刺的是，社會主義教會了這些人發展工運的可能性，但是到頭來工運卻使這些人明白，在美國社會主義是不可行的。鞏伯斯從一參加工運開始，就必須與那些「追求時尚的人」、改革者與沉浸在理想中的人戰鬥，這些名詞是他給那些廁身於工運的意識形態人士取的稱呼。而曾經有一段時間這些人竟是他最大的敵人。他只有在一八九四年爭取連任勞工聯盟主席時失敗，而這次的敗因乃是社會主義者反對他。因為他一直認為，「工運領導人必須是身心親自受過勞動的洗禮」，從工人階級出身的人來擔任。他說：「我見到與知識分子聯盟的危險性，因為他們並不知道，把工運拿來當實驗，等於把人命拿來當實驗。」[20]

知識分子與像聾伯斯這樣的工運領袖間是疏離的，因為彼此對於工運的期望完全不同。知識分子只將工運視為達成更大目標的手段——也就是社會主義或是社會改造。他們從工運外部來，極少出身勞動階級。因此他們都會瞧不起工運領袖與工人們想要達成的目標，也就是晉身中產階級的形象與生活方式。以追求更好薪資為訴求的勞工聯盟並不對他們的胃口，他們也一直看不起勞工聯盟的領袖。我們相信，工運領袖本質上是一群苦幹出身的人，就像任何大企業中的成千上百的員工一般。史塔瑟有一次在與知識分子爭辯時說：「我們都是實際的人。」[21]他們都是勞工出身，而且一直都抱持這樣的希望，就是有一天勞工可以享有像商人一般的地位被人重視與尊敬。他們都曾接觸過反資本主義與反壟斷的思想，但是跟知識分子不同的是，他們對於倫理學與政治學中對布爾喬亞文化的深入攻擊並不熟悉。他們愛國愛家庭，也可能是好的共和黨或是民主黨員。[22]在早先他們與知識分子的接觸——或是與那些他們以為是知識分子的人——其實讓他們深感不安。所以在工運的初期，內部的確有對於社會主義信條的抗拒。工運領袖常遭受學院經濟學家批評，[23]後者長久以來都形成一個對抗勞工的堅固板塊。聾伯斯說，這些學院教授，「是勞工公開與隱藏的敵人，他們是一群趕時髦的人，空想的理論家與沒有男子氣概的人。」在二十世紀初，所謂「科學化管理」的風潮，對勞工來說是一個嚴重的威脅。聾伯斯視其領導人為只知道壓榨剝削工人的「學院中的觀察家」或是「知識分子」。對整個產業界並無好處。[24]工運事實上是在一個有敵意的環境中成長，而這些知識分子乃是主因。至於那些不具敵意的人雖可被視為是盟友，但是多半不聰明也不受歡迎。直到進步時代時，中產階級知識分子才開始真正同情工人，而到了「新政」時雙方才有穩定的結盟關係。[25]

鞏伯斯之後到現在的這些年中，工會成長並穩定發展成組織龐大的機構，於是自然需要聘請法律、精算與經濟等的專家，也需要研究部門與媒體部門，也要做遊說與公共關係等。於是，總工會領導全國一千八百萬成員的主席也成為了工會雇用的許許多多員工與知識分子們的老闆。但諷刺的是在工會工作的知識分子們並不覺得有比在其他機構工作其權益來得受尊重，其實他們的處境並沒有比其他資本主義商業機構的雇員好。

有三個原因使這些為工會工作的知識分子產生疏離感。第一個原因可能只適用於部分人。這些人為了意識形態原因而選擇為工會工作，但是稍後可能發現工會不如想像中激進，而他自己也可能就是阻擋工會激進化的體制因素之一。所以無可避免地這些為工會工作的專家理想幻滅，因為他時時可感覺到工會想借用他的才能卻不願朝他希望的路走。（通常工會中的專家前來工作是基於像宣教士般的情懷，所以領的報酬沒有在外界工作多。）第二個疏離的原因是，專家投入研究問題的職業性習慣，以及追求真相與真理的傾向，常會被工會作為一個鬥爭團體的事實與工會領袖個人的因素阻撓。有一位專家抱怨他在工會的同事，「我給的數據資料他們根本不太會用。」[26]

> 但是他們根本不在乎。他們是相對主義者，認為沒有絕對的真理或是科學真相。或是他們認為找到真相太困難，於是他們放棄，並以此為藉口：「誰在乎真理？難道是資方嗎？」基本上，這是因為他們抱持社會主義或是社會改革立場。於是凡事都以此為考量……他們只著重讓工會領袖能聽從他們的建議……我有時希望當初是到大學教書就好了。

有時這些專家說的實話不受歡迎，有時他們帶領工會領袖面對他們不想看到的真相。因此他們被人討厭，正如同他們被需要般。勞工雜誌的主編也許想要登載一些來自內部批判性的意見，但是工會領袖卻希望工會雜誌擁護他。工會職司勞工教育的人想要給工人一些類似博雅教育的內涵，但是領袖卻希望讓勞工堅定他們的意識形態立場是最重要的。

最後一種疏離因素可能是個人的，大概與專家個人的教育與成長背景有關。他不屬於這團體，他個性不適合，如果不是因為他的專長，工會根本不會用他：他常在工會辦公室聽到這樣的抱怨。大家都會覺得這類專家根本無法共處。

工會領袖對這些知識分子的態度是愛恨交織的，與社會上的商人與大部分人對他們的態度一樣。魏蘭斯基（Harold Wilensky）在對工會專家的研究中指出，工會領袖有時被知識分子動輒擺出來的專業知識所震懾或嚇唬住，常會覺得佩服無比。但是另一方面他又會說一些輕蔑專家的語詞來安慰他自己，即使不說他們很怪，也會說他們的想法不切實際。有一位工會高階幹部曾吹噓：「我是在硬拳頭社會大學受教育的」，但是他隨後又懷著這種複雜情緒同樣以驕傲的語調說道：「我要我兒子在大學裡修一些勞動法的課程。」在某些地方，工會的非知識分子幹部會對這些專家有些嫉妒：「混蛋，為什麼他們都得到這種輕鬆的好差……我去勞工隊伍中拚死拚活地組織宣導，每晚去參與各地的集會，而他們卻坐在辦公桌前寫些莫名其妙的東西。」如同商人般，工運領袖極力稱讚實務的重要性——那些從事勞工運動與組織的第一手經驗。「你從書本上學不到這些的，經驗是無可替代的。」工運領袖一路打拚鬥爭而有今天，然而專家從未有過工運現場經驗，也不了解勞工的心理。「只能說你們對這事的想法……很奇怪。你是從法律面看，你是哈佛、耶魯或類似名校的畢業生，就像檯面上那些正風光的人般，所以你不了解勞工的想法。」在這種情況下，難怪那些專家有時對自己沒信心，或是盡量保持低調，甚至隱藏偽裝自己。他們工作場所的氛圍可能很有啟發性，但是根據工運專家的研究，這種氛圍中卻一直有一種成分在，那就是「反智」。[27]

4.社會主義政黨的反智

美國工運因為最後是朝向著「布爾喬亞」的目標發展，所以它與知識分子並不能完全契合，這應該一點兒也不令人驚訝。但是在左派的陣營中也出現此狀況，尤其是社會主義政黨中，這就令人奇怪了，因為他們受知識分子影響很大。如果要說社會主義政黨是一個「反智」的力量，或是對知識分子不友善，必然是錯誤的。從一九〇〇年到一九一四年，美國的社會主義政黨吸收了大量的知識分子，他們的支持產生很大貢獻，他們的寫作成變成社會黨的意象與標記，且擴大了其影響力。他們之中不只包括了扒糞記者如厄普頓．辛克萊與史巴戈（John Spargo）等人，還有一些至今作品依舊值得一讀的作家，他們對社會主義或是美國式生活有所批判，例如包丹（Louis B. Boudin）、根特（W. J. Ghent）、杭特（Robert Hunter）、西蒙斯（Algie M. Simons）與沃林（William English Walling）等。美國社會主義政黨不像之後的美國共產黨，前者具有智識的氣氛且不會只有單一聲音，內部的理論也不是只有馬克思主義。美國的社會主義政黨不但在黨員出身背景上很多元，在思想上也是自由化與鼓勵創新探索的，甚至有一些支持者帶來了些許的波西米亞氣息。一份社會主義的雜誌寫道：「群眾很有幽默感……所以大家享受這革命氛圍吧。」

但是即使在社會主義政黨內也存在著若干對普羅階級意識的過度崇拜。在黨內的派系鬥爭中，知識分子常被貼標籤成為「中產階級學者」而與真正的無產階級勞工對比，而後者乃是社會主義運動的骨幹（但諷刺的是，當大家在比較革命「熱忱」時，知識分子又被視為是偏左而非偏右）。所以無可避免地，當這些出身於中產階級甚至富裕家庭的知識分子，[28]想要除掉自己身上的階級標籤以迎合馬克思主義下的無產階級理念時，他們必須面臨自我貶抑與自我異化的困境。於是，在黨內反知識分子的人就會自然地有「投誠」過來的知識分子為其發聲。[29]其中一位這樣的人，就是根特，他認為《群眾》（*Masses*）雜誌對於階級意識的要求太寬鬆，所以並不可能把對工人施予社會主義教育這件事做好：

> 這雜誌竟然可以融合社會主義、無政府主義、共產主義、立體主義、性別主義、直接行動與破壞運動等於一爐。這簡直是一群都會小團體內部的胡搞，他們崇拜另類、新奇的程度，甚至近乎瘋狂。

另外一個知識分子拉蒙特（Robert Rives La Monte）指出，雖然黨內需要大量的智識，但是智識絕不應等同於「受過布爾喬亞式教育」。他因此結論道：「黨內存有一股對於知識分子以及那些在陽台上空談的社會主義者的懷疑氣氛，這是令人鼓舞的事情，因為代表了無產階級者已經逐漸成熟而成為一個階級了。」[30]而黨內右翼的人，像戈伯（George H. Goebel）

就會同意此言。他認為當要決定知識分子、牧師、教授或是工人誰適合擔任黨代表時，「真正的勞工階級與每天日常生活都在勞動與鬥爭的人，他們才夠資格代表勞工。」[31]

而在黨內最反對知識分子的並非右翼者，也非自我異化的知識分子，而是受到「世界產業工人協會」（IWW）的精神影響所及的那些西部各州的黨員。例如西部最主要的分支奧勒岡州支部，就是好例子。大家都傳說一九一二年在印第安納開社會黨大會時奧勒岡州的代表拒絕在有桌布的餐廳用餐。史來登（Thomas Sladden）是該州的黨書記，有一次他把總部辦公室內的吐痰盆拿走，因為他認為無產階級的硬漢根本用不到這種文謅謅的布爾喬亞東西。他同時也在《國際社會主義期刊》（*International Socialist Review*）上寫了一篇文章痛批知識分子。他認為社會主義運動只屬於工人。社會黨與工會「要就以那些用肚子思考的粗俗人為主幹，要就把他們趕走。」史來登用這些來形容什麼是真正的無產階級工人：[32]

> 他有自己的語言，跟一般所用的不同；他沒有文化也不重外表；他有社會還未認可的一套道德觀；他也有自己的一套宗教，就是仇恨……他的智慧知識分子無法了解，因為他們的出生、成長與生活都在他的世界之外。像在森林中的野獸一樣，他耳聰目明而且時時警覺，生性狐疑但是擁有無法征服的一股精神……他會把賣弄智識者撕碎、假裝高傲者踢開，他見識過各種事物，他會決定什麼是對什麼是錯。這就是真正的無產

> 階級勞工……他沒受過教育，沒有教養，也不在乎人們怎麼看他。人類的整個生活經驗就是他辛苦求學的學校。

在此，對於無產階級意識的崇拜混雜了某些原始質樸的性格，這就是小說家傑克．倫敦（Jack London）理想中但未能實現的社會主義運動。這些社會主義政黨中的非知識分子，他們的態度是較溫和的，就像黨的領導人德布斯（Eugene V. Debs）一般。德布斯一直勸告大家，「知識分子」不應該是個負面的意涵，因為他看見許多人「嘲笑知識分子，彷彿他不屬於這個黨。」社會主義運動需要知識，所以黨應該想法吸收他們。對他來說，重要的是「黨內的幹部、黨代表與公職候選人應該由工人出任，知識分子如果擔任黨內職位應屬例外，就像他們本不屬於工人群體般。」所以工會不應該由知識分子領導，正如同知識分子的組織不應該由工人領導一樣。德布斯認為工人有足夠的能力擔任黨內要職。他害怕知識分子占據黨職，就如同他害怕社會主義黨內部的階級化與官僚化般。德布斯就像傑克遜總統之信徒一樣，他自承很相信「職位輪替」這樣的事。他說：「我承認我反對官僚主義與官樣文章。」[33]

5. 共產黨的反智

社會黨容許些許的多元，但是共產黨就不然了：它要求所有發表的文章都要合乎共產黨一貫的教義。社會黨在一戰前是最興盛有活力的，而那時進入社會黨的知識分子都是各自接觸馬克思主義而決定加入，他們以思想家的角色接下黨的領導位置。但共產黨中作家與文學批評者的比例更高，他們通常不懂馬克思主義或是教條，但是願意——至少一時之間——服從黨機器的完全指揮。一九三〇年代是共產黨最有影響力的時期，那時黨內的「反智」傾向，特別是對無產階級意識的崇拜，極度地昂揚，而在社會黨中這種情況只是約略出現而已。所以在兩個黨中，氛圍的差異很大：社會黨內的無產階級對於知識分子在黨內有這麼大的影響力深感不悅，然而共產黨內則是知識分子一直在為他們的出身或職業不是工人而苦惱。

美國早期的左派分子，例如貝勒彌（Edward Bellamy）與洛依德（Henry Demarest Lloyd），都會刻意顯示對勞工屈尊與照拂的姿態，但到了一九三〇年代，這樣的心態升級：一些左翼文人感傷無產階級的悲慘與期待他們背負的「歷史使命」，所以特意將他們看成較中產階級知識分子具有道德優越性。於是不少知識分子基於自己的階級屬性錯誤以及慚愧沾染到了中產階級的習氣，深覺一定要對黨做出犧牲貢獻以彌補過錯。而共產黨知道這些知識分子的功用，也明白如果這些善於自由思考的腦袋大量進入黨內，不加約束是危險的。所以他們就利用知識分子的愧疚心與自我憎恨來讓他們服從。一方面給這些人偶爾登台宣講共產黨信念的機會，另一方面也利用他們心理上的弱點來避免他們背離黨意。這樣的策略有好有壞，因為黨希望一些很有名的作家能為他們說話，例如德萊瑟（Theodore Dreiser）、辛克萊、史坦貝克（Steinbeck）、海明威、馬克來西與多帕索斯（Dos Passos）等人，但是這些作家最難約束，他們不願馴服於黨所設的尺度規矩；而一些名氣較小的作家，由於較缺乏自信也較需要黨給他們接觸大眾的機會，就比較服從，但是在黨的立場而言似乎永遠不夠。羅森菲德（Paul Rosenfeld）在一九三三年指出，這類的作家已經忘了他們身為文學藝術工作者的社會責任，而一味順從所有政黨都會有的——共產黨也不例外——糟蹋文藝的作風。[34]

如果硬將布爾什維克的紀律套在這些左翼作家身上，則在《群眾》雜誌時期那種波西米亞式的氛圍就必須被摧毀殆盡。黨必須讓這些作家知道波西米亞風格或即使是各種小小的個人叛逆嘗試，都會是不夠嚴肅、虔誠與看起來神經質的。李德（John Reed）曾經是一個波西米亞式文藝青年，他首先贊同這種改造。他說：「階級鬥爭與你寫的詩是不相容的。」即使相容，無疑地詩必須被丟棄。他又說：「布爾什維克主義不是為了知識分子存在，是為了人民存在。」他對孟什維克理論家說：「你們這些人沒有真實的人性。充其量你們只是書蟲，永遠都在想著馬克思說什麼或是他的話是什麼意思。但我們需要的是一場革命，我們正要展開——不是用書本，而是用來福槍。」李德沒活多久，所以我們不得而知他要如何實現他的理念。他死後，共產黨內鞭笞知識分子的責任就落在古德（Michael Gold）身上許多年。古德在階級意識與信念上的自我改造比任何知識分子都徹底。[35]戴爾（Floyd Dell）是共產黨同路人也是個無可救藥的波西米亞文藝作家，他認為古德雖是個文人「卻很慚愧他自己不是工人……所以他每次碰到工人時都敬畏他們，極力地稱讚他們。」比戴爾年輕一輩的作家，卻都能了解為什麼古德有這樣的心理。

共產黨人對於知識分子功能的看法，算是美國社會一向重視實用性、男子氣概與樸素主義的傳統中較為特別與具諷刺性的。如果知道共產黨對於此的看法其實跟他們的死對頭，也就是商人，很類似，會令人覺得好笑。對前者言，最重要的事只有一件，那就是發動革命。其他都不重要；因此藝術與知識如果不能幫助革命實現，則一點功用也沒有。不能有助於革命的作家，就會在黨一貫的信條中被指為「為資本階級服務的妓女」：「他們是最古老與最可悲的妓女」，而且（對於那些年輕且深具革命熱忱的作家來說）「只是文學害蟲……他們像是施了脂粉香水的妓女，為了區區一些銀兩就獻上浪蕩的歌舞諂媚地迎接客人。」

革命不但必須要有道德純淨性，還要有無比的男子氣概，但是作家大都缺乏後者。所以，政治上所需要的實際與威猛就與文人的氣質不合。有一次一位黨的領導幹部就公開說黨內一位作家的詩作與短篇小說只是他工作之餘的「休閒嗜好」——這充分地說明了黨視文藝為革命大業上不重要的東西。而最糟糕的乃是作家們被認為缺乏男子氣概，他們都不願意在作品中處理有關階級鬥爭的主題。黨內的知識分子對此事意見不一，但是最鷹派的就會嚴詞譴責這些所謂的文學人文主義者，認為他們的作品是「仙女文學」。有一次古德告訴辛克萊．路易斯，他認為這種作家其實是陷於一種瘋狂的嫉妒心理，因為他們的「雄性經驗」被閹割了。古德與魏爾德（Thornton Wilder）有過一次出名的打筆戰互批，他說後者的小說「簡直是在宣揚一種小花小草似的小確幸人生觀，缺乏真正的血肉與勇氣的存在意識，就像是一個同性戀者的白日夢般，穿著華美的袍子在花園穿梭。」

在這種無產階級意識戰鬥情懷最高昂的時刻，主張把黨的信念與文學完全合一的人希望那些工人作家能夠勇於提供這個社會一些「普羅現實主義」（Proletarian Realism，這是古德的用詞）的意識，因為布爾喬亞的作家做不到。《新群眾》是共產黨的刊物，有一個工人作家說，希望伐木工人、移工、礦工、小職員、機械員、餐廳侍者等都能來投稿與閱讀本刊，因為他們比那些三流作家重要多了。「雖然可能內容很粗糙——因為可能作者才剛剛下工脫下髒鞋子與洗把臉完畢。但是我們何所懼？怕文學批評家嗎？怕他們會說《新群眾》這刊物登些劣質、文法不對的東西嗎？見鬼了，兄弟們，街邊雜誌架上滿是文法高雅的垃圾文獻。」當然，這樣的話語可能會讓作家對於無產階級運動敬而遠之。共產黨人有一種「極端化普羅意識的傾向，思想單一化不容許多元的態度，鄙視寫作與文學批評的格式與範型、也不喜歡討論的立場」，作家們很害怕這種心態，因而與共產黨產生疏離感。這些差異反映出共產黨面對作家與知識分子時的主要問題所在：既想要利用他們，卻又無法合得來。古德本身是文人，他的文學風采使得一些文人還願意徘徊在共產黨旁邊，而他有時也對黨內同志對於作家的態度深感焦慮不安。他有一次承認，知識分子太常被迫自認為是革命運動的局外人，「知識分子」這個詞已經與「混蛋」等同，在美國的共產黨圈子中的確有此現象。黨內有些人在內部派系鬥爭時也會利用這種對知識分子的敵意作為武器：在一九二〇年代時有一次黨內鬥爭，有一派人竟然散布耳語，說另一派人是大學生、資產階級與猶太人。這樣自然產生了嚴重後果。考利（Malcolm Cowley）是大報的一名記者，他曾嚴肅地指控托洛斯基：「我從來就不喜歡像他這樣的都會知識分子，他們把每一個有關人的問題都簡化成為三段論邏輯，而他們自認為在推論上自己都是正確的……」

對每一位左翼作家來說，一定曾經有過這樣一段時間，大家都接受黨的教條而承認知識分子以及造就出知識分子的機構都是不好的。多帕索斯在一戰期間曾寫道：「我認為我們都是虛假的革命家，我們在茶桌上談革命信念與激進主義，但是卻都是花拳繡腿而已……我真希望除掉這些誤導年輕人的大學，以及相關的中產階級虛矯文化。」塔格（Genevieve Taggard）說道，在革命的緊迫任務之下，作家都是無用的：

只有實際的人才能搞革命，如果想要組織戰鬥部隊或是採行某種體制改革時，卻碰到一個兩眼茫然不知所措的文藝青年時，著實令人憤怒。如果我負責一場革命，我會把藝術家都趕走，我只相信務實的事情，一分耕耘一分收穫。我自己就是藝術家，我像任何一個小孩子一樣都會知道母親何時在忙我不應打擾，所以我不想在革命大業上成為一個羈絆，我只希望當成功後我可以安靜地有一個屬於自己的位置就好了。

很多作家進入革命運動，是因為他們認為反對資本主義就是反對資本主義對於藝術文化的不敬與壓迫。但是無論對於生活的體制怎麼抉擇，總是有一個實際的事情擋在前頭，也就是我們到底要資本主義式的工業化發展，還是要共產主義者所講的「新經濟政策」（New Economic Policy）？到底要追求個人的成就，還是要組成一支無產階級「革命衛隊」？

第五部分

民主社會與教育

第十二章 學校與老師

1.「教育是我們所能從事的最重要之事」

任何談到美國歷史中存有「反智」傳統的人，一定要注意到美國歷史的一個特色，那就是對於平民教育極度的注重。從以前到現在很少人會對美國人這種信念的真誠懷疑。柯馬革（Henry Steele Commager）曾對十九世紀的美國做過研究，他認為「教育就是那時的信仰」——雖然他隨後就補充，美國人視教育如同視宗教一樣，他們希望能「很實用且有附帶的利益」。[1]近代以來，美國是除了英國清教徒以外，第一個主張建立免費的基礎教育制度的國家。美國最早的法律就已規定，政府的土地要有一部分移作為設立學校之用。美國的學校與圖書館一直增加，證明了他們對於知識的傳播是注重的，而不斷增加的學院與「文化講習會」（Chautauquas）[2]顯示出這股對於教育的熱忱並非隨學校教育結束而終止，它是延續到成人終身教育之上的。

從一開始，美國的政治人物就堅持教育對於一個共和國的重要。華盛頓在他的告別演說詞中，力勸國人設立「可以普遍散播知識的機構」。因為這個新的國家體制需要公共意見的參與，華盛頓認為「大眾的意見應該要是啟蒙且明智的」。一八一六年時年老的傑佛遜警告國人：「如果一個國家的人散漫無知，則沒有未來可言。」當一八三二年林肯總統初次踏入政壇從事競選活動時，他告訴選民「教育是我們作為一個群體所能從事的最重要之事」。[3]對美國成千上萬的學童來說，林肯總統躺在一堆柴火前就著火光讀書的景象，確實深深印在他們心中（我們之中有哪一個不曾好奇過，他當時到底正在讀什麼書呢？）。在各種場合中，很多演講者、作家與編輯都習慣在發表長篇大論時，先說一下教育的重要性。一位中西部小鎮的編輯在一八三六年時說：[4]

假設現在堅固的結構有一天瓦解，生活上的喜悅……變得黯淡，這一切都將會是因為民眾的無知。如果我們可以一直團結下去……如果我們的土地不要受獨裁者的踐踏，如果我們幸福的日子要一直持續，如果你想要太陽永遠照耀著我們每一個自由人的臉龐，那麼請好好地教育這土地上每一個兒童。只有這樣才會讓想集權的暴君害怕，才能讓受壓迫人民的能力釋放出來。因為只有智慧才能成為支撐一個民族榮耀的梁柱，唯有智慧與道德可讓這些梁柱免於碎裂成灰。

如果我們將注意力從過去的一些言論轉到今天的現實狀況，我們一定會訝異，很多人正在批評我們今天對於教育的熱情不再了。許多問題出在漠不關心——老師薪資低、教室爆滿、上下午二部上學制、教室破舊、設備老舊以及其他種種衍生出的問題，例如過度重視運動球隊與樂隊鼓隊、不良學區內的破爛學校、對學科程度要求過低，忽視重要科目的教授與忽視資優學生等。有時候美國的學校似乎被運動與相關的商業化活動、媒體的批評所主導，這樣的情況延伸到高等教育中，最糟糕的例子是奧克拉荷馬大學校長竟然說他想辦一所以美式足球隊為榮的大學。[5] 有些教育上最終極的價值似乎永遠和美國人擦身而過。每年美國人花很多錢與氣力，把子弟送進大學，但是這些年輕人到了大學後，似乎連對閱讀都提不太起勁兒。[6]

2.美國公立教育的失敗

雖然我們在口頭上一再誇耀，但是盡責的教育人員一直都知道，我們的教育體系有若干嚴重缺失。歷來對教育誠實檢討的文獻，對目前的一些教育觀察家是當頭棒喝，因為他們只知沉湎於過去的一切，而現在看起來過去也不是如此美好。這些檢討教育的文獻是由一群令人敬佩的人所撰寫，其中包含了尖銳的批評與沉重的抱怨。美國人願意設立公立學校制度，但是卻吝於給予足夠支持。在世界各國中，就廣泛傳布知識給全民這一點政策初衷而言，美國名列前茅，但是這個國家卻一直聘用一些不適任的老師並給予拉車伕般的薪水。

說起美國教育改革推動者的歷史，其實就是他們對抗不利教育環境的歷史。教育上的「悲歌」（Jeremiad）——諸多困難辛酸——屢屢成為我們文學作品的主題，就如同清教徒做禮拜時「悲歌」成為講道主題般。教育改革的文獻即是充滿抱怨的文獻並不令人意外，因為抱怨乃是任何想要進步的人會產生的心態。但是這股抱怨好像快到了絕望的地步了。更有甚者，這些抱怨不單是存在於偏遠西部，或是密西西比州最深處，同時也在麻州出現——麻州乃是公立學校系統辦得最好的地方，也一向是美國各州中以辦教育聞名的。但是在一八二六年時麻州的教育改革者卡特（James Gordon Carter）就發出警告，如果麻州議會不改變政策，則其公立學校制度在二十年內將瓦解。[7]

麻州教育局長曼恩（Horace Mann）在一八三七年對於他所管轄的全美最好的公立學校系統發出的警告很有啟發性。他說：「學校的房舍太小，且區位不佳；而學區教育委員會為了省錢，沒有讓教科書統一化，導致一個課程有時候要用到八種或十種課本；學區教育委員會成員薪資不高，社會地位也不高；社區中如果有一部分人不關心教育，他們自然不會為學校付出任何努力，而有錢人早就對公立學校失望而送子弟去私校就讀；很多城鎮的學校不能符合州政府對於學校管理上的要求；公立學校普遍缺乏合格稱職的教師，但是現職的教師無論多麼不適任，大眾還是都能接受；閱讀課程指定書籍的難度明顯需要提升；過去一個世代學生的拼字能力退步了；我們學校閱讀班內十二分之十一的小孩根本不了解他們所讀到的字詞的意思。」因此，他深怕「不盡責的學區教育委員會、不適任的老師、不關心的社會大眾，這三方面都可能會繼續惡化下去」，直到有一天公立學校系統整個瓦解。[8]

還有更多的不滿，從新英格蘭到全國都有。菲爾普斯（William Franklin Phelps）是明尼蘇達州一所師範學校的校長，稍後更是全美教育協會會長，他在一八七〇年時說：[9]

> 這些小學頂多是由無知的校長或不夠格的老師們掌理。小孩們只學到了一點點的表面知識。他們沒學到什麼技能就離開學校，進入社會舞台，沒有智識也沒有道德訓練……這個國家大部分的學校都不好，老師也差，以致於這些學校如果關門了也沒有什麼不好……他們花了納稅人的錢卻一直陷於無知與故步自封中……美國太多的學校簡直跟少年暴民的聚集處一樣。

一八九二年時萊斯（Joseph M. Rice）巡迴全國各地訪視公立學校體系，他發現每個城市的狀況都不好，只有少數例外：教育簡直變成政治的犧牲品，無知的政客聘用無知的老師，教學生變成重複而無趣的事情。[10]十年後「進步運動」正要展開時，紐約的《太陽報》

接到這樣一個投訴：[11]

> 當我們還小時，學生在學校多少要做一點兒功課。不是鼓勵引誘我們做，而是被強迫做的。拼字、寫作文與算術都是必學的，一定要學會。但是現在小學教育變成了雜耍特技秀，老師逗小朋友學習，小孩只學他喜歡的。很多新派老師嘲笑以前的教學基本要領，現在要逼小孩學著閱讀簡直是一種災難或是犯罪行為了。

數十年後，美國已開發出了一套很自豪的中學教育體系，教育成為一門專業。一位師範大學的布理格斯（Thomas H. Briggs）先生到哈佛大學演講，他對於美國在中學教育上的「偉大投資」的結論是：很不幸地走歪了。他說：「沒有什麼成果，即使連課程表都不行。」他認為，以數學科來說，學生以這樣的程度去做生意一定破產，不然就是被關入獄。若你給學生圓周率與其他資訊，只有一半的學生正確得出圓的面積。學外語的學生既不能讀也不能說。學了一年法語的學生只有一半人能了解*je n'ai parlé à personne.*這句話。選法文的學生只有五分之一學了兩年以上。拉丁文的成果一樣糟糕。學了一年的學生甚至連梭倫（Solon）是誰都不知道。學生學了一年美國歷史後，他們不知道門羅主義是什麼意思。大多數人學了英語的課程後還是無法建立對於文學的欣賞能力，也無法提升他們的寫作，寫作能力不足的比例實在驚人。[12]

今天的世界很容易取得各種調查數據，而我們在教育上失敗的證據多到已經不需要再詳細舉證的地步。[13]現在的焦點只是在於如何解釋這些證據的意義，各方差異很大。很多專業的教育家認為這更加證明了他們一貫的主張：在全國普遍性大規模的中學教育體系下，傳統的課程與教學法並不適用。而對現有體系批評的人則說，這些數據證明了我們更應該回到傳統教育那種高標準的要求，並且以嚴格與嚴肅的精神面對教育。幾乎無異議地大家都承認教育失敗了，而這個失敗反映了美國社會中的一個大尷尬：大家如此地重視教育，但是教育體系的成果這麼令人失望。

3.學校是公民的培訓所

我們當然可以合理地懷疑，這些數據與批評有誤導之虞。一向以來學校當局與教育改革者的不滿，難道不能看成是健康的自我反省嗎？不滿之後就有做了一些改革，不是嗎？退一步來說，如果對美國教育體系成敗的衡量，不是基於某些抽象的成就尺度，而是用它當初設立的目的來看，那它不也是一種成功嗎？關於此點，可以有很多的補充。美國公立學校制度的設計，本來就是要大規模地教育來自不同族群、異質性且流動性高的學生群體，他們成長於不同環境且有不同生活方式與目標，教育體系希望把他們融合成一個民族，讓大家識字，也培養出一個民主社會最起碼應具備的公民素養。它完成了這些任務，即使美國在十九世紀時沒有變成世界上具有高度文化水準的國家，美國的教育至少產生了一群素質相若的公民，這點是外國人屢屢所見證的。

當然，要徹底討論這爭議，我們先要仔細檢視美國教育的信念。大規模教育的目標不是要培育出優質的心智能力，或是對於知識與文化的高度興趣與素養，而是要培養出公民，以及社會各行各業人員的基本能力。當然一些著名學者與像曼恩這樣的教育改革者，必然會強調培養心智能力的重要性，但是若對社會領袖或是大眾說明教育的目標時，他們比較會在意教育對於公共秩序、民主政治與經濟發展的作用。他們深深了解，在推動教育上最無可抗拒的理由一定是打造民主社會，而不是成就高度的文化。民主大眾的政治，一定需要大眾化教育來支持，這種觀念早就深入人心。社會上的有錢人一直擔心教育花費他們的稅金過多，但是大規模公立教育體系大量地培育公民，可以避免社會失序，勞工不致無知識無技能，也會降低犯罪率與激進社會革命的可能性等。而對於中產階級與低層階級的人來說，公立學校教育提供了人民參與民主政治的能力與找工作的能力，也就是追求社會位階上升與成功的機會。[14]

對於廣大又缺乏自我表達機會的大眾而言，我們很難知道他們對於教育體系的真正態度，只知道他們視教育為其子女獲得向上社會流動的機會。對他們而言，固然很明顯送子女去學校讀書的首要考量不是發展其智識能力，但是有證據顯示我們先前討論過的在宗教、政治與商業上都有的「反智」傾向，現在也在教育上出現了。似乎大家覺得小孩子不應該被教導成對智性太過重視。愛爾森夫人（Ruth Miller Elson）最近的研究指出，十九世紀教科書的作者希望讓小孩對於智識、藝術與教育等的態度能與大人的社會一致。[15]教科書中有很多好的文章，但是能被選入並不是因為它們能夠教導小孩發揮與尊崇智性。

就如同愛爾森夫人所言，這些教科書所蘊含與傳遞的價值乃是「效用」。一本書中寫道：「我們都是學習實用知識的人」。摩爾斯（Jedidiah Morse）所編的著名地理課本上寫著：「當世界上許多國家致力於保存他們的文化遺產時，在共和主義下的美國人則在學習公部門與私部門上的各種效用。」教科書作者樂於見到知識大規模地、普遍地被傳授，即使這樣犧牲了產生大學者的機會也無妨。「我們沒有像牛津劍橋一樣的偉大學校，他們花大錢聘請像修道院修士般每天無所事事的文學教授……我們國家的人不會如此這般附庸風雅，我們注重實用性。」美國人樂見美國的大學並不像歐洲般只注重知識，而也關心學生的人格：美國的大學很自豪它們訓練學生的德行與操守，而非僅追求知識。

公立學校體系當初就是為了這目的出現的。有一本一八八二年的學校教科書上寫著：「小孩子要品性好而非聰明」，「人的智慧不是最重要或是最吸引人的特質」。學校的讀物裡經常可見這樣的觀念，就是良好的品德比聰明的頭腦更重要。在歐洲，英雄常被描繪為高傲的貴族，或是威猛的戰士，或是「威武不屈的學者，以及文采照耀腐敗宮廷的詩人」。可是美國的英雄是簡單誠懇而正直的人。華盛頓就是教科書中這樣的例子，書上形容他是自己奮鬥成功且務實的人，沒受過多少教育也不靠智識而成功。一八八〇與一八九〇年代的歷史教科書上如此記載：「他是踏實而非絕頂聰明的人，他有好的判斷力而非天才的頭腦。他不喜歡擔任公職，不太閱讀，沒有什麼藏書。」即使連富蘭克林都沒有被描繪成十八世紀的知識分子領袖人物或是頂尖的科學家，而是一位自學成功的人，時時以節儉與勤奮自勉。

教科書中所引用關於知識分子的材料，也證實了這樣的情結是存在的。渥茲華斯（Wordsworth）作品中「反智」的詩句在十九世紀上半葉很出名，而選自愛默生的「反智」詩句則在下半葉很出名。一八八四年一本教科書有引愛默生的〈告別〉：

我嘲笑人們的知識與傲慢，
也嘲笑高等的學府與那些飽學之人。
人與上帝在伊甸園見面時，
就是因為知識而有想要躲躲藏藏的窘態。

當然，對於智性帶來的快樂加以嘲諷，的確也是偏頗的；一貫地反對學童閱讀小說的告誡與教誨，也一直重複著；大家常被提醒，為了消遣與愉悅來進行閱讀不是好的事情。「看書時把書翻壞或是拆散就是糟蹋書；但是為了愉悅而看書就是誤用了書。」愛爾森經過密集分析這些課本後，因而結論道：「『反智』在美國文化中不但不是新的東西，而且還是深深地埋藏在教科書中，從開國以來就讓學童一代一代地讀。」

雖然社會有時很重視藝術，但是這並不能補償對於智識的貶抑。當討論素人藝術家、國家文化紀念碑與作品，或是對美國本土藝術的弘揚時，大家就會無可避免地談到音樂與藝術。對於編纂教科書的人來說，重要的不是藝術家作品的內容而是他的成就，因為這可以視為是他努力打拚的證明。偉斯特（Benjamin West）就被描繪成童年非常窮苦的少年，買不起畫筆只好從貓尾巴拔毛來畫畫：「我們可以看到，由於努力、天賦與毅力，一個美國小男孩終於成為最著名的畫家。」但如果學習藝術可以訓練一個人的個性，那麼同時也有其危險。目前出土了一份十八世紀英國道德主義者莫爾（Hannah More）留下的文獻，其中載明：「在所有的高度文明國家中，對於藝術的崇揚其實是陷溺於女色的根源……對藝術過度的崇揚所帶來的腐化，當然也使得國家衰退，它是未來行將瓦解的確切前兆。」義大利總是被拿來作為例子，也就是它在藝術上的卓越成就，最後使得整個民族的性格落入遭人非議之地。歐洲人對美國文化常有所批評，於是逐漸地學校的教科書開始把美國藝術與文學發展的狀況，拿來作為對這些批評的回應。藝術因為與民族主義連結在一起，也被視為是一種民族榮耀的工具，因此理由就至少能被接受了。

當然我們無法知道教科書對於小孩有多大影響。但是任何接受教科書觀點的小孩，都難免會以為學術與藝術都不過是歐洲那些較不穩定社會的裝飾品，都會認為藝術是為了民族主義服務的，都會完全從它對性格的影響來看待藝術的價值。如同愛爾森所言，這樣的學生將來會「更誠實、勤勉、有信仰與有道德。他會成為一個有用的公民，不會受到藝術與學術這些東西的壞影響或是變得娘娘腔。」所以歸結言之，教科書中對於文化的觀念會使學生「將人生投入於物質生活的追求以及堅強完善人格的鍛鍊，而藝術與智識只有在能帶來某些具體用處時才重要。」

以上種種花絮都提示了十九世紀美國人在教育信念上的一個清楚定義。這種信念最令人感動的一點，就是其中有一股堅定的善意存在：大家都認為教育不應該只屬於一部分人，應該是所有人都可以有機會接受的。這樣的決心在美國歷史中成功地持續了下去：學校成為散布社會與經濟平等機會的機制。美國人不太知道教育的適當標準何在，即使他們能找到這些標準，也很難在這個國家的大規模教育體系裡實現。在美國，教育的目的是教授有用的技能與提高社會競爭能力，這是很清楚的。但是對於提高智識能力或是享受思維的樂趣這種目標就未必能企及，也未必大家都贊同；因為很多美國人都有這樣的疑慮：他們懷疑像這種「高級」的教育只適合富裕有閒的階級，貴族子弟，或是過去的歐洲社會。這種教育沒有實際的用處，它的危險卻不小。如果教育太注重智識的發展，可能會帶來傲慢或是孤芳自賞的心態，通常道德敗壞的人才會有這種情況出現。

4.同情但不被尊敬的老師

美國人在教育上不願意重視智識的養成，這樣的態度並不會因為有了好的師資而改變，何況從來就沒有好的師資。社會也從來沒有重視過師資的問題，因為在現實的社會狀況下要吸收優秀的人來當老師是很困難的。

在任何現代社會中，老師的數目與際遇，可說是這個社會之本質的精確反映。老師是第一個進入學童心靈中代表著智識的人，而且他是一個專業的、全職的代表者。學童心中對老師的感覺與對老師社會地位的認知，都會在學童對教育與知識態度的形成上扮演關鍵角色。當然，在小學內這個因素沒有在中學明顯，因為小學主要是在教導生活與學習上的基本東西，但是在中學階段學生在心智上會突然開竅，開始與智識世界接觸。但不論是從小學到大學的任何一個階段，老師不只是一位教授者，也可能是學生潛在的標竿或學習對象，學生可從老師身上得知成人世界的許多價值觀。當然，學生也從老師處習得如何思考，也藉著觀察社會如何看待老師而知道老師的社會地位與角色。

在北歐、德國與法國這些國家中，老師的地位較受重視，老師——尤其是中學老師——在鄉里間很受敬重，因為他的人格與職業都代表了可以仿效的典型。所以在那些社會，年輕人願意從事教職，因位老師的工作有意義且報酬不差。有些聰慧的小孩雖然家裡並沒有好的智識環境，但是如果碰到有心且是智識型的老師，就會受到啟發；學校裡碰到的好老師是這些小孩唯一獲得智識啟蒙的機會。但是在美國教育史上，大部分的時候中小學老師並不是擔負啟蒙智識的角色。這些老師不但本身沒有智識發展上的企圖，有時甚至連教學能力都不足。不管老師素質如何，因為待遇低且常因別無選擇才會來當老師，所以老師這個行業裡通常都充滿了被剝削與被威嚇的氣味。

當代幾乎所有的教育評論家都同意，美國的老師待遇低又不被重視。若干年前美國的衛生、教育與福利部長福爾森（Marion Folsom）談到，美國老師的薪資水準幾乎可稱為是「國恥」，而這也表示了「社會大眾對老師根本不尊敬」。[16]其實媒體常常提到這種狀況。例如有報導，密西根州有個城市的老師年薪竟然比收垃圾的清潔隊員少四百美元。另外，佛羅里達州一群老師投訴報紙，他們抱怨州長私人廚師的薪資高過州長付給州內老師的薪水，而老師們都有大學學歷。[17]美國老師與其他美國人一樣，他們的絕對薪資（薪資購買力）高於歐洲老師，但是美國老師的薪資水準在社會中的排名，卻低於其他西方國家，除了加拿大外。一九四九年時美國老師的收入是國民平均所得的一點九倍，而英國是二點五倍，法國是五點一倍，西德是四點七倍，義大利三點一倍，丹麥三點二倍，瑞典三點六倍。[18]

當然，在美國教書這行業的地位比在其他國家都低，而比美國的各種專業人士低得更多。李伯曼（Myron Lieberman）指出，美國教師的特色就是他們多半出身於中下階層社會的頂部。上層社會與上層中產階級這兩個部分的人都不會想去做老師。而做老師的人常在學期中、尤其是暑假時，會去找副業以彌補生計。而這些副業通常都是較低級的工作，例如餐廳服務生、吧檯服務員、管家、清潔人員、農場幫工、賭場幫工、擠牛奶工或是任何雜工等等。他們出身的家庭通常是低階或是中等家庭，而家中所保存的讀物也多半限於《週六晚報》或是《讀者文摘》之類。[19]對多數的教師而言，雖然工作上收入不算好，但是已經比他們的父母輩來得好，而同樣地他們的小孩也會更好，因為這些小孩可能會有比他們受更好的教育。

《黑板叢林》（*The Blackboard Jungle*）一書揭露教育界的弊端，而美國城市中一些破敗區域裡也有很糟糕的學校，但是我們還是有理由相信美國中學教師與學生間的關係還不錯，尤其是與中產階級或是上層階級家庭的學生間的關係，他們是學校的教育焦點，而一般來說也較受老師寵愛，即使在其能力與中下階層家庭學生一樣時也是如此。可是有趣的事是美國的青少年一般都同情他們的老師，而不是尊敬他們。青少年們知道老師待遇不好，他們都認為老師應該加薪才對。也因此較積極、能力好的青少年都知道教書是沒前途的，他們不會走這條路。[20]既然如此，老師這個行業就會一直吸引不到最好的人才，因而繼續平庸下去。而如果在學生面前老師是代表著智識與其所獲得的報酬，則老師們的表現與社會給他們的待遇，不啻讓智識這個東西無法吸引人。

其實老師們的艱苦遭遇是從美國立國以來就開始的。美國人對教育的熱忱從來就沒有高到可以充分地給老師們很多支持。這一部分得歸因於英美傳統中一向對於老師的態度，是與歐陸國家無法相比的。[21]不管如何，在美國總是會有合格老師不足的問題，而且早期美國的社會裡，要找到適任的教師且能留住他們是很困難的。殖民時期受過教育的人就已經很少，他們的機會很多，因此大多不願意屈就較低的教育工作薪資。於是大家想到一些解決的辦法。有一些小學乾脆就由中上階層受過教育的婦女團體來「承包」，雖然是私人設立但是經費一部分或大部分由公家來支付；直到十九世紀為止美國就一直是由婦女來擔負起小學教師的責任。在某些小鎮裡，牧師也兼任教師；或是由教師兼任小鎮上各類的行政或是教會工作。也有的情況是，既然要找到永久性的教師是不可能的，那就把老師工作給一些立志要成為律師或是牧師的年輕人作為暫時寄居之處。這種做法的好處是，可以找到優秀的年輕人來教書，但是如此一來又造成一種印象，就是教書不過是有大志的年輕人暫時棲身的職業。

在這種狀況下，長久待在老師行業的人就被看成是沒有大志或是能力不足無法跳槽。也許只有壞事能傳千里吧？所以愛斯布里（Willard S. Elsbree）的書《美國的老師》裡盡是記載了杏壇醜聞：酗酒、誹謗、褻瀆、互相訴訟與外遇出軌等事。[22]但是既然老師難找，殖民時期就出現了「契約工教師」這樣的情形。一位德拉瓦州的牧師一七二五年時指出「每當一艘船載著新移民從歐洲來到美國時，一些殖民地的人就會說讓我們過去買一位老師來吧。」一七七六年時《馬里蘭報》有這樣一則廣告，有一艘船剛從愛爾蘭來，船上待出售的有「各種愛爾蘭貨品，其中包括老師、豬肉、牛肉與馬鈴薯。」大概同時間，康乃狄克州報紙有這樣的廣告，懸賞緝拿「一位逃跑的老師，膚色淡，短髮，常常會皮膚癢，短腿。」殘障的人因為找事不易，所以後來常常就變成老師。紐約州首府奧伯尼（Albany）在一六七三年時在三位教師的陣容外又雇用一名麵包師傅任教，理由是「他的手受傷無法做麵包了」。[23]雖然這樣做是扭曲了慈善的意義，然而到底還是真實地反映了缺乏合格老師的窘境。而麻州歷來受過教育的人在全美比率最高，所以大學畢業生多數會先去當老師。

雖然偶爾還是會有能力強與奉獻感高的老師，但是不適任者實在太多也太明顯，以致於老師的社會形象都被他們所設定了。一位觀察者在一七二五年時說：「真相乃是，教師的形象實在太糟，以致於大眾都認為小孩子應該自己來教。」[24]這樣的想法一直持續至十九世紀，當時留下這樣一則報導：「這個人的身體實在殘疾到無法做任何勞動——他跛腳、太胖、無力氣、有肺結核、好像病了或是根本太懶不想工作——唉，他們經常從這類人中挑選學校老師，把他們丟到教小孩的崗位上。」對於這類的老師有一種刻板印象的描述：獨眼或是獨腳老師、因為愛喝酒而被逐出教會的牧師轉任的老師、跛腳老師、該去當小提琴手的老師等等；或是「週末喝醉酒因此週一處罰全班的老師」。[25]

全國凡是有心的教育專家紛紛擔心老師的素質。卡特描述一八二四年麻州學校的狀況，[26]他說：男性教師可分成三類，一是認為教書好混，較一般工作輕鬆；二是受過良好教育者，將教書視為過渡；三是那些無才能的人、成功無望者或是在其他行業混不下去的人，有句俗話說：「如果一個年輕人的品行不致於糟到被抓去坐牢，那麼他應該夠資格做一個學校老師。」

若干年後北卡羅來納大學校長卡德威（Joseph Caldwell）對於該州老師的素質忿忿不平：[27]

> 如果有一個人極度懶惰，成為他周遭的人很大的負擔，那麼有一個方法可以擺脫他，就是讓他去當老師。大家都認為，教書是除了發呆外最輕鬆的事。如果有一個人揮霍盡家財，或是因行為不檢點而陷入債務，那他隨時可以來教書，因為這是最不需要任何技能的事，他必可勝任。有沒有人因為酗酒或做盡壞事而快要毀了他自己？不會的，他只要進監獄出來後悔過即可。雖然他沒有品行也不被人信任，但是他可以到學校教書

帶小孩子，如果他有意願的話。我們大家都認為只要他會讀會寫，會解數學平方根，那麼他應會是個好老師。

歐文（Washington Irving）的小說《鶴人》，乃以如下的字句描繪一位老師。很多美國的小說，難道不是這樣？

這個鶴的綽號對他來說算是合適。他很高，但是極瘦，窄肩，長臂長腿，手伸出袖外很多，腿似鏟子一般，整個人的骨架像是要鬆掉一樣。他的頭很小，前額很平，大耳朵，很大又透明的綠眼，長又尖的鼻，而頭像是在脖子上隨風搖晃。如果他在強風下走在山坡上，衣服隨風飄，我們會以為他是精靈或是玉米田中的稻草人。

歐文筆下的鶴人其實不是壞人。他遊走各家打雜工掙飯吃時，盡可能地讓農民們覺得他好相處，盡量幫忙農事也照顧兒童。在婦女面前他也有些地位，因為與她們常碰見的土包子比起來他算是有讀過書的人。但是這個有點兒狡猾又有點兒可信賴、這樣奇妙組合的人，男人都看不起他，但是他們卻認為他可以做村中的老師。

5. 缺乏男子氣概的老師

卡德威與卡特都是積極想要改革美國教育的人，所以他們的抱怨有可能會誇大些；果真如此的話，也只是反映出老師深植於美國人心中的刻板印象。但這會有惡性循環的效果。美國社會本來就難以找到、訓練好老師與支付他們足夠的薪資。所以大家都將就了，找到什麼人就用什麼人，結果就是一大堆不適任與能力差的人進來。於是大家只好認定教師這個職業會吸引不良的人前來應徵，如此認定後，社會自然不願意付高薪給這些不良的人。的確有證據顯示，如果找到很好的人來當老師時，大家都極度歡迎，而他馬上就受到尊重，得到比其他地方教師好很多的聲譽與地位。然而，要使教師水準普遍地提升，需要很大的努力與很長的時間才行。

最後終於使得美國教育體系離開這種惡性循環的原因，是學校的年級制度與大量女老師的出現。學校的年級制度是因應大都會區的問題而產生的，一八二〇年代首先出現而一八六〇年代大為流行。之後大部分的城市都如此做，在這種分年級學校裡，兒童六歲入學而十四歲畢業。分年級制度仿效自德國，它使得班級人數變少，同班同學程度相當，這樣老師就較容易教學。如此一來也需要增加老師數目，因此女性大量進入這個職業。在一八三〇年之前，大部分老師是男性，女老師只負責教幼童或是暑期班。以往有一個觀念，就是女老師不易維持教室秩序，尤其是大班或是高年級。而分年級制之後證明這樣的看法並不完全對。很多地方雖然還是反對聘請女老師，但是只要告訴他們女老師的薪資只有男老師的三分之一或一半時，他們馬上就不反對了。這就是為什麼美國可以提供普遍的大眾教育但是又不用花太多錢的祕訣。到一八六〇年時有的州女教師數目已經超過男教師，而內戰的徵兵又使得男教師比例更降低。到了一八七〇年時女教師已經占了近百分之六十，而且快速成長中。到一九〇〇年時，百分七十是女教師，過了二十多年後，比例來到百分之八十三，這是最高峰。[28]

聘用女教師同時解決了兩個問題：素質不好與成本的問題。大量素質不錯的年輕女孩進入教育界，她們願意接受低薪資且品行可以符合教育委員會所設的嚴苛標準。但是關於教學能力的問題，就非在此一併解決了。因位這些年輕女孩很年輕也準備不足。有很長的時間，政府並未有訓練她們的政策或機構，民間有一些機制，但是數目不夠多。然在十九世紀中葉之前，歐洲國家已經對於教師訓練的問題研究了一個世紀。曼恩因此於一八三九年在麻州設立了第一所師範學校，但是在內戰前夕時，美國總共也才有十來所師範學校。但是一八六二年之後迅速增加，然而直到十九世紀結束時還是趕不上大量的需求。所以在一八九八年時也只有一小部分新老師——也許五分之一吧？——乃是從公私立師範學校畢業。

糟糕的是，這些師範學校的訓練也不是太理想。首先，入學標準就不高，即使到了一九〇〇年時大部分竟然還不需要有高中畢業資格就能讀。對於兩年制或是三年制的師範學校言，只要讀過兩年高中或是同等學力，就可入學。而四年制的師範學校在一九二〇年後才開始流行，而那時教育學院已經開始興起而逐漸替代師範了。根據聯邦教育部的調查，即使到了一九三〇年，全國從教育學院或是師範畢業的教師只有百分之十八受過四年訓練，而三分之二以上是僅接受過一、兩年課程而已。[29]

雖然從二十世紀之後美國社會各界努力改善教師素質，但是學齡兒童的大量增加使得合格教師的數目永遠不夠，教師市場上需求遠大於供給的狀況讓提升素質的努力大打折扣。一九一九至一九二〇年的統計指出，美國半數的老師年紀在二十五歲以下，半數到職不到四年或五年，半數在高中畢業後只接受了四年或更少的教育。此後數年，開始有了一段時間的快速改善，至少是教師學歷在量方面的進步，但是總的成績還是不行。一九三三年時美國教育部出版的《全國教師學歷調查》顯示，小學中只有百分之十、國中只有百分之五十六、高中有百分之八十五的老師有學士學位。除了高中老師外，學士學位之上的教育完全不被重視，高中老師中約有六分之一的人有碩士學位。把美國與西歐國家的老師學歷來比較的話，會發現美國明顯居劣勢，落後英國不少，而遠遠落後法國、德國與瑞典。這個調查的作者說：「讓我們擔心的是，學生們或是老師中的重要成員並不比一般人口的平均樣本來得聰明。」[30]

優秀的學生不願當老師，有多大程度是因為錢太少？又有多大程度是因為師範教育的內容乏善可陳？這些我們都不知道。但很明顯的是，老師們對於他們所教的科目並沒有接受過良好的訓練。但更令人驚訝的是，不管他們在擬教授的課程上做過多好的準備，但是最後卻不一定會教那科目。調查報告指出，高中老師即使對某一課程善加準備，但是卻只有不到一半的機會真的被安排教那科目。這有一部分是因為行政的疏失，但主要可歸因於小規模的高中實在太多，因此在教師不夠的情形下，老師只好各種課都教。有人寫書指出了這樣的缺失，這種情況到一九五九年時還有。[31]

我們若是檢視美國師資訓練的歷史，就可發現很難逃出前述愛斯布里先生的結論：「我們若要讓公立學校有足夠的師資，就必須犧牲質來換取量。」[32]這個國家對教育的看法是，每個人都應受國民教育。大體上，除南方外，這個目標算是實現了。但是很奇怪的卻是，要完成全民受教育的目標，國家竟不願意花很多錢來訓練合格的老師。所以一直以來美國都在尋找廉價的師資。老師被視為是國家的公務員，而美國立國傳統的平等精神告訴我們，政府官員的薪水不應該太高。在殖民期間，老師的薪資差異很大，但是總的來說大致與技術工人一樣或是略低，而低於專業人士很多。在一八四三年時有人對麻州各種職業的薪資做了調查，發現在同一城鎮中，技術工人的薪資比教師多了百分之五十到百分之百之多。他發現女老師的薪資比女性工廠作業員低。一八五五年紐澤西州一位學校主管說，雖然老師們的教學能力「一般來說都不太合格」，但是他們似乎「表現得比他們的實力還好」。他又說，如果要求有能力的人來教書又只給他這麼低的薪資，那是荒謬的，也因為如此，「老師這個詞從過去到現在都是含有貶意的」。很多農夫寧可花多一點兒錢買馬蹄也不願意「請一位合適的人來教養他的小孩」。[33]

當然，美國社會對教師薪資的過低並沒有以高尊嚴或高地位來加以補償。況且，女性老師人數上的優勢雖然解決了以往教師品行素質很低的問題，但也帶來了一個嚴重的新問題。世界上除美國以外，都認為男性應在教育上扮演重要角色，而在中學教育上要有更吃重的角色——各國男老師實際上的在職人數證明了此點。美國可能是唯一的西方國家，把小學教育完全託付給女老師，而把中學教育大致上託付給女老師的。一九五三年時，教育人員女性化這方面美國拿下頭籌：在小學中女老師占百分之九十三，而在中學裡占百分之六十。西歐國家中只有義大利的女老師占中學老師的一半以上（百分之五十二）。[34]

現在的重點並非是指女老師比男老師差（其實小學低年級由女老師教較合適）。在美國，因為教書一直被認為是娘娘腔的行業，男人在這個行業中很難找到角色正當性。美國社會裡一直有這樣的觀念，文化與教育是娘娘腔的，就是因為男孩子在學校所見所聞而自然形成的。在學校中男孩沒有足夠的男性角色可以模仿，或是以之彰顯智識乃是有男子氣概的事情；最後，學校裡也沒有適當的男老師可以成為在社會中奮鬥成功的榜樣，使得小男孩將來亦願意成為老師。小男孩若是長大後認為男老師都是娘娘腔、缺乏男子氣概，那他就會在互動中刻意對他們客氣與謙恭。[35]也就是說，這個男老師也許會被學生尊敬，但是他並不是

「男孩中的一員」。

有關老師的男性氣概這個問題，其實只是更大的問題的一部分而已。十九世紀時，男人經常以當老師作為最終成為律師、牧師、政客或是大學教授的過渡，或是其他行業失敗後的退路。根據調查，即使到了今天，能力強的男人還是抱著以後能成為教育行政官員的心態進入教職，如果不成的話就乾脆離開教職。最近幾十年，有一個新的機會可能從中學教師行列裡吸引有能力的男人或女人：這就是如雨後春筍般出現的社區大學。社區大學的學生很多，這就使得有野心的中學老師想盡辦法增加自己學歷或能力以便進入社區大學任教，不但薪水更多工作更輕鬆，社會地位也較高。在那裡，他們所教的東西可能與第一流高中教的難易差不多。國民教育到了第十三和第十四年時，學制上多一個選擇可能是好事，但是此舉不保證能強化中學的師資。美國在尋求人數足夠且素質好的老師之餘，卻陷入了一個永遠趕不上的目標。當就讀教育體系的上層——也就是大學或是專科學校——其回報愈好時，以及年輕人讀這些學校的比例愈高時，就愈會把下層教育體系中的人才吸走。因此在一個教師不受重視的社會裡，永遠很難找到足夠的人才來教育為數眾多的基礎教育、中等教育學生。

第十三章　生涯發展導向的高中教育

1.中學教育普及化後的問題

美國的職業教育中存有一股「反智」潮流，這可說是美國文化中最奇特的現象之一。要了解這個對於青少年有重大影響的現象，我們一定要先研究美國一八七〇年以後的公立學校制度。美國從一八七〇年開始，大規模發展免費就讀的公立中學體系，而二十世紀後公立高中隨處皆是。美國教育制度上有一些很奇特之處，我們必須留意——最重要的是它強調民主與大眾化。其他的國家並不會認為所有的孩童直到高中畢業都應該接受同樣的教育。雖然現在已經沒那麼明顯，但歐洲大多數國家的教育制度，其實是與他們社會階級相關聯的。在歐洲學童大約只有在十歲前接受同一教育，之後就分流到不同性質的學校，或是上不同性質的課。十四歲以後，百分之八十的學生就不再接受正規教育，而其他的學生則進入大學預科。然而在美國，學童的義務教育直至十六歲或更久，且進大學的比例高於歐洲。美國人也喜歡讓中學生有同一學制，就是進入社區的高中就讀，雖然學生的選課可能不同，但是教育的軌道是單一的。

因此他們不會因為社會階級、家庭狀況或是成績不同而學制不同，但即使美國民主的教育哲學一向反對階級化的社會，可是殘酷的社會現實下，貧窮與種族等因素最後還是會造成階級。無論如何，在美國一個小孩一生的職業發展方向並不需要過早被決定，因為美國沒有很早就教育分流的制度設計。一般來說是到了研究所時期或是大學最後兩年才有根據職業規劃而來的教育。美國的教育乃是普遍地與長時間地施予學童教育。因此，這個教育制度是普遍、民主、節奏較緩慢與較不嚴格地。但是它也造成人才浪費：階級化的教育對有天分的窮人家子弟來說，固然是阻絕其成功之路，但是美國式教育則可能糟蹋了任何階級出身的資優學生。

美國的中學教育以往並沒有與其他國家有很大差異。美國在普遍設立公立高中前，對於中學教育的理念較不像美國式民主所指的方向，而較接近歐洲的觀念。在十九世紀時，大多數美國人念完小學後就不再求學。小學之後的公立學校教育制度是在一八七〇年後的三十年才建立的。在美國或是歐洲，學童十三或是十四歲後是否繼續升學，基本上由階級來決定。有錢的父母親負擔得起學費或是希望小孩將來在智識上與專業上有所成就，就會送他們去讀私立學校，這些基本上是住宿學校。從富蘭克林以後，這些學校已經開授混合傳統與實務的課程：有包含希臘、拉丁文與數學為主的博雅教育，並輔以科學與歷史；但是很多學校中學生可以從拉丁文與英語中選擇一科來讀，英文顯然較實際，而且當代的課程通常會強調在商業上可應用的知識。這些學校素質不一，較差的只是照抄公立學校的教學大綱，而最頂尖的則是開授了大學才有的課程。因此好的私立學校的學生常在大一與大二時因為修習那些曾經上過的課程而厭煩。[1]

然而鑽研教育的專家注意到了一個問題：美國教育理念中對民主的承諾與美國中學教育高度仰賴私立學校，這中間有著落差與矛盾。美國教育體系的一頭是普遍設立的公立小學，另一頭則是如雨後春筍般出現的大學與學院——這些當然不是免費的，但是很便宜且幾乎來者不拒。在中間乃是一個很大的中等教育缺口，由一些新創設的公立高中加上許多私立中學（一八五〇年時約六千所）構成。其實在一八三〇年代時，大家批評這些私立高中是貴族化的、專為有錢人設的以及不符美國精神的。美國一向致力於免費的公立學校教育體系，所以將此體系延伸到中學似乎是很合理且必要的事。工商業在發展中，職場技能也愈來愈繁雜。由於職場人力的缺乏，所以公立高中的設立似乎是既能滿足需求又符合公平的精神。

主張大量設立公立高中的人，以人道與有助就業的理由訴諸大眾，而這種主張的法律依據已經見諸於美國的公立學校制度之中了。有些短視的人或是不願把稅金花費於此的人曾發出一些反對的聲音，但是並不持久。所以在一八六〇年後，公立高中數目大幅增加。從一八九〇年（此時我們才開始有統計數字）到一九四〇年，就讀高中的人數幾乎每十年就倍增。到了一九一〇年時，全國十七歲的人口中已經有百分之三十五在高中就讀。在這樣的增加速度下，美國幾乎所有的年輕人都讀高中了，而約莫三分之二可以畢業。

美國高中教育的素質當然各地差異可能很大，然而不管大家對其整體看法如何，都很難否認這種免費的公立高中教育是人類教育史上的重大成就，也是美國人想要達成社會公平化與提升社會流動性的重要標記。由於稍後我們將會對美國高中的課程有所批評，所以現在不妨先談些正面的東西，例如這種教育制度對提升民主素養的幫助，已使得美國公立高中制度紛紛被歐洲國家仿效。

高中教育若是成為一種普及教育，這會使它的性質改變。在二十世紀初時，由於高中數量少，所以入學很競爭。來讀的學生都是因為他們想要讀高中，並且他們的父母供得起。有一種似是而非的說法，就是當時會讀高中的學生主要是為了繼續要讀大學而來。過去十多年來是這樣，但是之前並非如此。現今大約半數的高中畢業生讀大學，這已經是驚人的比例了。我們不知道二十世紀初時高中生確實繼續讀大學的比例，但是我們有資料顯示預備想要讀的人數比例。一九一〇年時約有百分之四十九的高中生是預備進大學的。而這個比例此後就一直上上下下。[2]

高中教育上最大的改變，在於以往是自願就讀的，學校數目少因此較競爭。而改成免費公立高中制度後，成為強迫就讀且入學者程度不一。也正好在公立高中數目成長最快的那些年，前衛分子與工會領袖一直在批評社會中的童工問題。而解決這問題的最好方法當然是延後義務教育的年限。到一八九〇年時，有二十七州已經規定高中是義務教育。到了一九一八年時美國所有的州都如此。法律也對畢業年齡逐漸嚴格，在一九〇〇年時平均要十四歲五個月才能脫離義務教育，而一九二〇年時大約跟今天一樣，平均是十六歲三個月。而社會福利制度與勞工團體都嚴密地監督這些法律的執行。這是為了避免年輕人被勞動市場剝削，而那些不讓兒女太早進入職場的父母也應受法律保護。

但是以現今來說，逐漸地，不論程度高低而大量進入中學讀書的年輕人中，很多人其實是不情願的。他們讀高中不是因為想求學，而是因為這是法律的規定。現在社會情況翻轉。以往免費公立高中剛出現時，對想求學的年輕人是寶貴的機會，但是現在很多年輕人是被迫上高中成為「被綁在教室裡的聽眾」，所以學校當局只好盡一切可能讓他們坐得住。一九四〇年美國青年部的教育委員會，其中的一份報告裡說：「如果中學裡有一個學生的課業很不好，我們應該要記住他是被強迫來此的，因此我們應該盡可能幫助他，這是他對於社會合理的要求。」[3]

所以對來此讀書充滿疑問、不情願或是根本對學校有敵意的學生逐年增加。因此我們可合理懷疑學生的平均程度以及學習意願逐漸降低了。當然，在一八九〇年時全國三十五萬九千名高中生所用的較高程度的經典課程教材，已不適用於成千上萬的今日高中生身上。如果國民教育只是小學教育，那麼美國關於所有人都應該受教育的信念很容易可以實施。但如果是指中學教育，那麼是否每一個人都適合接受此教育就是個問題了，而可確定的是大家都用同一套方式或教材學習是行不通的。因此，這需要改變。

然而學校行政當局的素質與觀念，本身就是個大問題。早在一九二〇年代時，中學就基本上被看成是一種看管住狂飆年紀的青少年的機構，學校必須讓對課業絲毫沒興趣的年輕人留在學校，因為這是法律。然而學校的運作不只有法規的壓力，還必須能吸引大部分年輕人樂於在此學習。[4] 在勇敢地承接下此任務後，教育當局開始規劃能吸引學生的課程，可是這些水準降低、性質多元的課程從傳統教育標準看來是不適合的。如此以往，他們慢慢地不太在乎高中教育的原始目標或是學科要求了（當然，想要上大學的學生自然會努力，學校放棄高標準而開一些只求吸引學生的課是針對其他的人）。漸漸地對高中教育的討論開始摻入了一個新的、重要的評估目標，那就是「留住學生的能力」。

學校必須開始施行不同的套裝課程，這是因為眾多的學生中人人來此的目標不同、程度也不同。這時高中的課程與一八九〇年或是一九一〇年時自然不可能一樣了。於是教育決策者面臨的問題是：學校應該要不論學生的意願與能力盡量要求其課業程度與表現嗎？或是乾脆放棄這種以學科能力為目標的教育？如果一直強調學科能力，那無異於要求大眾與教育界正式肯認智識的價值，這也將給教育行政單位更多的壓力來達成這目標。對許多地方來說，等於需要增加額外的經費才有可能。

這些都不過是想像中的事。職業教育中重量不重質與重視效用不重視智識的風氣最後橫掃美國。學校本來是要培育出對知識有興趣或是有學習能力與天分的學生，但現在大家卻都不認為平庸、不願學習或是能力不足的學生是學校的障礙。美國的教育當局反而把沒有興趣學習或是天分不好的學生看成是英雄了。他們不只認為美國的社會特質引導美國的教育不那麼重視智識能力的培養，他們還更進一步宣稱這樣的教育已經落伍且無效果，民主社會體制下的教育應該要配合兒童的需要而教他們實際生活上有用的東西。這種心態最後促成了一九四〇年代與一九五〇年代出現的短命的教育改革運動——使學生能肆應未來實際生活而推動的「生涯發展導向教育」運動（life-adjustment movement）。這個運動值得我們特別關注，因為它代表了社會上對於兒童成長、教育學習、就業規劃與智識地位等問題的普遍看法。

2.智識派的教育理念

「全國教育協會」（National Education Association）與聯邦教育部的若干半官方聲明中，透露出了對於高中教育定位的新方向。當然這些聲明對於各地的學校或是督學是沒有拘束力的。它們代表了教育思想的轉變，但是還尚未到將其具體反映在課程上的地步。

十九世紀末時，對於高中教育的目標已經有兩種相對立的觀點。[5]其中一個（端視我們的立場是否同情）可稱其是「老派的」或是「重智識的」，它直到一九一〇年時還很強勢，而十年後也尚還有影響力。持這種立場的人認為高中教育就是要透過各個學科來訓練青少年的智性。他們中間很多人知道其實很多青少年高中之後並不升學，但是他們認為準備升大學的智識訓練正好也可以是進入社會的準備。因此，主張強調學科教育的哈理斯（William T. Harris）認為，不管學生繼續升學與否，高中教育的目的在於培養他稱之為「心智文化」（mind culture）的素養。這派的人非常強調的一件事，就是不管學生的修習課程是什麼，目標都應該是最後要能深入掌握此學科的相關知識（在這場辯論中，智識派的人都有「深入學科」的想法，而反對者則重視學生實際上的「需要」）。

主張高中教育應提升「智識」這派的最著名文獻，是一八九三年「全國教育協會」中的「十人委員會」所提出來的報告。這個委員會設立的目的是解決高中與大學間的關係與各自定位問題，並且據此來修訂高中的課程。它的成員內大學教授卻占了多數，正好與之後為討論同樣主題所設立的委員會成員結構相反。主席是哈佛校長艾略特（President Charles William Eliot），成員有教育部長哈理斯，四所其他大學的校長，兩所著名私立高中的校長，一位大學教授，與僅有的一位高中校長。這個委員會舉辦了多場研究高中課程的聽證會，但是其中也是由大學教授絕對主導。雖然多位高中校長參與聽證會，但是有很多著名的大學教授與會，他們都是美國文化史上知名之士，包含了日後的威爾遜總統。

十人委員會推薦高中開授一組由四個科目組成的進階課程——古典研究的課、拉丁文／科學課、一個現代語言的課與英語課。這些課程的組合可以各有著重，例如著重古典學、現代語言或是英語。但不管如何，所有的課程規劃都至少要求四年的英文、四年的外語、三年的歷史，三年的數學與三年的科學課程。這些要求其實與近年來研究高中課程而做出建議的柯南（James Bryant Conant）的結論很像，他認為這是對那些「聰明績優的學生」的最低要求。[6]

十人委員會所做的課程建議，顯示出他們認為高中是訓練學科能力的地方。雖如此，他們並未犯下一個錯誤，就是誤以為高中一定是大學預科。正好相反，他們幾乎從反面來思考，他們認為「只有少部分」高中畢業生繼續讀大學。因此高中的主要功能在於「讓學生準備好進入社會」，而不是進大學。如果各學科都能有良好的教授與學習，則各學科都能訓練學生觀察、記憶、表達與推理，因此學生無異於學到了無論進大學或是進社會所需的智識訓練。「不管學生將來如何選擇出路或是念到哪個階段就停止，高中所教授的每個科目都應該以同樣方式與同樣深度教給每位學生。」[7]

委員會也同意高中可以適度加強音樂與藝術的課程，但很明顯地他們認為這些並非是最緊急與重要的，可以留給學區自行決定。委員們也曾建議，小學最後四年就應該開始語言課程，很可惜這個建議沒有受到重視。他們明白若是高中師資能提升才能落實他們的建議，所以他們建議提高師範學校的素質，並且建議大學也能負起培育師資的責任。

事實上，高中並未照委員會偏向保守的理想改造。早在一八八〇年代開始就有很多技藝課程開授——例如手工技藝、機械操作與其他相關課程。關心高中教育與課程的人士早就開始對偏重學科能力的方向不滿，他們認為這是由於高中教育「臣服」於大學的結果。他們認為高中的目的是教育出負責任的公民，訓練工業界需要的人力資源，而不是替大學做培養新鮮人的搖籃。高中應被看成是「民眾的大學」，而不是大學的預備班。他們認為在民主原則下，我們應該多考慮不上大學的學生的需求。如果考量此需求並尊重學齡兒童的人格發展，我們不應再緊抱「深入學科」的原則，學生應該多一點選課的自由，並把此摸索的寶貴經驗傳承。讓學生被某些學科綁死，只會讓他們更容易灰心輟學。

很多歷史變遷的因素有利於持這種新觀點的人。企業界在思考教育體制時，都贊成新派人的做法。而學生人數的急遽增加，更使得他們的路線被接受。一八九〇年後，教育中的民主原則重新被提出來，大眾都有迴響。大學太多了，太競爭了，因為急於擴大所以招生時不嚴格把關以致於素質參差不齊。而且大學對於自己的傳統博雅教育課程的價值也開始猶豫，因此自一八七〇年開始就試著開發更有彈性的課程與選課制度。大學與教授們不再對高中教育問題有興趣，高中教育的改革者因此不再面臨批評與反對。州立師範學院的畢業生大量進入高中任教，而以往高中教科書都是由大學教授撰寫，現在則由高中校長或是督學們執筆，而也可能由教育理論的學者來負責。

3.新式教育理念與〈中學教育的基本原則〉

十人委員會對新潮流所做的些微讓步並沒能讓不滿的聲音停息。委員會沒能預見高中學生的數量爆增，也沒有注意到學生間的程度差異。所以提出來的課程規劃很快地就被證明是錯誤的。到了一九〇八年時，「全國教育協會」已經很壯大，於是它提出決議「高中並不是大學的預科」（說實話，其實視高中為大學預科這不是十人委員會的立場），而期望高中能「同時適合要升學與去工作學生的需要」，並建議大學與學院也以這種方式安排課程。[8]所以先前的情勢轉變了，現在高中不再是配合大學而存在，相反地，大學應該試著配合高中。

在一九一一年時，「全國教育協會」下的一個新委員會，「高中與大學學制接軌九人委員會」，發表一份報告，指出一個教育思想上的革命已經開始。這個委員會在組成結構上與以前不同了。大學校長與教授不見了，著名私立高中的校長也不見了。主席是紐約布魯克林一所職業高中的老師，而委員會中沒有包含任何有權制訂課程的官員，例如督學、校長與教育研究所教授等。之前的十人委員會由企圖制訂高中課程的大學人士組成，但現在的九人委員會卻由公立高中的人組成，他們要求「全國教育委員會」：「為了讀大學所需而必須在高中連續修習四年的科目，若非對於所有學生都有幫助，現在必須停止。」

委員會還說，「高中教育的目標，是要造就好公民以及幫助他們選擇職業」，當然同時也要幫助每個學生開發個別的特長能力，這個目標「與學習文化知識一樣重要」。因此學校應該幫助學生發展其興趣。委員會不認為博雅教育應該優先於職業教育：「先進的教育理念會及早幫助學生找到各自的專長所在，因此應兼具博雅與職業教育……」所以它期望學校多重視機械、農藝與家政科學等，認為這些是學生所需的基本教育。傳統的觀念認為高中是大學預科，[9]

> 所以過去讓成千上萬的學生偏離了他們本應該學習的東西，而去學一些他們根本不需要的東西。由於這種完全偏重智育的教材設計，學生因此對於知識文化有了錯誤的看法。這也造成日後勞動者與資本家或消費者間的階級鴻溝。

到了一九一八年時，至少在理論上，把高中教育從臣屬於升大學的理念下「解放」出來的努力幾乎完成，雖然課程改革還未竟功。就在同一年，「全國教育委員會」的高中教育改革小組提出了公立學校改革方案，衛斯理教授（Professor Edgar B. Wesley）稱此三十二頁小冊子為教育史上最重要的文獻。[10]這份報告的標題是〈中學教育的基本原則〉（Cardinal Principles of Secondary Education），由美國教育部正式核准通過，發行了十三萬份。此舉激發了全國對於教育政策的討論，有些師範學校甚至還要學生硬行背誦其中的重要部分（很諷刺地，當然這是違反了新教育理念的核心原則）。

這個改革小組指出，進入四年制高中讀書的學生中有超過三分之二沒能畢業，而畢業者中大部分也沒有繼續升學。所以這部分學生的需求應該被正視。以往的教育理念認為應該要灌輸學生智識訓練，現在應該要修正了。教育應該要注重學生在能力及興趣上的個別差異。新的教學法應該要重新檢討學科的必要性與教學技巧，不應該「將所有學科視為理所當然必須知道的知識」。[11]簡而言之，課程設計的邏輯要改變，應從學習者的立場來看，這才是「新的教育原則」。

更且，國民教育的目標是訓練未來公民，而不是著重訓練每個人開發智識能力。具新觀念的教育者要了解，智識上能夠充分發展的公民不一定會是好公民，好公民來自於在學校時直接地學習到民主精神、公民德行與公民精神。所以這個小組提出了一套新的教育目標，但它不包括專注於使學生能發展智識能力與掌握高中的學科能力。它再三強調，高中教育的目標在於幫助這個國家強化民主，做法是培養學生成為好公民的能力：「我們教育的三個目標是讓學生成為在家庭、職場與國家中的好成員。」所以這個小組條列了以下教育的目標：一、健康；二、讀、寫、算術；三、成為好的家庭成員；四、成為好的職場成員；五、成為好公民；六、有良好休閒嗜好；七、陶冶品德。

這個小組認為以往的高中教育忽略了對於音樂、藝術與戲劇等興趣的培養，這看法是對的。小組不把這些看成是對核心「智識」課程的補充，而是把它們視為另一種課程系統選項。小組認為，「高中教育一向著重智識科目，因此忽略了文學、藝術與音樂等課程對於學生情感教育與品味的幫助。」更且，高中過去對許多科目太密集地學習，應該讓不繼續升學的學生對這些科目學習一年就好，在這一年中可以建立起對於這方面知識最基本的、對日後最有用的概念。這樣的課程設計對於升學與否的學生都好。

課程小組更進一步指出，連大學與學院也都應該仿效高中，調整他們的教育宗旨，以使自己成為大眾服務的教育機構。「在民主之下，高等教育只是為少數人服務的觀念將不再適用」，小組提出了這樣的預言。這無異於表示，以後高中畢業生到大學不只是學習博雅教育學科，也學習職業技能，他們在大學可以學到對自己、對社會有用的學識與技能。而為了因應因此而大量入學的學生，大學應該將現有若干學術性的系所改成職業教育的系所。小組建議所有的身心發展正常的學童都應該受國民教育，直到十八歲。

對於高中課程的具體建議，小組的立場是應該要多軌制。下述是小組對於高中課程目標的描述：

> 高中課程分流的基本考量是為了將來就業，所以應該區分為農業、商業、宗教、工業、藝術與家政等。當然，對於那些成績優異的學生，也要有適合他們需要的課程。

此處，對於那些成績優異者，小組報告用這樣的字眼「也應該要有適合他們需要的課程」，代表了這已不是高中教育最主要的考量，這顯示了從上次的十人委員會之後，教育觀念改變的程度。

從小組的用詞可以看出，這些成員不認為自已的做法是從「智識」教育立場的退卻，反而是對民主理念的更進一步實踐。這份報告充滿了進步時代的理想主義氣息，它期望能夠透過教育強化美國的民主，帶給每一個小孩成功的機會。小組認為，美國的中學教育，「其首要目標應該是讓每個年輕人能夠有完整與有價質的生活」，這就是走出以往只著重開啟心智的狹隘目標的具體做法。小組希望高中老師「盡量了解與發掘這股沛然莫之能禦的民主浪潮之內在意義」。高中一方面要能夠開發學生的潛能，同時也應該「使學生有常識、有共同的理想與價值、情感與行動，以使美國可以有一群有完整生活經驗與團結一體的公民，在人類朝向民主的目標邁進時做出真正的貢獻。」

4.教育的民主與菁英之爭

〈中學教育的基本原則〉這份報告主導了到「生涯發展導向」運動時美國的中學教育理念，這段時間也是美國中學教育人數急遽增長的時期。一九一〇年時中學生有一百一十萬人，但是一九三〇年時就增加到了四百八十萬人。這份報告出現時，所有的州都已實施義務教育，密西西比州是最後一個，但也於一九一八年立法通過。

從一八八〇年到一次大戰，大量移民湧入美國，所以美國的學校都在忙於應付快速成長的就學人口。例如到一九一一年時，美國三十七個大城的公立學校中，共有百分之五十七點五的學童他們的父母是移民。[12]移民的小孩就讀小學時，會有階級、語言與融入美國社會的問題，而現在他們進入中學就讀，同樣的問題也會發生。因為這些學生迫切地需要融入美國生活，甚至有些還有基本的個人衛生與健康教育的問題，所以學校的校長們就會把傳統教育的宗旨理念先放一邊。於是我們很輕易地可知對這些校長而言，例如，要一個在紐約州水牛城的波蘭移民小孩學好拉丁文絕對不是最重要的事。剛移民過來的父母親，還不了解美國生活與文化，因此也無法給小孩指引，這時學校就取代了父母的角色。小孩早上在學校學得的美國生活，例如行為方式與衛生習慣等，下午就會帶回家影響其父母親，而成為上一代接受「美國化」的工具。從這裡我們可以更了解為什麼在〈教育的基本原則〉裡會提到成為「良好家庭成員」、「公民」與養成「衛生習慣」等字眼。常有人批評現代的學校承擔了過多的角色，例如家庭的角色，就是指教育政策設計者在這方面的用意。

職業教育上發生的改變也會影響高中教育。師範學校往昔曾是落實教師訓練的機構，現在紛紛被教育大學或是教育學院取代。教師的訓練與教育理論的教授現在變得更專業了。但很不幸地，教育大學與教育學院變得愈來愈有自主性。[13]因此專業教育學工作者與其他一般學院的教授之間的差異逐漸擴大。例如哥倫比亞大學教育學院與該校其他學院間的差異，就反映了美國教育結構的現況。教育理論家不與其他學科交流而發展出自己的教育理論。與艾略特當教育部長時大大不同，現在各領域的學者們不再關切國民教育了，認為只有「笨蛋」才會執著此問題之上；於是教育學者們很開心其他人紛紛撤離此領域，他們就可以放手去實現他們對於國民教育的理念了。

當〈教育的基本原則〉推翻「十人委員會」的理念時，就代表一個新的教育理念成型了，立基於「民主」與「科學」之上。杜威就是這種持「教育民主」觀點的代表人物；而桑戴克（Edward Lee Thorndike）則代表了那些追求以科學方式來從事教育的人。大家都不相信民主與科學的連結會是問題，因為大家相信它們內部應該有某種契合性——因為兩者都是好的東西，所以一定有同樣的目的與結論；也就是說，一定存在著一種叫做「科學式的民主」的東西。[14]

關於杜威理念的應用與誤用，我們下一章會討論。現在我們可以先來討論一下教育測驗與教育心理學的研究。這些研究雖然是嘗試性的，但是很重要。這些本來應該是不斷持續進行的測驗與研究，但是在教育理念變革的浪潮下，似乎馬上被引用為至高的信仰——不是被當初的研究設計者，而是被急於想利用此「科學研究」的結果來支持其理念的狂熱改革者所奉持。美國人似乎很容易相信數字，他們認為以數字表示出的知識就必定是真理。例如第一次世界大戰時軍方的智力測驗就是一個例子。軍方有一種衡量智力的測驗，用此來判斷受測者的心智年齡；心智年齡似乎是永遠固定的，而一般美國人都只有十四歲的心智年齡；所以教育體系永遠都在面對一大群只有兒童般心智的人。[15]雖然很多人都批評這種對測驗結果過度自信的詮釋——例如杜威，但是美國的教育一直都在誤用這些測驗結果。測驗得到的低心智年齡結論，不同的人可能解讀不同。對於不贊成把教育理念與美國民主扯在一起的人，例如桑戴克，這個測驗的結果是鼓勵了教育上的菁英主義。但是對於擁抱教育中的美式民主的人來說，測驗結果顯示的低心智年齡就應該鞭策我們改革教育，使得中後段的學生可以有更多資源與機會來改善他們自己。[16]於是「民主派」的教育人士就會仿效林肯而說：「上帝一定會疼惜那些在學習上屬於中後段的人，因為他造太多這樣的人了。」菁英主義者會忽視這些廣大的平庸者，但是「民主派」教育者則會像慈祥的母親照顧殘障小孩般，找尋適合這孩子需要的課程。

「進步時代」對於教育理念的衝擊實在太大，很難描述。這新的教育理念背後乃是充分關懷的心態與無盡的理想主義，企圖讓中後段學生與家庭環境差的學生受到重視。教育學者多年來一直在找尋一種教育理念，由民主作為其道德支撐，而由科學的教育測驗結果作為其理據。在美國這理念漸漸地風行，到處可聽見這樣的口號：為民主而教育！為公民精神而教育！為兒童的需要與利益而教育！為年輕人而教育！美國教育界人士的腦海中有一種執著與堅毅不屈的認真感，這對於較俗世化、務實的人來說永遠是個謎。當這些教育界人士的目標愈困難時，他們的歌聲愈嘹亮、精神愈抖擻。當他們找到一個促成美好家庭生活所需的新課程時，他們就彷彿是理想主義的舵手。當他們找到可以給予學校清潔人員尊嚴的理由時，他們眼中就充滿光彩而昂首闊步。當他們讓學校廁所的標示變得很清楚，最笨的學生都可以輕鬆找到時，他們就陶醉於對他們的讚美且自滿於他們所促成的民主與自我實現。

於是教育學研究上的愚蠢時代開啟了。教育的「專業化」使得他們對每一個簡單問題都慎重其事地大張旗鼓處理。教育學者也開始摹倣嘲弄學術界的那些學究氣息。他們不認為自己是低程度低標準的擁護者，而把最基本的、簡單的、常識性的東西用冠冕堂皇的社會與教育理念包裝。例如，他們會問，學校應該教導孩童關於安全的知識嗎？如果是的話，學校校長應該對「全國教育委員會」宣讀一篇關於此問題的正式研究論文，討論為何在日常教學上需要教育孩童關於安全的警覺，而且應該使用這樣一個嚴肅的標題：〈意外防範作為學校整體課設計的一個因素之探討〉。所以，現在教導孩童如何避免受傷或被汽車碰撞本身不是最重要的事，反而是納入這種教導的新做法，成為了提升整體學校教育作為的指標，而大家竟然都假裝這樣的態度是對的。有一位發言者甚至結論道：「我可以說，教導如何防範意外發生不只是對課程整體規劃上的貢獻，也確實減少了意外的發生。」[17]

5.智識無用論

如果有一個外國人只讀到這些教育改革者批評過去教育的文章，就會以為好像美國的中學教育還是停在嚴謹僵化的傳統中沒有改變，一直以大學或學院的需要為依歸，著重學科成就，無法滿足各類學生的多元需要。一九二〇年時在「全國教育委員會」上一位發言者說：「高中教育還是停留在作為大學預備班的思考中」，老師與教育理念都一直是「學科成就至上主義」；[18]而這樣的抱怨似乎永遠充斥在教育改革者的文章中。而事實上，改革者早已把舊的高中課程做了大幅度的修改。但是，一般人甚至專業教育工作者，很難判斷修改到什麼程度才是合適的。有兩件事情是可以確定的：第一，從一九一〇年以來的課程改變幅度並不夠大；第二，到一九四〇與一九五〇年代時，盼望高中教育應該適應實際就業需要的教育界人士一直提出無止境的要求。

十人委員會背書的那種舊的高中課程，在一九一〇年時達於頂峰。在那年學生們讀外語、數學、科學或英文任何一科的人數勝於其他科目的總和。但從那之後的四十年，這些學科的人數從原本的四分之三掉到五分之一。一九一〇年時九到十二年級學生中有百分之四十九修習拉丁文，到一九四九年時剩下百分之七點八。外語從百分之八十四點一掉到百分之二十二，代數從百分之五十六點九掉到百分之二十六點八，幾何從百分之三十點九掉到百分之十二點八，基礎數學的課程從百分之八十九點七掉到百分之五十五，基礎科學課程從百分之八十一點七掉到三十三點三，而英文課程在許多學校系統中也被稀釋了。至於歷史與社會科學方面的資料，因為太複雜無法以量化表達，但總的來說還是在時間與空間上縮減了，也就是說，變得聚焦在美國歷史與最近的時代，對於歐洲史與遠古的事情比較少顧及了。[19]

十人委員會在一八九三年檢視高中課程時，發現全國的學校總共教授四十門課程，但是其中有十三門只有極少數學校開授。因此，基本的課程是在二十七個科目之中。但是到了一九四一年時，全國高中開出的課超過二百七十四門，而其中只有五十九門可算是學術科目。而特別處並不是科目增加了十倍之多，也不是學術科目的比例降到只有五分之一，而是教育理論家的態度：他們認為中學教育還是被學術科目綁住了。一九四〇年代與一九五〇年代在美國教育部的鼓舞下，高中教育朝向「生涯發展導向」的方向發展形成了一股風潮，於是全國的中學紛紛開始思考：教育制度是否應該更貼近那些程度不佳的學生的需求？[20]

在某種程度上，高中教育出現「生涯發展導向」運動，可能是美國二戰後發生年輕人士氣低落的危機之後果。但或許不止於此：這其實乃是教育界領袖與美國教育部的決策官員，有意全面地提升對「智識主義」的反抗而有的舉動，而這種「智識主義」的浪潮是從一九一〇年開始湧現的。史都德貝克（John W. Studebaker）是二戰剛結束時美國的教育部長，他回顧了當時的中學教育時說，只有七成的學生進入高中就讀，而不到四成讀到畢業。[21]之前數十年政府花了很多力氣想讓高中生留下來念書，但還是有很多學生不想念完。所以課程改革的主要目標其實沒能達成，於是有人又會想到，這可能是因為課程改革的程度還不夠大。

「生涯發展導向」運動的目的是透過因應學生未來的社會生活實際需要而設計課程，希望能改善高中生中輟的現象。於是教育部門需要設計出「讓學生能滿意、社會也受益的教育，使學生平等地、民主地生活在這個國家。」一九四七年五月在芝加哥有一個全國教育會議，參與者達成一個由明尼蘇達州工業教育專家普羅瑟博士（Dr. Charles A. Prosser）起草的決議。草案中表達了全體與會者的立場：美國的中學教育並未滿足大部分年輕人的需要。有百分之二十的人會繼續念大學，而另外有百分之二十想要學習專門職業技能。但是還有百分之六十的人並不適合以上兩類課程，因此需要「生涯發展導向」的教育。規劃這種教育的專家對於此類學生的特性做了清楚的說明：他們多是從不具專業技能或是只有半專業技能的家庭出身，家境不好而且文化程度低。通常較晚才入學，而且在校學習進度遲緩表現不好，不管智力測驗或是學科測驗總是成績低落。因此對學習缺乏興趣，而且「個性也較不成熟，易緊張且缺乏安全感。」

這些專家在列出這百分之六十的學生的特質後，指出「我們不應該認為學生具有這些特質就是較差的」。這些專家心目中的特殊的「民主」概念，使得他們主張從文化水準較低家庭出來的「不成熟、沒安全感、緊張與遲緩的學生」，「絕對不比較好家庭出來的成熟、有安全感與自信、資質優異的學生來得差。」[22]這種對於「民主」觀念的無限上綱，使得這些專家根本不覺得他們其實是在將全國大部分的學童歸類於「無法教育」的類型——用普羅瑟博士的說法，就是不只不適合升學、也不適合可讓他們找到理想工作的專業技能教育——而這樣的自信實在令人捏把冷汗。那麼，對他們來說，這些不幸的廣大群體到底適合什麼樣的教育呢？當然不是智識教育之類了，而應該是他們日後成家、作為社會上的消費者與公民所需要的實際技能了。他們應該學習在社會上生活所需的倫理與道德，如何經營家庭生活，如何做個好公民，如何享受休閒生活，以及如何維護健康等。亦即，正如同〈給予年輕人生涯發展導向的教育〉（Life Adjustment Education for Every Youth）一文的作者所言，這是一種「將生活的價值置於知識的獲得之上」的教育哲學。其實這種觀念背後，正是在日常生活與生命中的「知識無用論」立場，它也是整個「生涯發展導向」運動的基本前提。推動這個運動的專家們一再地強調，智識的訓練對於解決一般年輕人在「真實生活上的問題」並無幫助。

6. 實驗心理學的誤用

我們雖然難以從美國教育部所編纂的大量布告文獻中，發掘推動「生涯發展導向」運動背後的真正原因，但是在這個運動被命名前，它的一些基本理念已經被職業教育專家普羅瑟博士提出來了，這可見於他在一九三九年於哈佛大學所發表的演講〈高中教育與生命〉之中。[23]雖然這份已出版的演講稿中偶可見受到杜威推動教育民主化的熱情之影響，但普羅瑟主要是依據了教育心理學上的若干研究，而他也顯示出對於「科學」結論的尊敬（很諷刺的是，這些「生涯發展導向」教育的專家一再藉科學之名，但是他們卻不鼓勵兒童學習科學）。普羅瑟認為，桑戴克與他的追隨者已經證明沒有一個學科可以讓我們的智識能力有從抽象整體轉換到個別事物的能力。也就是說，「科學已經證明一般性理論或是智識並沒有處理具體事物的能力。」當我們拋棄這樣的觀念後，教育就應該教授個別具體的技能。所以沒有「一般性機械技能」這樣的東西，只有透過練習與應用而來的各種（細部的）機械技能。心智也是一樣。沒有所謂的總體性「記憶」這樣的東西，只有我們需要時會浮現出的個別的事實與觀念。

舊式的教育觀念認為啟發智識發展最重要，但相反地，其實沒有所謂心智能力這種東西存在，只有個別的事物可以被得知。因此「實用性」與「可被教授」這兩件事高度相關；一種知識愈是實用那麼它愈是能被教授。學校中某一學科的價值，可以用它到底在生活上有多少地方可應用來測度。所以現在重要的不是教給兒童「通則」的東西，而是給他們日常生活上需要知道的具體個別資訊，例如：不必教他們生理學的知識，而是應該讓他們知道如何照顧好身體。傳統的課程只包含了對於「通則」的知識，因此現在不是那麼有用了。所以學校中所教的科目，如果愈新則愈能應用到生活中，如果愈舊，似乎就跟生活上需要的知識脫節。當學校教的東西愈直接與愈快捷，則學生愈能學到且愈不會忘記。一門學科愈是有實用性，愈是對於心智的訓練有幫助。「所以做生意要用的算術，其重要性高於幾何，學習如何健身比學法文重要，學習如何選職業比學代數重要，學習如何過日常生活比學地理學重要，簡單的商用英文比讀莎士比亞重要。」

普羅瑟說，根據科學研究而來的無可否認的結論，最好的教材乃是適合「生涯發展導向」而不是「為了學習而學習」的教材。那麼，為什麼大學堅持要求高中要教一些無實際用處也無法教授的傳統學科呢？普羅瑟認為，原因不是因為要保住這些高中科目任課老師的飯碗，而是大學需要用某種學科以分辨出高中生的智識能力程度，以便招收優秀的並淘汰其他的（例如代數與語言課程就有這種效果，它們不是任何學生都可以學得來的科目，有些甚至會因此而打退堂鼓不想念大學了）。為了這種老舊的淘汰篩選技巧，需要花四年寶貴時間讓學生修習這些「學術性學科」。普羅瑟認為，現在為了篩選適合讀大學的學生，其實只需要幾小時的心智測驗即可知道，而且非常準確。故也許，「我們可以試著說服那些傳統派的人刪除一半的現有課程，而只留下一些還也許有殘餘價值的課。」如果是這樣，「所有語文課與數學課都應該從升大學必修課程表中除名」，而留下「物理科學、英文與社會科學」。

此外，許多有直接應用價值的學科都應該加入課程表，例如：應用英文，可以提升「溝通能力」；有關現代生活的文學作品；非計量性的科學課程，以幫助年輕人順利地、舒適地過日常生活，最後邁向富裕繁榮的生活；年輕人需要知道的簡單經濟學與企業經營概論；公民道德與鄉里社區發展問題；實用的代數；社會科學；禮儀，休閒，家庭問題指引與美國社會史；純藝術欣賞與應用藝術欣賞；最後，就是職業教育。這樣一來，所有課程都會符合晚近教育心理學上指出的學習原則，所有的小孩都可以從中學教育中更為獲益。[24]

很多教育學家想用實驗心理學來證明傳統教育是無效的，而普羅瑟用了一種相當粗糙的方式來表達這種相同的立場：科學已經否定了博雅教育背後的假設，就是這種教育可以促進所謂的「心智鍛鍊」（mental discipline）。他因此非常有自信地認為，科學已經證明博雅教育背後所持的理由是錯誤的，「沒有比這更確定的事了」。其實在這種強硬立場後面是有一些故事的。十九世紀美國與其他地方的傳統式博雅教育，是立足在兩個假設上。第一個就是所謂的官能心理學（faculty psychology）。它的要旨就是認為我們的心智是由若干官能所構成，例如推理能力、想像力、記憶力等等。而這些能力就像我們身體各部分器官一樣，可透過鍛鍊來強化；而博雅教育正是給予這些官能經常性的鍛鍊，增加了它們的能力。大家也都相信某些學科在「心智鍛鍊」這方面的效果卓著，尤其是拉丁文、希臘文與數學。因此學習這些科目的目的不只是為了增加這方面的知識，其實是因為它們可以鍛鍊心智能力，以應付任何需要。[25]

但是稍後大家發現這種官能心理學的理論並不能通過哲學上或是科學上對心智運作的檢視。而且，由於人類知識在量方面的成長與課程內容的逐漸增加，這種依舊相信古典語文與數學富於心智鍛鍊功能的想法就顯得太狹隘與自負了。[26]

但是大部分當代的心理學家與教育學者都知道，即使持官能心理學與古典語文／數學教程的立場沒落，也無法證明「心智鍛鍊」這個目標是否不正確。如果這個目標毫無意義，那麼過去千百年來博雅教育的宗旨都是在錯誤的立足點上了。到底心智可否被鍛鍊？或者是否有「訓練心智能力」這種事？這問題在歷經了官能心理學的爭議後，現在又有了新的形態的呈現：在某一個學科上獲得的某種心智能力是否可以增強另一種心智能力？我們可以用不同的方式呈現此問題：例如，對於某類知識的記誦有助於對其他知識的記誦能力嗎？對於某類知識的覺知辨識能力有助於對其他知識的覺知辨識能力嗎？學習拉丁文稍後能有助於學習法文嗎？如果這種轉換是可能的，那麼博雅教育是有助於訓練我們心智能力的。但如果不是，則現有的課程安排，對於課程以外知識能力的進展與追求都沒有助益。

由於被桑戴克所激發，某些實驗心理學家從二十世紀初開始累積關於學習能力轉移的實驗證據，希望針對此問題提出科學上的解答。但是任何看過他們報告的人都知道，他們對此問題只研究了一小部分，而且根本不足以提出對這問題有助益的解答。例如桑戴克在一九〇一年與一九二四年出版的兩篇論文就被認為是關鍵性的，它們對轉移學習理論提出了否定證據，因此「心智鍛鍊」理論就難以得到有力支撐了。所以一些教育理論家就以此為據，支持改革課程。貝格利（W. C. Bagley）曾說道：「任何贊成鬆綁學科能力標準的做法都會被歡迎了，因為那些改革者有意地曲解實驗結論來迎合他們對高中課程做平民化改革的計畫。」[27]

事實上這些實驗證據有時很矛盾混淆，所以那些宣稱從這些數據中得到確定結論的人，大多只是扭曲研究發現以支撐自身觀點。他們這樣的做法，在教育思想史上真是個大醜聞。但是，隨著投入研究的人漸多與更精密報告的陸續出現，終於有若干證據浮現。在量化研究方面，這些教育改革者完全忽視最主要的數據，也就是五分之四的研究都指稱在特定條件下，的確會有「轉移學習」的情況發生。實驗心理學家們從來就不贊成像普羅瑟這些人逕自宣稱結論的方式，就是「科學已證明……」。今日的實驗心理學研究成果更是讓他們站不住腳。布魯納（Jerome Bruner）在他的名著《教育的過程》（*The Process of Education*）中指出，過去二十年，幾乎所有關於學習轉移的研究都發現……如果經過適當的學習，會有廣泛的轉移現象，甚至在最佳學習情境中的學習，會啟發我們「如何學習」。[28]博雅教育在人類教育史中的實際經驗，應該比實驗心理學的研究有說服力。但如果我們真的來檢視這種科學的研究成果，則其研究結論應該是比較支持「心智鍛鍊」派而非「生涯發展導向」派的說法。

7. 資優生被漠視

「生涯發展導向」運動成為了過去四十年來教育發展方向的最極致代表：它認為在中學階段的國民教育中，嚴格要求學科成就的路線對於不少學生來說是不可能的事。這運動的發言人斬釘截鐵地說，這部分學生的比例可能有到百分之六十之多，因而導致批評者認為這個數字過於武斷。其實這立場的根源也來自對於「科學」的絕對信仰。一九四〇年時普羅瑟博士在「華盛頓青年發展委員會」任職，他與聯邦政府對青年問題的看法相近，而此時智力測驗專家特爾曼（Lewis M. Terman）透過普羅瑟的單位發表了一份研究報告，指出傳統高中教育的課程需要有一百一十以上的智商才可應付，而百分之六十的學生其智商達不到這個水準。但是教育界的人自己的評估與特爾曼的數字顯然不一致。[29]然而最重要的是，僅僅用這樣一個數字就來決定全國重大的教育政策，顯然不太負責。心理學家對於智商是否是固定的，其實看法不一；目前有一些研究顯示，只要對於孩童特別的關照並施予有效的教學，智力測驗的成績可提高十五到二十分左右（如果對於那些後段學生給予特別照顧，則效果更明顯。紐約市「提高水準」政策實施後，很多貧民區的初中小孩的智商測驗成績都提高到得以進到大學的程度，有些甚至還得到獎學金）。更且，單靠智商成績絕對不能作為判斷小孩是否應該繼續升學的標準。其他還有一些指標也很重要，例如老師的教學能力、學校作業的多少以及小孩的學習動機高低等，而這些指標都不是固定不可改變的。所以心理學家與教育工作者對於多少學生適合重視學科成就的傳統型高中教育，還是看法分歧。[30]

最後，對於美國高中生是否適合重視學科成就的傳統教育方式，「生涯發展導向」運動卻在沒有參考其他國家的情況下做出結論。改革派的教育工作者經常如此說：西歐國家那種「貴族式、階級化、選擇性、傳統式」的中學教育對美國追求民主化的、普遍教育的與前瞻的中學教育並沒有啟發效果。因此美國的教育者在制訂政策時經常忽視歐洲的經驗，反而是向「現代科學」取經，並且以實現「民主」作為自己精神上的引領。也就是說，歐洲式教育法已是陳舊的過去，而科學與民主則面向未來。冷戰時與蘇聯的科學競爭尤其會支持這樣的想法。蘇聯的中學教育不像美國般普遍化與平等化。它可自成一格而成為特別的類型，因為並非是貴族式的，也非傳統式的，但是的確是從西歐而來的。它大規模地教育孩童學術科目，提升了科學實力，因此我們不能忽視蘇聯中學教育的成果。

但我們千萬不要以為這些主張「生涯發展導向」運動的教育工作者只滿足於針對那被忽視的、在底層的百分之六十學生發聲。如果我們輕視這個運動的理想性格，那就是大錯特錯了。一九四七年普羅瑟在此運動的會議上致詞，結尾時說：「歷史上從來沒有過像這次般的一個會議出現……在這個會議上，我們大家都如此誠摯地相信，現在是給所有美國年輕人他們一直想要的教育方式的一個黃金機會。現在各位所規劃出來的制度，值得我們為它奮戰——甚至為它戰死……上帝保佑你們。」

因此，這些教育工作者相信他們的規劃不僅是適用於那被忽視的百分之六十，凡是對這些人好的制度一定對所有的美國年輕人好，不管聰明與否都一樣。這運動中有一篇文獻甚至承認：「這是一個烏托邦式高中教育的藍圖，這種教育其實需要天才的老師才能落實。」[31]肯德爾（I. L. Kandel）帶著嘲諷地說，這個運動竟然相信，「對那些留在學校徒勞無功的百分之六十學生有幫助的課程方式，一定對所有學生都有幫助。」[32]換句話說，這些運動者現在乃是把當初古典課程想要加諸所有學生的想法旋轉過來，現在要把改革過的課程加諸於所有人。以前大家認為博雅教育會對所有的學生好，現在有人卻宣稱本來是針對學習遲緩學生設計的課程應該要給所有人上。這樣一來，是不是美國的實用主義與民主，可說是被給年輕人「一體適用的教育」給實現了呢？這個運動想要永遠地確立一個信念：學習遲緩者絕不比聰明的小孩來得差，而且學校裡所有的科目都該像學校的學生般多元且平等。一九五二年時，「全國教育協會」的教育政策委員會宣稱，至少在鄉村地區，理想的教育方式是，課程應該一律平等，各科目中沒有哪一科是「貴族」。「數學與機械、藝術與農業、歷史與家政都平等」。[33]

現在很多教育工作者，以效用、民主與科學之名，把那些學習遲緩的或是無法教育的學生視為中學教育的重心，而把資優學生放到一邊去了。有一群教育工作者，他們期待有一天「教育中貴族式的與高尚文化式的傳統完全消失」，而他們認為面對資秉優異的小孩的態度應該是這樣的：「他們固然值得我們的幫助，但是通常這些天之驕子自然會有良好的環境可以幫助他們。我們給他們的教導對他們而言只是錦上添花，不是那麼關鍵。因此學校不用針對這些資優學生特別規劃什麼課程。」[34]在這樣的氛圍下，有人指出，「公立學校的前四分之一學生，他們將來會是這個社會的智識領導階層，但也許會是最近這些年來我們的學校制度中最忽視的一群。」[35]這個群體的確受到很多教育工作者的忽視，其中有些人竟然不把他們視為是教育體系中值得寄望的一群，或是當作一種挑戰，反而視他們為非主流群體、麻煩棘手的問題，有時甚至將他們視為病態。也許這裡誇大了些，但是如果不這樣我們實在難以解釋為什麼教育部的某一位官員會寫出下面這段頗不體諒的話：[36]

有大約四百萬的兒童，在心理上、身體上與行為上並不正常，而需要特殊教育。其中包含了失明與弱視者，聾啞者，殘障者，脆弱者，癲癇病者，智障者，社會適應不良者，與特別資優者。

8. 教育改革的保守本質

這種改革理念，尤其是呼籲重視普遍性的教育，其實一直有遭受全國各地來自家長、學區委員會與老師們的反彈。雖然如此，為了因應新教育理念，很多的中學已經「充實」課程，納入了樂隊、合唱團、汽車駕駛教育、人際關係、家庭生活、家政與消費者教育等。所以現在任何一位美國的小孩不用害怕他在家鄉學校所上的那些「充實」的課程，可能會在某些地方被視為怪異，或是學校的課程根本不合他的興趣。數年前耶魯大學的校長說了這麼一件案例，這是各校的入學審查小組可能都碰過的情形。一位中西部某城市的學生想要申請進入耶魯大學，他應該很有能力，且應該也會滿有希望獲准入學（如果不是他所上的課程），但是他交的高中成績單，最後兩年只有上過英文與美國歷史，其他都是些合唱、演說、打字、體育、媒體、婚姻與家庭、人格發展之類的課。[37]

如果我們檢視高中所採行的這些新課程的內容與性質，以及新舊兩派教育學者的辯論詞彙，我們就會發現其實對於肆應實際生活的「生涯發展導向」運動的辯論，乃是一個更大的辯論議題在教育面向上的顯現，這個更大的議題就是：大眾文化。當然，有關高中教學上的一個重要問題乃是：對於這麼大的一個全國高中生群體，什麼樣的知識文化是他們全部人都需要學習的？而傳統的教育是立基於此信念：如果學生可以掌握各個學術學科的內涵且充分受益於其給予的智識訓練，則他的心智將擴展到能應付生活上及職場上各行業之所需（而對於那些不適合白領工作的學生，可以有職業教育來滿足其需要）。傳統教育其實並非像是改革者所指控的毫不重視學生的需求，這種教育認為學生透過對於學術學科的學習，可以從中漸漸得到運用心智能力的樂趣，而循序漸進地學習下去後，也逐漸會有成就感。如果學習過程中有一些因挫折而來的煩躁厭惡感，則不啻是培養自我鍛鍊與自我要求能力的好機會。傳統的教育方式在政治上是屬於保守性格的，因為它接受社會既存的階序，且希望學生努力把自己放入這階序中，替自己尋求一個位置，而這就是十九世紀的個人主義所指向的。但是它在某一方面也算是民主的，因為它並未預先假設，在這麼廣大的青少年群體中，任何一個階級的任何一個小孩一定不適合這種激烈競爭的學科式教育，與其對心智與性格的訓練。

然而改革者所提出的新式教育，其實本質上也可算是保守的，但是它使用的民主語彙與對青少年親和的風格，使它看起來——至少對其支持者——是「進步的」或是「激進的」。它承認廣大的群體中大部分人其實在智識能力上是有限的，因此它接受、鼓勵這些人並且企圖讓他們有其他的選擇，新式教育並以此種坦率與責任感自豪。它的出現源自於對於學生學習狀況的關懷，而且避免對於他們的能力有任何不切實際的假設。它並不會樂觀地假設學生對於所被迫接受的智識訓練有興趣，尤其是當學科內容很艱難時；也不假設他們若達到目標時，一定會有學習上的成就感。相反地，它假設學生在學習上的樂趣——這是改革派認為教育的最重要目標——來自於學習到他們想學的東西，因此它樂於將學生的興趣視為是規劃教育內容的基礎。改革派的人不相信他們的教育未能教學生思考，他們只是對於學生應該思考什麼，以及做出好的思考需要什麼準備與知識基礎，在這兩點上與傳統派看法不同。他們從學生的視角出發，而且樂意於配合學生本身的世界去引導他們的思考，不在乎學生的世界是否狹隘與淺薄。他們不承認他們的教育方式放棄了塑造學生的品德與個性——他們強調新教育其實激勵了學生有更社會化與民主的性格。

如果我們檢視新教育提倡者所推動的「改良後」課程內容與範圍——其實某種程度上已經成功地進行了——我們就可知道新教育想要教育出「整個小孩」，也就是企圖完整地塑造他們的品行與人格。我們會知道新教育並不想要把小孩模塑成為這個現實世界的一個被規制的部分，也就是小孩被丟入一個充滿著生產與競爭、企圖心與職業成就、創造力，與分析能力主宰的環境；相反地，他們要幫助小孩了解消費與休閒的世界，愉悅與滿足的世界——簡言之，就是「適應」實際生活。對學生而言，在社會上生活重要的不是了解化學，而是學會知道哪種洗潔精較好用；不是物理學，而是學會開車與保養車；不是歷史，而是地方上的天然氣工廠如何運作；不是生物學，而是如何可到達動物園；不是莎士比亞或狄更斯，而是如何寫一封商業書信。新教育不把消費與個人生活品味等事留給家庭或是其他機構，反而把家庭的生活或事務轉變成可供仔細研讀的項目，甚至給予其內涵重新評估。（例如：我家如何可以更民主？）一位新教育的提倡者說，他希望小孩在學校的學習生活中能夠坦然問出以下的問題：「我怎樣可以更健康？」「我如何可以更漂亮？」「我如何可以交更多朋友？」「我的休閒嗜好如何可以讓我更成熟？」[38]學校所教授的東西應該符合青少年的興趣，包括那些在電視與媒體廣告上的東西。看看一些實例：紐約州某個地方從七歲到十歲的學生都要學一門「家庭生活課」，這個課中有以下主題：「如何做個好學生？」「如何做保母？」「如何融入團體生活？」「如何建立人緣？」「如何處理粉刺？」「如何整理自己臥房？」等等。八年級的學生會碰到這樣的考試題目：「只有女孩才用除體味芳香劑嗎？」「可以用肥皂洗頭髮嗎？」[39]

今天，美國肆應實際生活的「生涯發展導向」教育風潮已經過了最頂峰的時期而漸漸走下坡了。這有一部分可能是因為在美國社會中，中學教育的角色已經發生了一個長期性改變的結果。有研究者指出，美國的中學教育，「起初是菁英式的，完全作為升大學的預備班；後來公立高中大量出現後，變成一個大眾化國民教育的終點站；而現在高中要經過第二次的轉型陣痛了，要成為大規模的升大學預備班。」[40]新教育的倡議者當初要改變的問題現在已不存在了，而且現在已經沒有一大群「需要被解救」的學生了。從一九〇〇到一九三〇年代，大部分高中生的父母自己沒上過高中，而且很多是剛移民來美國，也不會英文。所以他們就只好被動地接受新教育擁護者所提出來的改革方案。今天，高中生的父母親至少也有高中畢業，也有一大群學生家長是大學畢業而且關心教育問題。這些家長對於高中教育應該是如何有他們自己的看法，家長們也有自己對於智識文化的看法，所以對於新教育所提出的方案他們不會照單全收，同時也有很多人贊成對於新教育理念的批判，亦如由貝斯特（Arthur Bestor）與史密斯（Mortimer Smith）所代表的立場。更且，高中現在已不是上一代時那樣的教育終點站了。由於一半的學生要繼續讀大學，所以高中教育的理念與課程需要調整，以前高中教育可以應付畢業生欲成為一般白領階級的需要，但是現在恐怕要大學生才行。於是家長都害怕自己學區的高中程度不好，會影響小孩進入好大學的機會，因此紛紛給學校壓力，逼得學校提高對於學科的要求。最後，蘇聯史普尼克號事件促使那些主張提高學科要求的人加速行動，他們認為美國正在與蘇聯進行一場教育競賽。這些年這種聲音開始取得成果。但是當初發動「生涯發展導向」教育運動背後的理念，卻沒有完全從教育界或是這個社會消失。尤其是專業教育領域，此中的老師與行政主管大部分都是對於教育應該追求學科成就與嚴格學術取向沒有興趣的人。想像一個剛當政的執政黨，它的所有政策都要靠行政體系來落實，但是這體系中卻是充斥著反對黨的人。這個執政黨可謂是步履維艱，慢慢前行了。而美國教育界的情況，現在正是這樣。

第十四章　兒童與他們將面對的世界

1.杜威的教育哲學

新教育政策在理念上有兩個支柱：運用（也可能是誤用）科學發現，以及杜威的教育哲學。但這兩個之中，杜威的教育哲學遠較為重要，因為其中已包含了一種科學能啟發教育思想的信念，但除此之外，它也給予教育者一種包容與體諒的世界觀，使他們可以盡情發揮博愛的精神，也可以實現他們要讓教育有助於民主的熱情。杜威的貢獻乃是他有一種對兒童的新看法，這種看法在十九世紀末時逐漸流行；而他又把這種看法連結到實用主義哲學以及社會改革上。換句話說，他成功地把對兒童的新看法與對世界的新看法連結起來。

任何關切新教育的人一定會知道它與杜威思想間的關聯。我們在研究「反智」時討論此，一定免不了被認為欲將杜威歸類為「反智」——但是杜威一直宣揚應該教導兒童如何思考，所以如果這樣看待他實在是不對的。我們這樣做，也可能被看成是要把教育失敗的責任推給他——這好像是無可避免的推論——但是此處我們的目的並不是這樣的，我們只是想要檢視過去存在的一些觀念與想法，而杜威乃是這些想法最佳的闡釋者。

我們現在雖然想要來討論這些想法的缺點與誤用，但是不應該被看成是想對「進步教育」思想做總體性的批評譴責。根據柯里明（Lawrence Cremin）出色的研究，「進步教育」應是包含了幾股思想與傾向在內。雖然依附在它邊緣的一些激進分子的言行對它的形象造成若干傷害，但是總的來說「進步主義」的核心觀念是好的，而且很重要。今日，部分因為「保守」派對「進步」理念的曲解，我們很容易就會忘記「保守派」教育的缺失與自滿：它如何接受、甚至鼓勵兒童在教室中被動地面對教誨，它如何給老師過多的生殺大權，它如何依賴背誦死記來學習。而「進步教育」的最大優點在於它採用新的教學方法。它想激起學生的興趣，它知道學生想要從活動中學習，它對老師與教育者的心態有更多了解，它研擬出教學法則使得老師不致於過度地權威，也嘗試開發兒童的表達能力與學習能力。它最大的優點乃是：在教育這個領域中，大家認為所有的好方法都已被發掘了，但是它還是不斷地嘗試與實驗新的方法。例如在一個實驗性質的學校中，挑選出一些學生及老師，引發他們對於教學上與學習上的奉獻感與熱情，那我們就可以看到若干令人振奮的實驗成果，這樣的狀況過去在很多實驗性學校都可看見，現在也是。[1]但是很不幸地，不管實驗結果多麼令人鼓舞，我們卻無法將那些在特殊情境下產生的實驗結果普遍推廣。

「進步主義」的價值在於它的實驗性格與對兒童特質所做的諸多研究。但它的缺點在於無力推廣其信念、或是擴大既有的成果，也無法找出其政策的實際限制，而尤其是在於它一直想要改變課程的傾向。這種傾向在中學教育中特別明顯，當我們需要一個完整、有組織的課程體系時，課程問題就變得嚴重。迄今為止我們一直避免提及「教育中的進步主義」這個字眼，而是以較廣泛的名詞「新教育」來稱呼。「新教育」是指將某些進步主義原則鎔鑄成為一個信條，並希望在大眾教育中將之落實；把對孩童教育的實驗成果擴大到適用於所有年齡的國民教育規劃上，最後的目標則是希望以「進步主義」之名提出對於現行課程與博雅教育實施狀況的總攻擊。在這過程中，從頭到尾，都援用了杜威的教育思想。他的詞彙與觀念，很明顯地出現在一九一八年的〈教育基本原則〉中，而且也在新教育的每一個文獻中。新教育讚揚他、引用他、重複他的話、討論他的觀念，甚至有時還要求讀他的著作。

大家常認為杜威被誤解了，而且很多人指出，最後他一定會抗議藉他之名進行的某些教育措施。也許杜威的用意被經常性地、廣泛地曲解，但是說實話，他的文章的確很難懂。他寫作的方式極度模糊且閃爍，威廉．詹姆士有一次稱之為「混蛋至極，你甚至可說——天殺的！」他的文章讀起來就像是遠方傳來砲聲隆隆，使讀者覺得好像遠到無法接觸到的一個地方，有著什麼很震撼的事情正在發生，但是又無法確知是什麼。杜威的文字表述令人難以理解，而這種風格最極致的情況竟出現在他最重要的教育理念著作上。這不禁讓人懷疑，他在教育理念上影響力如此大，可能有一部分是因為大家根本不知道他在說什麼。有不少教育思想的學派都在打著他的旗號，但其實可能只是自以為是地詮釋或是假藉他之口而已。因此我們很容易會陷入這樣的結論：杜威的著作被廣泛地誤解與誤用，尤其是被那些「反智」的新教育主張者；但是無論如何，一個較公允的說法是，肆應實際生活的「生涯發展導向」運動的主張者透過對他作品仔細與正確地解讀，應該也是可以從杜威處得到他們想要的援引。柯里明曾說：「不管從杜威的《民主與教育》到『生涯發展導向』運動間的思想聯繫有多麼曲折隱晦，還是可以找到其關聯。」[2]

我們可以合理懷疑，這條關聯線事實上是不應該如此隱晦的。如果文章讓人讀不懂，那麼應該不單是寫作風格的問題，有可能是概念本身不清楚。如果我們假定這是因為杜威的文章被他的狂熱粉絲們扭曲了，那其實更有可能的乃是他的思想有內在的模糊與斷裂，以致於產生了解讀上的困難。而這些斷裂與模糊，又代表了我們教育理論與文化上本來就存在的困難與無法解決的問題。不管有沒有杜威本人的背書，他的粉絲們對他的思想所做的詮釋與引申，都是對於教育上「領導」與「指導」概念的批評，對於「文化」與「思辨」價值的懷疑，而主張「自發性」、「民主」與「實用性」。如此看來，他們其實是在將政治上的平等思想、宗教上的福音主義與企業經營上的實用主義等態度，應用到教育上面。在檢視杜威哲學究竟如何產生這些影響前，我們先來看看這種哲學的內容本身，與產生它的背景。

2.用教育重新建構社會

杜威的教育理論是他整體哲學的一部分，而這個教育理論有很高的陳義。首先，他企圖發展一種與達爾文主義相合的教育理論，著重於開發學習者的智慧與強調知識的角色。他生於達爾文《物種起源》一書問世的年代，而且求學於演化論風行的時期，當然會覺得現代教育應該要以科學為本。

杜威於是認為，所謂一個學習者，乃是學習用他的心智為工具，去解決身處的環境所帶給他的各種問題。於是他就把教育想成是一個學習者在這種能力上的逐漸長進。他認為一個現代的教育體系乃是在民主、科學與個人主義的紀元中運作，所以教育一定要符合這個紀元的時代精神。尤其重要的是，教育一定要先除掉往昔那種「前民主時代」與「前工業化時代」的舊思維，那時有一種貴族式的觀念，把追求知識看成是少數有錢有閒的人所做的心智活動。所以杜威認為他與他同時代的人，應該要試圖超越過去所留下來的二元對立看法，這其中最主要的乃是「知」與「行」的對立。他認為，所謂的「行」，其實包含了「知」——但是不是像他的對手所說的那樣，「知」從屬於「行」而且重要性比「行」低——而「知」本身就是一種「行」，而「行」乃是「知」的獲得與應用的其中一種表徵。

杜威想要找到民主與進步的社會中所需要的教育制度。現行社會的缺點就是照著階級化的現況來模塑兒童，而如何可讓這種情況不再一代代延傳下去呢？如果一個民主社會真正地想要提升所有成員的福祉，它就必須要有特別的教育體系，在兒童小時候就要讓他們學習培養能力，而且教育不能讓學童把現行社會的特質繼續複製下去，而是要學習如何改善它們。因此杜威把教育看成是重新建構社會的一個主要方式。簡單來說，如果要重新打造社會，我們一定要找出兒童可以對此目標做出貢獻的地方何在。但是杜威認為，除非有以下改革，否則難以達成：兒童一定要在學校教育的中心位置，老師不能再威權，傳統的教材與教學方式要改變，要順應學生的學習興趣來設計課程與教學方式。在老師從旁稍微指引下，鼓舞學生的學習興趣，這就是有助於學習的方式，也是有助於在社會改革這個目標下，養成下一代所需要的性格與心智之方法。

以上無疑是對杜威理論的過度簡化式描述，但從中至少我們可以知道他如何看待問題之所在，以及解決這些問題需要把重心放在兒童身上。我們不妨從這裡開始討論他的理論，因為兒童這個概念，乃是新教育的核心；但是對於新教育言，兒童這個概念並不單純只是一個智識上的概念，而是一系列情感與承諾的聚焦所在。這個概念我們稍後必須要做詳細的考察。杜威與他同時代的人所賦予兒童這個概念的特別意義，稍後被新教育潮流所採用，而它確實是比後達爾文時代所該有的兒童的概念來得更浪漫與質樸。杜威及他的跟隨者想要破除先前提及的二元對立現象，但是現在這個兒童的概念與兒童如何成長的假設會讓他們很難辨到。而且，即使杜威等人極力澄清，還是很難避免這種以兒童為中心的立場對於學校秩序與權威的破壞。最後，因為兒童這個概念被無限上綱，所以我們很難務實地討論民主在教育中的角色。

如果我們要了解杜威及其同時代的人，是如何充滿感情地看待兒童教育的問題，就必須回到二十世紀初的智識氛圍中，那時代的人正在開始力圖改革美國的教育。當時在美國及歐洲，大家都突然對兒童教育產生了興趣，而且專業教育者也有了心態上的轉變。一九〇九年瑞典女性主義者凱伊（Ellen Key）發表她著名的書《兒童的世紀》，代表了對於兒童教育開始重視的最高峰。慢慢地這樣的態度已經變成潮流。一九〇〇年時喬治亞州的教育局長在全國教育協會的年會中發表了這樣一篇文章：〈這個小孩會成為什麼樣子？〉他宣稱：[3]

> 如果有人問我本世紀最偉大的發明是什麼？我不會從人類對於物質世界的偉大改造中尋求答案。我不會說是印刷術、望遠鏡、蒸汽機、輪船、海底電纜、電報、無線電、電話、照相機等。我也不會說是太陽系某一顆新行星的發現，或是大幅促進醫學檢驗技術的X光機等。我也不會說是那些節省很多人工的機器的發明。我會略過以上這些人類文明進步的指標，而毫不猶豫地宣稱對兒童的重新發現與重視，乃是這個將結束的世紀的偉大發現。

在表明了他認為「發現兒童」現象的重要性後，這位教育官員歸結出這一世紀以來教育進步的情況：教育從本是「少數貴族群體的專利」變成了「民主的廣大群眾們可擁有的權利」。美國的小孩子們已經有了機會的平等，現在更進一步的改革正在上路。「我們美國人已經發現舊的教育制度並不適用……我們已不再強將小孩塞入教育制度中，而是讓制度配合小孩的需要。」他採用了宗教的意象，把老師比喻為耶穌，因為他們將小孩從裹屍布與死亡之火中解救出來，就像耶穌當時讓拉匝祿復活一樣，也讓小孩子們可以繼續成長。他充滿信心地預測，未來老師的角色還會更重要，因為他們還要拯救神創造的最天真的兒童。過去老師的能力高下，端視他是否能夠教導出聰明的小男生小女生而定。而現在，則看他是否能教好遲鈍或是有障礙缺陷的兒童。[4] 世界教育史中，從來沒有出現過這樣的情況：老師的教學能力並非以對資優生的教學效果衡量，反而是以對最差學生的啟迪能力來看。於是新的教育方法，就變成了精通「天才與放牛班心理學」。而美國式生活的「最大欣喜」，來自於教育體系透過對兒童心理的研究與對學校制度的改善，能夠觸及與啟迪每一個兒童。「我們如果能夠好好地啟迪每一個兒童，使他們未來能對於我們的民主做出經濟、智識與國力方面的貢獻，那就是我們成就與喜悅的來源。」

上述的話雖然是由一線教育工作者而非學者所說，我們仍詳加引述是因為它們總結了那時的若干教育理念。這些理念反映出「新教育」所具有的基督教情懷與慈悲、「新教育」所認為兒童在現代世界中的重要性、教育成果上民主與機會的重要性、對遲緩兒教育的重視、對兒童心理學與教育學研究上的樂觀、相信教育就是教導如何成長，以及相信教育經由教導出能自我實現的兒童，會有助於民主制度的維繫。

這位喬治亞州的教育官員可能有讀過這方面專家的著作，因為他對於兒童的看法與當時這些專家的看法一致。杜威博士那時方四十出頭而且剛開始討論教育，當然就是所謂的專家之一；但是我們不妨先來看一下在他之前的兩位當時更有影響力的前輩的說法。他們是教育家帕克（Francis Wayland Parker）與心理學家赫爾（G. Stanley Hall）。杜威認為帕克是進步教育之父，是一個非常有活力的人，非常有成效的教育家，也是一位出色的學校主管。在一八七〇年代他改造了麻州昆西鎮（Quincy）的學校體系，即使以最傳統的教育理念標準來看，他也獲致了很大的成功。不久後，他接任芝加哥庫克郡師範學校校長職位，在那裡他更全面地發展出了教育理論與教學技巧。因此他為杜威立下了一個典範，因為杜威在一八九六年創設他自己的實驗學校前，他很欣賞庫克郡師範學校。帕克同時也為赫爾立下範本，因為後者每年固定去參訪他的學校，「以便時時跟得上趨勢」。

但是帕克的教育理論所使用的概念太老派，跟新潮流不合。例如，他的概念都屬於達爾文理論出現前的階段，缺乏複雜的功能心理學的元素，而後者正是杜威理論廣泛吸引人處。帕克關於兒童的理論雖然大部分師承自福義柏（Froebel），卻是非常重要的。他認為，「兒童是神的創造物中最寶貴的東西」，所以如果要回答這個問題：「小孩是什麼？」那我們要先了解上帝。「上帝把他的神性放在兒童身上，而且……小孩透過對看得見摸得著的事物之追索尋求真理，而這個神性就在這個追索中顯現了。」他也認為，「兒童許多自發性的行為傾向，其實就是天生具有的神性的痕跡。」他呼籲老師們，「我們在這裡只為了一個目的，就是試著去了解這些行為傾向，並讓它們繼續發展下去，跟隨著自然而行。」如果兒童帶有神性，而且「代表了過去歷史的果實與未來世界的種籽」，那麼我們應該可以很自然地結論出「任何教育措施的重心應該是在兒童」。帕克關心兒童自發性傾向，這是很有意義的事，我們可以大膽猜測，部分原因乃在於他認為兒童各方面都非常好奇，對什麼事都表現出自然而然的興趣，好像天生就是一副科學家狀，也天生是藝術家與巧手工匠。因此，帕克推出了一個很有挑戰性的課程規劃，完全不同於之後的進步教育的氣味，他甚至相信在小學每一年級中都需要教文法，因為他認為小學生應該要「完全地掌握文法」。

像稍後的杜威一樣，帕克也強調學校應該像一個社群：「學校應該像一個模範家庭，一個完整的社區，以及一個雛形的民主團體。」如果學校這個制度經營得好，它可以幫助我們達成非凡的改造兒童的目標：「我們必須相信我們可以救每一個小孩。」每一個公民都應該在心裡記住：「靠著美國中小學的教育，我們等待著世界的重生。」[5]

帕克寫下以上文字的時代，兒童教育運動的領袖赫爾也正好發表這樣的看法：「兒童的保護者首先要做的事就是排除阻礙自然發展的東西……這些保護者應該很欣慰人在兒童時期最純潔，因為剛從上帝手中誕生，代表了世界上最可貴之物……兒童成長中的身心最值得我們的愛、尊敬與照顧。」也就在這時，杜威亦說道：「兒童的本能與能力就是各種教育的起點與素材。」他又說：「我們如果給小孩貿然地接觸他成長階段所不需要的讀物、或是寫作、地理知識等等，這樣會戕害他的自然天性。對兒童來說，學校教育課程的重心不在科學、文學、歷史或地理，而是他的社會化活動。」[6]

很明顯地，「新教育」的出場，它不是作為工具性的東西，而是成為一種信條，它的意義超越了僅僅是教育技術上的某些改進或結果，而是關於一個人或整個民族的最後得救或重生。赫爾就曾預測，適合兒童天性與成長過程的教育會造就出未來的超人。杜威早期對於教育的看法也是如此。他在《我的教育信條》一書中指出：「教育是社會進步與改革的基本方法。」因此必須把老師的職責看成「不僅是在教育個人而已，而是在塑造整個的社會與其生活方式。」因此，每個老師都應該把自己看成是「為了維持社會適當秩序與社會成長而出現的社會工作者。因此老師真可謂是上帝所派來的先知與帶領社會進入上帝國度的使者。」[7]很明顯地，這種對於教育的高度期望，會使得任何教育改革的想法肩負很重的心理負擔。

這樣的信條，這樣的戰鬥性信仰，一定需要先面對頑強的抵抗後才會取得成為主宰性信條的正當性。想加入改革陣營的人通常不會關心細節，或是探究他們的理念的極限或是危險何在。但很不幸地，像教育這種實際的領域，很重要的不是抽象的東西，而是實際執行上會面臨的政策焦點何在、某項作為程度應多寡等問題，而且我們無法從一堆理念中得出調配執行程度或比例的方法。例如，新教育早年的支持者要求我們要尊重兒童，但是要做到何種地步呢？會不會太過頭反而成為病態？雖然一九三〇年代起杜威自己開始警告大家對其理論不要過度詮釋或是過度簡單化，但是在稍後的著作中他還是承認執行某些項目上的分際很難掌握，過與不及都會扭曲他的原意。

3.兒童的自然與神聖天性

杜威與他同世代的人對於兒童的想法受歡迎的原因，可能來自於西方文化中的浪漫傳統，這個傳統就像達爾文主義一樣吸引人，或是更甚之。對兒童這個概念最精緻深刻的描述見諸於歐洲的一些思想家，他們以浪漫的觀點來看待兒童——杜威有時會帶著敬意地引用盧梭、佩斯達羅茲（Pestalozzi）與福義柏等人，同時也會引述愛默生，他的〈文化〉一文啟發杜威不少。二十世紀初教育改革者所提出的理念具有浪漫色彩，這是因為他們將個人的成長與社會秩序的要求做了對比，前者指個人的感性、想像力與成長的迫切性，後者指知識、道德禮儀與個人在社會生活中所需具備的能力。他們希望能在人為的社會建制下教育出自然的兒童。對他們而言，每一個兒童帶著榮耀來到此世界，所以老師的神聖責任是讓兒童保有天生的自由，而不是將一堆規則強加在他身上。他們希望兒童能夠在自然中長大，在活動中學習，而不是竟日被灌輸只對大人有意義的社會習慣，或是閱讀與學習大人所制訂的、而不是他們有興趣的東西。[8]

二十世紀初時，這種教育觀點在西方思想界又開始流行，其中又以美國接受度最高。美國一向對兒童放縱——十九世紀來到美國的旅行者一致地同意此點。更且，美國的教育體制因為較有彈性與自由化，所以對於新想法不太抗拒，而歐洲因為教育體系很傳統，所以無法如此。美國的福音信仰傳統也與此有關係：「新教育」者的用詞中包含了「拯救」每一個兒童，而他們也認為每個被「拯救」的兒童未來會「救贖」文明，就是明證。一八九七年時期的那些年輕教育改革者，誠摯地相信好的老師會把「真正上帝的國度」帶來。

如果我們注意那些「新教育」改革者的聲明中，所強調的自主性、本能、活動與天性等詞語的弦外之音，我們就會知道教育的問題現在是如何被表達出來了。兒童同時是一個自然與神聖的現象——此處，達爾文之後的自然主義與浪漫傳統連結在一起了——而兒童那些自然的需要與本能，成為教育者不應該冒犯褻瀆的東西。

我們現在可以來好好地咀嚼「新教育」的核心理念了：學校的教材不應該是順應社會的需要，也不應以造就一個智識者作為目標，而是應該配合兒童的需要與興趣。但是這並不僅是消極的警告而已——意味教育不能忽略或無視兒童的天性，如果這樣說，就沒有多大意義。它其實表示兒童的天性應該作為教育過程與目標的積極指引——兒童會自然且自發地顯現出他們的需要與興趣，而這些就應該成為設計教育過程時內在的精神指引與教學靈感的來源。

一九〇一年時赫爾寫了一篇文章〈兒童教育研究所推薦的理想學校〉，討論理想的兒童教育原則是什麼。他說，他很想要「暫時拋開現行所有的措施、傳統、方法與哲學，然後考慮如果教育完全立基於對兒童天性與需要的全新理解之上，則會是如何？」，簡言之，他想要除去傳統的教育觀念，這些都是從陳舊的歷史中傳下來的。而現代的兒童教育研究的成果遠較有用。從字源上來看，學校（school）這個字表示休閒、不用工作，也就是伊甸園所指涉的無憂無慮、不用工作以為生、類似天堂這種意義的無限延伸。果如是，則學校意味著健康、成長與繼承，「它的一小部分就需要很多很多的解說」。

因為兒童的健康、閒暇與成長所具有的神聖與自然性格，所以我們只要占用他們的任何時間、要求他們學習任何東西前，都必須先謹慎地試驗，確定沒有壞處後才能施行：

> 我們必須克服對於字母、乘法表、文法、度量衡等的戀物癖與對書籍的莫名崇拜感，而且需要想想……當初人類發明字母不啻是在腦中裝了利刃折磨自己，查理大帝

與一些偉人其實並不識字，學者也說但丁、莎翁筆下的知名女主角甚至聖母本身都可能不識字。中古的騎士是他們時代的菁英與領袖人物，他們把讀寫看成是小文職工作人員的把戲，偉大的腦袋不需要花時間去了解別人想什麼，因為他們自己的想法就已經足夠好了。

赫爾受過他那時代最好、也是很傳統的教育——曾就讀於哈佛以及德國的著名大學，所以當然，沒有人會想像到他竟然認為「新教育」應該是以顛覆智識傳統為目標。[10]他的看法的重要性，在於他相信兒童的成長有一個自然且正常的途徑，而不是一味地啃書本。他提出的某些建議尤其有道理，[11]而另外一些至今還在執行，成效不錯。有趣的是，帕克很注重學習文法，而赫爾則認為即使注重自然發展，也無須除去對古典語文（希臘、拉丁文）的學習。他認為，至少一部分兒童可以學習這些。他的這個理論至今快一世紀了，但我們現在回顧起來會覺得特別有趣或奇怪，因為他認為他完全知道，這些「困難」的科目要讀到什麼程度叫做「自然」的。如果要教授這些已經不使用的語言，則拉丁文至少要在十或十一歲前開始，而希臘文則不能晚於十二或十三歲。可是一個世代以後，多數「新教育」的主張者已經不贊成再教這些科目了，而他們若是看見赫爾的提議在小學時教這些科目，一定也會被嚇到。

赫爾認為我們應根據科學性地研究兒童教育的結果來制訂政策，其實是明顯有烏托邦色彩的。他曾獲得大量的研究經費與進行過五年的實驗，因此「他完全沒有懷疑或害怕」，深信可以開發出一個能滿足改革者也能說服保守派的學習規劃，「因為最好的課程都在其中了」。

但是這樣的設計，可能在教育學上的意義大於知識學習上的意義。因此就有一點兒像是宗教改革，它主張安息日、《聖經》與教會等都是為人而造的，而不說人是為了它們而存在的。因此這樣的教學設計，的確合於現代科學與心理學的理論與實踐，它會讓宗教與道德更有效；且更重要地，會使學校教育中的個體性更昂揚，[12]因此有助於民主，也會有助於讓整個國家民族的素質提升，讓藝術、科學、宗教、家庭、國家、文學與每一個社會部門都更良好發展。

4.「成長」被無限上綱

因為「新教育」有著浪漫主義與達爾文主義的背景，因此我們很容易能理解為何杜威認為教育就是使受教者「成長」。杜威認為這種對於教育的定義並非是隨意的，也不是空泛的隱喻，它代表了對於教育過程本質的定位與重述。在杜威的《民主與教育》一書中，有一段話經常被引用，這段話代表了杜威文筆的難以理解，也代表了他認為將教育視為「成長」有

多重要。他寫道：[13]

我們一向關心「成長」的條件與意義……當人們說教育是發展時，則最重要的繫乎發展應如何定義。我們認為生命是一種發展，而發展、成長，就是生命。如果把這話以教育學術語表達，意為：一、教育過程沒有除了它本身以外的目的，它本身就是目的；二、教育過程就是不斷地重組、重建與轉換的過程……現實上除了成長以外沒有成長，除了教育以外沒有比教育更重要的……所謂教育就是不論年齡，提供成長或是充實生命所需的條件。成長是生命的特質，而教育等於成長，所以教育就是最終的目標。學校教育的優劣端視它能提供多少追求成長的動機與促使此動機實現。

我們來看看以上這些話的意涵：它告訴我們不要把教育看成是「如同成長」、或是「與成長有關」、或是「屬於成長的一種模式」。它要我們認為「教育即是成長」，「成長即是生命」，「生命即是發展」；且最重要的就是不要給教育任何目標，因為除了更多教育外，教育沒有其他目標。「教育的目的就是讓每個人追求更多教育」。[14]

乍看之下，「教育即成長」這個觀念似乎無可抗拒。當然教育不可能是「反成長」，即是縮減。但是若說教育即是成長，那就似乎假設學習過程與自然之間應該有某種關聯。但這樣的看法其實不太容易衡量其真確性。我們一般都會認為教育是累積性的，它會讓我們增加心智能力、提升格調與擴大視野，也就是讓我們變得更充實更「大」。但也有人說，如果視教育為成長，會給我們帶來無盡的問題，而且我們相信杜威的跟隨者已把這個觀念搞成教育史上最難理解的比喻之一。成長是一個自然且生物性的過程，但是教育是一個社會的過程。小孩子的成長是自然的，只需要正常的照顧與營養就可；成長的最後結果大致上由基因決定，但是教育的目標卻由人來決定。當我們規劃小孩的教育時，我們可能思考是否讓他學習兩種語言，但是我們在想到小孩的成長時，我們不能規劃他是否應該長出兩隻手。

成長是一個生物性的概念，且以個體為單位，此概念很自然地讓我們從教育的社會化功能轉向個人化功能，不注重兒童在社會中的角色位置，而是讓他在社會的壓力下能夠追求或實現他自己的興趣。[15]這種成長的概念使得教育思想家將自我決定、自我引導的成長對比於由外部塑造出的成長，前者是好的，後者不好。杜威哲學的追隨者，很反對別人將他們的教育思想看成過度重視生物性的與個體，忽略了社會性的與集體。他們認為，沒有人比他們更強調教育過程中所包含的社會性，與教育過程最終時所具有的社會功能。

但是，問題可能並不在於杜威他們對於教育的社會面向缺乏關注，而在於強調個體成長的觀念，已被這些執迷於「以兒童作為學校中心」的教育思想家用來綁架教育政策。雖然杜威自己並沒有接受兒童與社會的終極對立說法——事實上他希望二者能取得和諧——但是

「教育即成長」這個觀念實際帶來的衝擊乃是，提高了兒童的地位而貶抑社會的傳統，因為兒童的成長代表健康，社會的傳統（包括課程傳統）則代表過時與對兒童過度威權的要求。然而曾有一位著名的教育心理學家反對這種看法，他認為「社會的權威對小孩並不是行為的規範。每個小孩靠自己的經驗來判斷。每個小孩對整個社會所建立起的行為規範有他自己的看法，他同意時才會遵循。」[16]

杜威的支持者與批評者都常認為他贊成教育不要有既定方向，但是杜威其實從來沒有如此說過。關於這點他表達得非常清楚。在早期與稍後的教育著作中他都說，如果兒童沒有人引導，無法有適當的教育成果；並不是兒童的每一個行為、外顯的興趣或是突發的衝動，都是有意義有價值的教育線索，老師必須在不用「填鴨」的方式與強行加諸外在目標下，想辦法引導、管理與開發學生顯現出的學習興趣與衝動。[17]

杜威的困境其實來自另一面向：因為他一直堅持「教育即成長」，教育除了不斷追求更多教育外不能有其他目標，因此社會無法透過老師來指導或是管理學生的學習興趣或衝動。教育專家希望老師給學生指引，了解學生的需要、學習興趣與衝動，但是不去涉入學生應走的方向。[18] 學生的學習興趣與衝動應該被鼓舞繼續發展，但是往哪個方向呢？如果要預知往哪個方向適合，則必然得先有一個教育目標，以及大人對於小孩應該知道什麼、應該成為什麼的預測。杜威主張，「讓小孩的天性自然發展到其應有的方向」，[19] 但是如果有這個「方向」的話就表示前方有一個小孩現在看不見的目標存在。因此，雖然進步教育在教學方法上很令人耳目一新也很有效，但是對於教育的目標卻常是模糊與無能為力的；它的教學方法是極富價值的，但是對於應該用在何處，卻語焉不詳。它對於啟發兒童學習的興趣很成功，但是這些昂揚的興趣有時卻替代了學習本身。所以當進步教育愈是對於其教學技巧有明確的信心，則愈是對於教學的目標說不清楚——也許此正是美國式生活的寫照吧？

如果以「教育即成長」的概念來看，杜威對於課程的模糊以對是可以理解的。當然，他在專業生涯中寫了很多關於課程的文章，但奇怪的是，從他主要的教育著作中很難看出他認為好的課程應該是如何的，或是他為美國的學生設計了什麼可供選擇的替代課程。他沒有提出課程建議，當然與他一貫主張的教育不應該預設目標是一致的，因為教育唯一的目標應是繼續教育。當杜威寫《民主與教育》時，他相信現行的課程安排「一直被傳統所束縛」，所以「需要經常地檢視、批判與修改」。他也認為，課程「也許反映的是大人而非兒童或青年的價值，或是前一世代而非現今的價值」。有些人認為課程應該反映兒童的需求，而且因為專家建議課程應該常態性地檢討，所以即使沒有每年修改，也應該隨著每個世代做修改；在此點上他似乎很支持這些專家的看法。[20]

在尊重兒童學習興趣這件事上來說，杜威是完全坦率的：「只要某一主題具有吸引力，就無須問它的優點何在。」此處他讓讀者看見他少有的具體說明：「我們不能因為拉丁文有其作為一門高深學問的抽象價值，就認為這是學校應該教它的理由。」當然我們很容易會同意此點，但是杜威繼續指出，「也不要因認為拉丁文將來可能會有用而覺得應該教授它。」「當兒童真正想學拉丁文時，它自然就有價值了。」[21]

這樣的說法當然不能算錯，因為杜威只是說如果兒童主動自發地學習，那麼這就是值得的。但這不表示兒童會想要讀任何讀起來愉快的東西。杜威曾在著作中警告教育界，不要因為某些東西讀起來愉悅、刺激或是簡短易讀就讓兒童讀。[22]但也因此，我們很難避免這樣的結論出現：如果兒童應該學習什麼內容都端視當時情境而定，則為了制訂課程需要而對某一學科進行長期評估就非常困難。杜威以為，從理論層次來說，「並沒有一個價值序位供我們參考」，因此，「我們無法建立學科間的重要性排比順位」。[23]

所謂順位就是指分辨各學科對所有學童具有的功用。但是我們很容易說，任何一門學科都很重要——就像「全國教育協會」所說的；「數學與機械、藝術與農業、歷史與家政都一樣重要。」如果有這麼一個學童「真的很想」學拉丁文，則杜威認為這就是它有價值的證明了。如果我們用「汽車駕駛」與「美容保養」課程取代拉丁文，因為前兩者對學生都很有吸引力，那麼我們就可看見教育界好似在玩弄杜威的理論了。杜威自己可能不會做這樣的替代，但是在他的理論下這是可能出現的狀況。

因此，總的來說，杜威哲學對於課程設計的影響是個災難。即使我們知道，看待關於學科重要性的階序，應受到當時環境與條件的影響而不能太僵固，但是我們在規劃長期的課程安排時，心中卻一定要先有這樣的階序概念，因為低年級的某些課常是修習高年級課程的準備。對小孩來說，急切想學拉丁文或是任何一門學科，絕對不是「正常與一般」的。用杜威的話來說，兒童會自發地「想學」拉丁文，是只有當大人們已有規劃：如果幸運地能有兒童願意選讀拉丁文，則應該從幾年級開始提供這種選擇時，這樣一來才會有兒童會「真的很想」學拉丁文；當然也只有大人們先給予兒童社會上與智識上的成長經驗，他們才能真正地知道是否應該選擇研讀拉丁文，此選擇是否有意義。簡言之，大人們需要先對課程有某種信念，而且願意以此信念來安排課程。[24]然若以這樣的方式來安排課程，雖然給予兒童很大的選擇空間，但就會已超出杜威能允許老師提供的「引導」、「管理」的範圍了。

5. 教育如何實踐民主與其挑戰

杜威對於人的關懷，主要在於「成長」這個觀念，而他對於教育的社會功能，則是視其為鞏固民主的力量。雖然很多教育者把成長的概念拿來用作支持個人對抗社會，但是這並不是杜威自己的看法。他認為個人的成長與民主的社會秩序並無衝突，完全可以和諧。在他眼中，「新教育」絕不是無政府主義式的或是極端個人主義式的。從傳統束縛下解脫的兒童，還是會被教養成接受社會責任，這責任會是對於其他人與對於未來的責任。「新教育」對於社會責任的要求其實比舊教育更嚴格，因為它的目標是完全地實現民主。為了達成於此，杜威堅定地站在美國傳統下，因為往昔建立起公立學校制度的教育改革者也是以護持民主為務；杜威也與他時代的精神一致，因為進步時代最主要的信念就是促使美國民主的振興與擴大。

杜威相信傳統教育是建立在民主社會出現前的若干知識理論與道德信念上，所以如果民主社會中還有傳統教育的殘跡，就會阻礙民主理想的實現。從古希臘開始，社會就分成有閒暇的貴族階級與被奴役與勞動的階級，前者獨攬知識文化，後者竟日工作與學習實用知識。於是這情況催生出知識與勞動的致命性分裂。[25]

然而在民主社會中，每個人都有其社會功能，大家共享許多利益與目標，因此這種分裂有可能被彌合，社會也可以產生一種對知識的正確看法，就是每種勞動都有其相應的知識，也無分高下。因此民主與進步的社會「一定要有新的教育，施予個人在社會關係與社會控制上的能力，與能夠參與社會發展與變化時不致於失序的心智能力。」[26]

杜威從來不會陷入這樣一種天真的幻想，認為整個社會變遷的重擔是落在教育之上。他在《民主與教育》一書中說，光是老師的教導與稱讚，並不能使學生的心智與品德產生變化，這些變化需要的因素很複雜，例如也需要有關於「政治與經濟情況上的變化」。教育當然很重要，「我們可以將學校打造成我們想要的理想社會的雛形，學生在學校內習得的心態與行為，可以作為改造未來成人社會的基礎。」[27]這段話當然顯示了杜威代表民主社會提出對於學校角色的要求，但同時也顯示出他教育哲學中的一個核心問題：他必須先假設兒童的需要與興趣，會與我們未來的理想社會是一致的，不然的話，「教育即成長」這個理想，或是「教育即是根據成人理想社會來塑造兒童心靈」，這兩個想法都必須被拋棄，而後者顯然是從外加諸給兒童的目標。

杜威對於教育如何可以為民主服務的看法，與先前的教育改革者不同。這些改革者認為公立學校體系不但可以提升一般國民的社會爬升機會，也同時可打造出一群有素質的民主國家國民。他們認為成年人應該制訂教育政策，並且提出能滿足政策目標的課程規劃，從這點看來，他們是滿傳統的。但是杜威認為這樣不對，他於是提出另外一種有助於鞏固民主的教育方式，他認為會更精緻、更廣泛周遍與自然。也由於此，他的《民主與教育》在討論有閒貴族與勞工時，幾乎不提美國的階級結構問題，或是階級與教育機會間的關係，或是應該盡量普及教育以增加社會流動性與打破階級等問題。簡言之，他討論教育與民主間的關聯，並不從經濟、社會、甚至政治方面著手，除非是很廣義地論述；基本上，他是選擇從心理與社會心理學的角度談。從他看來，民主教育的目標就是兒童的社會化，兒童要養成合作而非競爭的心態，並且在受教育過程中「薰習」出服務的精神。

在書中，杜威一開始就批判以階級為基礎的教育體制，往昔因為有閒貴族階級與勞動階級的並存，才造成了抽象知識與實際效用的區分。打破這種類似知與行的對比，唯有靠民主教育體制才有可能，在此體制中不同家庭背景的兒童被混雜在一起學習，學校並不會複製社會中的階級關係。他認為，「民主不只是一種政體形式，而主要是一種社會生活體的模式，是大家共享生活經驗的一種共同體。」[28]因此，民主體制下的教育者，其任務是把學校打造成一個特別的環境，一個小的社會，雛形的社會，其中並沒有真正社會內的那些不好的特質。一個好的社會不會把它所有的特質都傳遞給下一代，「只會傳遞那些有助於形成更好未來社會的特質。」[29]

那麼，一個民主的學校有什麼特色呢？當然，老師不會是威權嚴厲、強迫灌輸東西給學生的。他會對於兒童自發性與天生的學習衝動非常注意，幫助學生把握住那些可以有良好發展的學習衝動，適時給予些微的指引。兒童在教育目標的訂定及執行上，也會扮演積極的角色。學習不是個人的、被動的，而是集體的、主動的；在學習過程中，學生學著如何分享觀念與經驗，如何相互體諒與尊重，以及如何合作。這些習慣將來都會帶入社會、改變社會；就如杜威所說：「社會規劃如何教導年輕人，而決定年輕人的未來其實就是決定社會自己的未來。」[30]

追求民主這個目標，當然會對教育的內容與方法產生深遠影響。當我們拋棄了「學習知識是有閒貴族階級專利」的想法後，早先的教育形態也跟著受到質疑，認為它不適合民主、工業化或是科學時代的需求。現代的知識傳播，要摒除傳統教育那種階級氣味。事實上智性的東西到處可見。「也因此，純粹知性的生活，也就是除學術與智識外別無其他的生活方式，現在不是那麼受尊敬了。學術不再是榮銜，有時會變成被責難的原因。」現在大家開始脫去「中世紀學究」的枷鎖——就是認為追求學問是我們本能知性的一部分，而求知慾、累積資訊並掌握語言文字也是天性；追求學問跟我們創造效用與藝術的傾向或衝動無關。

事實上，智性式的教育方式只對少數人有意義：「大部分人的心靈並不是被智識興趣所支配的。大家都只對實際的事物有興趣。」因此，很多年輕人學會了基本的讀、寫與算術後，就不再讀書了。另一方面，「如果我們不把教育的目的看成那麼窄，如果我們在教育內容中加入一些可讓喜歡動手創作的學生有興趣的活動，那麼學生就更願意來學校學習，因為學校的氛圍更生動、更富於啟發的氣味了。」杜威指出，教育已經朝這個方向前進，而當這些新趨勢「全面地、徹底地貫徹於學校體系」後，我們教育的未來就大有希望。「當兒童們被引導訓練成為學校這個小社會中的一分子，受到服務與奉獻精神的薰陶，也充滿了自我管理的能力後，我們建構一個和樂融融社會的願景就有了最堅實的保證。」[31]

杜威及其跟隨者在實現他們的社會理想的過程中，也就是破除成人的威權性格與推動社會改革的兩項目標上，很自然會碰到一些敵意。我們之前已提過，杜威支持老師在課堂上要做些指引，他所反對的是老師與學校單方面地設定教育的目標，因為「教育即成長」這個理念是不預設任何教育目標的。但是很弔詭的是，當教育者們愈懷抱有社會改革的理念，則愈明顯地可看出社會改革其實是一件「大人的事」，要實現它就不能寄望於兒童的參與合作。

大蕭條時期這事實就特別明顯。到了一九三八年，杜威寫了《經驗與教育》（*Experience and Education*）一書，書中他明白警告說，「新教育」使得老師不敢在教室內對學童做任何提議或指導，這已是走過頭了。他說甚至聽過老師完全把教材或教具丟給學生自己接觸摸索，因為他們覺得不應告訴學生該怎麼做。「既然如此，那為什麼還發教材呢？難道教材本身不就是某種建議或指引嗎？」杜威認為，老師還是該扮演團體活動裡的領導人角色，他應該在「為了團體利益」的立場下給予一些指示，而不是「為了展現自己的權威」而給指示。

有時候，對於老師應避免權威化的喋喋不休警告還是必要的——杜威害怕老師「強迫學童做一些事，其實那是老師設定的目的而不是學童自己要的。」杜威強調，「新教育」中最好的一件事，「就是它注重讓學習者參與訂定學習目的，因為這個目的決定了他的學習過程。」可是，他也說道：「學習目的之形成是一個非常複雜的思考過程」，然而他沒有提及的是，小小年紀的學童如何可能深度參與這個目的之形成。[32]他知道採行進步主義的學校，屢在規劃課程上遭遇困難，[33]這點他也著實頭痛；小孩子是否有能力參與課程規劃這種需要高度心智能力的工作，我們不知道杜威是否正是為此而煩惱？

杜威對老師權威化的焦慮，來自於他想要改變以往培養兒童順從心態的教育觀，我們現在還一直在努力改變它，但很困難。在教育上，杜威最不喜歡的一件事，大概就是養成兒童順從聽話的習慣。他認為「順從聽話」乃是源自大人社會的危險觀念，而老師正是大人社會的代言人。杜威這樣看傳統教育：[34]

> 培養順從感乃是它的目標，因此兒童的個體性被放到一邊，它被看成是品行缺點或是團體無秩序的原因。順從就等於全體一致化，也因此，大家被塑造成對於新奇事物缺乏興趣，不想要進步，害怕不確定或是未知的事物。

由於杜威如此地把老師視為對兒童自由發展的威脅，所以他看不出來其他的小孩也可能是個威脅。我們很難相信他真的想要從成人世界中解救小孩，因為他把小孩丟進了更富侵略性的同儕環境中。現在，杜威所嚮往的課堂上，幾乎沒有空間留給那些好學深思的兒童，對於他們來說，「新教育」把上學當成是社交活動的做法讓他們不適應。杜威寫道：「作為社會一分子，兒童需要設法融入群體活動中。」[35]因為在這樣的活動中，參與者發展出一種共同的意識。他會認為，「不合群或是不參與活動的小孩不是有點兒奇怪嗎？」[36]

> 依賴是一種力量而不是弱點，它表示了互相需要。一個人過度獨立會減低他的社會性格。獨立讓一個人自立，讓他自我具足，但也會導致疏離與漠然。獨立會讓人不重視人際關係，因此會誤以為自己可以一個人活著或是成就任何事情——這其實就是無名的瘋狂，也是這世界很多苦痛的來源，但這苦痛是可以醫治的。

在十九世紀的美國，這些話很可以理解。杜威年輕時所盛行的經濟個人主義，造就了很多獨立性強的人，他們雖然還不致稱為瘋狂，但是至少已是反社會的。有些老師有在課堂上威權化的傾向，在傳統的教育中他們當然有這樣的空間。在一九一六年時我們很難想像萊斯曼在《寂寞的群眾》（*The Lonely Crowd*）一書中所描繪的「與他人密切互動、深受他人影響」[37]這類型的人在兒童中會出現，或是課堂中與生活上成人對小孩的威權降低。今日，當我們悲嘆兒童缺乏順從性時，我們其實是悲嘆他們對同儕與大眾媒體的順從太多，而不是對父母與老師的順從性不足。現在我們也已知道，若大人權威過度弱化，它會帶來的問題不小於大人過度權威。

這些問題杜威在建立他的教育理論時並沒有想到，但是有可能他的理論會帶來原先意想不到的後果。有些教育者援引杜威「直接的」、「有效用的」與「社會學習的」這些原則來鼓勵學生在學校中討論這類問題：「我如何能夠受歡迎？」或是這類反抗父母權威的問題：

「為什麼我的父母這麼嚴格？」「我的父母太老派，我該怎麼辦？」「我該聽朋友的話還是服從父母的願望？」[38]這些話題都代表了將同儕壓力反映到課程內容上，但是以這樣的方式來修改課程這是杜威一定不能接受的。雖然同儕壓力與父母權威的對立真的是一個問題，但它並非是經由改革老派課程可以解決。

也許杜威太過於重視學習的社會面向。他與同時代的學者，如米德（George H. Mead），都關切如何建立學童心靈中本能的社會性格，而他們在此方面算是很成功的。但杜威的教育理論對這種心靈本能中的社會性格觀念也許過度適用了。如果心靈活動在本質上是社會性的，則我們當然可以說所有種類的學習都具有社會的面向，不是單獨指在教室中的學習。也許「新教育」者不願意承認，一個兒童獨自坐在教室中閱讀書籍其實也是一種社會性的經驗——也許性質稍異——它跟一群小孩在學校工藝教室一起組裝模型玩具是一樣的性質。在杜威的著作中屢屢出現這個特別的觀念，就是一件事之形成意義乃由於其社會性；但這個重要且有說服力的看法，有的時候其意義卻嬗變為所有的學習都必須在社會性活動中分享進行，這就令人懷疑了。[39]

更重要的一個觀念乃是教育過程與結果間的必然因果關聯性，尤其杜威這種提倡多元化與豐富人生的人，更會注意此問題。他們認為權威的老師與學校教育風格會造就呆板順服的兒童，而具社會性與親和感的學習卻會產生容易共處的人格，這樣的說法乍聽之下很吸引人，但是有時人生卻不是照著這種似乎嚴謹的因果規律而走。例如，難道杜威真的認為傳統的教育方式已經使得美國產生了「對新奇事物沒興趣、不在乎進步、害怕不確定與未知」的心靈嗎？立基於威權的傳統教育一定會製造出只知服從的小孩嗎？怎樣的教育風格必然產生怎樣的小孩嗎？杜威可曾想到，法國的啟蒙社會思想家伏爾泰（Voltaire）竟是由耶穌會所教育長大的？可想到極度威權的清教徒家庭教育出來的子弟竟然是近代民主很重要的支柱？認為教育過程與結果的關係，如同「怎麼栽就必然怎麼收穫」，其實是違反歷史經驗的。

最後，若是認為不應該把教育看成是為兒童的未來生涯做準備，而以為教育就是生活本身、教育就是試著生活、累積生活的經驗，則這樣的看法是有嚴重缺陷的。想要把學校中的經驗與外面的經驗連結起來，這樣的想法值得稱讚。但是杜威不只是說教育即生活，他甚至認為學校應該要提供兒童一個被篩選過的、模擬社會的環境，把社會中好的東西留下來，不好的除掉。但是，如果學校在這事上面愈是成功，則會離「教育體現實際社會生活」的理想愈遠。我們一旦承認學校中為學童設計的「環境」並非是整個社會的縮影，那麼接下來只好承認我們是「選擇性」地模仿外在社會，而這種做法就是以一種特定角度、外在目的加諸於學童；也就等於支持了傳統的看法，認為教育畢竟不是「複製」社會生活的事情，只是整體生活中的一部分——經過專業化後有其特定功能的一種活動。

如果「新教育」提倡者真的想要在教室中複製整個社會生活，那他們一定先要有一個關於什麼是生活的理想圖像。對於任何一個成年人來說，生活乃是成功、歡樂、競爭、輸贏、挫折與失敗等，當然有的時候人與人會合作。但是「新教育」提倡者並不認為這些東西應該在課堂上被「複製」。相反地，他們最大的希望是保護小孩子純真的感覺，希望他如有任何在成人社會中將會受到批評的言行，或某些成人社會的辛酸苦楚，他現在不會感受到。他們的立場很接近詹森女士（Marietta Johnson），她是「有機教育」的先驅與「進步教育協會」的創立者。她曾說過：「小孩不應知道什麼是失敗……學校應該順從小孩天性中發出的需要，而不是主動製造需要。如果學校中出現某個小孩輸了而另一個贏了的狀況，這種教育是不公平、不民主與反教育效果的。」[40] 她在阿拉巴馬州好望市（Fairhope）創設的實驗學校，被杜威夫婦在《明日的學校》（*School of Tomorrow*）一書中視為典範，其中沒有考試、評分、留級等，成功不是以學習完科目的數量或是持續升級來衡量，而是以學習時的努力與喜樂來決定。姑且不論這樣的教育是否比傳統教育來得好，但若說它與「生活」間的距離拉近了，則根本不對。

對於這樣的質疑，「新教育」提倡者提出了他們自認是滿意的回答：「新教育」並不想要讓兒童對於過去這種充滿自我個人主義、很辛苦的社會生活，認識更多或是更能融入，而是想讓他們知道現在或未來的生活是如何的，它應是一種人們之間更有社會性、更合作與更人性化的社會，這種社會更接近杜威所說的「今日的科學民主社會」。[41]

設計兒童教育以肆應他們的成長並且打造出新的社會，是「新教育」的重要目標，但追求這樣的願景卻只能使得這工作變得更困難。漸漸地，開始有一些「新教育」提倡者懷疑其實杜威並沒有能夠順利整合他所提出的兩個目標：教育即是兒童的成長，與教育即是重建新社會。博德（Boyd H. Bode）一九三八年時觀察到，以現在的狀況來看，「成長」這個信念「阻礙了老師對於需要一個社會哲學指引的自覺」。[42]如果要我們相信杜威已成功地整合了上述兩個目標，則我們需要見到兒童的天性與（不是每個人都能融入的）民主文化間的和諧。有些人因此認為我們應該放棄兩個目標其中之一：要就強調適應兒童的天性或是自發性的教育，要就強調教育是為了重新打造民主社會。畢竟兒童遲早會變得叛逆，所以我們很難假設他日後會想要改造社會，或是想要讓自己「浸淫在服務精神之中」。在大蕭條期間，所有主張教育可以幫助社會改造的人都承認，兒童並沒有這種熱情；也承認如果未來的社會要變好，教育者要先認識到所有的教育都至少需要一些「教誨」，教育過程中無可避免地需要用一些「外來的」目標加諸受教者之上。[43]以教育來重新打造社會的想法其吸引力並沒能持續多久，但是至少它讓一些激進的教育者開始察覺，學校體系中存在若干「外來的」（也就是大人社會的）目標是無可避免地。[44]

杜威在一八九七年時說，「教育乃是社會進步與改革的基本途徑」，但對於相信這觀念的人來說，可能無法以完全如他們所願的程度把這事交給兒童。

6. 杜威思想的烏托邦性質

杜威發展其教育理論的原因，是想藉著一個核心觀念來克服之前教育思想中存在的兩極對立觀念。他認為以下這些對比，例如兒童與社會、興趣與紀律、專業技藝與文化、知識與行動等，都需要化解或消融掉；這些對比本來是貴族社會的氣氛下所產生的，而在今日民主社會中應該可被超越了。這樣樂觀的心態對杜威教育理論很重要：他不認為這些教育上的對比是了解人類問題本質的線索，而是應該淘汰掉的不良文化傳統。當杜威出版他早期那些最重要的教育著作時，他認為這世界是一直在進步的。科學與民主會比人類往昔任何事物都好、都理性也都蘊含智慧。因此它們會是更理想教育的根源，同時也是受益者。

畢竟杜威的教育思想中有一股隱約的烏托邦思想成分——很多教育理論家認為這股烏托邦成分很吸引人。杜威的烏托邦思想並非立基於對一種理想教育制度的想像。他當然不會笨到替一個現在已經成型固定的社會擘畫一個藍圖，而他理論的要旨，也就是「教育乃是成長」、不斷的成長，當然不會贊成一個所謂的藍圖存在。他的烏托邦思想是關於方法上的：他認為那些傳統的兩極對立想法並不是實際社會的特質，需要改正或消除掉，它們是以往對這個世界錯誤的看法所導致的誤解。如果目標只是針對這些對立觀念想辦法消除它們，那麼效果將有限；但如果提高分析視野而去追查它們的成因，則有望將它們全數克服。

在這點上，杜威其實是呼應了他之前很多美國思想家對過去歷史的看法。他所使用的語詞，顯示出他認為整個人類的歷史充滿了錯誤，需要被改正。要讓現在的任何一項事業成功運作，就需要把過去殘留的缺點改正，教育就是這樣。在《民主與教育》一書中，他有一段非常雋永的話：「現在並不只是過去之後出現的時間而已……它乃是將過去拋在腦後的生命狀態。」也因此，研讀過去的文化產物無法幫助我們了解現在。重要的是過去的生活本身，雖然這些文化產物是關於這個過去生活的印記，但是這個印記是已死的——而過去的生活也即是超越更過去的一個過程。「要充分覺知現在，則了解過去及其傳統很重要，但反之不然。」因此如果教育的主要教材是研究過去的歷史，那就失去了連繫現在與過去的關鍵線索，「而且會讓過去與現在競爭，讓現在變成對過去無謂的模仿。」杜威於是推出了他論述的最關鍵點：「這樣一來，文化成為點綴，成為避難所。」[45]它因此失去成為改造社會的動力，一個改善現狀與創造未來的動力。

因此我們要再度把焦點放在兒童身上，因為兒童是走向未來的關鍵；兒童可以把這世界從它沉重的過去中解放出來。但是首先要讓兒童自由——也只有在一個適合的教育體制下才能真正得到自由——脫離這個世界對他的壓迫，脫離文化中陳腐的東西，脫離社會對於學校體系的框限。當然杜威自己很務實地明白，以兒童自發性的學習興趣與衝動作為這個教育過程的指引，是有其極限的。但是正好就是這個學習興趣與衝動讓美國的教育者感到興趣。杜威要讓兒童從過去歷史的枷鎖中解放出來，好讓兒童可以用新的方式來面對過去的文化，美國的教育者因此把他的立場看成是貶抑過去的文化，也認為他的理論旨在促成能夠解放兒童、並使他們自由與充分成長的教育計畫。杜威的理論將兒童放在教育的最中心，也將教育當成是無止境的成長，他主導了美國對教育目標的討論，而即使花了四分之一世紀的時間來澄清，他還是擋不住對他理論之誤用所造成的「反智」傾向。

像佛洛伊德一樣，杜威將社會教化年輕人所用的規則、禁令與習慣等，都看成是一種對他們強加的束縛。但是杜威的立場較佛洛伊德稍微樂觀。佛洛伊德認為個人社會化的過程不但會阻礙他自然本能的發展，也是無法避免的悲劇。但是杜威認為社會毀了兒童的「彈性」與「自由」特性，而這些正是他們改變現存傳統的力量來源。僵固嚴肅的傳統式教育往往會抹殺兒童鮮活的好奇心與想像力，因而成為「剝削無助的年輕人的一門藝術」，[46]亦即教育成為社會扼殺其自身內具有推動自我改造能力之部分的一種藝術。對杜威來說，這個世界給兒童帶來災難，但是這個狀況可以藉助適當的教育過程來避免；對佛洛伊德而言，世界與兒童是完全對立的，這種對立雖然可以被扭轉，甚至可以某種程度地在細節處改善，但本質上這個對立是無法克服的障礙。[47]

超過一個世代的激進教育實驗證明了佛洛伊德的理論。舊教育的一些缺點被成功地改正了，但是其他問題反而被「新教育」所強化。在「新教育」下，兒童對於成年人獨斷命令的服從降低了，但是同儕壓力現在成為嚴重的問題。老師獨斷的威權減少了，但是改為有技巧的、微妙的操控，當然這源於採行「新教育」法的老師的自我欺騙，同時也激發了學生的反感。學生害怕課業失敗的心理依舊還是有，有一些消除它的機制並未生效反而令人沮喪，因為它們設計不良。

杜威對教育最後的論述裡，他觀察到「老式教育機構一心想要把新的機構改變成像它們一樣」。他頗為滿意一些進步教育做出的努力，但是也承認他的一些想法與原則後來也會受制於制度化而變質。例如「在師範學院及一些地方，他的想法常被用一些制式的主題或原則所代表，變成一些標準化程序讓學生記誦……」又是記誦與標準化過程！他說，這樣訓練老師「是用錯的方法來教對的原則」。杜威最後一次鄭重告訴這些學習進步教育的老師，正確的訓練方法才能造就出老師應有的性格，教給他們什麼主題或是教學原則卻無法讓他們變成好老師。遵循好方法，那麼民主社會可期；如果採行「威權原則」，教育就會「扭曲摧毀民主社會的基礎」。[48]因此，追求好方法的努力會一直持續，這個好方法其實就是：制度化某些反制度的方法。

第六部分

結論

第十五章　知識分子：與社會疏離或被同化

1.智識分子與主流的「和解」

雖然各種形態的「反智」持續地充塞在美式生活的各個層面，但同時，智識這種東西已經有一個新的、正面的意義，而社會也比較接受知識分子了，甚至在某些方面，他們的地位提高了。但是這種「接受」並不十分好受。知識分子早已習慣被拒絕，而且多年來他們一直有一個強烈的制式反應，就是社會對他們的拒絕會是長久的，所以很多人甚至開始有一種感覺，就是在此情況下最有尊嚴與最合宜的反應，就是保持與社會的疏離。有趣的是，他們害怕的竟然不是被社會拒絕或是對他們公然的敵意，因為他們早已學會面對這些，也幾乎把這個當成是他們必然的命運；他們害怕的是失去了疏離感！很多年輕、雄心勃勃的知識分子最怕的是，如果他們漸漸地被重視、納入社會而被任用，他們只得被同化，不再有創意或是具批判精神，因此就不再真正對社會「有用」了。這就是知識分子所面對的兩難——他們固然痛恨「反智」，也把這看成是社會中嚴重的缺點，但是對於社會的「接納」，他們卻感到頭疼，而且對於如何面對這狀況，有很深的內部分歧存在。因此今日在知識分子群體內最大的爭議，來自於如何看待以往的疏離與現在的接納。我們先來看看，如果試著分析這問題的現況與回顧知識界過往的地位，能給我們什麼幫助吧？

面對一九五〇年代的普遍「反智」運動，知識分子群體，尤其是那些中生代與老一代，並不像一九二〇年代時的前輩一樣，想要對美國社會的主導價值進行反擊。相反地，即使在他們被嚴厲攻擊與被指控為對國家不忠之際，他們仍很諷刺地「重新擁抱美國傳統」，連當時的麥卡錫主義也擋不住他們：他們深怕麥卡錫與他的暴民黨羽會摧毀某些美國的傳統價值，而這就表示了他們對這些價值的重視。有些挺麥卡錫的老式且聞名的保守派參議員，就被認為是美國傳統中具有正直人格的代表。

在一九五二年時，代表美國知識分子立場的《黨派評論》（*Partisan Review*）雜誌的編輯們為知識分子群體的立場發出了類似半官方的訊息，因為他們連續幾期刊出一個重要的研討會的內容，這個研討會名為〈我們的國家與我們的文化〉。[1]他們認為，「美國的知識分子現在用新的方式來看待美國及其制度了……很多知識分子或寫作者現在感覺與這個國家和它的文化更親近了……不知道是好還是不好，現在他們中大多數已經不認為疏離是宿命；相反地，大家很想要成為美國生活的一部分。」

編輯針對二十五個研討會參與者，問了關於美國知識分子與這個國家間關係的一些問題，受訪者中絕大部分都說他們知道知識分子與這個社會正在「和解」（*rapprochement*），而且也樂見於此。然而他們對於這種回答是有一些但書與限制的，如果忽略這點，可能會過度樂觀也誇大了他們的肯定。但總體上他們的答覆，畢竟是顯示一群過去極度疏離的知識分子現在改變態度了。過去大家總是習慣於「讓疏離繼續惡化」，但是現在多數回答者認為，這個態度是不對的。他們之中有些人強調疏離其實是種愛恨交織的複雜情緒，過去有一些偉大的作家與思想家在對美國社會抗議的同時，卻也夾雜了對這個社會的深刻認同與對其價值的強烈肯定——我們經常可以見到，偉大的成就輒引來抗議與肯定間的拉鋸。

知識分子應該扮演批判與不隨意與社會同流的角色，大概沒有人否認這是有價值的事，也沒有人會認為知識分子應該放棄這角色，而成為社會現狀的傳聲筒或擁護者。大家都承認，現在美國的知識分子已經不再將他們的國家看成是文化沙漠而想要逃離了，或是在對比於歐洲時將美國視為「帶著青少年的羞赧」這樣的地位。比起二、三十年前的同行，現在的知識分子在美國已經很有安全感了，他們已經能接受美國的現狀。有一位寫道：「我們正目睹美國知識分子階層的布爾喬亞化過程。」不是只有知識分子改變了，這個國家也改變了，而且是變得更好。美國在文化上更成熟，不再處處仰仗、受教於歐洲。有錢與有權勢的人已學會接受、甚至遵從知識分子與藝術家的看法。也因此，美國已成為知識分子或是藝術家樂於在此創作的地方，而且在此地創作的報酬還不錯。所以，有一位研討會參與者甚至說（他起初還感覺這個研討會是帶有一點兒自滿氣味的）：「現在如果還宣稱美國是沒文化的地方，就太愚蠢了。」

2. 對「同化」的反抗

在這二十五位研討會參與者中，只有三位——郝爾（Irving Howe）、梅勒（Norman Mailer）與米爾斯（C. Wright Mills）——完全不同意大家應該默認美國現在出現了問卷中所指向的「和解」；第四位，史華茲（Delmore Schwartz）則認為一定要抗議「知識分子間現在所流行的願意同化的心態」。這四人都認為，「重新擁抱美國」就等於向目前的保守主義與愛國主義的壓力投降，也無異於投向舒適與沾沾自喜的懷抱。研討會主題所用的字眼，「我們的國家」與「我們的文化」激怒了這四人——米爾斯說，「這是屈服於現狀」，「軟弱與焦慮下的順服」，用這樣的字眼簡直是「想盡辦法苟且地尋求合理化這種投降觀點」。老一輩的知識分子還記得三〇年代、甚至二〇年代時的文化爭論，在他們看來，現在的做法等於是宣布放棄他們曾經「被誤導進入」的疏離立場，但對於稍年輕的人來說，這樣的立場無異於犯下守舊不化的道德錯誤，令人無法理解。

兩年後有人正式在這個雜誌寫文章抗議當年所揭示的「主流」立場，這是由時任布蘭戴斯大學（Brandeis University）教授的郝爾所發表的〈現在這個同化的時代〉（This Age of Conformity）。[2]他認為這個研討會就是「知識分子們朝向文化妥協時步調不一的一個表徵」。他說，「晚近資本主義已經替知識分子找到了一個榮譽位置」，所以他們並不反抗，而是樂於選擇「投入祖國的懷抱」。因此我們多多少少都算是「同化派」，即使有人還想要堅守立場，他們批判的力道也變得「溫和負責，而且馴良」。大眾文化產業與大學數量的大增，都讓知識分子被吸捲進入現在的經濟體系中，由於冷戰以及國際情勢，這個體系將會永遠是個戰爭經濟。「因此美國社會裡智識上的自由正受到嚴重地破壞，大體說來知識分子根本沒有站起來堅決捍衛他們的言論思想自由權利，而往昔這個權利乃是知識分子存在的前提。」

郝爾對這種歸順與同化現象的攻擊其實淵源久遠：看看波西米亞人吧！法國小說家福婁拜（Flaubert）曾說，波西米亞「是我們這類人的故鄉」，而郝爾也相信這種思維與生活方式乃是美國文化創造力的先決條件。「美國智識生活中最活躍的時期，與波西米亞式世界觀的興起同時」，郝爾如此主張，他並且說：「麻州和諧鎮（Concord）[3]也是一種波西米亞，穩重、顛覆與超越同時出現。」波西米亞曾經是把藝術家與作家們團結在一起的一種策略，這樣他們才能夠集體對抗這個世界或征服這個世界，可是現在它的角色不復存在了。「波西米亞作為我們智識生活的氛圍，它漸漸地消失了，而剩下的只是刻意做出來的或是虛假的」。波西米亞的消逝，對於知識分子影響很大，它導致了「很多知識分子的寂寞感與隔絕感，這些都窒息了自由主義式的樂觀主義。」曾經，年輕的作家們一起在都會的角落裡面對這個世界，但現在他們「住到郊區舒適住宅與大學城中去了」。

郝爾說，我們不是要訓斥任何知識分子「出賣了理想」或是呼籲大家遠離物質主義的誘惑。重要的是，「這些慢慢地腐蝕我們堅定與獨立的性格」，一連串小的妥協會慢慢造成大改變。「最值得我們警覺的是，知識分子這個行業——把生命奉獻給商業文明所無法實現的價值的人——漸漸失去吸引力了。」從郝爾看來，對抗商業文明這場戰爭本身就代表了一種價值。我們以往一直認為藝術的價值與商業間的矛盾是非常大也很急迫的問題，但如果現在改變了，「那麼我們等於拋棄了二十世紀中最好的文學、批評與抽象思考的成分。」

郝爾悲嘆「以往那種讓我們較容易抵抗商業物質文明的自信都不見了」。他特別對於研討會中屈利靈（Lionel Trilling）提出的看法表示反感，後者說一九五〇年代的文化風貌即使有缺點，也比三十年前好。郝爾認為，「任何將一九二三年那種自由昂揚的文化精神與一九五三年沉寂的文化界做比較，或是比較兩者的文學成就」，都只是博君一笑的樂趣而已。如果金錢收買了知識分子，那是因為知識分子已經溫馴了，不再像大家想的一樣挑戰金錢了，在財富之前「顯得衰竭無尊嚴」。知識分子比以往任何時候都無力，尤其是那些新現實主義者，他們「追逐權力，放棄了表達的自由卻只是個政治上的跑龍套。」因此當知識分子「被吸入社會的建制時，他們不但失去傳統的反叛精神，從某一方面看他們也已經不能稱為知識分子了。」不管做什麼都會比出賣他們的智識好：「例如完全遠離權力與名望，或即使對現行文化的盲目批判，也比為了錢而屈從於人好，因為至少也是自由自在地發聲的人。」

郝爾的文章並非僅代表他個人，其實是左派知識分子的宣言。若干年後有一位年輕的歷史學家巴力茲（Loren Baritz）從類似立場來反省社會科學，他表達這樣的信念：「任何知識分子如果一味贊同他的社會，則無異於知識娼妓，也背叛了他所承襲的傳統。」他提出這樣的問題：「是否知識分子在定義上就意味著他必須永遠是一個批判者？是否他有可能遵從社會的潮流又同時忠誠於他的良知與智性？」[4] 因此他呼籲，知識分子應該退出任何社會權位：「如果知識分子被吸入社會權位中，那麼他可能冒著被社會吞噬的風險……當他接觸權力時，權力也會接觸侵蝕他。」正確的做法應是刻意地遠離任何社會權位：「當知識分子向權位負責而不是向智識負責時，他的心靈會失去至少一部分自由與彈性，而這些是他身為知識分子最基本的配備。」如果知識分子退回到象牙塔中，那必然是因為「社會責任的需要，中立態度的需要，以及隔絕與疏離帶來的自由之需要。」

3. 十九世紀的巨頭文化

我們若看看貫穿該期《黨派評論》的立場，再看看對此持異議學者如郝爾等的說法，就會發現其實這是兩種古老而熟悉的對話聲音。西方世界知識分子，二百年來一直有一種對疏離性格自覺性的關懷，這絕不是今日美國知識分子獨有的。在中世紀，知識分子的生活與創作不是與教會、就是與貴族密切相關，或是兩者同時有。因此，經常性地與社會疏離是少見的。但是從十八世紀開始的現代生活，有著新的經濟與社會環境，也孕育出新的精神意識。西方早期資本主義的醜陋面貌、物質主義與對人的剝削，使得有識之士深覺不平。藝術家與知識分子的作品與思想，不再由貴族來支持，轉而受到市場機制的宰制，這使得他們進入了與中產階級間的尖銳而不愉快的對抗。知識分子當然在各方面都對這個新的布爾喬亞世界不滿——他們始終浪漫地堅持社會制約下的個體性、波西米亞式的團結與政治上的激進。

郝爾在尋找歷史上這種知識分子的著名先例時，他首先就想到了福婁拜，這位不斷地挖掘法國布爾喬亞階級之愚鈍的作家。[5]在英國，阿諾用稍不一樣的方式在《文化與無政府》一書中同樣針對市場分析了知識分子的處境。而在美國，某些超越主義派人士（the Transcendentalists）持續地關注現代社會中的「個人感性」（individual sensibility）所面對的困境。

就如每個國家都有自己的布爾喬亞發展歷史，每個國家在這個問題上也有自己的情況。美國知識分子產生疏離的歷史背景，使得不妥協的完全疏離在二十世紀知識分子眼中看起來是正統的與標竿的。因為在十九世紀美國的社會中，那些被社會接受認可的「典型」作家是些微疏離的，而前衛作家則是極度疏離。我們可以如此描述十九世紀中葉當時的美國社會，即使那些被認為「歸屬」於這個社會的知識分子，也並非真正如此「歸屬」。因此，在今天，對某些知識分子來說，他們對於自身角色的認定受過去歷史的影響，所以他們會對於知識分子與權力結合而功成名就覺得可恥。

但其實情況並非總是如此。在美國初期歷史中，有兩種知識分子具有權力，一是清教徒的牧師，另一類則是建國始祖們。但是最後他們都失去權力，一部分是由於自身的緣故，一部分是由於歷史環境的變遷。然而他們也都留下了各自的影響。清教徒牧師創立了新英格蘭的智識主義傳統；如果新英格蘭人成群地大規模向外遷移時，就會把這個傳統擴散，而成為美國整個十九世紀甚至直至二十世紀蓬勃智識風潮的主因。[6] 雖然清教徒也有他們的缺陷，可是他們至少敬重智識，而且培養出堅毅的精神，這對於成就卓越智識是必須的。當這種精神顯現時，經常會有鼓舞與振奮的效果。

而建國始祖們的影響也同樣的重要，他們留下的遺產其實深受清教徒思想的薰息。從殖民地獨立的過程中，民眾們努力擺脫殖民地位而打造新的認同感，知識分子扮演的角色很重要。這場美國啟蒙運動，領袖們發揮了很大的效果：他們給這個新國家一個融貫完整而可行的價值體系，給予其認同上的定義，給予其歷史上的定位，提供國族存在感，以及一個政治體系與政治規則。一八二〇年後，原本的共和秩序已經被一連串的經濟與社會變遷所摧毀；這個共和秩序曾歷經了革命與制憲，而聯邦黨人與傑佛遜派的人也都在其中成長。當美國經歷了逐漸向西部擴張、工業急速發展、政治上漸趨平等、南方力量的下沉後，原先領導與控制美國民主政治的貴族階層愈來愈沒落了。教會的信友與福音派人士早就已經使神職人員體系瓦解。而現在一種具有新政治風格的新型民主領袖，將要把「商人律師集團」（mercantile-professional class）趕出領導位置，就像新的工業家與行銷專家會在商業界中把他們趕走一般。

現在還未被社會變遷浪潮橫掃到的只剩下有錢有閒、有文化的仕紳階層，他們已經沒有影響力，但是他們是文藝與文化機構的觀眾與贊助者。他們閱讀「標準」的作家所寫的東西，訂閱知識分子們常看的雜誌，贊助圖書館與博物館，將子弟送到老派的學院讀古典的博雅教育課程。他們有自己的溫和社會抗議的傳統，因為他們還是懷抱有貴族的氣味，所以跟各處紛紛呈現的人民民主的一些草根特性不合，他們也有行為上的矜持與品味，所以也跟那些資本家新暴發戶與莊園主的物質主義格格不入。美國最精采的道德批判傳統就是一些硬頸的仕紳子弟所建立的。

但我們若以為這些人繼承了舊共和秩序下的若干質樸傳統，由建國始祖們體現的傳統，那我們馬上會看見這些人有著貴族階級所具有的氣味與偏見，卻沒有他們擁有的權力。舊共和秩序領袖們的思想，雖由後續的貴族階層所繼承，此時已變得缺乏精神與動力。接續建國始祖之文化的是「巨頭」（mugwump）文化——「巨頭」文化並不是僅指傳統上所稱的鍍金時代（一八七〇至一九〇〇年）上層社會提倡的改革運動，同時也指沒落貴族階層的文化與智識風貌。在整個十九世紀，這個階層是美國知識文化界主要的閱聽大眾。[7]「巨頭」文化受到新英格蘭影響很大，且從清教徒繼承了莊嚴與高尚的風格，但是卻後繼無力。從建國始祖與美國啟蒙運動，它直接地繼承了若干智識上與政治上的價值。然而在「巨頭」文化的氛圍中，十八世紀共和式智識文化逐漸枯萎，主要是因為「巨頭」文化的思想家無法在實踐上落實這些精神。建國始祖們的文化中有一股重要的信念，就是關心理念是否能訴諸實踐，及理念是否能夠解決現實權力政治的問題；但是在「巨頭」文化中，理念與現實經驗與實際政治間的距離愈來愈遠。「巨頭」文化再製了建國始祖的古典主義、對秩序的渴望與尊重智識的心態、把世界合理化與讓政治制度合於理性的想法，也繼承了相信社會位階之於政治領導的重要性之假設，以及對個人扮演的社會角色的重要性的信念。

這些貴族階層從美國所面對的最急迫、刺激的變化中選擇撤離不參與，從最重要的政治與經濟機構的管理中被排擠出去，也選擇了拒絕認同一般人的慾望，他們創造了一種特別精緻、疏離與傲慢的文化，桑塔耶納將之稱為仕紳文化。這種文化的領袖們在意的是智識能否被尊重，而不是它有多少創意。雀司特頓（G. K. Chesterton）在別處說的一句話卻正足以描繪他們：他們會為了擁有智識——非使用智識，而感覺驕傲。

這些人跟一般的美國人不同，他們對傳統有強烈的情懷。但是傳統在他們看來並非力量的來源或是崇拜的對象。在傳統與個人思想自由間有無可避免的緊張，他們反對過於個人化或是創意化，因為在他們的哲學中，這種傾向一定要被視為沉浸於自我的與自私的。他們批判事物的立場，充分地顯示出這是一個焦慮地想維繫住自身地位的階級。他們認為，所謂批判，就是要引發「正確的品味」與「合宜的道德感」——而他們小心翼翼地將品味與道德定義為拒絕挑戰政治或是美學現狀。因此文學應該是「道德」的守護者，而道德永遠是指傳統的社會道德，而不是個別藝術家或是思想家所呈現的風格樣貌，因為這是他的藝術形式或是對於真理的想像所加諸給他個人的。文學應該要朝向樂觀，朝向發揚生命的積極面發展，不能鼓勵現實主義或是悲觀。幻想、晦澀、神祕主義、個體性與反叛等，都絕非正道。

因此，渥茲華斯與蘇代（Southey）被美國文學評論家紀爾曼（Samuel Gilman）譴責。他在一八二三年的《北美評論》（*North American Review*）中說他們的作品「違反了正確的智識風格與一般大眾的價值觀」。紀爾曼認為，這樣的作家不應該出名：「他們寫的是獨白的詩句。他們寫的跟世界無關，把自己居於世界之上。他們的初衷不過是想炫耀自己的才華與發抒詩情以自娛而已。」[8]當然，此處對他們攻擊的理由與十九世紀歐洲許多優秀詩人被攻擊的理由沒多大不同。差異只在於歐洲的環境較複雜，因此給了詩人多一些空隙。美國的文化環境很單純，容易受到某個單一階級的主宰，但是這個階級很可能立意良善卻知識格局有限。

這個「巨頭」階級面對一位真正的天才時所顯露出的不舒服感，可由希金森（Thomas Wentworth Higginson）對女詩人狄金森（Emily Dickinson）的話語得知。希金森對於女詩人很鼓勵也很和善，甚至有時還算了解她，但是卻難逃僅將她視為不過是個想成名的女詩人而已，因此常常在提到她時用這樣的稱呼法：「我那住在安默斯特鎮有點兒不正常的女詩人。」他也忍不住建議她，如果她太寂寞的話可以去參加波士頓婦女俱樂部的聚會。[9]

多少年來，文學批評的作用就在於鼓勵作家們傳揚「與世界保持距離，也居於世界之上」的這個特殊群體的創作精神。但是清教徒堅強的信仰精神已經消失，這股精神曾經造就了熱情的信仰異議者但卻遵守律法的人。同樣消失了的乃是自我培力與對抗現實世界的精神，這曾經造就與試煉了建國始祖們的心志。我們看看人口不多且屢有經濟困窘問題的清教徒社會，卻能夠建立起令人讚嘆的智識傳統，也產生了優良的宗教與政治文獻。建國始祖們當時在政治嚴峻的壓力下，卻向世人示範了現實政治上的智慧，他們的世代也在文學、科學與藝術上大幅邁向前走。然而「巨頭」文化雖然在較富裕的年代出現，卻缺乏好的政治文獻與對科學的興趣。它只有在歷史評論與風雅文學上著稱，但是它對於知識分子原創性與自發性的冷漠，使得它成為二流而非一流人才的贊助者。當有二流人才出現在他們面前時，他們就不會頌揚一流人才。它忽視美國歷來最卓越的心靈——霍桑、梅爾維爾、愛倫坡（Edgar Allan Poe）、梭羅與惠特曼等人——而大力讚揚小說家庫柏，這是他們所認為最傑出的作家。他們也支持歐文、布萊恩、朗菲羅（Longfellow）、羅維爾與惠提爾等人。當然，我們因此易於輕視這些「巨頭」文化階層的人，但是畢竟他們贊助了美國大部分的文化創作。終究來說，他們忽視或不鼓舞美國大部分天才的過往事蹟，無可避免必將留在他們的紀錄中。

無論如何，「巨頭」文化不尊重心智的心態，對美國文學所造成的影響，在文學評論圈中早已被公認且大為悲嘆。一九一五年時布魯克斯曾經抱怨，美國的文學被兩極化了，不是極菁英化就是極通俗化。而晚近的拉福（Philip Rahv）也借用勞倫斯的話，指出現在的分歧有如白人與印第安紅人般明顯不同，也像是亨利．詹姆士與惠特曼般的不同。他們想要指出的是，在美國的文學與思想界存在著兩個陣營，一邊是感性、精緻、理論與紀律，另一邊則是自發性、動能、感官現實與抓緊機會。簡言之，就是存在著一種令人悲嘆的分割，抽象的心智素質與實際的生活經驗間的對比。這種分割肇因於「巨頭」文化時期，現在也還可以在美國文壇的作者身上見到若干殘跡。針對「入世」作品的盛行，霍桑寫出以下這句抱怨話時，可能不只是為他自己，也是為了十九世紀美國懷具思考與教養的人發聲：「我沒有活過，只是作夢我活著……我見過的世面這麼少，我實在無法憑空編造出故事……」

這可能會幫助我們理解為何十九世紀曾產生了那樣的「反智」。當有人主張男性化、粗獷與現實的描述時，或有人批評貴族氣味與女性化、離塵抽象的文化時，其實他們的「反智」立場是有一些理由的。但是他們卻把周邊的一些作品，以偏概全地認為這就是「智識」型作品的樣貌了。他們忘記了自己的行為其實造成了今日對於「智識」的刻板印象，今日美國的「智識」就是因為他們的責難而「發育不良」——例如徹底的民粹心態，與無故堅持「實際」（practicality）風格等。所以，「反智」者等於在落實自己的預言：「智識」成為被嘲諷、失敗的事物，由那些沒有生命力與影響力的社會階層所代表著，彷彿被包覆在無法穿透的社會中一般。而所有這些現象，有一部分是要歸因於「反智」者自身的。

4. 菁英文化與民主意識的衝突

如果我們現在把焦點從閱聽大眾轉到作家身上，我們就會發現直到十九世紀末時，他們主要的關懷還是在一些創作的最基本問題上，例如自我認同與寫作技藝。他們必須找到屬於「美國的聲音」，也就是必須避免一味地模仿英國文學，避免過度依賴英國的文學批評來衡量自己，但同時也要小心不要反而因此落入文學沙文主義中。他們要注意，不可太過於偏向貴族式風格，雖然可能只有少數人才會犯這毛病——庫柏可能是其中最突出的例子——因為無疑他們普遍對於身邊漫布的美式民主氣息深具同情。而最有名的作家們，終究需要處理寫作者與社會疏離的問題，這很明顯。他們要面對美式生活所提供的歷史與內涵，找出身為作家必須有的靈感，這與歐洲作家遭遇到的歷史與生活內涵是不同的。在美國，沒有歷史紀念碑、沒有殘留遺跡、沒有伊頓公學、沒有牛津、沒有賽馬場、沒有古代、沒有傳奇，甚至沒有傳統意義下的社會，因此這種悲嘆從霍桑到亨利·詹姆士都有，甚至到更後。偶爾會有一些作家認為這樣沒什麼不好，至少不會有封建與壓迫的殘跡，像是柯瑞芙各（Crevecoeur）；而其他人，如愛默生，則認為如果想要把美國視為一個充滿潛力的文學主題，則無需史蹟，只需要有適當的想像力即可。[10]

現在有絕對的必要，為這些文人打造一個適合的職業（同時也是為了一些在學院教書的學者。這些學院大多數是體質不良的，也沒有圖書館，充其量只是收容了舍監與一些狂野年輕人的住宿地方，而由某些教會或教派所控制的機構）。一開始幾乎沒有什麼作家能靠寫作獲得殊榮，所以美國的作者們收入拮据，再加上對於英國出名作品的盜印成風，大量出版、削價競爭，在當時缺乏國際專利協定的保護下，整個文藝市場對美國作家很不利。直到一八四〇年代朗菲羅與惠提爾的作品開始獲得大眾喜愛前，整個閱讀市場上能靠創作賺到錢的只有歐文與庫柏，但是他們兩人都並不需要什麼光環。因此，幾乎每個寫作者都需要一份穩定的收入來源，而把作品光環所帶來的錢視為額外的收入；這個穩定收入很可能是遺產、妻子的信託金、演講收入、大學教職薪水、當雜誌編輯的收入，或是甚至像梭羅一樣，曾經當了幾年的工人。[11]

在這些年代裡，美國作家對於他們的處境用不同的方式抗議——轉行、出國或是公開地批評閱讀市場。但那時他們將自己的疏離，看成是因為他們追求其他價值的結果，而並非視其為一種價值本身。他們並沒有當代思想家所會面臨的最大困境，也就是被自我意識所折磨。他們雖被社會蔑視，卻不會因為自身的困頓而喪志。（我們不禁想到梭羅的冷笑話。他的書印了一千本而有七百多本賣不出去，堆在房間。他說：「我現在有個九百本書的圖書館，其中七百本是我自己寫的。一位作家擁抱與占有他自己辛勞的成果，有什麼不好嗎？」如果換成現今作家碰到類似的狀況，早就難免對現代文明的景況大做文章、發表成篇理論了。）我們若是把美國作家的狀況與國外類似的案例比較，例如愛爾蘭的喬伊斯（James Joyce），則會發現似乎情況也沒那麼嚴重。美國的作家其實對於自己的祖國是愛恨交織的。而後來世代充滿疏離感的文學評論家，一定可以在這些前輩的作品上找到相同的感覺。梅爾維爾曾說過：「我覺得我好像在自己的國家被放逐了。」但在它處，他也表白了對這個國家的認同感：「我很希望這個國家能夠跟得上其中逐漸偉大的作家的思想與腳步，我這樣說是為了美國，而不是為了美國的作家。如果其他國家趕在美國之前為拿筆的英雄們加冕，那是多麼羞恥。」整體而言，在《黨派評論》雜誌的研討會中伽斯（Richard Chase）所說的很中肯：他從不相信「美國過去偉大的作家覺得很疏離或是失落，如果有，可能還不到像批評家所宣稱的一半程度。」

大約在一八九〇年以後，美國的作家與知識分子凝聚成一個較以往更緊密的階級，並開始對於溫文儒雅與保守心態覺得不耐煩，因此正面地與美國社會宣戰了。從一八九〇到一九三〇年代間，他們積極爭取表達與批判的自由，這時疏離感問題好像竟成為他們團結在一起的理由，這個主題是他們整個美學與政治抗爭的一部分。在此之前，美國的知識分子大致上是經由維繫舊價值所連結起來的。而現在，無論在現實上或是理念上，他們是由「追求創新」（propagation of novelty）所聯繫——這個詞指涉在政治、道德、藝術與文學上的新觀念。十九世紀時美國的知識分子曾被溫和安全的理想主義所籠罩，現在則是群起擁護暢談腐敗與剝削、性與暴力的權利，甚至是義務。長久以來，智識被其敵人與友人皆視為消極與徒勞無效的，而現在它漸漸地參與政治，且與權力連上關係。早先它被大眾看成屬於保守階級，而且是偏右的意識形態立場，但一八九〇年以後出現的知識分子階級，卻展現出稍微偏左的姿態，而且在大蕭條期間，很多人走向極左。

這就把我們帶到有關知識分子地位最尖銳的一個問題上。如果我們之前的論述很清楚的話，我們就知道美國的「反智」其實是立基於民主制度與平等信念的。無論知識分子是否享有傳統上菁英的特權，從思想與行動的方式看來他們必然是菁英。直到一八九〇年，多數美國知識分子還是從有閒的貴族階級中產生，這個階級縱使有若干缺點，但是自認為是菁英乃毫無困難之事。但一八九〇年後，這情形不復存在。自我認同的問題再度困擾知識分子，因為每當他們與社會大眾看法不同時，他們都認為自己提出的政治主張——不論是以民粹、激進或是馬克思主義的面貌呈現——其實是在替人民對抗特殊利益集團。

因此二十世紀的知識分子發現他們自身處境尷尬：一方面想要成為支撐民主社會的好公民，另一方面卻不斷地在抵抗社會文化的持續低俗化。當美國的知識分子面臨這個無法解決的衝突時——也就是他自身階級的菁英文化性格與他的民主意識間的矛盾，他很少能夠誠實坦然以對。一般來說他們都不願意面對這個衝突，而最極端的代表就是某些作家，他們一方面抨擊階級間的隔閡，另一方面又渴望民眾服從他們的看法。我們須知，知識分子與民眾的聯盟注定是不完美的，忠誠服膺民主的知識分子階級注定要時常大失所望。當政治氣氛充滿了希望與動能時——例如在「進步主義」時期與「新政」時期，民主的氣焰高張——這些失望不會被凸顯或可能被忘記，然而這種情況通常不持久。「進步主義」之後就是一九二〇年代的反動，而「新政」之後就是麥卡錫主義。遲早，大眾與知識分子間對政治或文化的看法要分道揚鑣，於是知識分子在受傷與震驚之餘，只好去尋找能表達他們的感受又不會犧牲其民主情懷的方式。各種大眾文化的俗氣現象，給了他們疏離人民的發洩藉口。社會主義的希望幻滅，而任何新的社會改革運動看似也不可能了，這就使他們對於與大眾「和解」不抱希望。因此很多知識分子對於大眾文化迷戀的原因之一，竟然是他們可以在其中正當地、非政治性地找到對於民主社會疏離的藉口。有一些對於大眾文化最尖酸的批評，就是來自於民主社會主義者。他們悲嘆大眾實在不長進，這種心態也許可以部分解釋為何會出現對大眾文化的一些刺耳、甚至非人性的批評。

一八九〇年後，我們第一次可以將知識分子看成是一個階級，這是影響二十世紀知識分子地位轉變的最重要事件。當他們與有閒的貴族階級區分出來時，知識分子與他的社會之間的關係，這個老問題需要整個被重新定義了。十九世紀初有許多智識人物，其中有一些是專業的知識分子，但是那時還沒有出現某種機制或是機構可以將知識分子凝聚成一個人數眾多的社會階級，彼此可以在全國性的範圍上相互聯繫。十九世紀末時美國才有以下這些東西：真正的大學系統，滿足先進學術研究需要的大型圖書館，引介新理念且發行量大、給付稿酬的雜誌，大量在版權上受到國際專利法保護、獎掖本土作者也不受仕紳文化杯葛的出版社，各類學術領域上的專業組織，各類學術期刊，需要大量專業技能的政府機構，最後，就是有一些能慷慨贊助科學、學術與文學的大基金會。以往從來沒有過的一些智識行業，現在都出現了。如果我們要想像那時變化的幅度，我們來對比下列屬於改變之前的例子就知道：例如一八三〇年代那些扒糞雜誌，傑克遜時期的《哈佛法學評論》，波克（Polk）總統時期的古根漢基金會，或是克里夫蘭總統時期的WPA劇院計畫。

十九世紀末知識分子人數大量增加且力量變大，更是積極地參與美國社會在各類制度與市場中的運作；然而也就在知識分子的地位有如此轉變時，他們變得對自身的疏離更自覺。稍早前他們對自身的疏離有所感懷，是在「巨頭」文化時期。這時期某些不得志的作家、受挫折的貴族，是「巨頭」文化的催生者，而它最有代表性的宣言，乃是亨利・亞當斯在此時段末期所寫的小說《教育》（*Education*）。這本書在一九一八年出版，但其寫成在此之前，而廣泛地被一戰後的知識分子，視為代表他們心聲與他們在美國文化環境中處境的書。這個世代的知識分子也重新發現了久被遺忘的梅爾維爾的重要性。他們對亞當斯的書產生巨大共鳴，不是因為同情他個人在時代環境下的孤寂落寞，而是因為他對美國一戰後社會的描述與他們一致：這是一個粗糙、物質化與沒有思維的社會。雖然在此世代中，「巨頭」文化的疏離不同於「前衛」派的疏離，但是兩者共同都有被拒斥、不安、失敗、感嘆的悲情在。他們中有一些人甚至認為，現今即使「民主」派知識分子的處境，也不見得比「貴族」式知識分子好。

在一戰前年輕的知識分子都呈現疏離，這點是有些許諷刺的。因為這段期間，美國有所謂的「小文藝復興」（Little Renaissance），文學上與政治文化上都充滿了原創性與活力，與之前明顯產生對比。但是一向疏離感很重的知識分子與藝術家們，他們對美國的傳統文化不滿的感覺，開始凝結形成了一股特別的意識形態。他們並不是特別對於當代社會的工業主義與資本主義不滿，而是針對這兩者在美國所呈現的樣貌不滿。

一九一五年與一九一八年，布魯克斯分別出版了《美國成熟了》（*America's Coming-of-Age*）與《文學與領導》（*Letters and Leadership*），算是早期對美國文化的警醒之作。這些書中滿懷了激昂與雄辯，他後來雖然有些後悔批判太過尖銳，但是無疑地他說出了一個可悲的事實，就是「美國這個民族從來沒有為了文化而文化的觀念」。他認為，從一開始，美國人的思想就被清教徒的嚴苛生活紀律與移民者追求商業與財富的野心雙重夾擊，以致於從來就不喜好文化創作或是讚賞第一流的思想或藝術家。美國的心態，一方面是遠離塵世高度抽象模糊的宗教願景，另一方面則是追求金錢的物質慾望；因此被夾在中間的知識分子，他們從年輕到老的創造力生涯很快就飛逝而過，以致於凋謝。所以美國的文化生命「處在一個停滯的發展狀態」，「美國人的心靈遠離了文化創造所需要的經驗與狀態」，因而，大批的文化才智被浪費或扭曲了：[12]

> 詩人、畫家、哲學家、科學家與宗教家等，都被這個社會殘酷對待，他們震驚、挨餓、被打壓、被蔑視，甚至在尋求自我成長的第一步時，就遭受社會阻礙。這個社會需要睿智領袖，但是卻無可救藥地排斥領袖，把所有幫助產生好領袖的元素都阻絕掉。

他認為，迄今美國的歷史缺乏一個智識傳統或是有裨其產生的土壤，結果變成「美國是所有民族中最需要偉大領袖與偉大思想引領的，但是卻因為缺乏這些，以致無法開發這個民族所蘊含的偉大潛能，以致失去了成就不可限量的功業的機會。」過度的個人主義使得集體的精神生命無法成形。立基於征服與占有的殖民墾拓精神，導致了不利於創造與批判的物質主義；另一方面，這種物質主義也被清教徒精神所更強化，因為這種清教徒精神乃是墾拓者的心靈寄託，這種精神貶抑人性精神上自主的可能，以致於讓人只得去追尋對物質層面的擁有、壓制美學的想像。而美國的企業，在移民精神、清教徒精神與墾拓精神下發展，的確比其他地方的企業更具挑戰冒險心態，也因此擁有了最多的不折不扣的「美國性格」。美國社會是多元的，但就是沒有「本土文化」，所以「我們的標準文人，不管他的目標為何，都無法超越原始的、部落性的素樸藝術觀，也就是把才智或藝術僅視為娛樂或是催眠」，這一點兒也不令人訝異。

布魯克斯尖銳無情的批評，可說是由他對於馬克吐溫與亨利·詹姆士作品的討論所引發的，而這樣的看法影響了整個他同時代的作家或是批評家。曼肯對於美國文學作品（例如 *Spoon River*、*Winesburg*、*Zenith*）的批評更為辛辣，這些作品中充滿了美國小鎮偏狹、霸道的心態與人物的刻薄、驚濤駭浪與辛酸的人生。[13]這種對於美式生活的描述在「小文藝復興」期間很常見，而後來在羈旅異鄉、一心想逃避美國的世代（the expat generation）中，慢慢變成定見甚至是執著的立場。一九二二年時史登斯（Harold Stearns）編輯了一本《美國的文明》（*Civilization in the United States*）論文集，布魯克斯與曼肯的文章都收錄於內。其中有幾位作者甚至爭相認為美國根本沒有文化。他們道出了當時美國人的想法，所謂美式正義觀就是由沙可與凡伽蒂冤案（Sacco-Vanzetti）所代表的，美國對科學的看法就是由史科普案（Scopes trial）所代表的，美國的寬容由三K黨代表，美式的禮儀由禁酒令代表，美國對於法律的尊重就由大都會中的幫匪們代表，而美國人「精神之最深繫念」（the most profound spiritual commitment）乃顯現於股市狂潮。

5.大蕭條與二戰帶來的改變

知識分子競相對社會疏離的原因，很可能在於他們並不認為美國的文化問題泛屬現代社會之通病，而是美國獨一無二的病態。他們彷彿覺得其他國家中，並不存在布爾喬亞階級與前衛藝術家對立這樣的問題，也沒有失意的作家及向外流浪自我放逐的文化人。於是這種紛紛崇尚疏離的風氣，翻轉了往昔社會對於歐洲與美國的對比意象。以往大家認為歐洲代表了壓迫、腐敗與頹廢，而美國則象徵民主、純真與活力。但現在，在知識分子間這種意象已經被翻轉：歐洲是有文化的，而美國則庸俗粗野。從韋斯特（Benjamin West）跟歐文開始，藝術家與作家們紛紛實踐這種「疏離」感，創作生涯的大部分時期都流浪於國外，而在一九二〇年代竟有藝文界人士整批地羈旅於巴黎。

但在一九三〇年代以及之後，美國與歐洲對比的意象不復存在了。大家慢慢地覺得這種對比其實並不正確，甚至有可能從來都不是事實。歐洲國家也是沾染了商業化氣息，也跟美國一般出現了庸俗的群眾社會；雖然有些歐洲人會生氣地說這其實是歐洲被「美國化」或是被「可口可樂化」，彷彿所謂群眾社會是來自美國的舶來品或是美式文化的入侵，但是像托克維爾一樣聰明的歐洲人就會知道，美國本就是是工業化與大眾文化的先鋒，所以僅是預示了日後歐洲也會出現的景象，而不是做了什麼會去改變歐洲的事。

從一九三〇年代開始，美國與歐洲在文化上的相對態勢大大地改變了。大蕭條使得那些羈旅在外的藝文界人士回到美國，他們發現美國變了，一個新的美國出現了。三〇年代中期，美國的確出現了新的道德與社會氛圍。大蕭條使得美國人對於政治的想法從麻木中被喚醒。「新政」起先是難免受知識分子質疑的東西，最後卻贏得絕大多數知識分子的讚賞。現在大家突然覺得這個國家需要知識分子，也開始敬重他們。重新湧現的勞工運動看起來已不像是另一種利益團體，而是社會改造的動力。民眾也比以往更為積極，他們會對自己的失望表達抗議也對統治者提出各種要求。整個社會瀰漫不滿的氛圍與期待重新發掘任何改革的可能性。二〇年代時那種社會菁英談笑自若、無視大眾疾苦的引人惱怒狀態已過去，況且任由普遍的失落感與道德無政府狀態持續，已無法應付國內的反動派與國外的法西斯。現在最需要的乃是抓緊方向與善於向歷史借鏡。

因此當舊情懷褪去而新的心境開始形成時，各方面的轉變遂得以出現——眾多風格不同、立場迥異的作家與思想家集結起來，匯聚在共同的精神目標之下。文學上的民族主義重新湧現，卡欽（Alfred Kazin）在他的著作《從家鄉來看》（*On Native Grounds*）把這種現象觀察得很清楚。知識分子也熱切地重新觀看美國，報導、記錄與拍攝這個國家。作家們對美國的過去會較認真看待，也產生興趣去描述。例如，在二〇年代時出版的人物傳記，主要基調就是嘲諷貶抑：華盛頓傳、林肯傳與馬克吐溫傳記都是如此，但是三〇年代與四〇年代時就完全不一樣了，例如桑德柏（Carl Sandburg）就對於林肯的生平，做出完整、生動與細緻地描繪。

有趣的是，布魯克斯曾是疏離派的領袖，但是現在他帶領了重新擁抱美國的風潮。在一九三六年出版的《新英格蘭的光彩》（*The Flowering of New England*）中，他展現了當代最傑出的歷史撰寫功力，而在《創作者與追尋者》（*Makers and Finders*）系列中，他費心地深入了美國所有的第一流、二流與三流的文學家的作品，橫跨一世紀之久，從一八〇〇年到一九一五年。從此美國所有的文藝作品對他都不再陌生——除了他自己早期的作品外（他後來也懊悔當時曾對美國文藝做尖銳批評）。

他的態度改變很大，從對於重要作家的無情批評，轉向了對於那些不甚知名作家的讚揚獎掖。他就像一位追尋家族史的人一般，用無比高昂的熱情與耐心去追索任何一件軼事，幾乎重建了整個美國文學史，其中充滿了洞見，但是已不復有往昔尖酸的批判。

當然，不是只有布魯克斯如此轉變。以往曼肯的幽默式嘲諷曾與布魯克斯嚴峻的批評齊名，但現在他也開始緬懷以往的美國文學景象。的確，當初他對於「新政」的刻薄反動式批評，讓他被烙印了屬於前一個世代心態的醜名：他看起來簡直就像是哈定與柯立芝總統那個時代的人，所以在羅斯福時代他完全不合時宜，即使他有幽默的天分，在那氛圍下也無濟於事了。可是當他寫下三巨冊令人愛不釋手的自傳時，這作品充滿了如同布魯克斯文學史一般的懷舊情緒。任何知道他往昔那種驚世駭俗風格的人，都免不了要承認當時的環境的確讓他的諷刺天分可充分發揮，也讓他盡情地施展才華。同樣地，辛克萊·路易斯也在他的小說《德茲沃斯》（*Dodsworth*）中展現新氣息，而在一九三八年時出版的《浪蕩父母》（*The Prodigal Parents*）中他的美國民族主義心態已非常明顯，他用美式布爾喬亞價值來對抗年輕人的叛逆。最後，他在演說時告訴歐洲的讀者他寫《巴比特》（*Babbitt*）並非出於對美國文化的恨，而是愛，此點有些美國批評家早就懷疑了。年輕一輩的小說家，例如多帕索斯，在他的激進小說中首度公開表達了對美國文化的厭惡，但即使如此，在《我們的立場》（*The Ground We Stand On*）這本書中他還是認為美國過去有若干文化素質有助產生日後的一些新政治信念。

美國這種日漸興起的民族主義，源於歐洲在文化與道德上逐漸失去對於美國知識分子的吸引力。美國與歐洲的對比態勢，現在開始要倒轉過來了。艾略特、史坦（Gertrude Stein）與龐德（Ezra Pound）大概是最後一批自我放逐羈旅外國的重要文人。大蕭條後，美國旅外的知識分子紛紛回家，而歐洲法西斯主義的猖獗也製造了大批流亡美國的學者與藝術家，等於是把旅外浪潮扭轉為人才的大量移入。歐洲的知識分子開始把美國視為移居的對象，不只是因為他們為了保命而外逃，而有時是因為他們認為美國的環境還不錯。一九三三年之前已慢慢有此移入情況，但是隨後就形成了浪潮：赫胥黎、奧登（W. H. Auden）、湯馬斯曼、愛因斯坦、荀伯格、史特拉汶斯基、米爾豪德（Milhaud）、亨德密特（Hindemith）與許多較不知名的人士。藝術史家、政治科學家與社會學家等，大批大批地移居美國。美國曾經是世界的工業領袖國，現在則成為西方世界的「文化首都」——如果這個名詞真的存在的話。[14]但是從許多歐洲人的立場來看，這是令人難以接受的事。但無論如何，在文化發展上面，大西洋兩岸都已不再一貫地將美國與歐洲作為對比。大家現在把所有西方人與西方世界都視為一個整體了。

歐洲在一九三〇年代時失去了世界政治與道德上的領導地位。法西斯是美國人前所未見的極權政治與暴政，而歐洲民主列強對它的包容討好也實在是西方民主制度下的一個敗筆。

納粹與蘇聯在一九三九年的協定——只有那些最易受騙的人才看不出來布爾什維克的外交手段與法西斯一模一樣——戳破了蘇維埃是民主同路人的假象，也使得世人終於知道共產社會與民主社會的確是不同的。因此，美國不再需要借鏡外國的政治制度或是意識形態。在二戰末期，當法西斯死亡集中營的新聞傳出後，美國歷史上曾經發生過無論多醜陋的事件都算小巫見大巫了。在此同時，歐洲的傾頹與苦難忽然讓美國承接起了對世界的責任。一九四七年時美國發動了救援歐洲的馬歇爾計畫，就在此時最具國際視野、心態最不偏狹的作家威爾遜（Edmund Wilson），在訪問歐洲回國後就說道：「美國現在政治上是全世界最先進的國家」，[15]而美國二十世紀的文化是「民主文化的代表，在立國之初就如是，而在內戰後更蓬勃」。他認為二十世紀「美國有了藝術與文學上卓越的振興」。

6. 知識分子的悲劇性困境

現在我們已經對於當初《黨派評論》前後時期歷史脈絡做了介紹，也了解了論壇中所表達的立場。因為一九二〇與一九三〇年代的過度悲觀氛圍在知識分子圈中所引發的疏離感，雖已成為過去，但是新的疏離感又開始出現了，尤其是在那些新一代、活躍又具批判力的作家身上最明顯。這些新的異議分子的說法其實有點兒道理：他們認為現在是有史以來社會最需要批判與建言的時候，因此他們認為昔日對疏離的崇拜在今日應尚具意義。這些人並不喜歡今天的文化狀況或是世界局勢——也因為這種不滿，不論身為思想家、藝術家或是知識分子，他們發展出了對自己角色的看法。但是我們有理由認為他們的這種看法，來自於對歷史的過度簡單化思考，因此才提出了對知識分子行事風格的不適當建議。

如果將疏離視為是必須的，那這種心態對於了解社會有幫助或是阻礙，這才是問題之所在。而知識分子的想法顯示出從一九三〇年代以後，他們的悲嘆已經大大不同於以往了。知識分子舊有的不滿，是針對他們的角色不被重視而來，因此他們自覺得不到社會的認可與鼓勵，因而收入也差。這樣的感覺還是並未完全消失。但是從過去二十年來的媒體文章中可見，一個新的議題已出現：有一種說法逐漸流行，就是知識分子現在有了自由與社會影響力後，好像在一些不為人知的地方上變得腐化了；知識分子也因為獲得了社會的重視與認可，因而失去了獨立性，甚至失去了作為知識分子的自我認同感。知識分子雖然獲得了某種成就感，但是付出的代價太高了。他們獲得大學教職、進入政府，或是在大眾媒體工作，因而有著舒適、甚至優渥的生活，但也因此必須順從這些機構加諸他們的要求。於是作家也許失去了第一流創造力所需要的憤怒敢言氣勢，社會評論家失去了否定或是批判的勇氣，而科學家失去了成就傑出科學研究所需要的開創感與獨立思考空間。

因此，看起來知識分子只有兩個選擇：一就是嚴拒財富、功名的引誘，一就是帶著愧疚感接受這些動人的誘惑。當掌權者忽視踐踏智識時，他們固然惱怒悲嘆，但是當掌權者請求他們效力時，他們更害怕會失去格調。讓我們回憶郝爾教授的描述：當布爾喬亞社會拒絕知識分子時，只不過表示這個社會的無知、無文化又多了一個證明，但是如果這個社會給知識分子優厚「禮遇」，則無異於把他們給整編收買了。所以，知識分子不是被蔑視，就是尊嚴被出賣。

對於知識分子處境的這種觀察，對他們先入為主有敵意者就會認為是扭曲事實或是可笑的。但實際上，這樣的說法乃是精要地捕捉了知識分子的「悲劇性困境」（tragic predicament），因為知識分子一方面擁有理想，另一方面卻也受制於現實的野心與利益之誘惑。有一些有骨氣的異議作家最憂慮的事情，就是美國社會每當在最需要獨立反省的良知之際，時常也就正好在積極收編它的知識分子。這些作家有這樣的擔憂是可以理解的，但是如果他們竟然不知道知識分子其實身陷於上述的「悲劇性困境」的話，那就看得不夠透澈了。

也許西方世界的知識分子中，美國的知識分子是最容易受到良心譴責的，這可能是因為他們時常被迫需要檢討自己的角色。而英國與法國的知識分子，就自豪他們為社會做的事，且對他們得之於社會的報酬坦然接受。但是，以往困擾美國知識分子的罪惡感於今尤烈，這一方面是因為今日美國在世界中的領導地位使然，另一方面則因為美國主流政治論述的漫不經心與偽善。（我們有多少政客敢正經負責任地公開談論共產中國出現的問題？）也許跟這些當代因素一樣重要的，乃是在此之前「疏離」的傳統已然變成一個很重要的道德規範，老一輩的知識分子當初面對這個規範時都選擇遵從它。但是現在他們不再如此了，經過了二十多年失望的「疏離」經驗後，他們覺得「疏離」不是適當的反應方式。當他們用不同角度看待自己的道德處境後，他們不再以簡單化的方式面對此問題。就像任何一個深思熟慮的人一樣，他們不再衝動武斷。而那些年輕一輩的知識分子，不管是直接或間接受到馬克思主義影響的人，都不認為「疏離」是對的，因此紛紛用年輕人慣用的尖銳語詞與純淨無瑕的左派立場來譴責這樣的態度。

美國今日的年輕知識分子，幾乎從職業生涯的起點就開始感覺到伴隨成功而來的壓力與誘惑，這當然是美國文化環境改變的結果，這結果令人鼓舞，但是也令人氣憤。一八九〇到一九一四年間的知識分子所積極奮力爭取的事情，現在已經實現了：藝術與政治自由、自然主義與實存主義所呼籲的價值、藝術家對於性、暴力與腐化問題的意見自由表達，以及對於政府當局的嚴厲批評等。但是這些成果現在卻有點兒變質了。目前的時代，「前衛」（*avant-garde*）已被制度化，再也不像以往般是對於社會強烈、尖銳批判力量的橋頭堡。這個社會已經習於接納新奇，而這種包容心態甚至成為一種「傳統」了——「新事物」不斷出現的傳統。昨日的「前衛」成為今日的「時髦」，而也會是明日的「陳腔濫調」。美國的畫家本來要從抽象的表現主義中追求藝術表達的自由，但過幾年後卻發現他們的作品價格飆高到不可思議。各地大學校園中都出現「失落世代」（Beatniks），他們被視為開心果，然後又轉變成為像是精緻文化爭議的舞台中充滿喜感的表演者般。在社會批判的領域上，扮演警世先知的帕克（Vance Packard）變成了暢銷作家；而具有嚴謹學術氣味的作者，例如米爾斯，他對美國社會每個面向的嚴厲批判，得到了大家的稱讚並吸引廣泛的讀者群。萊斯曼《寂寞的群眾》悲觀地描述了美國人的性格，卻成為社會學歷史上最暢銷的書籍，而懷特（William H. Whyte）分析精闢的書《組織內的人》（*The Organization Man*），也是公民營機構中的人廣為閱讀的書。

其實不難了解為什麼許多有識之士認為這些事例並不是好現象。不實際的成功可能比失敗還糟糕。這些書籍受到了廣大的自由派中產階級讀者的接納，代表了大家面對知識分子作品的溫和包涵心態，但這並不是一種富於生命力的回應。對某些剛歷經生命轉變的掙扎而找到出路的作家之作品，讀者可能會說：「太有趣了！」甚至會說：「講得真有道理！」但這樣消極的、不痛不癢的接納態度反而可能惹惱作家，因為他們其實是如同天鵝輓歌般地提出對於世事的諷諫，或是想要引領時代精神。因此，把他們的作品當作消遣而非嚴肅的精神挑戰來閱讀，他們會很沉痛。作家有時會覺得是他們自己的錯，是否他們因為做了些妥協而無法達到自己設定的目標與境界，或是他們其實也與所譴責的大眾相去不遠？[16]

我們當然期待作家這種自我誠實的檢討會帶來進步，但實際上很不幸它卻帶來沮喪，當然這種沮喪本身也許令人同情，可是往往最後的結果只是大家想找一個「位置」或是「姿態」而已。異議的知識分子時常覺得他們身為知識分子是件挑戰，他們的責任是譴責社會某些作為與破除某些不好的事物，這樣他們就不會被認為每天不是夢想就是沉醉於科學的數字計算中，他們的智識功能具有掃除不良事物的能力。這時大家認為知識分子的責任不是啟蒙社會，而是反對社會現狀與改變它——因為大家假設任何對社會現狀的批判也都是一種啟蒙，而這些在在立基於批判者自身的廉潔與勇氣之上。

大事宣揚「疏離」的左派文人，顯然想要建立一種負責任的批判抗議文化，而正當社會在思考知識分子的角色地位時，他們就更強化了「疏離」的立場與主張，他們認為即使是盲目無理的抗議，都勝於在道德立場上的退卻妥協；他們宣揚批判抗議者要充滿自信的觀念；知識分子對其設定的目標要有將之積極實踐的觀念；知識分子不可以出賣自身立場而成為「妓女」或是「背叛者」；「社會責任」代表權力的誘惑，是不好的，而「智識責任」代表良知，是好的。所以，知識分子不僅應當接受：「疏離」是他們意欲追求真理或是藝術性表達的必然結果，而且還要承認：唯有保持「疏離」或是對抗社會的精神，才有助於他們產生藝術原創性、社會批判洞見與道德廉潔性。但在此值得注意的是，這樣的看法並不來自於以下的假設：即視追求真理或是創造性為知識分子的主要責任，即使這樣使得他們與社會對立，仍然要往前行。其實真正的原因乃是，知識分子的主要責任是要「針砭」他們的社會。他與社會「疏離」並非是他為了要維持自身廉潔所需冒的風險，而是他要完成他作為知識分子的各種責任的首要條件。因此，「疏離」不僅單純是一個生命現象而已，它已成為要作為一個真正的知識分子所必須有的格調。

而在光譜上更為激進的「疏離」者則是這樣的一群人：其中等而上之者可稱作浪漫的無政府主義者，而等而下之者則是那些道德頹廢的「失落世代」或是像是梅勒這樣的道德虛無主義者。雖然在政治上這些人也許會受到左派的批評，但是在擁抱「疏離」上兩者卻是一致的。他們所發表的主張之最大特色在於，雖然總是強調維持和平、提振民主、獎掖文化與伸張個體性等，但他們對於政治與文化的討論，卻很奇怪總是呆板無幽默感，有時甚至缺乏人性。

這些政治上異議知識分子表達之「疏離」心聲，至少在政治上是有意義的，而且不管他們是否過於極端，他們這樣做已經是在與其他知識分子對話，也盡到作為知識分子社群一分子的責任。但是藏身在他們後面的「失落世代」構成了社會輿論很大的一部分，也成為今日的一個文化問題。「失落世代」不可能比政治異議者來得偏左——用今日的術語來說，他們簡直已經在意識形態光譜之外了。如用我們之前描述知識分子氣質的語彙來說，政治異議者經常被他們的「虔敬」所淹沒，而「失落世代」則是帶著遊玩的「興味」離開社會很遠。如果問他們對社會的看法，他們會同意政治異議分子對於商業主義、大眾文化、解除核武與民權運動的主張。但整體而言，他們並不想跟布爾喬亞社會進行什麼嚴肅的辯論。「失落的世代」所呈現的「疏離」，如果用他們自己的話來說，那就是「無涉」（disaffiliated）。他們已經走出了「常態生活」（the world of the squares）[17]，也不具有進行嚴肅智識探求與社會抗議所需要的「工作使命感」（sense of vocation）。

「失落世代」用他們自己的方式譴責智識主義，並擁抱感性的生活——如果用稍微同情的態度來形容，他們可說是一群「神聖的野蠻人」（*The Holy Barbarians*，這是利普頓〔Lawrence Lipton〕的用語，也是他研究這群人的專書之名），他們嘗試做另類的聖者，放棄正常的職場生涯與收入而願意過著貧窮的生活。因此，他們沒有、也不屑留下什麼好的文獻或論述，這點即使對他們最友善的觀察者也承認。到頭來，他們對我們文化最大的貢獻，可能就在於他們使用的那些讓人會心一笑的話語方式。但是雖然他們實驗性地解放了語言的形式，那些達達主義者（Dadaists）並未成功地開創一種新的境界，而像史坦那樣的作家，也沒能讓散文寫作展開一種新的方向。這個運動始終不能突破它的青少年青澀稚嫩氣味。他們的代表人物之一的柯羅克（Jack Kerouac）說：「我們要把文學上的、文法上的與語法上的任何限制拿掉，只剩下激烈的情感表達與抗議的話語即可。」但是我們覺得這樣一來，比較不像之前的文學改革實驗風格，反而像是教育改革運動中那些過度放縱孩子的激進派會贊成的作文風格。普何瑞茲（Norman Podhoretz）說道：「這些失落世代所表現的原始主義……等於是在為一般美國人的反智心態鋪設了最好的藉口。」[18]

這些「失落世代」的「疏離」心態，正好表示他們是波西米亞文化傳統的一員，只不過他們遠遠沒有老一代波西米亞族的幽默感與自我嘲諷的特質，也完全不重視個體性。摩爾（Harry T. Moore）曾指出，「過去有某些天才會自我隔絕、遠離社會，尤其是藝術方面的；但是大規模的遠離社會卻是不一樣的。多數的『失落世代』對歷史或政治不了解，他們也不想要了解。他們一心只想要離開常態世界就好……」[19]他們這種群體性的疏離與消極生活態度，讓我們想起了曾有一位大學生寫的關於現代文化之課堂報告：「除非有大規模的個人逃脫社會這樣的狀況，否則這個世界無法被拯救。」這些「失落世代」常受大眾媒體或主流社會的文章嘲笑的其中一個原因，就是他們成員的思想行為太一致了，他們甚至還有自己的服裝樣式。因此，他們創造了一個有趣的矛盾：「疏離」的一致性。因此，他們的作風使得「疏離」看起來是滑稽的事情，這不禁讓其他的「疏離」派別覺得他們背叛了「疏離」，且無可原諒。

當然，我們可以理解，某些「疏離」的理論大師會把「失落的世代」看成是這種運動下的一種還不成熟的混亂發展，但是他們不但曾被這個運動的老祖師爺雷克羅斯（Kenneth Rexroth）憤怒地批評，也被同情他們的評論家梅勒抱怨。梅勒認為他們對於感性與情慾解放的追求是值得肯定的，但是他們太消極與缺乏主見、缺乏自我的態度卻令人搖頭。對他們最直率的批評，可能是梅勒數年前在《異議》（*Dissent*）雜誌上很有名的一篇文章，名叫〈白種的黑人：對嬉痞的反思〉。梅勒甚至認為嬉痞還比「失落的世代」好，因為他們從黑人那邊習得了生命的痛苦，「沒有一個黑人走在路上會不畏懼下一秒也許有突如其來的暴力施加於身上。」

當下，我們現代人的集體生命困境，不是在核子戰爭下立即死亡，就是「在一致化的桎梏下漸漸死亡」。因此，像嬉痞與黑人般準備面對暴力與死亡反而成為了一種勇敢。梅勒認為嬉痞至少願意接受死亡的挑戰，願意接受「離開社會、失根、無目的的人生旅程與對自我存有意義的叛逆。」簡言之，不管他們是否會犯罪，「他們成為嬉痞的決定乃是要催生出自己的精神異常感（psychopath），嘗試在沒有安全感之下的生命體驗，把安全感視為是病態的……」嬉痞們有他們自己「精神異常下的智慧」，而這是很不容易解釋或是傳達的，因為「嬉痞是廣大人類叢林中具有智慧的原始人，他的特殊優點與吸引力一般文明中的人是無法理解的。」嬉痞現象的重要性並不在於他們的人數——梅勒估計，頂多不超過十萬人自認為是嬉痞——而是在於「他們乃是一群菁英，也具有菁英通常會有的冷酷，他們的語言通常青少年很容易理解，因為嬉痞對於生命的濃烈看法與他們的經驗相近，也與他們的叛逆感相契合。」

梅勒說，一旦嬉痞陷入犯罪行為中——例如，兩個年輕的流氓打劫糖果店把老闆打死

──這樣的行為當然稱不上是對他們異常精神感的「療癒」，但至少也是需要某種勇氣才做得出來，因為他們不僅是殺了一個手無寸鐵的中年人，而是一整個制度：「他們挑戰了私有財產、挑戰了警察、讓自己隨後的生命景況陷入不確定的危險中。所以，這兩個人其實是在向不可知的未來命運做出挑戰……」[20]當然，早先美國的「疏離」導師們是絕對想不到這些的。

7. 儉樸而刻意的孤寂

五〇年代的「失落世代」，與六〇年代的嬉痞及左翼分子，雖然對於疏離與其表達方式有著各自的看法，但是他們一致相信，如果要讓藝術家的創造性與個體性充分發揮，或是讓社會觀察者維持批判力道且不腐化，知識分子應該保有一種適合他們自己的風格、立場或是姿態。他們相信，疏離本身是一種價值，源自於浪漫個人主義與馬克思主義。一個半世紀以來，資本主義社會中知識分子的處境，讓我們得以了解到，在創造性的心智與社會的實際需求間，有著持續不斷的緊張關係。更且，當西方社會中藝術家與知識分子群體愈是自覺他們的地位時，就愈知道社會並不能操控這些天才或是傑出的頭腦，而必須接納他們的存在。當我們愈了解天才的案例，就愈明顯可以知道這些人絕對不是溫順、適應環境、包容他人的人，天才總是有很糟糕的人格特質，但是如果社會要接收、享受這些天才的成就，就必須容忍他們的怪異人格或脾氣。我們對於藝術家的疏離有這麼多的了解，主要拜浪漫主義之賜；而思想家的疏離所具有的社會價值，則見於馬克思所做的討論。他說，當資本主義走到危機的地步時，知識分子會拋棄資本主義，因為他們寧可迎向歷史新階段的來臨，也不願意與逐漸衰退的現行體制為伍。

疏離可能是堅持某些藝術價值或是政治信念的必然後果，如果我們明白此點，就很容易會得到疏離本身是種價值這樣的結論，但這是個錯誤的邏輯，就如同我們知道天才通常有怪脾氣，所以誤以為只要我們培養出怪脾氣，就自然會顯現出天才的氣質一般。當然，沒有人會笨到宣稱，如果某個年輕作家也學杜斯妥也夫斯基一樣沉迷賭博，那他就會有跟這位大作家一樣的才華。但只要上述的錯誤假設一直埋藏在潛意識裡，則我們真的會誤以為知識分子如果沒有怪異人格或風格，就無法盡情表現才華。就像有時我們會誤以為怪脾氣與才華相關，同樣地有時也會誤把對世事的發飆暴怒看成是知識分子式的批判。當然嚴肅的觀察家一定會避免這樣的混淆，但無疑地，這種迷思已成為一般人對知識分子或藝術家最強烈的印象。

此外，因為美式實用主義生活的相對缺乏文化質素，這使得美國的文化人不斷地在替社會尋找一個對比的、理想的狀態，適合智識生活的狀態。十九世紀美國的學術界嚮往德國的大學，而藝術家渴望法國或義大利的藝術圈環境，而作家則是對法國「大作家」（*grand écrivain*）的地位羨慕。[21]但是因為各種原因，雖然以往這些想像攸關美國知識界的自我認知與向前進步，但是現在都褪色了。從古到今，知識分子在抗議社會或是與社會的長期對峙中，都需要一個團體作為同溫層取暖與保護，或是作為自信心的支撐點，因此郝爾教授在尋找這樣一個理想的團體時，他是遵循著一個古老的傳統。如今既然歐洲已經不能提供這個理想的範型了，那就只剩下無國界的波西米亞可資仿效，它提供了開啟自由與創造力的鎖鑰。但即使對於這樣的方式，我們也必須提出反對。沒有人會否認一種波西米亞社會在智識上與政治上的意義，但是它的價值不是主要在於提供每個人年輕時的一個理想天堂嗎？一個年輕的作家或藝術家可能會有一段時期在實驗性的創作過程中，這時他需要找尋自我與風格，需要自由，於是波西米亞的解放式生活提供了很大的幫助。但是世界上重要文學作品中只有一小部分，它是在波西米亞式生活中創作出來的，而如果認為許多知識分子在他們的成熟與多產時期是處於波西米亞式生活中，這就不合於史實。在美國特別是如此。愈是有名的作家愈是孤僻。郝爾所說的麻州和諧鎮是一種超越現實似的波西米亞，我們可把它看成是玩笑話，但絕不合事實。

和諧鎮的知識分子們都不喜歡波士頓，因此和諧鎮算是逃避波士頓者的鄉間寄居處。但是在這裡並沒有所謂的波西米亞式社群集結，出乎意料地也沒有什麼稱得上知識分子團體的社群。我們只要回想梭羅和愛默生的冷淡關係，或是霍桑與他鄰居的不睦，或是奧爾寇（Bronson Alcott）幾乎不與任何人來往的事蹟，就會明白為何和諧鎮雖然在景觀上幽靜和睦，但是卻並不算是某一知識社群的家。

這裡不但沒有波西米亞式的陶醉——因此郝爾在描述和諧鎮時連忙澄清這是個穩重平靜的小鎮——這裡甚至連社群的感覺都談不上。梭羅曾在他日記中說，當他「跟愛默生說話或試著跟他說話時，他不但不知所云，甚至還忘了我是誰」，兩人簡直雞同鴨講；而愛默生抱怨梭羅「不聽他說，只顧著反駁他」。關於這些離世獨居者，愛默生寫道：「這些作家的書房充滿了孤寂。」[22]

所以，創作上更常出現的是儉樸而刻意的孤寂，而不是波西米亞式的生活形態。我們不能輕忽在受到外來壓力時，知識分子間的凝聚或是互相的肯認與打氣的重要性；但是這個與波西米亞式的生活不能混為一談，後者的標誌乃是人與人間的親切往來。真正的創造性心靈，想要與他人親和的時候絕對不會少於想要孤獨的時候。但從事創作的知識分子通常會想辦法獨自面對世界，而不是藉著波西米亞生活來與他人「共同面對世界」。「共同面對世界」是一種政治上的策略，但是獨自面對世界卻通常是創作者的立場。

而對於那些關心如何可有效表達政治異議的知識分子言，波西米亞又不是適合的態度。在第一次大戰前的美國歷史中，曾有一個光輝的時刻，那時美學、社會批判與波西米亞生活交會在一起，例如由《群眾》雜誌的主編伊斯曼（Max Eastman）時期所代表的現象。但整體來說，美國的波西米亞風格較趨近於個人的炫耀華麗與叛逆，而不具政治效能——所以至少從這方面看來，Beatnik 這個「失落的一代」是比較屬於波西米亞傳統的。如果文化社會中缺少波西米亞風一定是個遺憾，但是如要把它用到嚴肅的創作或政治事物上，那就是對它要求太過了。

8. 知識與權力

這些疏離的先知們不喜歡據有「社會權位」的位置（在官方或是建制機構中）。他們當然主張智識與權力要分開，知識分子一旦進入「社會權位」後就不再是知識分子。這種觀念可被看成是對這個問題的總表述：一個充滿原創力的生涯所需要的條件與一個具「社會權位」的建制機構所要求的心態是不同的，二者間必然衝突。若把大學也視作一種建制機構來說，學者們早知道，對個人來說，待在這機構中會被制約的缺點小於機構能提供他支援這項優點。學者沒有選擇，他們需要圖書館與實驗室——甚至學生——而只有建制機構才能提供。

對於純以創作為主的作家來說，這個問題更嚴重。學院提供的安逸或種種行政要求，都與充分施展富於創造力的心智之氛圍是不合的，很容易地會讓個人真正的創造氣質窒息。此外，學院生活會窄化人的經驗。設想如果我們的文學作品都出自於學院中那些教授文學創作的老師之手，他們寫作的經驗也全來自於課堂的訓練，那將會如何呢？如果一個很有才華的詩人把時間都花在例如開會討論大一作文課程的改革上，那會是個大浪費。儘管如此，大學對作家與藝術家提供的若干支援，在很多案例上還是滿有幫助的；且很多時候，若是不如此則社會恐將有一大堆文化無產階級出現。

對各種專業學門的知識分子而言，大學只是一個更大的問題——知識與權力間的關係——的表徵而已：我們幾乎本能地反對知識與權力的分離，但從現代的觀念來看，也反對它們的結合。然而以往可不是這樣：古希臘羅馬的知識分子，或是中世紀的教父，文藝復興的學者，啟蒙時期的哲學家，都一致地尋求知識與權力的連結，但也接受其帶來的風險，並沒有任何過度樂觀或是天真的心態。他們都希望知識可以藉著與權力的連結而擴大，正如同一旦連結上知識，則權力可以沾上些文明氣味。我們之前提及，建國始祖的年代裡知識與權力連結的方式就符合此理想。在社會群體或是個人的腦海中，知識和權力以平等的地位相會。有些人可能會認為這是因為建國始祖們素質較高的緣故——雖然他們的確是如此。這可能不只是因為傑佛遜總統讀亞當斯密的著作，而艾森豪總統卻讀西部小說。其實原因是因為十八世紀的社會沒有那麼專業分化。富蘭克林的時候任何一個人可以在他自己的木棚中做個科學試驗，一個對政治有天分的人也可以從莊園主變成律師，再成為駐外大使。但是今天知識與權力已經各有不同功能。當權力尋求知識時——正如現在這趨勢漸漸地增強——它並不是要找推理批判性的智性，而是要找尋專業能力，以服務其需要。擁有權力者通常並不尊重有專業能力的專家所標榜的客觀中立原則：有一次會議中某一位州長請來幾位著名的社會學家來對某一個爭議中的議案做民調，但是他事先卻告訴他們民調需要出現的結果應是如何。

如果有權力者只要求知識成為他們實現目的的工具，那麼在美國，擁有這種知識的人乃是「專家」這個身分。稍早我們曾經指出，擁有國家各項施政所需的專業知識使得知識分子重新成為美國政治中的一股力量。但接下來的問題是：當知識分子變成專家身分時，他還算是知識分子嗎？他是否只是一個心智工作的技術人員，為雇用他的人效命？此處，如同在大學與其他機構中，答案不易出現，但是真正的答案一定不會是讓當代的知識分子滿意的。現在事情的真相乃是，美國的教育只訓練出專家而非知識分子或文化人，而這些人到政府或企業或大學服務時，他們不會一下子就變成知識分子。

但是有一些人他們真的具有知識分子的氣味，而他們也進入政府服務，這些人的情形就比較複雜了。如果一位真正具有智性與思考力的人一旦變成駐外大使或是總統的幕僚時，他就突然不是知識分子了嗎？當然，如果一個人開始從權力的角度看世界或是在權力場域的邏輯制約下行動時，他不可能再以知識分子的氣味來思考或行事。但我們認為這還是一個個人可以做出選擇的事情。不論犧牲一些智識性的自由以換取權力與智性間的接軌，或是像浮士德一般出賣自己的靈魂，以便認識這個從學院中無法認識的世界，這些都不是外在環境必然可將其異化的。

那些拒絕與權力結合的知識分子非常了解——也許太了解了——他的無力感正好有助於看清事物。但他可能容易忘記，接近權力與面對相關的問題也可帶來其他的洞見。批評者企圖透過輿論來影響世界，接觸權力者則希望直接使用權力來實現知識界的理想。這兩者並非必然互斥或是敵對。每一種選擇都有個人的或是道德上的風險，我們無法把每個人的抉擇化為普遍化的規範。對權力批評者所犯的智識錯誤乃是他們對於權力所面臨的限制與考量並不十分了解。而他所犯的道德錯誤則是他總關注自身的純淨性，但是當一個人沒有職責或位置在身時，保持純淨並不困難。而掌權者身旁的專家，他的錯誤在於不願意用他具有的獨立思考能力來批判當權者。他可能會因為被吸入權力漩渦的觀點中而失去中立批判的能力。美國的知識分子長期以來與權力隔絕也不被社會接受，因此如果突然與權力結合就容易迷失自己。

如我們所強調，對於知識分子個人來說，這是個個人的抉擇。但對於社會整體來說，重要的是知識分子不應該就這樣被分成兩類，一類是只尋求權力與在權力下自我妥協的技術專家，另一類則是故意疏離的知識分子，他們在乎的是自身的純淨而不是實現他們的理念。我們永遠不會缺乏專家，也不會缺乏與社會保持距離而批判社會的知識分子，這兩類都會源源不絕的出現也不吝展現自身。雙方間的爭辯應該會持續下去，而知識分子圈內也會出現可以仲裁權力世界與批判世界的方式。果如此，則知識分子群體就可以免於分裂為數個敵對互不溝通的陣營。我們的社會在很多方面生病了，但是一個健康的社會需要有多元的組成部分，彼此能自由地溝通。如果所有的知識分子都想要為權力服務那就是一種悲哀，但是如果所有跟權力接觸的知識分子都因此自認為不再是知識分子了，只向權力負責。這也是悲哀。

9.不可歸類的風格

幾年前，昆力夫（Marcus Cunliffe）在一篇頗有洞見的史學文章中建議，我們可以把在知識界活躍的人分成兩種類型，各自可稱為「入世知識分子」（the clerisy）（這是柯立芝的用語），他們是與社會脈動一致的思想者而且也可說是社會的代言人，以及「前衛知識分子」，他們遠遠超越時代的氛圍與主流價值觀。[23]社會上精采絕倫的創造力與知識界的原始動力都是從「前衛知識分子」來的，但是「入世知識分子」，可以理解地，輒享盛名。富蘭克林、傑佛遜與亞當斯乃是「入世知識分子」，而庫柏、愛默生（至少在他的成熟期）、大法官荷姆斯、威廉·詹姆士、郝威爾，與李普曼等也都是。「前衛知識分子」的名單更是亮麗，但是因為人類的心靈多采多姿，才華洋溢各擅其場，所以有一種算是第三類的人，他們的思想有混雜多元的特色，我們很難把他們歸類於前二者：例如馬克吐溫，他的心靈顯然可以分割成數塊，有極端的疏離也有與社會同調處；又如亨利．亞當斯，他有同樣的情況，只是風格不同。噢！不……其實最令我們激賞的是這些人才華的閃爍多變而不是可清楚歸類的特性。對於疏離問題是如此，而對於心靈狀態與生活方式也是如此。讓我們覺得驚豔稱奇的不是單一的波西米亞或是布爾喬亞，而是無盡的混雜與多元風格。像是在麻州安默斯特（Amherst）獨居時期的狄金森，或是惠特曼那種兼具多種風貌、強健粗獷的生活方式，史蒂芬斯（Wallace Stevens）在他保險公司總裁辦公室中的寫作，艾略特可同時兼顧金融業工作與寫作，與醫生作家威廉斯（William Carlos Williams）等人。所以，如果我們看看以下這份名單，就知道硬要將誰歸類於某一種類型其實是徒勞的事：杜威與皮爾斯（Charles S. Peirce），范伯倫與威廉．詹姆士，郝威爾與亨利．詹姆士，荷姆斯與布蘭戴斯，馬克吐溫與梅爾維爾，愛默生與愛倫坡，亨利．亞當斯與利亞（H. C. Lea），亨利．米勒與福克納，畢爾德與透納，霍頓（Edith Wharton）與海明威，多帕索斯與費茲傑羅等。

其實任何一個有才華、有創造性心靈的人成為作家或是思想家之前，他都早已降生於一個特定的環境中，秉賦有後天難以改變的個性與氣質了。這些是命運給他的東西，而他必須與之共處。要說明此，我們可以用大法官荷姆斯與經濟學家范伯倫做例子來比較。他們是同時代的人，都有著一顆熱情且可橫跨不同領域的心智，又很諷刺地與世界保持一定的距離，但除這些外，他們沒有一個地方相同。他們中任何一位，如果在生涯之初時，企圖重塑他們自己，一定是徒勞的——我們怎能想像荷姆斯脫離他清教徒貴族華胄傳統變成波西米亞，或是范伯倫變成一位嚴守規矩的人而成為美國經濟學會會長。荷姆斯出身於典型新英格蘭的仕紳家庭，所以這個背景拘束了他看這個世界的方式，他最後進入了美國「社會權位」的機構——最高法院，但是大家都認為在那裡他並未停止作為一位知識分子的責任，或是生產一些有裨於世界的思想。而范伯倫卻是在洋基文化與祖先的挪威文化的夾縫中長大，對於前者他從不以為然，可是後者也不是出生在美國的他的真正文化。因此，他命定永遠是一個邊緣人，徘徊在美國主流社會主流價值之外。作為一個學者，假如他想要成就某種學術生涯，他必須進入大學任教，但是他在每一個地方都水土不服、與人處不來。他可能具有某種直覺與智慧，所以即使在這世界對他友善時，他還是刻意與其保持距離。他本人一定感覺到，他的天賦有一部分也就存在於他離經叛道之處。我們當然可以把這個看成是他為何始終不得志的原因，但是這種怪異離常心智卻使他輒有傑出的社會理論問世，也讓他成為當時最富創造力的心靈。

自由民主社會的一個主要優點，就是很多不同風格的智識生活可在其中出現——我們可以見到熱情而叛逆的人，也有優雅而華麗者，或是質樸而內斂的、精明複雜的、聰敏而有耐性的，以及某些觀察敏銳而很能適應環境者。但最重要的是要有一種開放包容的心態，以便可以在即使狹小單一的社會中，也能欣賞體會各種傑出的心智。有人認為現在的自由文化與精緻文化必然地會慢慢崩解，對於這種悲觀的預言或是既存定見的心態，我們不知道它是對或是錯，但是有一點我們至少可以確定：這樣的看法會引發自憐或失望，而不是抗拒崩解的決心或是維繫住發揮創造力的自信。當然，在現代的情境下很有可能我們的選擇是有限的，而未來的文化恐將會由思想價值只具單一向度的人所掌控。這是有可能的，但是只要我們立志從歷史中學習教訓，我們就有信心未來不會如此。

謝詞

一九五三年四月二十七日，我受到密西根大學的邀請赴海沃德講座（Heyward Keniston Lecture）發表第一次演說，開始了撰寫本書的機緣。該演講經擴充之後，於該年八月八號發表於《密西根校友季刊》（*Michigan Alumnus Quarterly Review*）之上，名為〈民主與美國的反智主義〉（Democracy and Anti-Intellectualism in America），但卻讓我意識到還有許多待解之疑問，逼得我繼續探索下去。後來我分別在許多演講中提到書中處理的主題，首先是在劍橋大學講給歷史學會的大學生聽，一九五八至五九年間我在那裡擔任美國史教授（Pitt Professor of American History and Institutions）。隨後在一九六一至六二年間，分別演講於俄亥俄的希拉母學院（Hiram College）、南加州大學（University of Southern California），以及史密斯學院（Smith College）。最後，在一九六二至六三年間，我是普林斯頓大學人文委員會的訪問學者。我得感謝他們之中許多人的熱情招待。

本研究中的許多面向都得到哥倫比亞大學社會科學研究委員會（the Council for Research in the Social Sciences of Columbia University）以及高等教育基金會的「美國史中教育的角色委員會」（Committee on the Role of Education in American History）的贊助。卡內基基金會（Carnegie Corporation）的贊助讓我在輪休的一年裡可以投入本書的撰寫，並讓我得以更早完工，且有了更充分的研究資源。哥倫比亞大學一向不吝於給予我更自由的時間，但在我二十五年與它為伴的日子裡，先是研究生，後來是歷史系的一員，它帶給我的智識果實遠不止如此。

我的妻子碧翠絲・霍夫士達特（Beatrice Kevitt Hofstadter）總是提供我無可衡量的寶貴建言。我的同事，彼得・蓋伊（Peter Gay）與Fritz Stem讀過全書草稿並提供了關鍵的評論。在我寫書的這幾年，Philip Greven、Carol Gruber、Neil Harris與Ann Lane等我的研究助理幫我收集了許多原始資料。在我構思、修改、蒐集資料、補充修正本書的七年裡，以下朋友給予了各式各樣的協助：Daniel Aaron, Daniel Bell, Lee Benson, John M. Blum, Carl Bridenbaugh, Paul Carter, Lawrence Cremin, Barbara Cross, Robert D. Cross, Marcus Cunliffe, Stanley Elkins, Julian Franklin, Henry F. Graff, Robert Handy, H. Stuart Hughes, Edward C. Kirkland, William E. Leuchtenburg, Eric McKitrick, Henry May, Walter P. Metzger, William Miller, Ernest Nagel, David Riesman, Henry Robbins, Dorothy R. Ross, Irving Sanes, Wilson Smith,

Gerald Stearn, John William Ward, C. Vann Woodward, and Irvin Wyllie.

因為我們之間的對談經常沒有得出肯定的結論，因此不能說他們都同意我的意見。本書涵蓋的題材既廣，我所做的研究恐怕不能超過我所仰賴的文獻。我的註釋顯示了那些我所依靠的資料來源，但它們無疑仍未能窮盡我所得益於當代美國史學界的豐碩成果。我所最常引用的書與文章大多撰寫於過去十五或二十年間，它們本身就是非凡的成就。在我們檢驗美國的智識成就時，也許應該也把這一點納入考量。

哲學家雷蒙．阿宏（Raymond Aron）則羨慕英國，他說：「在所有西方國家中，英國是最合理對待知識分子的。」*The Opium of the Intellectuals* (London, 1957), p. 234；可對照他認為法國知識分子所受的待遇，pp. 220-1.

22 昆力夫在他的《美國的文學》（*The Literature of the United States*）（London, 1954）一書中有一個精采的調查，他說：「從愛倫坡開始，寂寞與孤獨就是美國文學家的寫照。」他們不互相來往，即使曾一同都住在和諧鎮的幾位，愛默生、梭羅與霍桑亦然。

23 "The Intellectuals: The United States," *Encounter,* Vol. IV (May, 1955), pp. 23-33.

14 一九六二年時史諾爵士（Sir Charles Snow）曾說：「有多少英國人知道，過去二十年間西方世界所有科學與學術的產出有百分之八十是美國的貢獻？」"On Magnanimity," *Harper's,* Vol. CCXXV (July, 1962), p. 40.

15 *Europe Without Baedeker* (New York, 1947), PP. 408-9.

16 我們並不想暗示這是普遍的現象，但是很多美國作家卻都安於這種情況。卡欽（Alfred Kazin）說：「太多美國人贊同我們現行的社會制度，但是同時又想要有一點點兒對它的深度文化式批判。」*Contemporaries* (New York, 1962), p. 439.

17 梭羅就可算是他們的前輩，他曾說除非他主動願意加入，他並不想成為任何社會的成員（這種反社會反制度的情懷在美國頻頻出現，是很有趣的現象）。當然，梭羅與這些「失落世代」的不同，在於他始終有一股「工作使命感」，就是他是一位作家。

18 "The Know Nothing Bohemians," in Seymour Krim, ed.: *The Beats* (Greenwich, Conn., 1960), p. 119.

19 In his postscript on the beats, written for the 1960 edition of Albert Parry's *Garrets and Pretenders: A History of Bohemianism in America* (New York: Dover ed., 1960), chapter 30.

20 *Voices of Dissent* (New York, 1958), pp. 198-200, 202, 205; the essay appears also in *Advertisements for Myself* (New York, 1959), pp. 337-58.

21 法國以外的知識分子還是把法國看成是典型的敬重知識分子的國家，但有趣的是法國知識分子本身卻對外國的情形羨慕。從前，對小說家司湯達爾（Stendhal）來說，義大利是典範，而今日，

9 George Frisbie Whicher: *This Was A Poet* (Ann Arbor, 1960), pp. 119-20.

10 愛默生在一八四〇年代寫道，美國還沒有出現這樣一位天才，可以把美國的蠻荒與追求物質主義的過往，寫成像歐洲歷史中呈現的「神祇嘉年華會」般——從荷馬到喀爾文新教主義間的林林總總事蹟。銀行與關稅局，報紙與地方黨派，公理會與普救派，對於無趣的人來說，這些都是無聊與平淡的題材，但是它們卻與特洛伊與德爾菲神殿（temple of Delphi）有著一樣的故事潛力，不過正快速地消逝了。我們的伐木、捕魚、黑人與印第安人、惡棍的囂張與善良人的膽怯、北方的貿易，南方的莊園，西部的墾拓、奧勒岡與德州，像這些都還未被歌詠過。在我們眼中，美國是一首詩，廣大幅員裡的山川地貌充滿了驚奇與想像，很快地就會成篇了。

11 William Charvat在他有趣的書《美國的文學作品出版市場，一七九〇至一八五〇年》中觀察到，「一八五〇年前沒有一本真正具原創性的作品能夠賣錢，而必須要等到多年後。大多數好的作品在市場銷售價值上都是失敗的……」

12 *America's Coming of Age* (New York: Anchor ed., 1958), p. 99; cf. pp. 91-110 and *passim.*

13 在一八三七年時朗菲羅甚至說波士頓也不過只是個「大村莊」，其中「輿論的力量超越了任何信仰」。四分之三世紀之後查普曼（John Jay Chapman）寫道：「除非親身經歷過，沒有人能體會美國小鎮的封閉暴虐。我相信歐洲麥迪奇、教皇或是奧匈帝國的專制與它比起來簡直只是小兒科。」

第十五章　知識分子：與社會疏離或被同化

1 Reprinted as *America and the Intellectuals* (New York, 1953).

2 *Partisan Review,* Vol. XXI (January-February, 1954), pp. 7-33.

3 譯註：這是多位文學家曾寄居之處。

4 Loren Baritz: *The Servants of Power* (Middletown, Connecticut, 1960); see also the same writer's article in the *Nation,* January 21, 1961, and my own discussion of the issues, "A Note on Intellect and Power," *American Scholar,* Vol. XXX (Autumn, 1961), pp. 588-98.

5 必須說明，福婁拜也有看到他的角色的危險。他曾說：「經常批評笨蛋的的人自己也冒著變成笨蛋的風險。」

6 事實上，很少人了解如果不是有三波文化灌溉，美國這麼廣大異質的土地在文化上應該會很貧瘠。第一波是新英格蘭文化的擴散，主要在十九世紀；第二波是猶太人移入，第三波是南方的文化再生，這兩股都在二十世紀。

7 我們選擇用這個名詞稱呼它，而非一般常用的名詞。大家有時稱之為「婆羅門文化」（Brahmin Culture），但是我們認為這較為適合指涉新英格蘭的情形。桑塔耶納用「仕紳傳統」（genteel tradition）雖然較好，但是我相信「巨頭」文化比較能表達一些這階級在政治上的涵義。

8 William Charvat: *The Origins of American Critical Thought,* 1810-1835 (Philadelphia, 1936), p. 25. 事實上我們認為「巨頭」文化的最佳代表是米勒（Perry Miller）在 *The Raven and The Whale* (New York, 1956) 前幾章所表現的氣味。

41 *Schools of To-Morrow,* p. 165.

42 *Progressive Education at the Crossroads,* p. 78.

43 杜威理論具有的一些政治上的困境，可見於Frederic Lilge: "The Politicizing of Educational Theory," *Ethics,* Vol. LXVI (April, 1956), pp. 188-97.

44 Some of the political difficulties in Dewey's theory are penetratingly analyzed by Frederic Lilge: "The Politicizing of Educational Theory," *Ethics,* Vol. LXVI (April, 1956), pp. 188-97.

45 *Democracy and Education,* p. 88. Also see P. A. Schilpp, ed.: *The Philosophy of John Dewey* (Chicago, 1939), pp. 77-102, especially p. 101.

46 *Human Nature and Conduct* (1922; Modem Library ed., New York, 1929), p. 64.

47 像杜威一樣，佛洛伊德的思想對教育也同時有好與壞的影響。在很多地方，佛洛伊德理論的教育學意涵被誤解的程度甚至比杜威還大。在一九二〇年代，他的心理學常被進步教育者引用作為支持解放學生自然本能的依據。同時，他的理論也激發了教育學上的心理主義學派，這個學派主張把教育的焦點從注重講授內容轉移到將教育過程看成是一種輕度、非專業的心理治療。對於他們兩人關於自然本能與社會行為間關聯的簡要討論，這本書最有代表性：Philip Rieff, *Freud: The Mind of the Moralist* (New York, 1959), chapter 2.

48 "Introduction" to Elsie R. Clapp: *The Use of Resources* in *Education* (New York, 1952), pp. x-xi.

29 Ibid., pp. 22-4; cf. *The School and Society,* p. 18.

30 *Democracy and Education,* p. 49.

31 *The School and Society,* pp. 24-9. Cf. *Democracy and Education,* pp. 9-10, 46-7, 82-3, 88-9, 97-8, 226, 286-90, 293-305. See Also Alberty: *Reorganizing the High School Curriculum,* p. 50.

32 *Experience and Education,* pp. 84-5; cf. pp. 4, 59, 64, 66, 77, 80.

33 Ibid., pp. 95-6.

34 杜威對於傳統教育的看法有時候與進步主義者一樣，充滿了嘲諷諧謔的口吻。當然傳統教育經常是呆板而缺乏想像力，但是我們懷疑杜威是否批評過度了，因為他將之比喻為好比使用鎖鍊與鐵衣加諸兒童一般，具有「專制的」與「嚴厲的」氣息。而且因為是填鴨式的教育，受教者無法思考，也對於所學的東西無法真正體會其價值，故與培養個體性的目標完全相反。*Experience and Education,* pp. 2-5, 11, 24, 46, 50, 70.

35 *Democracy and Education,* p. 47.

36 Ibid., p. 52.

37 譯註：萊斯曼稱為other-directed。

38 Alberty: Ope cit., pp. 470, 474.

39 See the passage in *Democracy and Education,* pp. 46-8, in which Dewey plays upon the meaning of the term “social.”

40 Marietta Johnson: *Youth in a World of Men* (New York, 1929), pp. 42, 261; cf. the laudatory comment on this feature of her school by John and Evelyn Dewey in *Schools of To-Morrow* (New York, 1915), especially p. 27.

17 See also *Democracy and Education,* pp. 61-2; also p. 133：「小孩的天生與自身的興趣與能力是教育的啟動與收斂的力量，但並不決定教育的目標。」一九二六年，杜威以不同於往昔的口吻說道，某些進步教育機構中所實施的迴避引導的教育，實在是「愚蠢至極」。

18 *Democracy and Education,* p. 125.

19 *The Child and the Curriculum,* p. 31.

20 N.E.A. *Proceedings, 1880.*

21 *Democracy and Education,* pp. 283-4.

22 *The School and Society* (1915; ed. Chicago, 1956), p. 136. On Dewey's remonstrances against attacks on the orderly organization of subject matter, see Cremin: Ope cit., pp. 234-6.

23 *Democracy and Education,* pp. 280-1.

24 Ibid., p. 129; cf. the whole passage on aims in education, pp. 124-9.

25 For Dewey's development of this theme, see *Reconstruction* in *Philosophy* (New York, 1920).

26 *Democracy and Education,* p. 115.

27 Ibid., p. 370.

28 當然，民主的定義可以施用於其他社會機制或是政府機構上，但是如果我們鼓勵大家把民主看成是對例如家庭或是學校的最理想存在方式的定義，則會有很大缺點。我們相信杜威對美國民主做了一個頗大的反面貢獻，因為他在用詞上與價值上對於所謂「民主式生活」的無限上綱，使得美國的教育者對於教育的目的與手段的討論沒有了其他的空間。

學也不是，兒童本身才是中心。兒童是上帝最高的創造物，它的身體、心智與靈魂都有自己的法則，這些法則決定了它如何成長。」*Discussions at the Open Session of the Herbart Club, Denver, Colorado,* July 10, 1895 (1895), pp. 155-6.

10 The formulation of this goal had to wait for a later generation of educators. See above, chapter 1, Exhibit L.

11 我們發現他這個建議特別引人注意：「有錢人家的小孩通常較自我，也過度自我，尤其是小的時候。所以他們應該接受紀律並且被要求服從；窮人家的小孩通常不自我或是過度沒有自我，因此應該放縱他們一下。」這個想法比他呼籲的「順應自然」教育法似乎更注重人際與社會脈絡。

12 The examples are from Alberty: *Reorganizing the High-School Curriculum,* pp. 47.2-3.

13 *Democracy and Education* (New York, 1916), pp. 59-62.

14 杜威曾在另一著作中說：「教育的過程與目標是同一件事。如果用教育以外的東西作為教育的目標與標準，則不啻剝奪了教育過程的意義，使得我們以錯誤與外來的刺激加諸在兒童身上。」*My Pedagogic Creed,* p. 12.

15 Cf. the criticism by Boyd H. Bode in *Education at the Crossroads* (New York, 1938), especially pp. 73 ff. Among the various critiques, I have found this work and I. L. Kandel's *The Cult of Uncertainty* (New York, 1943) most illuminating.

16 Goodwin Watson, as quoted by I. L. Kandel: *The Cult of Uncertainty,* p. 79.

「霍桑實驗」（Hawthorne experiments）。這個實驗本來是要探究何種工作環境會增加生產力，但是研究結果卻顯示，做這個實驗本身給勞動者帶來的心理衝擊改變了生產力，反而不是任何工作環境上的改變使然。

2 *The Transformation of the School,* p. 239.

3 See G. R. Glenn: "What Manner of Child Shall This Be?" N.E.A. *Proceedings,* 1900, pp. 176-8, for this and other quotations.

4 這當然跟傳統派與不那麼具有福音宗教精神的教育家的看法不同。例如艾略特（Charles William Eliot）曾說：「不管教育哪個層級的學生，教育機構的目標絕對不應是滿足那些最差學生的需要……」*Educational Reform* (New York, 1898).

5 Francis W. Parker: *Talks* on *Pedagogics* (New York, 1894), pp. 3, 5-6, 16, 23-4, 320-30, 383, 434, 450.

6 G. Stanley Hall: "The Ideal School as Based on Child Study," *Forum,* Vol. XXXII (September, 1901), p. 24-5; John Dewey: *My Pedagogic Creed* (1897; new ed. Washington, 1929), pp. 4, 9.

7 *My Pedagogic Creed,* pp. 15, 17.

8 在此我們可以參考盧梭所說的話：「當我除掉兒童的那些課程時，我除掉了他們煩惱的來源，也就是那些書籍。閱讀對兒童來說是詛咒，但是這幾乎是我們為兒童找到的唯一事情。十二歲的愛彌兒不可能知道書是什麼……我承認日後當閱讀對他有幫助時，他就應該開始學習閱讀，但是到那時之前，他不會對閱讀有興趣的。」

9 我們可與帕克的話對比：「自然科學不是教育的中心，歷史與文

Education in a Divided World (Cambridge, Mass., 1948), p. 65; cf. p. 228. 在一九五〇年代中期，約只有百分之五的資優學生可在學校受到正式特別教育的關照。一九四八年的調查顯示，有兩萬名資優生接受資優特殊教育，而有八萬七千名學習障礙生，接受遲緩特殊教育。

36 Lloyd E. Blauch, Assistant Commissioner for Higher Education, United States Office of Education, writing in Mary Irwin, ed.: *American Universities and Colleges,* published by the American Council on Education (Washington, 1956), p. 8.

37 *Liberal Education and the Democratic Ideal* (New Haven, 1959), p. 29; the case was first reported by Griswold in 1954.

38 Richard A. Mumma: "The Real Barrier to a More Realistic Curriculum: The Teacher," *Educational Administration and Supervision,* Vol. XXXVI (January, 1950), pp. 41-2.

39 *Bulletin* of the Council for Basic Education (April, 1957), p. 11. The actual exploration of such subjects in the schools is unusual, but their place among the plans of core-curriculum educators is not. See, for instance, the lists of student interests recommended as bases for curricula in Alberty: *Reorganizing the High School Curriculum,* chapter 15.

40 "The Second Transformation," p. 154.

第十四章　兒童與他將面對的世界

1 但是實驗學校的案例有時被類比為在工業社會學研究中出名的

30 For differing estimates of the distribution of academic ability and its implications for educational policy, see the Report of the President's Commission on Higher Education: *Higher Education for American. Democracy,* Vol. I, p. 41; Byron S. Hollinshead: *Who Should Go to College* (New York, 1952), especially pp. 39-40; Dael WolHe: *America's Resources of Specialized Talent* (New York, 1954); and Charles C. Cole, Jr.: *Encouraging Scientific Talent* (New York, 1956). "lam confident," writes one educational psychologist, "that with better teaching ... half, or more, of the students in our high schools. " can profit from it [the classical curriculum]." Paul Woodring: *A Fourth of a Nation* (New York, 1957)" p. 49.

31 *A Look Ahead in Secondary Education,* U.S. Office of Education (Washington, 1954), p. 76.

32 *American Education* in *the Twentieth Century,* p. 156; cf. pp. 173-81. On the universalistic aspirations of the life-adjustment movement, see Mortimer Smith: *The Diminished Mind* (Chicago, 1954), p. 46.

33 *Education for All American Youth, A Further Look* (Washington, 1952), p. 140.

34 Charles M. MacConnell, Ernest O. Melby, Christian O. Arndt, and Leslee J. Bishop: *New Schools for a New Culture* (New York, 1953), pp. 154-5.其實這些話的確不是沒有道理，因為美國中學教育的現況，真的並不能給這些資優學生什麼特別的幫助。

35 另有人說：「我們的制度特別忽視資優者。我們的高中既沒有及早發現他們，也沒有給他們指引，更沒有給他們所需的教育。」

(November, 1953), p. 72.

23 *Secondary Education and Life* (Cambridge, Mass., 1939). The argument summarized in this and the following pages is largely in pp. 1-49; especially pp. 7-10, 15-16, 19-21, 31-5, 47-9.

24 For a later, full-scale, authoritative statement of the views of this school on the content of the curriculum, see Harold Alberty: *Reorganizing the High School Curriculum* (New York, 1953).

25 美國人對「心智鍛鍊」最具代表性的看法見於 Yale Report of 1828，它最早刊登於 *The American Journal of Science and Arts*, Vol. XV (January, 1829), pp. 297-351. It is largely reprinted in Hofstadter and Smith, eds.: *American Higher Education: A Documentary History*, Vol. I, pp. 275-91.

26 See Richard Hofstadter and Walter P. Metzger: *The Development of Academic Freedom in the United States* (New York, 1955), pp. 226-30; Richard Hofstadter and C. DeWitt Hardy: *The Development and Scope of Higher Education in the United States* (New York, 1952), chapter 1 and pp. 53-6.

27 W. C. Bagley: "The Significance of the Essentialist Movement in Educational Theory," *Classical Journal*, Vol. XXXIV (1939), p. 336.

28 Jerome S. Bruner: *The Process of Education* (Cambridge, Mass., 1960), p. 6. Also see Walter B. Kolesnik: *Mental Discipline in Modern Education* (Madison, 1958), especially chapter 3.

29 亦即，如果特爾曼的研究被接受，六成的美國孩童將被認為不適合高中教育。

15 See the good brief account of the early impact of testing in Cremin: *The Transformation of the School*, pp. 185-92.

16 See, for example, Merle Curti's discussion of the views of Thorndike in *The Social Ideas of American Educators* (New York, 1935), chapter 14.

17 N.E.A. *Proceedings*, 1920, pp. 204-5.

18 Ibid., 1920, pp. 73-5.

19 JohnF. Latimer, in *What's Happened to Our High Schools?* Also see I. L. Kandel: *American Education in the Twentieth Century* (Cambridge, Mass., 1957), p. 62; and H. S. Dyer, R. Kalin, and F. M. Lord: *Problems in Mathemetical Education* (Princeton, 1956), p. 23. And Harl R. Douglass: *Secondary Education for Life Adjustment of American Youth* (New York, 1952), p. 598.

20 「程度不佳」一詞並非是「生涯發展導向教育」專家的用語，而是我對某些被認為無法吸收學校教育也無法習得一技之長的學生的解讀。

21 當時教育部是支持「生涯發展導向」運動的，而總統的高等教育委員會也認為大學不應該太著重表達能力與抽象思考，而應該更注重培養其他能力，像是社交、多方面才藝、藝術、機械、駕駛汽車等。」*Higher Education for American Democracy: A Report of the President's Commission on Higher Education,* Vol. I (Washington, 1947), p. 32.

22 Edward K. Hankin: "The Crux of Life Adjustment Education," *Bulletin of the National Association of Secondary-School Principals*

1918), p. 30.

5 The general outlines of this controversy are sketched in Wesley: N.E.A.: *The First Hundred Years*, pp. 66-77.

6 *The American High School Today* (New York, 1959), p. 57.

7 For relevant passages, see *Report of the Committee on Secondary School Studies Appointed at the Meeting of the National Education Association*, July 9, 1892 (Washington, 1893), pp. 8-11, 16-17, 34-47, 51-5. 委員會認為每個學生在高中所學的都應該足以讓他們讀大學時可以銜接上。大學或是技術學院收的每個高中畢業生都應該有能力就讀下去，無論他從什麼樣的分組來的。但是委員會發現目前這目標並不可能，因為現行高中的課程「很差勁，每種都學，但只有一點點，以致於沒有一個學科有深入完整的訓練。」

8 N.E.A. *Proceedings*, 1908, p. 39.

9 "Report of the Committee of Nine on the Articulation of High School and College," N.E.A. *Proceedings*, 1911, pp. 559-61.

10 Wesley: op. cit., p. 75.

11 Quotations in this and the following paragraph are from Cardinal Principles of Secondary Education, *passim*.

12 See, on this general subject, Alan M. Thomas, Jr.: "American Education and the Immigrant," *Teachers College Record*, Vol. LV (October, 1953-May, 1954), pp. 253-67.

13 *The Transformation of the School* (New York, 1961), p. 176.

14 對於美國政治思想中科學與民主的融合，請見Bernard Crick: *The American Science of Politics* (London, 1959).

活面向上做限制的例子。一九二七年南方有一所學校給老師一個限制，就是必須承諾「不可談戀愛、訂婚或是私下結婚」。即使在今天，「很有趣的一個事實是，多數歐洲的學校是男女分校，但是學校中男女老師很自由地社交；可是在美國大部分的學校是男女合校，但是男女老師在授課之餘卻是分開活動、不太混雜在一起的。」*The Schools* (New York, 1961), p. 4. 最後，以往慣常對於已婚女老師的歧視，嚴重到甚至結婚就不能繼續工作的地步，使得女老師多半過了適婚年齡仍未婚，或是非常年輕的女孩。為何抵制已婚女老師呢？參見D. W. Peters: *The Status of the Married Woman Teacher* (New York, 1934).

第十三章　生涯發展導向的高中教育

1 Edgar B. Wesley: N.E.A.: *The First Hundred Years* (New York, 1957), p. 95. On the academies, see E. E. Brown: *The Making of Our Middle Schools* (New York, 1903).

2 See John F. Latimer: *What's Happened to Our High Schools?* (Washington, 1958), pp. 75-8. Also see Martin Trow: "The Second Transformation of American Secondary Education," *International Journal of Comparative Sociology*, Vol. II (September, 1961), pp. 144-66.

3 *What the High Schools Ought to Teach* (Washington, 1940), pp. 11-12.

4 當然這是因為受到「大蕭條」以及工會的影響。但是至少在一九一八年時全國教育聯盟已經主張一般的青少年應該受義務教育直到十八歲。*Cardinal Principles of Secondary Education* (Washington,

29 Elsbree: op. cit., pp. 311-34.

30 E. S. Evenden: "Summary and Interpretation," National Survey of the Education of Teachers, Vol. VI (Washington, 1935), pp. 32, 49, 89. For later information on the caliber of persons entering education, see Henry Chauncey: "The Use of Selective Service College Qualification Test in the Deferment of College Students," Science, Vol. CXVI (July 25, 1952), pp. 73-9. See also Lieberman: op. cit., pp. 227-31.

31 *The American High School Today* (New York, 1959), pp. 37-8, 77-85, 132-3.

32 Op.cit., p. 334.

33 Ibid., p. 273; for Mann, see pp. 279-80.

34 Lieberman: op. cit., p. 244.

35 「一般都說，女人與黑人不准進入男性白人的世界。現在也許還應加上男性老師在內。」這個對老師的歧視問題又被兩個因素所加深，一是老師的公眾形象似乎變成是無性別特色的中性人，另一個就是已婚女老師被歧視的問題。十九世紀的美國有一個很奇怪的觀念，也許現在已沒那麼嚴重，那就是大家都認為老師一定都很怪異，這在小鎮人們的心中尤然。當然某些惡棍老師帶來這種印象，可是美國人喜歡讓無性別特色的人來教小孩也是原因之一。即使在今天，這種想法還是使得很多無辜的女孩在校園被排斥，縱然她們表現良好。一八五二年有一位老師寫了封信，抗議學校不准他與他的女性教學助理一起走在來回學校的路上。Howard Beale寫了一本書，叫做《美國的老師自由嗎？》（*Are American Teachers Free?*）。書中有很多關於對老師個人生的社會與經濟條件可能還不如美國。See Asher Tropp: *The School Teachers* (London, 1957). Somewhat revealing in this connection was the remark of one of Her Majesty's Inspectors, H. S. Tremenheere, on a visit to the United States in the 1850s. For another English observer, who found the status of American teachers high, though their pay was equally bad as in England, see Francis Adams: *The Free School System of the United States* (London, 1875), especially pp. 176-8, 181-2, 194-5, 197-8, 238.

22 *The American Teacher* (New York, 1939), chapter 2.

23 Howard K. Beale: *A History of Freedom of Teaching in American Schools* (New York, 1941), pp. 11-12; Elsbree: op. cit., pp. 26-7, 34.

24 Beale: op. cit., p. 13.

25 R. Carlyle Buley: op. cit., Vol. II, pp. 370-1.

26 James G. Carter: *The Schools of Massachusetts in 1824*, Old South Leaflets No. 135, pp. 15-16, 19, 21.

27 Beale: op. cit., p. 93; cf. the early treatise on teaching, Samuel Hall's *Lectures on School-Keeping* (Boston, 1829), especially pp. 26-8. On the condition of the teaching profession in the Southwest ("The great mass of our teachers are mere adventurers"), see Philip Lindsley in Richard Hofstadter and Wilson Smith, eds.: *American Higher Education: A Documentary History* (Chicago, 1961), Vol. I, pp. 33.2-3.

28 一九五六年時比例降到百分之七十三。在鄉下地區女老師的薪水是男老師的三分之二。城市中，男女老師薪資都提升，但是女老師起薪只有男老師的三分之一多一些。

Indiana Centennial ed., Princeton, 1916); it is full of information about folk attitudes toward education in the old Midwest.

15 I am much enlightened by Mrs. Elson's article, "American Schoolbooks and 'Culture' in the Nineteenth Century," *Mississippi Valley Historical Review* Vol. XLVI (December, 1959), pp. 411-34; the quotations in the following paragraphs are taken from this essay, pp. 413, 414, 417, 419, 42 1, 422 , 425, 434.

16 *The New York Times*, November 3, 1957.

17 Ibid., March 24, 1957.

18 Myron Lieberman: *Education as a Profession* (New York, 1956), p. 383; chapter 12 of this work is informative on the economic position of American teachers.

19 有一些研究指出老師的社會地位比本書所說的高，但是我們認為因為這些研究乃是根據民意調查而來，但民調並不是分析社會地位這個問題的好方法。另有一本關於教師地位的研究很不錯但為人所忽略，就是 Willard Waller: *The Sociology of Teaching* (New York, 1932).

20 On the attitude of teen-agers toward their teachers, see H. H. Remmers and D. H. Radler: *The American Teenager* (Indianapolis, 1957); on class factors in the relations between teachers and pupils, see August B. Hollingshead: *Elmtown's Youth* (New York, 1949); and W. Lloyd Warner, Robert J. Havighurst, and Martin B. Loeb: *Who Shall Be Educated?* (New York, 1944).

21 十九世紀初英國的勞工市場應該是略有不同，但公立學校老師

(September, 1857), p. 14.

9 NEA *Proceedings*, 1870, pp. 13, 17. For a series of complaints similar to these, and ranging from 1865 to 1915, see Edgar B. Wesley: N.E.A.: *The First Hundred Years* (New York, 1957), pp. 138-43.

10 *The Public School System of the United States* (New York, 1893).

11 Marian G. Valentine: "William H. Maxwell and Progressive Education," *School and Society*, LXXV (June 7, 1952), p. 354. Complaints of this order began to emerge at this time as a response to the new education. See the remarks of Lys D'Aimee as quoted in R. Freeman Butts and Lawrence Cremin: *A History of Education in American Culture* (New York, 1953), pp. 385-6.

12 Thomas H. Briggs: *The Great Investment: Secondary Education in a Democracy* (Cambridge, Mass., 1930), pp. 124-8.

13 其中最有趣的一個調查，就是一九五一年洛杉磯對於三萬名學童的測驗。八年級學生中，每七人就有一人無法在地圖上找到大西洋，十一年級學生中（十六到十八歲）也有類似比例算不出三十六的百分之五十是多少。*Time,* December 10, 1951, pp. 93-4.

14 The arguments used by educational reformers are discussed by Lawrence Cremin: *The American Common School* (New York, 1951); Merle Curti: *The Social Ideas of American Educators* (New York, 1935); and Sidney L. Jackson: America's *Struggle for Free Schools* (Washington, 1940). One of the most illuminating documents of American social history is Robert Carlton [Baynard Rush Hall]: *The New Purchase, or Seven and a Half Years in the Far West* (1843;

2 編註：從十九世紀末持續至二十世紀二〇年代的成人教育運動，主要以美國鄉間為主，以起源於紐約州的查塔卡湖（Chautauqua Lake in）而名。

3 Washington, in Richardson, ed.: *Messages and Papers of the Presidents*, Vol. I, p. 220; Jefferson: *Writings*, P. L. Ford, ed., Vol. X (New York, 1899), p. 4; Lincoln: *Collected Works*, Roy P. Basler, ed., Vol. I (New Brunswick, New Jersey, 1953), p. 8.

4 R. Carlyle Buley: *The Old Northwest Pioneer Period*, 1815-1840 (Indianapolis, 1950), Vol. II, p. 416.

5 An impressive brief critique of these failings may be found in Robert M. Hutchins: *Some Observations on American Education* (Cambridge, 1956).

6 On American reading, in and out of college, see Lester Asheim: "A Survey of Recent Research," in Jacob M. Price, ed.: *Reading for Life* (Ann Arbor, Michigan, 1959); Gordon Dupee: "Can Johnny's Parents Read?" *Saturday Review*, June 2, 1956.

7 *Essays upon Popular Education* (Boston, 1826), p. 41.

8 曼恩在一八四三年有一個報告非常重要，其中他比較了普魯士的教育現況。他說：「那邊的社會對於老師比較尊敬，不像在美國一樣，那些在其他職業或是商場上失敗的人不會以當老師作為最後的避難所。」一位哈佛的教授也同意這看法，他說：「在一八五七年時新英格蘭的學校體系看起來很落後，不但設施陳舊不足，校舍也簡陋破敗，教科書不盡理想，而老師的素質更差，農夫都可以來當。」*American Journal of Education,* Vol. IV

40; for an answer to Sladden by a socialist who considered that the proletariat embraced the intellectuals, see Carl D. Thompson: "Who Constitute the Proletariat?" *International Socialist Review,* Vol. IX (February, 1909), pp. 603-612.

33 "Sound Socialist Tactics," *International Socialist Review,* Vol. XII (February, 19 12), pp. 483-4. Three years after these remarks Hobert Michels published his *Political Parties,* an analysis of oligarchical tendencies in European left-wing parties.

34 Quoted in Daniel Aaron: *Writers* on *the Left* (New York, 1961), pp. 254-5. I have drawn heavily for my argument and illustrations on this thorough and perceptive study, and the quotations and incidents in the following paragraphs are from pp. 25, 41, 65, 93-4, *132n.,* 162, 163-4, 168, 209, 210-12, 216, 227, 240-2, 254, 308, 337-8, 346, 409, 410, 417, 425.

35 很諷刺地，古德就跟一九五〇代的那些麥卡錫主義者一樣地痛恨哈佛，而他也被迫否認他曾經短暫地在那兒就學的過往。他說：「有一些敵人散布謠言說我曾在那兒讀書，這不是真的。我曾在波士頓哈佛區的一個垃圾場工作過，僅此而已。」

第十二章　學校與老師

1 Henry Steele Commager: *The American Mind* (New Haven, 1950), p. 10; cf. pp. 37-8. Rush Welter: *Popular Education and Democratic Thought in America* (New York, 1962), is an informative study of what Americans expected from education.

27 Wilensky: op. cit., pp. 269, 276.

28 Finley Peter Dunne was much amused by the interest of a few of the rich in socialism. Finley Peter Dunne: *Mr. Dooley: Now and Forever* (Stanford, California, 1954), pp. 252-3.

29 Charles Dobbs, writing on "Brains" in the *International Socialist Review,* Vol. VIII (March, 1908), p. 533, noticed that "it is the 'intellectuals' who are attacking the 'intellectuals' and the 'leaders' who are delivering the mightiest blows at 'leadership'."

30 David Shannon: *The Socialist Party of America* (New York, 1955), p. 57; Robert R. La Monte: "Efficient Brains versus Bastard Culture," *International Socialist Review,* Vol. VIII (April, 1908), pp. 634, 636. On intellectuals in the socialist movement, see Shannon: op. cit., pp. 8, 12, 19, 53-8,. 281-2; Daniel Bell: "The Background and Development of Marxian Socialism in the United States," in Donald Drew Egbert and Stow Persons, eds.: *Socialism and American Life* (Princeton, 1952), Vol. I, pp. 294-8; Ira Kipnis: *The American Socialist Movement, 1897-1972* (New York, 1952), pp. 307-11, and Bell's review of this work in *The New Leader,* December 7, 1953.

31 Bell: "Background and Development," p. 294. Cf. the attack by the rightwing leader, Max Hayes, on parlor socialists and theorists in the party convention of 1912. Socialist Party of America, *Convention Proceedings,* 1912 (Chicago, 1912), p. 124.

32 "The Revolutionist," *International Socialist Review,* Vol. IX (December, 1908), pp. 4.29-30. On Sladden, see Shannon: op. cit., p.

因此他們會離勞工更遠，因為沒有待過基層的經驗。大學畢業生與工人背景相差太多，他們看不起工人，就像往日貴族看不起平民、或是南方的奴隸主看待黑人般。在一九一四年時，工會雜誌甚至說，接受私人捐款的機構或是媒體不會追求公正，而會是自由平等體制的威脅。如果這些私人捐款成立的機構無法公正，那它們應該被公家預算成立的機構來取代。當然，學術界對於社會關懷的提升，使得情形稍微好轉。工會雜誌在一九一三年時認為，現在諸多大學與學院對於社會與產業問題，有了更同情與更接近民眾立場的理解。許多大學紛紛邀請鞏伯斯演講，他也樂意去推展關係。

24 See Gompers: *Organized Labor: Its Struggles, Its Enemies and Fool Friends* (Washington, 1901), pp. 3, 4; Gompers: "Machinery to Perfect the Living Machine," *Federationist,* Vol. XVIII (February, 1911), pp. 116-17; cf. Milton J. Nadwomy: *Scientific Management and the Unions* (Cambridge, Mass., 1955), especially chapter 4.

25 On the recent partial dissolution of this alliance, see James R. Schlesinger: "Organized Labor and the Intellectuals," *Virginia Quarterly Review,* Vol. XXXVI (Winter, 1960), pp. 36-45.

26 For my argument here, as well as the quotations from labor leaders and labor experts, I am indebted to Harold L. Wilensky: *Intellectuals in Labor Unions* (Glencoe, Illinois, 1956), *passim,* and especially pp. 55, 57, 68, 88-90 , 93, 106, 116-20, 132, 260-5, *266n.,* 267, 273-6. On the limitations of the power of the labor intellectual, see also C. Wright Mills: op. cit., pp. 281-7.

(New York, 1919), pp. 176-9.

21 Senate Committee on Education and Labor, *Relations between Labor and Capital,* Vol. I (Washington, 1885), p. 460. Cf. the equally classic remark of Gompers in 1896: "The trade unions are the business organizations of the wage earners." *Report of the Sixteenth Annual Convention of the American Federation of Labor,* 1896, p. 12.

22 Selig Perlman's *A Theory of the Labor Movement* (1928; ed. New York, 1949)的理論對本文立論有若干影響。而C. Wright Mills也認為工運領袖他們的能力都是自我鍛鍊出來的（self-made men）。見其所著*The New Men of Power* (New York, 1948), chapter 5.

23 雖然美國工運一向對於公立學校教育體制持肯定態度，但是他們卻一直對於高等教育或是精緻文化有所懷疑保留。有時候工運刊物會對於富豪們捐款給博物館、圖書館或大學的舉動有所嘲諷，認為這些錢其實是壓榨勞工薪資而來的——他們捐的百萬元乃是從勞苦工人的血汗而來，而捐款所設立的機構那些勞工與其子弟從無機會享受。工運界或是藍領階級特別對於大學有敵意，他們認為這些地方窮人與其子弟從來不會去，這些地方每年花很多錢教那些富家子弟們如何打粗魯殘暴的美式足球。我們可以理解，工運刊物的編輯們很怕大學會因為拿了資本家捐款，所以不斷宣揚現狀是合理的看法，而且大學也變成了製造那些反對、破壞罷工者的溫床。想想如果是洛克菲勒捐錢辦的一所大學，你覺得它會教什麼樣的東西呢？是教普遍人權理論還是富人較具優越能力呢？一九〇五年有一位評論者甚至說，現在企業界的新領導者是那些從大學畢業的「書生」，而不再是舊派的「實務」出身者，

教育概況的報告，他發現這方面美國落後歐洲很多，尤其是較諸於德、法兩國。

14 Earle D. Ross: *Democracy's College* (Ames, Iowa, 1942), p. 66.

15 明尼蘇達州的聯邦參議員萊斯（Senator Rice）在國會發言反對政府用公地設立農業大學，算是當時國會中的少數聲音。他說：「如果我們要設立農業大學，倒不如給每位農民一百六十畝地，這才是適合於他的真正的大學……聯邦不應把公地撥給各州，讓他們以公款設立大學教育那些上得起學的有錢人家子弟。我們不需要那些摩登農夫，或是摩登農機員……。」I. L. Kandel: *Federal Aid for Vocational Education* (New York, 1917), p. 10.

16 有一份文獻認為農業大學只不過是某些白癡老學究們與一些善搞政治的教授們的庇護所而已，而另一文獻則建議「掃除掉那些博士與文弱書生教授們」，找一些務實的、每日與實際生活搏鬥的人來代替他們吧。

17 Milburn L. Wilson, in o. E. Baker, R. Borsodi, and M. L. Wilson: *Agriculture in Modern Life* (New York, 1939), pp. 223-4.

18 Kandel: op. cit., p. 103; cf. p. 106. On the number of students in agricultural and mechanical courses in these colleges, see p. 102.

19 Henri de Man: *Zur Psychologie des Sozialismus* (jena, 1926), p. 307.

20 Samuel Gompers: *Seventy Years of Life and Labor* (1925; ed. New York, 1943). 另外一位工運領袖John R. Commons也表達了工運人士對知識分子的不信任態度，他認為很奇怪地，工運老是會吸引一些毫無領導能力的知識分子前來。可參見John R. Commons: *Myself* (New York, 1934), pp. 86-9; see also his *Industrial Goodwill*

op. cit., who makes the necessary regional and ethnic qualifications.

6 Richard Bardolph: *Agricultural Literature and the Early Illinois Farmer* (Urbana, Illinois, 1948), p. 14; cf. pp. 13, 103.

7 Carman: op. cit., pp. 249-50. See the instructive essay in which these remarks appeared, pp. 234-54, and Buel's remarks "On the Necessity and Means of Improving Our Husbandry," pp. 8-21.

8 Carman: op. cit., p. 53. For a temperate answer by another editor to the ultra-practical bias of the working farmer, see: "An Apology for 'Book Farmers,'" *Farmer's Register,* Vol. II. (June, 1834), pp. 16-19; cf. "Book Farming," *Farmer's Register,* Vol. I (May, 1834), p. 743.

9 通常農人最喜歡讀他們手中的農民曆，而有些農民曆還竟然針對老農夫的胃口，登些有「反智」氣味的東西，例如嘲諷現代農耕法的趣味軼事或是打油詩。

10 Gates: op. cit., pp. 358-60.

11 "Agricultural Colleges," reprinted from the *New England Farmer,* n.s. Vol. IV (June, 1852), pp. 267-8, in Demaree; *op. cit.,* pp. 250-2.

12 Jackson: op. cit., p. 172; cf. pp. 113, 127, *passim.*

13 耶魯大學的諾頓（John P. Norton）教授一八五二年時說：「美國如果有任何六個州在今年內要在其內設立農業大學或學院的話，在全國範圍之內他們也找不足可以勝任的教授人數。」他甚至懷疑紐約州如要設立一所學校都找不齊教員。關於美國改良農業教育的簡史可以參考A. C. True: A *History of Agricultural Education in the United States,* 1785-1925 (Washington, 1929). 一八五一年時希區考克（Edward Hitchcock）替麻州州議會做了一個關於歐洲農業

30 Quotations in this and the following paragraphs are in *The Return to Religion* (1936; Pocket Book ed., 1943), pp. 9, 12, 14, 17, 19, 35, 44-5, 54-61, 67, 69, 71, 73, 78-9, 115-16, 147-9, 157.

第十一章　其他領域所發生的智識無用論爭辯

1 John Taylor: *Arator* (Georgetown, 1813), pp. 76-7; Alexis de Tocqueville: *Democracy in America* (New York, 1945), Vol. II, p. 157；在我的書《改革的年代》（*The Age of Reform*）第二章中，我曾討論美國農業中的商業氣味。

2 On the number of farm journals, see Albert L. Demaree: *The American Agricultural Press,* 1819-1860 (New York, 1941), pp. 17-19; on books and journals, Paul W. Gates: *The Farmer's Age: Agriculture,* 1815-1860 (New York, 1960), pp. 343, 356.

3 On this aspect of the fairs, see Gates: op. cit., pp. 312-15; cf. W. C. Neely: *The Agricultural Fair* (New York, 1935), pp. 30, 35, 42-5, 71, 183; and P. W. Bidwell and J. I. Falconer: *History of Agriculture* in *the Northern United States* (Washington, 1925), pp. 186-93.

4 Carl Van Doren: *Benjamin Franklin* (New York, 1938), p. 178; Bidwell and Falconer: op. cit., p. 119; Avery O. Craven: *Edmund Ruffin, Southerner* (New York, *193z),* p. 58; Hany J. Carman, ed.: *Jesse Buel: Agricultural Reformer* (New York, 1947), p. 10; Demaree: op. cit., p. 38; James F. W. Johnston: *Notes on North America: Agricultural, Economic, and Social* (Edinburgh, 1851), Vol. II, p. 281.

5 Demaree: op. eit., pp. 4-6, 10, 48-9. On wasteful cultivation, see Gates:

的新人放到最基層的位置去過個水，但是給予快速輪調升遷。這叫做由下而上的歷練，特別是老闆的兒子或是女婿之類的年輕人。

20 William H. Whyte, Jr.: *The Organization Man* (Anchor ed., 1956), p. 88.

21 Thorstein Veblen: *The Higher Learning* in *America* (New York, 1918), p. 204; Abraham Flexner: *Universities: American, English, German* (New York, 1930), pp. 162-72.

22 Peter F. Drucker: "The Graduate Business School," *Fortune,* Vol. XLII (August, 1950), p. 116. For a general account of these schools and their problems, see L. C. Marshall, ed.: *The Collegiate School of Business* (Chicago, 1928); and Frank C. Pierson et. al.: *The Education of American Businessmen: A Study of University-College Programs* in *Business Administration* (New York, 1959).

23 Ibid., pp. 150, 1$2, 227-8, 233, 235, and chapter 16 *passim.*

24 *A Guide to Confident Living* (New York, 1948), p. 55.

25 Ibid., pp. viii, 14, 108, 148, 165.

26 "Religious Realism in the Twentieth Century," in D. C. Macintosh, ed.: *Religious Realism* (New York, 1931), pp. 425-6.

27 *Popular Religion: Inspirational Books* in *America* (Chicago, 1958), pp. 16-4; the quotations in this paragraph may be found on pp. 1, 6, 7, 44, 51n., 58, *61n., 63*, 90, 91n., 106, 107.

28 *Guide to Confident Living, pp.* 46, 55.

29 *Handbook of the New Thought* (New York, 1917), pp. 122-3.

12 Burton J. Hendrick: *The Life of Andrew Carnegie* (New York, 1932), Vol. I, p. 60.

13 *The Empire of Business* (New York, 1902), p. 113.

14 Wyllie: op. cit., pp. 96-104.

15 *The Empire of Business,* pp. 79-81; cf. pp. 145-7.

16 Kirkland: op. cit., pp. 93-4.

17 Wyllie: op. cit., p. 113; see pp. 107-15 for a good brief account of changing business attitudes toward education after 1890.

18 See Frances W. Gregory and Irene D. Neu: "The American Industrial Elite in the 1870's: Their Social Origins," in William Miller, ed.: *Men* in *Business* (Cambridge, Mass., 1952), p. 203, comparing the generation of the 1870's with that of 1901-1910 encompassed by William Miller in "American Historians and the Business Elite," *The Journal of Economic History,* Vol. IX (November, 1949), pp. 184-208. In the 1870's, 37% of the executives had some college training; In 1901-1910, 41% had. On the emergence of the bureaucratic business career, see Miller's essay: "The Business Elite in Business Bureaucracies," in *Men* in *Business,* pp. 286-305.

19 一九五〇年的研究指出：「雖然大學生剛畢業進入大公司時可能只是做些低階非決策性事務，但大家都認為大學文憑已是在大公司內能夠出人頭地的門票。」當時研究美國階級結構的學者指出：「如果我們對於當代美國社會要提出一個能代替老舊的馬克思區分階級的標準，那必然會是：大學文憑。」偶爾，老闆們還是會採用白手起家時代的若干觀念，例如把一位要培養成管理者

(Berkeley, 1959), chapter 3.

2 Freeman Hunt: *Worth and Wealth* (New York, 1856), pp. 350-1. 在此之前數年，倫敦的《每日新聞》(*Daily News*) 曾說：「現在開始，那些百萬富翁們不應該再為賺了那麼多錢而感到不好意思了。從今起暴發戶這個詞應該代表榮譽才對。」Sigmund Diamond: *The Reputation of the American Businessman* (Cambridge, Mass., 1955), p. 2.

3 Daniel Mallory, ed.: *The Life and Speeches of the Hon. Henry Clay* (New York, 1844), Vol. II, p. 31.

4 Wyllie: *The Self-Made Man in America* (New Brunswick, New Jersey, 1954), chapters 3 and 4.

5 Ibid., pp. 35-6.

6 Anon.: "Why I Never Hire Brilliant Men," *American Magazine,* Vol. XCVII (February, 1924), pp. 12, 118, 122.

7 Charles F. Thwing: "College Training and the Business Man," *North American Review,* Vol. CLXVII (October, 1903), p. 599.

8 On attitudes toward education, see Wyllie: op. cit., chapter 6; Kirkland: *Dream and Thought in the Business Community,* 1860-1900 (Ithaca, New York, 1956), chapters 3 and 4; Merle Curti: *The Social Ideas of American Educators* (New York, 1935), chapter 6.

9 Kirkland: op. cit., pp. 69-70.

10 Ibid., p. 101.

11 W. A. Croffut: *The Vanderbilts and the Story of Their Fortune* (Chicago and New York, 1886), pp. 137-8.

駐普魯士大使，並編寫過一些歷史文獻。他的文章強調了「蓬勃發展的商業對於人文世界的貢獻」。

27 《美國企業信念》（*The American Business Creed*）一書作者認為增加物質生產力一直是美國企業的主要信念。如果企業能夠促進什麼「非物質性」的價值的話，那應該就是它所提供的「服務」、個人機會的增加及政治與經濟上的自由等。有些企業家甚至會認為只要能事業成功，則即使忽略「自我成長」也沒什麼關係。小企業主們固然樂意在自由與民主的環境下經營生意，同時也習於對大企業存有不滿心態，但他們在企業上的核心觀念還是以增加產能為主要目標。See John H. Bunzel: *The American Small Businessman* (New York, 1962), chapter 3.

28 Edward C. Kirkland: *Dream and Thought in the Business Community, 1860—1900*, p. 164-5. 這類保守的經濟掛帥論正好和今日某些為落後國家獨裁者辯護的論調相同。他們說，如果貧窮、落後與文盲問題都被解決了，則政治自由與文化發展隨後就會發生。這樣的說法常被用來為史達林時期的蘇聯辯護，或是為古巴的卡斯楚等案例開脫。

第十章　白手起家與勵志型信仰的出現

1 For a summary and evaluation of the now considerable literature on social mobility in American history, see Bernard Barber: *Social Stratification* (New York, 1957), chapter 16; Joseph A. Kahl: *The American Class Structure* (New York, 1957), chapter 9; Seymour M. Lipset and Reinhard Bendix: *Social Mobility* in *IndustrialSociety*

極具影響力。這位學者也探究本書所提出的問題，他發現該雜誌非常強調工作倫理、實用性與自力更生原則。在紐約市，到一八五〇年時，「銀行家、資本家、交易商、律師、鐵路貿易商與製造商等都稱自己是商人。」這說明了那時商人一詞已經建立起不錯的意涵與名聲。Philip S. Foner: *Business and Slavery* (Chapel Hill, 1941), p. vii.

21 戴蒙（Sigmund Diamond）觀察到，十九世紀初期時的社會乃以一位企業家使用自己財富的方式來評判他，不論是用於慈善或是私人目的。但到了二十世紀時，大家開始把企業看成是一個自成一格的「系統」，不太用它是否做慈善來看待它了。*The Reputation of the American Businessman* (Cambridge, Mass., 1955), pp. 178-9.

22 *Letters and Social Aims* (Riverside ed.), p. 201. There are many interesting sidelights on Forbes in Thomas C. Cochran: *Railroad Leaders, 1845-1890* (Cambridge, Mass., 1953).

23 Quoted by Allan Nevins in the Introduction to *The Diary of Philip Hone* (New York, 1936), p. x.

24 *Democracy* in *America,* (1835; New York, 18g8), Vol. I, p. 66.

25 *Civilized America* (London, 1859), Vol. II, p. 320; see, however, the writer's misgivings, expressed in the same passage.

26《杭氏企業雜誌》第一期的第一篇文章名為〈商業與文明發展的關聯〉（*Commerce as Connected with the Progress of Civilization*, Vol. I (July, 1839), pp. 3-20）；由巴納德（Daniel D. Barnard）所撰，他是紐約州首府奧伯尼（Albany）的一位律師同時也從政，曾擔任

出整組複雜的電報設備，但無論如何他還是個無知的鄉巴佬。」Gladys Carmen Bellamy: *Mark Twain as a Literary Artist* (Norman, Oklahoma, 19503), p. 314.

16 *The Innocents Abroad* (1869; New York ed., 1906), pp. 325-6.

17 Smyth, ed.: *Writings* (New York, 1905-07), Vol. II, p. 228.

18 Burton J. Hendrick: *The Life of Andrew Carnegie* (New York, 1932), Vol. I, pp. 146-7. 卡內基算是特例，因為歐洲商人常表示想要儘快累積財富以便退休享受人生，但美國商人卻經常對這樣的想法表示驚訝。Francis X. Sutton, et al.: *The American Business Creed* (Cambridge, Mass., 1956), p. 102.

19 杭特所著《尊嚴與財富：商人的座右銘與道德觀》（*Worth and Wealth: A Collection of Maxims, Morals, and Miscellanies for Merchants and Men of Business* , New York, 1856）對商人多所刻畫，看完本書後我們訝異於那些素質高的商人對於各種德行的廣泛追求，也認識到原來在理想上美國商人是追求三種德行並陳的：第一是清教徒精神，這多半與個人的尋求自我發展與自律精神有關，表現在企圖心、節儉、勤勉、毅力、自制與簡樸之上；第二是企業家貴族精神，重在提升企業與社會品質，而由正直、慷慨、高尚、文雅、人道、關懷、負責、紳士風度與溫和等表現出；第三則是任何一門行業都需要有的特質，清晰、坦誠、果決、專注、活潑與堅定等。

20 *The Merchants' Magazine and Commercial Review,* Vol. I (July, 1839), pp. 1-3；在一八五〇到一八六〇年間，雜誌的名稱改成《杭氏企業雜誌》。一九四〇年代有學者嘗試評估該雜誌的聲望，發現它度，或是不是很早以來就開始腐化的話，那麼這些國家一定比他們現在的狀況好很多。」*Writings,* ed. by Moncure D. Conway (New York, 1894), Vol. II, p. 402.

8 Arthur A. Ekirch: *The Idea of Progress in America, 1815-1860* (New York, 1944), p. 126. 這本書的第四章對於美國人如何建立起對於科技的信仰的描繪給了本書很多幫助，不過我們認為該作者提到這種對「科學」的信仰其實並不精確，應該說是對於「技術」、「應用科學」的信仰。該書對於讓我們了解美國人在內戰前的心態上極具啟發。

9 *Writings,* (Boston, 1906), Vol. VI, p. 210 (February 2.7, 1853).

10 Ekirch: op. cit., p. 175.

11 Kirkland: op. cit., pp. 86, io6; Irvin G. Wyllie: *The Self-Made Man* in *America* (New Brunswick, New Jersey, 1954), p. 104. 福特對自己說這話所做的解釋才更令人玩味，他說：「我並沒說歷史無用，我只是說它對我無用……我根本不需要它。」Allan Nevins: *Ford: Expansion and Challenge,* 1915-1933 (New York, 1957), p. 138.

12 *The Ordeal of Mark Twain* (New York, 1920), pp. 146-7.

13 Emory Holloway and Vernolian Schwarz, eds.: I *Sit and Look Out: Editorials from the Brooklyn Daily Times* (New York, 1932), p. 133.

14 A *Connecticut Yankee* (1889; Pocket Book ed., 1948), p. 56.

15 馬克吐溫對人談起這本書中的插畫時說：「你知道嗎？我創造的這個洋基佬沒讀過大學，所以他沒有什麼文化但是也未受到這種高等教育的荼毒；他是個典型的無知鄉巴佬；他是機器工廠的老闆；他可以造出個火車頭來或是一把左輪手槍，他也可以生產

1952," *Journalism Quarterly,* Vol. XXXVI (Fall, 1959), pp. 439-46.

42 *The New York Times,* November 3, 1960.

第九章 商業與智識

1 "The Businessman in Fiction," *Fortune,* Vol. XXXVIII (November, 1948), pp. 134-48.

2 Mabel Newcomer: *The Big Business Executive* (New York, 1955), p. 7; on the declining prestige of executives, see p. 131.

3 編註：第二十九任美國總統，於一八二一年當選，一八二三年於任內病逝。

4 Warren G. Harding: "Business Sense in Government," *Nation's Business,* Vol. VIII (November, 1920), p. 13. Coolidge is quoted, from an address at the December, 1923 meeting of the American Society of Newspaper Editors, by William Allen White: *A Puritan* in *Babylon* (New York, 1938), p. 253.

5 Edward Kirkland: *Dream and Thought* in *the Business Community, 1860*-1900 (Ithaca, New York, 1956), pp. 81-2, 87.

6 愛默生曾說，大西洋像是一個篩子，只有熱愛自由、冒險、靈敏、嚮往美國的歐洲人才會來到美國。「歐洲的歐洲」（the Europe of Europe）則被留下來了。*Journals* (1851; Boston, Riverside ed., 1912), Vol. VIII, p. 226.

7 可參考潘恩（Thomas Paine）曾在〈人權〉（The Rights of Man）一文中說：「從美國在各方面的快速進步看來，我們應該可以如此結論：如果歐洲與亞、非的政府當時也採行與美國一樣的制

CCVI (September 2, 1933), p. 7; Blythe: "Progress on the Potomac," *Saturday Evening Post,* December 2, 1933, p. 10; editorials, *Saturday Evening Post,* December 9, 1933, p. 22, and April 7, 1934, pp. 24-5; William V. Hodges: "Realities Are Coming," *Saturday Evening Post,* April. 21, 1934, p. 5. See also Margaret Culkin Banning: "Amateur Year," *Saturday Evening Post,* April. 28, 1934; Katherine Dayton: "Capitol Punishments," *Saturday Evening Post,* December. 23, 1933.

37 "Issues and Men, the Idealist Comes to the Front," *Nation,* Vol. CXXXVII (October 4, 1933), p. 371. Cf. the same view in the *New Republic:* "The Brain Trust" (June 7, 1933), pp. 85-6.

38 Jonathan Mitchell: "Don't Shoot the Professors! Why the Government Needs Them," *Harper's,* Vol. CLXVIII (May, 1934), pp. 743, 749.

39 Samuel I. Rosenman: *Working with Roosevelt* (New York, 1952), p. 57.

40 編註：哈佛法學院畢業的美國國務院官員奚斯被指控為共產黨員並作為蘇聯的間諜。本案被麥卡錫利用來強化美國民眾對蘇聯滲透美國國務院的恐懼。當時身為加州眾議員的尼克森也因調查本案而受到全國性的矚目。

41 For information and for the quoted matter in the following paragraphs, which is taken from editorials and letters to newspapers, I have drawn on George A. Hage's illuminating unpublished study: *Anti-intellectualism in Newspaper Comment* on *the Elections of* 1828 *and* 1952, University of Minnesota doctoral dissertation, 1958; see the same writer's "Anti-intellectualism in Press Comment—1828 and

為「意識形態上的恩庇」（ideological patronage）。

32 Tugwell's reputation and his role in the New Deal are amply accounted for by Bernard Sternsher's unpublished doctoral dissertation: *Rexford Guy Tugwell and the New Deal,* Boston University, 1957. The debate over his appointment is instructive: *Congressional Record,* 73rd Congress, 2nd session, pp. 11156-60, 11334-42, 11427-62 (June 12, 13, 14, 1934). See also Arthur Schlesinger, Jr.: *The Coming of the New Deal* (Boston, 1958), chapter 21; James A. Farley: *Behind the Ballots* (New York, 1938), pp. 21-20; H. L. Mencken: "Three Years of Dr. Roosevelt," *American Mercury* (March, 1936), p. 264. For further insight into the position of New Deal experts, see Richard S. Kirkendall's unpublished doctoral dissertation: *The New Deal Professors and the Polities of Agriculture,* University of Wisconsin, 1958.

33 *Literary Digest,* Vol. CXV (June 3, 1933), p. 8.事實上，這種形成組織化的「專家政治」（brain trust）是在一九三二年總統大選時開始出現的，但是到選舉結束時組織就取消。現在我們遵循當時的用法，以此名詞統稱這一類的現象。

34 For detailed information on the manner in which the proposals of professors were blunted in one area by business power, see the work by Kirkendall already cited.

35 H. L. Mencken: "The New Deal Mentality," *American Mercury,* Vol. XXXVIII (May, 1936), p. 4.

36 Samuel G. Blythe: "Kaleidoscope," *Saturday Evening Post,* Vol.

Hunter Dupree: *Science in the Federal Government,* chapter 16.

28 以下謝曼參議員這段驚人的演講充滿了「反智」的陳腔濫調，不過在那時似乎起不了什麼作用。但是這是「反智」言論中最著名的一段話：「一群政客身旁圍繞著一些知識分子，彷彿為自己鍍金般。這些知識分子很善於把問題加以理論化，也不接受別人的意見，更是不切實際，他們只會用一些充滿了術語的抽象言詞打高空……他們對那些反對現狀、怪異與頹廢的人特別有吸引力，他們寫的文章火力十足，似乎可以論述太陽下的任何事情……他們是一群社會主義者……可以創發任何事物……他們彷彿是帶著X光透視本領的心理學家般，像是帶著不同顏色手巾表演的魔術師般，嘴裡一次可以吐出半磅的豆子，用陰森森的語氣問你當初萊禮爵士是死於什麼疾病……。如果面對他們，你的記憶、認知能力、專注力與其他心智能力都會被攪亂，也會停滯。我看過太多這類的心理學家，也跟他們交手過。如果把他們丟到森林中或是馬鈴薯田裡，他們連一隻兔子也抓不到，一顆馬鈴薯也挖不到，大概只能餓死。現在的政府由教授與知識分子當道。讓我重複一次，知識分子沉浸在他們的專業世界是很好的事，但是國家如果讓知識分子來管最後會變成布爾什維克而且會崩解。」*Congressional Record,* 65th Congress, 2nd session, pp. 9875, 9877 (September 3, 1918).

29 Walter Johnson, ed.: *Selected Letters of William Allen White* (New York, 1947), pp. 199-200, 208, 213.

30 Forcey: op. cit., pp. 292, 301.

31 Paul P. Van Riper指出，這導致對政策制訂的一些影響力，他稱之

1914), p. 7; "The Other-Worldliness of Wilson," *New Republic,* Vol. II (March 27, 1915), p. 195. Charles Forcey's *The Crossroads of Liberalism, Croly, Weyl, Lippmann and the Progressive Era, 1900-1925* (New York, 1961) is instructive about the relations of the *New Republic* group with Roosevelt and Wilson. On the impasse the New Freedom seemed to have reached by 1914 and the discouragement of liberal intellectuals, see Arthur Link: *Woodrow Wilson,* and his *The Progressive Era, 1910-1917* (New York, 1954), especially pp. 66-80.

26 Gordon Hall Gerould: "The Professor and the Wide, Wide World," *Scribner's,* Vol. LXV (April, 1919), p. 466. Gerould認為此後我們再也不能輕視教授了。另外有人寫道：「一般都認為教授只是有學問的人……但是現在出乎我們意料之外，他們也可以很聰明能幹。」"The Demobilized Professor," *Atlantic Monthly*, Vol. CXXIII (April, 1919), p. 539. Paul Van Dyke認為這些學院中的人在二戰中已經成功地展現他們可以是堅毅勇敢與實際的，不是軟弱與無能的。"The College Man in Action," *Scribner's*, Vol. LXV (May, 1919), pp. 560-3. 我們可把之前老羅斯福關於知識分子的評論與這些做個對照。

27 On The Inquiry and its personnel, see the article by its head, Sidney E. Mezes, in E. M. House and Charles Seymour, eds.: *What Really Happened at Paris* (New York, 1921); *Papers Relating to the Foreign Relations of the United States,* 1919, Vol. I, *The Paris Peace Conference* (Washington, 1942) ; J. T. Shotwell: *At the Paris Peace Conference,* pp. 15-16. On wartime mobilization of science, see A.

華盛頓大學與德州大學校長，威爾遜總統在眾議院的建議下任命他為農業部長。他在部長任內，特別重視農產品市場行銷與運送分配的問題，而且農業部成為了許多能幹的農業經濟專家匯聚的地方。Leonard D. White: "Public Administration," *Recent Social Trends in the United States* (New York, 1934), Vol. II, pp. 1414 ff. 上述這篇文章中對於進步時代美國政府中專家數量的成長有很好的資料與分析。此外，值得一提的是威爾遜總統遵守了任命學者與文人出任駐外大使的良好傳統。但是他兩次提名哈佛校長Charles William Eliot出任駐外使節，都被他拒絕；他提名國際政治專家芮恩施（Paul Reinsch）出任駐華大使；Walter Hines Page駐英（但顯然不是好決定）；Thomas Nelson Page駐義大利，這是政治投機考量下的決定；普林斯頓大學的Henry Van Dyke駐節荷蘭；Brand Whitlock駐比利時。一般而言威爾遜總統政治任命的駐外大使算是令人滿意的，但是這些成果都被他的國務卿布萊恩任用私人與對職業外交官的貶抑而折損。美國的外交官體系經過三任總統海約翰（John Hay）、羅斯福，與塔虎脫（William Howard Taft）後建立起不錯的團隊素質。但是布萊恩打擊了職業外交人員的士氣，且若干做法竟然獲得威爾遜的首肯。評論家Arthur Link認為這事件是「美國二十世紀外交圈最沉淪的一個事件」。參見其著之*Wilson: The New Freedom,* p. 106.

24 Link: *Wilson: The New Freedom,* chapter 8. A classic statement of this view was made by Walter Lippmann in *Drift and Mastery,* especially chapter 7.

25 "Presidential Complacency," *New Republic,* Vol. I (November 21,

眾對富豪的尊敬態度一般。我會對像摩根、卡內基與西爾這些富豪表達禮貌，但是卻無法像我對於以下這些人的尊崇態度一般：貝里教授（Professor Bury），北極探險家皮爾力（Peary the Arctic explorer），海軍上將伊凡斯（Admiral Evans），歷史學家羅德（Rhodes the historian），或是狩獵家奚路斯（Selous the big game hunter）。何故呢？因為即使勉強我自己我也做不來，更何況我根本不想。」參見Elting Morison, ed.: *The Letters of Theodore Roosevelt*, Vol. VI (Cambridge, 1952), p. 1002.

20 *Works,* Memorial Ed., Vol. XIV, p. 128; *Outlook* (November 8, 1913), p. 527; *Works,* Vol. XVI, p. 484; cf. other statements to the same effect: *Outlook* (April 23, 1910),/.880; Address, October. 11, 1897, at the *Two Hundredth Anniversary* of *the Old Dutch Reformed Church* of *Sleepy Hollow* (New York, 18g8); *Works,* Vol. XVII, p. 3; XII, p. 623.

21 Arthur Link: *Wilson: The New Freedom* (Princeton, 1956), p. 63; cf. Link's discussion of Wilson's mind, pp. 62-70.

22 *A Crossroads of Freedom: The 1912 Campaign Speeches of Woodrow Wilson,* ed. by John W. Davidson (New Haven, 1956) pp. 83-4. 威爾遜對任用專家的看法似乎受到關稅爭議事件（tariff controversy）以及在老羅斯福任內的食物法案（pure food practice）中專家的角色所影響。Ibid., pp. 113, 16o-1；下開書中對專家角色的看法亦值得參考：*The New Democracy: Presidential Messages, Addresses, and Other Papers,* ed. by R. *S.* Baker and W. E. Dodd, Vol. I (New York, 1926), pp. 10, 16.

23 美國農業部在David F. Houston部長任內尤其是如此。他之前是

13 *Movers and Shakers* (New York, 1936), p. 39.

14 B.P.: "College Professors and the Public,' *Atlantic Monthly,* Vol. LXXXIX (February, 1902), pp. 284-5.

15 See Joseph Lee: "Democracy and the Expert," *Atlantic Monthly,* Vol. CII (November, 1908), pp. 611-20.

16 例如，芝加哥有一位批發商人，Thomas E. Wilson，他於一九〇六年在眾議院農業委員會作證說：「我們反對的、也是請求國會保護我們免於受其侵犯的，就是讓我們的企業的命運被一群理論家、化學家、社會學家等擺弄。有一群人奉獻他們的生命致力於建立與完善化美國的批發產業，但是現在這些產業的管理與控制權卻要從他們手中被所謂專家奪走。」House Committee on Agriculture, 59th Congress, 1st session, *Hearings on the So-Called "Beveridge Amendment,"* (Washington, 1906), p. 5. 對於美國開始對於食品及藥物做管理此一問題上，專家所扮演的角色，可參見 Oscar E. Anderson, Jr., *The Biography of Harvey W. Wiley*: *The Health of a Nation* (Chicago, 1958).

17 "Literary Men and Public Affairs," *North American* Review, Vol. CLXXXIX (April, 1909), p. 536.

18 Quoted by Paul P. Van Riper: *History of United States Civil Service,* p. 206; cf. pp. 189-207, and John Blum: "The Presidential Leadership of Theodore Roosevelt," *Michigan Alumnus Quarterly Review,* Vol. LXV (December, 1958), pp. l-9.

19 老羅斯福總統一九〇八年時寫了這樣一封著名的信：「我實在無法勉強我自己對那些富豪顯現出尊敬的態度，如同廣大的群

the role of the university in the "Wisconsin idea."

5 F. J. Turner: "Pioneer Ideals and the State University," a commencement address delivered at the University of Indiana in 1910 and reprinted in *The Frontier in American History* (New York, 1920), pp. 285-6; italics are mine.

6 Charles McCarthy: *The Wisconsin Idea* (New York, 191.2), pp. 228-9.

7 On political tension in the Van Hise era, see Curti and Carstensen: op. cit., Vol. II, especially pp. 4, 10-11, 19-21, 26, 40-1, 87-90, 97, 100-7, 550-2, 587-92.

8 John R. Commons: *Myself* (New York, 1934), p. 110. Cf. McCarthy: "As a general rule the professors wait until asked before venturing to give an opinion upon a public question." op. cit., p. 137; for a list of university personnel in the service of the state, see pp. 313-17.

9 *Autobiography* (Madison, Wisconsin, 1913), p. 32; on his use of university personnel, see pp. 26, 30-1, 310-11, 348-50.

10 《國家》雜誌認為美國反智主義在攻擊大學時，給社會上了寶貴的一課。雜誌悲嘆道：「人民與教授間，存在著自古以來最大的誤解與無知。」"Demos and the Professor," Vol. C (May 27, 1915), p. 596.

11 J. F. A. Pyre: *Wisconsin* (New York, 1920), pp. 347-51, 364-5.

12 *The Wisconsin Idea,* pp. 188-9; cf. p. 138. 麥卡錫的觀點可以在某個背景下做最好的理解。這個背景就是Morton G. White's *Social Thought in America: The Revolt against Formalism* (New York, 1949)書中所描述的美國實用主義的發展與對老派學究的反彈。

1910), pp. 93-5.

41 Horace Bushnell: *Women's Suffrage: the Reform against Nature* (New York, 1869), pp. 135-6. Cf. p. 56: "The claim of a beard would not be a more radical revolt against nature."

42 Ibid., p. 142.

43 *The Bostonians* (1886; ed. London, 1952), p. 28g.

44 An *Autobiography* (New York, 1920), pp. 86-7.

45 Henry F. Pringle: *Theodore Roosevelt* (New York, 1931), pp. 65-7.

46 Anne de la Vergne: *The Public Reputation of Theodore Roosevelt,* 1881-1897, pp. 9-16, 45-6; and Richard D. Heffner: *The Public Reputation of Theodore Roosevelt: The New Nationalism,* 1890-1901, pp. 21-4, 41-5, 53-4.

47 *Harvard Crimson,* November 10, 1894; see especially "The Manly Virtues and Practical Politics" (1894) and "The College Graduate and Public Life" (1894), from which these quotations were taken, in *American Ideals* (New York, 1897), pp. 51-77.

第八章　專家的興起

1 譯註：約是一八七〇至一八九〇年間。

2 譯註：約一八九〇至一九二〇年間。

3 For a revealing contemporary encounter, see the interview with Bryan reported by John Reed in *Collier's,* Vol. LVII (May 20, 1916), pp. 11 ff.

4 Merle Curti and Vernon Carstensen: *The University of Wisconsin* (Madison, 1949), Vol. I, p. 632. This work has a full-bodied account of

their patronizing attitude toward professionals, see Senator Joseph R. Hawley: *Congressional Record,* 47th Congress, 2nd session, p. 242 (December 13, 1882).

34 William L. Riordon: *Plunkitt of Tammany Hall* (1905; ed. New York, 1948), pp. 60-1. 我們來看看布魯克林的民主黨領袖Peter McGuiness所使用的技巧。一九二〇年代有一位大學畢業生挑戰他，認為社區需要一位有文化與氣質好的人當領導人時，他用了一個高明的政治策略來對付這個大學畢業生。他在一場演講會上，沉默地看著這些勞工與家庭主婦聽眾一陣子，然後緩緩說道：「你們中有耶魯或康乃爾大學畢業的請舉手……那你們可以投票給他。其他的人則請投給我。」Richard Rovere: "The Big Hello," in *The American Establishment* (New York, 1962), p. 36.

35 Ibid., p. 10.

36 A letter to *The New York Times,* June 17, 1880, quoted by R. R. Bowker: *Nation,* Vol. XXXI (July 1, 1880), p. 10.

37 *Congressional Record,* 49th Congress, 1st session, p. 2786 (March 26, 1886).

38 Matthew Josephson: *The Politicos* (New York, 1938), p. 163. Also see Edward C. Kirkland: *Dream and Thought in the Business Community* (Ithaca, 1956), p. 26.

39 Alfred R. Conkling: *Life and Letters of Roscoe Conkling* (New York, 1889), pp. 540-1; for the full account of the incident, see pp. 538-49.

40 See also the attack on Curtis in the Elmira *Advertiser,* October 6, 1877, as reported in Thomas Collier Platt's *Autobiography* (New York,

17, 1872). Also see Wallace E. Davies: *Patriotism on Parade* (Cambridge, Mass., 1955), pp. 247, 285-6, 311.

25 *Congressional Globe,* 42nd Congress, 2nd session, p. 458 (January 18, 1872). 當然很多政治角頭與國會議員一樣，會對於考試選才這種制度感覺頭痛。波士頓一位反對麻州文官法的角頭Patrick Macguire說：「我猜以後年輕人如果要在州政府中有個職位，他必須先讀哈佛。他得畢業成績優異，那麼他的前途無量。那些沒法受那麼好教育的年輕人只好到其他地方找工作去了。」Lucius B. Swift: *Civil Service Reform* (n.p., 1885), p. 10.

26 *Congressional Globe,* 42nd Congress, 3rd session, p. 16S1 (February. 2.2, 1873).

27 E. L. Godkin: "The Civil Service Reform Controversy," *North American Review,* Vol. CXXXIV (April, 1882), pp. 382-3.

28 William M. Dickson: "The New Political Machine," *North American Review)* Vol. CXXXIV (January 1, 1882), p. 42.

29 Andrew D. White: "Do the Spoils Belong to the Victor?" *North American Review,* Vol. CXXXIV (February, 1882), p. 129-30.

30 Godkin: "The Civil Service Reform Controversy," p. 393.

31 J. R. Richardson: *Messages and Papers of the Presidents,* Vol. X, pp. 46, 48-9.

32 *Congressional Record,* 47th Congress, 2nd session, pp. 207-8 (December 12, 188, 2.).

33 Gail Hamilton: *Biography of James* G. *Blaine* (Norwich, 1895), p. 491. For a testy attack on literary men and reformers in politics, and

18 See J. Donald Kingsley: *Representative Bureaucracy: An Interpretation of the British Civil Service* (Yellow Springs, Ohio, 1944), pp. 68-71 and *passim.*

19 Sir Charles Trevelyan to Dorman B. Eaton, August 20, 1877, in Donnan B. Eaton: *Civil Service* in *Great Britain: A History of Abuses and Reforms and Their Bearing upon American Politics* (New York, 1880), pp. 430-2.

20 無疑地很多改革者希望能得到林肯對於文人的那種重視與任用，但是林肯都以高於文官或是體制外的職位任用他們。改革者一般而言都想得到經由選舉來的職位，而不是政治任命的行政職位。著名的改革者有一半曾經有政治職位，但多半是經由選舉。只有少數到國會，大部分是進了州議會。

21 參考亨利·亞當斯在一八六九年四月二十九日寫給小查爾斯·亞當斯的信：「我無法幫你謀得職位。在政府裡我只有點頭之交，沒有真正的朋友。我不幻想我的請求能得到太多的同情。David Ames Wells的影響力跟我差不多，他也無暇他顧，無法保住郝爾……」*Letters,* p. 157.

22 有一些人認為社會地位會影響職位的爭取。舒茲曾說：「可能有人會詢問應徵者的品德、經歷、社會地位或是一般性的能力，而不是透過考試來決定人選。」

23 *Congressional Globe,* 40th Congress, 3rd session, p. 265 (January 8, 1869). See also Kingsley: op. cit., p. 62. And Asa Briggs: *Victorian People* (London, 1954), pp. 116-21, 170-1.

24 *Congressional Globe,* 42nd Congress, 2nd session, p. 1103 (February

10 Adams: *Education,* pp. 261, 296, 320. Cf. James Bryce: "Why the Best Men Do Not Go into Politics," *The American Commonwealth* (New York, 1897), Vol. II, chapter 57.

11 *Autobiography,* pp. 15-16.

12 See "The Government of our Great Cities," *Nation,* Vol. III (October 18, 1866), pp. 312-13; *North American Review,* Vol. CIII (October, 1866), pp. 41365; Arthur F. Beringause: *Brooks Adams* (New York, 1955), pp. 60, 67; Barbara M. Solomon: *Ancestors and Immigrants* (Cambridge, Mass., 1956). On the outlook of the reformers, see Geoffrey T. Blodgett's sensitive account of "The Mind of the Boston Mugwump," *Mississippi Valley Hi.ftorical Review.* Vol. XLVIII (March, 1962), pp. 614-34.

13 Adams to Gaskell, quoted in Ernest Samuels: *The Young Henry Adams* (Cambridge, Mass., 1948), p. 182. See also Putnam: op. cit., pp. 42-3.

14 Quoted in Eric Goldman: *Rendezvous with Destiny* (New York, 1952), p. 24. See also Julius Bing: "Civil Service of the United States," *North American Review,* Vol. CV (October, 1867), pp. 480-1.

15 "The Place of the Independent in Politics," *Writings,* Vol. VI (Cambridge, Mass., 1890), p. 190.

16 On the strategy of independency, see James Russell Lowell: "The Place of the Independent in Politics," pp. 190 ff.; and E. McClung Fleming: *R. R. Bowker, Militant Liberal* (New York, 1952), pp. 103-8.

17 On the centrality of this reform, see Paul P. Van Riper: op. cit., pp. 83-4.

納曾經戴著白手套。達納只好承認他有時會戴白手套並穿整齊衣服，但是他向演講的聽眾保證他曾經做過兩年的水手，「我的手曾經跟你們一樣的骯髒。」Benjamin F. Butler: *Butler's Book* (Boston, 1892), pp. 921-2.

3 Adams to C. M. Gaskell, October 25, 1870, in W. C. Ford, ed.: *Letters of Henry Adams* (Boston, 1930), p. 196.

4 J. R. Lowell to Godkin, December 20, 1871, in Rollo Ogden, ed.: *Life and Letters of Edwin Lawrence Godkin* (New York, 1907), Vol. II, p. 87; C. E. Norton to Godkin, November 3, 1871, in Ari Hoogenboom: *Outlawing the Spoils* (Urbana, Illinois, 1961), p. 99.

5 George Haven Putnam: *Memories of a Publisher* (New York, 1915), p. 112.

6 我們對於這些改革者的敘述是根據一份哥倫比亞大學的碩士論文對於一百九十一個仕紳生涯的研究，James Stuart McLachlan: *The Genteel Reformers: 1865-1884 (1958).* 他的結論與Ari Hoogenboom對於文官改革者的研究相似，參見"An Analysis of Civil Service Reformers," *The Historian, Vol. XXIII* (November, 196o), pp. 54-78. 而Van Riper則強調這些改革者對於個人自由與政治道德的重視。op. cit., pp. 78-86.

7 *The Education of Henry Adams* (New York: Modem Library edition; 1931), P. 265.

8 Charles Francis Adams: *An Autobiography* (Boston, 1916), p. 190.

9 E. L. Godkin: "The Main Question" *Nation,* Vol. IX (October 14, 1869), p. 308.

italics are mine.

44 我們對於美國政府的行政歷史的敘述，參考了Leonard D. White's invaluable histories: *The Federalists* (New York, 1948), *The Jeffersonians* (New York, 1951), *The Jacksonians,* already cited, and *The Republican* Era 1869-1901 (New York, 1958). Paul P. Van Riper, 在 其*History of the United States* Civil *Service* (Evanston, Illinois, 1958), p. 11說道：「美國立國之初，聯邦政府的政治效能是世界最高的，因為它沒有貪腐。」

45 John Adams: *Works* (Boston, 1854), Vol. IX, p. 87.

46 Van Riper曾說，傑佛遜總統因為任用很多私人，故與傑克遜一樣都可算是美國分贓制度的創始者。但是如果從被任命者的能力與社會屬性來看，他的政府並沒有改變聯邦政府公務員基本上是上層社會人士這樣的本質。

47 J. D. Richardson, ed.: *Messages and Papers of the Presidents* (New York, 1897), Vol. III, pp. 1011-12.

48 See *The Jacksonians,* pp. 347-62.

第七章　改革者的命運

1 *The New York Times,* October 24, 1868.許多年來巴特勒用菁英階級對他的恨來作為他的政治資產。他的一位支持者在一八八四年說，他贏得選舉是因為「所有的勢利小人及半吊子的人都痛恨他，哈佛也不讓他讀法學院。」H. C. Thomas: *Return of the Democratic Party to Power in 1884* (New York, 1919), p. 139.

2 巴特勒在這次選舉中想要離間達納與勞工階級，所以他就說達

37 *Memoirs of John A. Dix* (New York, 1883), Vol. I, p. 165.

38 Henry T. Tuckerman: *Life of John Pendleton Kennedy* (New York, 1871), p. 187.

39 "The Action of Congress on the California and Territorial Questions," *North American Review,* Vol.LXXI (July, 1850), pp. 224-64.

40 U. B. Phillips, ed.: *The Correspondence of Robert Toombs, Alexander* H. *Stephens, and Howell Cobb,* American Historical Association *Annual Report, 1911,* Vol. II, p. 188.

41 Leonard D. White: *The Jacksonians,* p. 27. On deterioration in Congress and the public service, see pp. 25-7, 325-32, 343-6, 398-9, 411-420.

42 *An Autobiography* (Boston, 1916) pp. 43-4. 當然這發生在有名的「布魯克斯攻擊孫木楠事件」(assault on Sumner by Brooks)之後幾年。就在同一年,一位國會眾議員在華盛頓特區因為不滿餐廳侍者的態度而持槍將他射殺。關於一八五〇年間國會的狀態,參見Roy F. Nichols: *The Disruption of American Democracy* (New York, 1948), pp. 2-3, 68, 188-91, 273-6, 284-7, 331-2. 關於政府效能低落,參見David Donald's Harmsworth Inaugural Lecture, "An Excess of Democracy: The American Civil War and the Social Process" (Oxford, 1960)。關於美國南方政治人物領導能力的衰敗,參見Clement Eaton: *Freedom of Thought* in *the Old South* (Durham, 1940), and Charles S. Sydnor: *The Development of Southern Sectionalism,* 1819-1848 (Baton Rouge, 1948), especially chapter 12.

43 *Writings,* edited by Bergh, Vol. XI (Washington, 1904), pp. 423-4;

Cross: *The Burned-Over District* (Ithaca, 1950), pp. 114-17.

27 Hamlin Garland, ed.: *The Autobiography of Davy Crockett* (New York, 1923), p. 90.

28 Ibid., p. 180. The main butt of the humor here was Andrew Jackson, who had already received his Harvard degree. "One *digniterry,*" said Crockett, "was enough from Tennessee."

29 Quoted in Charles Grier Sellers, Jr.: *James K. Polk, Jacksonian: 1795-1843* (Princeton, 1957), pp. 123-4. On the land bill, see ibid., pp. 122-8; lames A. Shackford: *David Crockett, the Man and the Legend* (Chapel Hill, 1956), pp. 90-9.

30 *Register of Debates,* 20th Congress, 2nd session, pp. 162-3 (January 5, 1829).

31 Shackford: op. cit., pp. 122-9.

32 譯註：就是後來的共和黨。

33 編註：阿拉摩戰役是德州脫離墨西哥統治的關鍵一役。墨西哥總統德・聖塔・安那（Antonio López de Santa Anna）領軍對阿拉摩城發動攻擊，圍城十三天，並殺光所有德州守軍。此戰激發了德州人民的對墨西哥政府的同仇敵愾。

34 編註：「老胡桃樹」是傑克遜總統的外號。

35 Charles Ogle: *The Regal Splendor of the President's Palace* (n.p., 1840), especially p. 28.

36 For this campaign and the quotations, see Robert G. Gunderson: *The Log Cabin Campaign* (Lexington, 1957), especially pp. 3, 7, 101-7, 134, 162, 179-86, 201-18.

194.

17 對於傑克遜式民主與知識分子間的關係，可參見Arthur Schlesinger, Jr.: *The Age of Jackson* (Boston, 1945), especially chapter 29.

18 編註：亞當斯於一八二五至一八二九年間擔任美國第六任總統。他也是美國第二任總統約翰・亞當斯的長子。

19 編註：門羅於一八一七至一八二五年間擔任第五任美國總統。

20 For Adams's program, see J. R. Richardson: *Messages and Papers of the Presidents* (New York, 1897), Vol. II, pp. 865-83, and the comments of A. Hunter Dupree: *Science* in *the Federal Government* (Cambridge, 1957), pp. 39-43; cf. Samuel Flagg Bemis: *John Quincy Adams and the Union* (New York, 1956), pp. 65-70.

21 The quotations from Jacksonian literature are from John William Ward: *Andrew Jackson: Symbol for an Age* (New York, 1955), pp. 31, 49, 52, 53, 68. I am much indebted to Professor Ward's brilliant study of Jacksonian imagery.

22 Ward: op. cit., p. 73.

23 *Address of the Republican General Committee of Young Men of the City and County of New York* (New York, 1828), p. 41.

24 譯註：亞當斯是律師。Ward: op. cit., p. 63.

25 See Bemis: op. cit., p. 250; see also Adams's *Memoirs,* Vol. VIII (Philadelphia, 1876), pp. 546-7. See the recollections of Josiah Quincy: *Figures of the Past* (Boston, 19.26), pp. 304-7.

26 Cf. the analysis of the situation in Glyndon G. Van Deusen: *Thurlow Weed: Wizard of the Lobby* (Boston, 1947), pp. 4.2-4; and Whitney R.

11 關於這個聯盟的本質與最終解體後的影響：Sidney E. Mead's penetrating essay, "American Protestantism during the Revolutionary Epoch," *Church History,* Vol. XII (December, 1953), pp. 279-97.

12 Jonathan Elliot: *Debates* (Philadelphia, 1863), Vol. II, p. 10.2.

13 Samuel Eliot Morison, ed.: *The Key of Liberty* (Billerica, Mass., 1922). The work is reprinted in *William and Mary Quarterly,* 3rd ser., Vol. XIII (April, 1956), pp. 202-54, and quotations in the following paragraphs are from pp. 221, 222, 226, 231-2.

14 In an address at Hamilton College, January 23, 1844, quoted in Merle Curti: *American Paradox* (New Brunswick, 1956), p. 20; cf. pp. 19-24.

15 *Writings,* A. E. Bergh, ed., Vol. VI (Washington, 1907), pp. 257-8, August 10, 1787. 傑佛遜對他姪兒的教育問題表達看法，而他的主旨在於說明研讀道德哲學是沒有用的。如果道德是一種學問而不是一種情操的話，那麼千千萬萬沒讀過書的人道德都會比那少數讀過書的人來得差了。很明顯地，上帝造人有給了他道德感，故只要少許的理性與常識就可以實踐道德。當然，這是老生常談的道理。傑佛遜也許是經由康姆斯爵士（Lord Kames）的著作知道此點。但是我們不禁要懷疑，如果研讀道德哲學沒有用，那為何傑佛遜自己在這方面閱讀了這麼多。對於道德是否是知識這個問題在傑佛遜思想中的糾結，可參見 Adrienne Koch: *The Philosophy of Thomas Jefferson* (New York, 1943), chapter 3.

16 As, a century after Jefferson, William Jennings Bryan most explicitly did: "The great political questions are in their final analysis great moral questions." Paxton Hibben: *The Peerless Leader* (New York, 1929), p.

人認為傑佛遜反對「真正的」知識與智慧，他只是對於那些虛假扭曲的不以為然。史密斯認為傑佛遜是偽哲學家，不是「真正的」。他只具有哲學家的外表與一些不重要的徵狀，因此，他在政治上表現的是「缺乏穩定，無法果斷，未能同時具備視野與思考等各方面能力。」Ibid., p. 16. 記得史帝文生競選總統情景的人，應該對這些引述不陌生。

3 Ibid., pp. 4, 6, 16; Part II, p. 39.

4 For a summary of the worst assaults on Jefferson, see Charles o. Lerche, Jr.: "Jefferson and the Election of 1800: A Case Study of the Political Smear." *William and Mary Quarterly,* 3rd ser., Vol. V (October, 1948), pp. 467-91.

5 [William Linn]: *Serious Considerations* on *the Election of a President* (New York, 1800).

6 *Connecticut Courant,* July 12, 1800, quoted in Lerche: Op. cit., P. 475.

7 *Address to the Citizens of South Carolina on the Approaching Election of aPresident and Vice-President of the United States. By a Federal Republican* (Charlestown, 1800), pp. 9, 10, 15.

8 Seth Ames, ed.: *The Life and Works of Fisher Ames* (Boston, 1854), Vol. II, p. 134.

9 *The Lay Preacher,* ed. by Milton Ellis (New York, 1943), p. 174; the essay originally appeared in the *Port Folio,* Vol. I (1801).

10 J. C. Hamilton, ed.: *The Works of Alexander Hamilton* (New York, 1850-51), Vol. VI, pp. 434-5. 漢彌爾頓認為傑佛遜絕對不是一個有中心思想的人，而是一個機會主義的政治人物。

移民或是本土居民，都會是困擾。美國的教育有時並未有助於世代間的凝聚，反而變成障礙。在某一穩定的社會階級內，若父母與小孩上同一所學校，則會增加他們的凝聚感。但是美國有成千上萬的小孩他們的移民父母沒有受過什麼教育，所以當這些小孩上了高中或甚至大學時，教育反而成為親子關係的威脅。因此這甚至成為了那些反對教育機會平權人士的藉口。父母通常希望小孩去大學學習謀生技能，但是希望小孩不要因此而遠離或是鄙視移民家庭原本的文化根源。

35 Robert H. Knapp and H. B. Goodrich: *Origins of American Scientists* (Chicago, 1952), p. 24; Robert H. Knapp and Joseph J. Greenbaum: *The Younger American Scholar: His Collegiate Origins* (Chicago, 1953), p. 99.

36 Harry Sylvester's article, "Problems of the Catholic Writer," *Atlantic Monthly*, Vol. CLXXXI (January, 1948), pp. 109-13, contains a stimulating discussion of the subject.

37 關於天主教會的神職與信友對於思想自由與對教理批評的敵視（甚至與信條無關聯者亦然），請參見Gerhardt Lenski: *The Religious Factor* (New York: 1960), especially p. 278.

第六章　仕紳的沒落

1 See Marshall Smelser: "The Federalist Period as an Age of Passion," *American Quarterly,* Vol.X (Winter, 1958), pp. 391-419.

2 下引文出自[William Loughton Smith]: *The Pretensions of Thomas Jefferson to the Presidency Examined* (1796), Part I, pp. 14-15.沒有

31 編註：「蒙席」乃義大利文對主教等羅馬天主教會神職人員的尊稱。

32 These paragraphs owe much to Monsignor Ellis's article, "American Catholics and the Intellectual Life," *Thought*, Vol. XXX (Autumn, 1955), pp. 351-88. Information and quotations not otherwise identified are taken from this essay. See also, among Catholic writers, the discussions of related issues in Thomas F. O'Dea: *American Catholic Dilemma: An Inquiry Into Intellectual Life* (New York, 1958); and Father Walter J. Ong, S. J.: *Frontiers in American Catholicism* (New York, 1957); and, among non-Catholic writers, Robert D. Cross: Liberal Catholicism in America (Cambridge, Massachusetts, 1958), which examines at length some of the tensions within the Church caused by adaptation to America.

33 As Father Ong (op. cit., p. 38) points out, it is all but impossible for American Catholics to understand "how this evident devotion [of educated French Catholics can be nurtured in the twentieth century without courses in apologetics of the sort which American Catholic Colleges and universities feature but which are quite unknown at the Institut Catholique (Catholic University faculty) in Paris, Toulouse, or elsewhere. American Catholics are lost when they find that the French apologetic tends to train the youthful mind to think through modern problems in Catholic ways…"

34 天主教的現象凸顯了一個存在美國社會已久的問題，這個問題對於不斷尋求往上社會流動的群體，不論是新教徒或是天主教徒，

Right (New York, 1963). The most informative work on the subject is Ralph Lord Roy's *Apostles of Discord* (Boston, 1953). On recent developments, see David Danzig: "The Radical Right and the Rise of the Fundamentalist Minority," *Commentary,* Vol. XXXIII (April, 1962), pp. 291-8.

27 Leo Lowenthal and Norbert Guterman: *Prophets of Deceit* (New York, 1949), pp. 109-10; the quotations are from Gerald L. K. Smith and Charles B. Hudson.

28 On Winrod, Smith, Norris, and McIntire, see Roy: op. cit., *passim*; Carter: op. cit., chapter 4; Miller: op. cit., chapter 11; and McLoughlin: *Billy Sunday*, pp. 290, 310. On fundamentalism and the John Birch Society, see *The New York Times*, April 23 and October 29, 1961; Tris Coffin: "The Yahoo Returns," *New Leader*, April 17, 1961.

29 McLoughlin: *Billy Sunday*, p. 281.

30 我們所知道對於偏見心態最有趣的研究，是E. L. Hartley所做的，他要求一些大學生對一些民族或種族做出接受度評比。但他的名單中有三個虛擬出來的民族，Daniereans、Pireneans與Wallonians，但是他卻發現對真實存在民族有高度偏見感的人同時也對於這些虛擬民族有高的偏見，這顯示出某些人就是會對任何事物都有較高的偏見可能性。E. L. Hartley: *Problems in Prejudice* (New York, 1946).對於宗教基本教義主義與宗教容忍度的關聯，請參見Samuel A. Stouffer: *Communism, Conformity, and Civil Liberties* (New York, 1955), pp. 140-55; and T. A. Adorn et al.: *The Authoritarian Personality* (New York, 1950), chapters 6 and 18.

案子中，雖然布萊恩一直想要勝訴，卻大大地失算了。他顯然曾經以為會贏，「這是我生平第一次，」他告訴一些基本教義派的人，「站在多數的一方。」哲學家杜威曾經對於布萊恩對民主的看法、他的福音主義與他的反智觀點做了討論，參見John Dewey: The American Intellectual Frontier," *New Republic,* Vol. XXX (May 10, 1922), pp. 303-5.

20 *Orthodox Christianity versus Modernism,* pp. 29, 45-6; cf. "Darwinism in Public Schools," *The Commoner,* January, 1923, pp. 1-2.

21 Ginger: op. cit., p. 88.

22 W. J.Cash: *The Mind of the South* (New York, 194 1), pp. 337-8.

23 在此調查中，百分之四十的學生選「否」，百分之三十五選「是」，百分之二十四選「不知道」。請見：H. H. Remmers and D. H. Radler: *The American Teenager* (Indianapolis, 1957). 一九三〇年代教授演化論蒙受的壓力請參考Howard K. Beale in *Are American Teachers Free?* (New York, 1936), pp. 296-7.

24 我們還可以再深入討論這種擔憂。基本教義主義者認為，孩童失去信仰其實是失去道德觀的前奏。他們絕對地相信演化論思想會隱含了肉體上的淫蕩觀念。而他們在這場辯論中使用的言論，也顯示出他們對於演化論帶來的性革命的擔心。

25 有兩本關於美國宗教的書對我們的探討非常有幫助。Paul Carter's *The Decline and Revival of the Social Gospel* (Ithaca, 1954) and Robert Moats Miller's *American Protestantism and Social Issues* (Chapel Hill, 1958).

26 Some of the more recent essays in the new edition, *The Radical*

對於那些操控大眾媒體的人的看法太在意了，以致於我們保守派每天被他們不公允的評論所邊緣化。」

14 引自 Maynard Shipley: *The War on Modern Science* (New York, 1927), pp. 130, 254-5.比較溫和的版本可以參考James B. Finley: *Autobiography* (Cincinnati, 1854), p. 171.

15 Bryan remarked in *The Commoner,* February, 1920, p. 11. Also see *Memoirs* (Chicago, 1925), p. 459. On this theme in the anti-evolutionist literature, see Norman F. Furniss: *The Fundamentalist Controversy,* 1918-1931 (New Haven, 1954), pp, 44-5.

16 Leslie H. Allen, ed.: *Bryan and Darrow at Dayton* (New York, 1925), p. 70; this work is edited from the trial record and other sources.

17 Italics added here; see Ray Ginger's excellent study of the Scopes trial: *Six Days 0' Forever?* (Boston, 1958), pp. 2, 17, 64, 134, 181, 206.

18 Ginger: Op. cit., pp. 40, 181; cf. Bryan's *Famous Figures of the Old Testament,* p. 195; *Seven Questions in Dispute,* pp. 78, 154; In *His Image* (New York, 1922), pp. 200-2; *The Commoner,* August, 1921, p. 3; November, 1922, p. 3.

19 Bryan: *Orthodox Christianity versus Modernism* (New York, 1923), pp. 14, 26, 29-30, 32, 42；「上帝話語的美，」布萊恩說，「在於並不需要是專家就可以了解。」當有報紙說參與審判的陪審團居民可能沒有這個能力來判決此案時，布萊恩說：「我們政治體系的特色是，人民可以參與任何事情且被賦予決定任何事情的權力，所以當然作為陪審團成員毫無問題。」他認為，這個案子的本質是：「難道少部分人可以用法庭來改變學校的教育嗎？」在這個

on Moody's pragmatic tolerance, see pp. 275-6.

10 *Does Civilization Need Religion?* (New York, 1927), pp. 2-3.我相信讀者們現在應該已經知道此處我們對於基本教義主義的討論是把它視為一種大眾運動、而非對於現代主義的思想反彈來看待。有關後者的例子，可見J. Gresham Machen: *Christianity and Liberalism* (New York, 1923).關於基本教義主義的思想發展歷史，可見Stewart G. Cole: *The History of Fundamentalism* (New York, 1931).

11 McLoughlin: *Billy Sunday*, p. 278.

12 On this aspect of Smith's achievement, see my essay: "Could a Protestant Have Beaten Hoover in 1928?" *The Reporter*, Vol. 22 (March 17, 1960), pp. 31-3.

13 "The Klan's Fight for Americanism," *North American Review,* Vol. CCXXIII (March—April—May, 1926), pp. 38 ff.另一個領袖Gerald L. K. Smith在一九四三年時說：「除了少數人會在這麼沮喪的時刻會說些沮喪的話外，我們的人通常不表達什麼意見。但是在大家的心中，卻一直有一股憤怒的情緒，卻因為一般大眾拙於言詞因而沒有做出表達。」Leo Lowenthal and Norbert Guterman: *Prophets of Deceit* (New York, 1949), p. 110.

在右派中，一直存在這樣的看法：美國大眾的思想很正確，但是想替美國傳統價值辯護的人卻常常說不過那些現代主義者的伶牙俐嘴。高華德參議員曾經說（*The Conscience of a Conservative* (New York, 1960), pp. 4-5）：「我們保守派失敗在……我們的說理技巧。雖然我們相信整個國家的人都站在我們這邊，但是我們卻無法有效地證明保守派原則與日常生活間的關聯性。也許一般人

3 “Denominationalism: the Shape of Protestantism in America,” p. 314.

4 See, for instance, on the Republicanism of New England Baptists, William A. Robinson: *Jeffersonian Democracy in New England* (New Haven, 1916) pp. 128-41.

5 Vernon Stauffer的書*New England and the Bavarian Illuminati* (New York, 1918)是法國大革命後美國人對於革命與沒有宗教信仰的恐懼感的最佳描寫。雖然十八世紀末時美國有一股溫和的哲學懷疑論思想遍存於知識菁英中，但這只是個人的信念，並沒有要推廣散布的意思。法國大革命與傑佛遜總統主政後，上流階級的知識分子比以往更不願意向社會宣揚他們的理性主義思想。即使當時紐約、費城、巴爾的摩與新堡都有若干自然神論社團存在，但是Elihu Palmer這位熱血激進的懷疑論者，他希望為中下階級能找到一種共和主義與懷疑論連結的意識形態的努力，卻是阻礙重重。參見G. Adolph Koch: *Republican Religion* (New York, 1933).

6 Catherine C. Cleveland: *The Great Revival in the West, 1797-1805* (Chicago, 1916), p. 111. Martin E. Marty,在*The Infidel* (Cleveland, 1961)一書中認為缺乏信仰在美國很少見，因此並不是什麼了不起的事，但是它在保守的講道詞與教派間互相批評時卻是非常有用的一個攻擊字眼。

7 On divergent patterns in the ministry, see Robert S. Michaelson: “The Protestant Ministry in America: 1850 to the Present,” in H. Richard Niebuhr and D. D. Williams: op. cit., pp. 250-88.

8 McLoughlin: *Billy Sunday*, pp. 125, 132, 138.

9 Bradford: op. cit., pp. 58-60; McLoughlin: *Modern Revivalism*, P. 213;

63 芬尼對於講道方式的看法，詳見於他《論宗教振奮演講集》第十二章。他對於講道技巧有以下原則：「要口語化」，「要使用日常生活用語」，「要從日常生活中找比喻」，「要多重複，但不要單調」。

64 編註：耶穌成長的家鄉。

65 Roland H. Bainton: *Here 1 Stand: A Life of Martin Luther* (New York and Nashville. 1940), p. 354.

66 McLoughlin: *Modem Revivalism*, p. 140.

67 Bradford: op. cit., p. 101. On his preaching style, see also McLoughlin: *Modern Revivalism*, pp. 239 fl.; there is a wide range of illustrative matter in J. Wilbur Chapman: *The Life and Work of Dwight L. Moody* (Boston, 1900).

68 Bradford: op. cit., p. 103.

69 McLoughlin: *Modem Revivalism*, p. 288.

70 On Sunday's life, see William G. McLoughlin's thorough and perceptive biography: *Billy Sunday Was His Real Name*.

71 McLoughlin: *Billy Sunday*, pp. 164, 169.

72 桑戴的用語展現了一種新的語言暴力風格，這在第一次大戰時期常見於牧師的講道中。參見Ray H. Abrams: *Preachers Present Arms* (New York, 1933).

第五章　對現代性的反抗

1 McLoughlin: *Billy Sunday*, pp. 132, 142.

2 Ibid, pp. 141-2, 175, 179.

preachers of our day." Ibid., p. 65.

48 Ibid., pp. 73-4. On the intellectual condition of Baptist preachers and the resistance of preachers and laymen to education, see Posey: op. cit., chapter 2.

49 Wesley M. Gewehr: *The Great Awakening* in *Virginia,* 1740-1790 (Durham, North Carolina, 1930), p. 256.

50 For efforts in behalf of education, see Posey: op. cit., chapter 8

51 編註：於一八六九至一八七七年之間擔任第十八任美國總統。

52 McLoughlin: *Modern Revivalism*, pp. 219-20.

53 Gamaliel Bradford: *D. L. Moody: A Worker in Souls* (New York, 1927), p. 61.

54 McLoughlin: *Modem Beoioalism*, p. 273.

55 Bradford: Moody, pp. 24, 25-6, 30, 35, 37, 64, 212.

56 *Lectures on Revivals of Religion*, pp. 9, 12, 32.芬尼對人在重生上的主動積極作用，我在此僅做簡略的討論。他在自己的書中第一章有詳盡的論述。

57 Bernard Weisberger: *They Gathered at the River*, p. 21.2.

58 Op. cit., p. 243.

59 *silhouettesof My Contemporaries* (New York, 1921), p. 200.

60 McLoughlin: *Modem Revivalism*, pp. 167, 269, 278; Bradford: op. cit., pp. 220-1.

61 McLoughlin: *Modern Revivalism*, p. 245; cf. Bradford: op. cit., P. 223.

62 McLoughlin: *Modern Revivalism*, p. 433-4; also *Billy Sunday Was His Real Name*, pp. 127-8.

39 Nathan Bangs, the first noted historian of the church, remarked that early Methodist hostility to learning became proverbial, and justly so. *A History of the Methodist Episcopal Church* (New York, 1842), Vol. II, pp. 318-21.

40 Ibid., Vol. III, pp. 15-18.

41 這一個成立的是一八四七年在新罕布夏州的Methodist General Biblical Institute，隨後轉型為波士頓的School of Theology of Boston University。不久又有一八五四年在伊利諾州成立的Garrett Biblical Institute。第三所是一八六七年的Drew Theological Seminary。

42 Charles L. Wallis, ed.: *Autobiography of Peter Cartwright* (New York, 1956), pp. 63-5, 266-8.

43 Charles C. Cole: *The Social Ideas of Northern Evangelists,* 1826-1860 (New York, 1954), p. 80. 十九世紀一位有名的振奮派牧師，說他寧可到南方佈道：「我發現愈南邊的人愈容易被我感動。他們沒有因智識而生的心理障礙，這種障礙對美國其他地方的信友來說彷彿構成一種詛咒。」

44 *Religion in the Development of American Culture* (New York, 1952), p. 111.

45 W. W. Sweet, ed.: *Religion* on *the American Frontier-The Baptists, 1783*-1830 (New York, 1931), p. 65n.

46 Walter B. Posey: *The Baptist Church* in *the Lower Mississippi Valley,* 177~1845 (Lexington, Kentucky, 1957), p. 2.

47 Sweet: *Religion* on *the American Frontier,* p. 72. "Money and Theological learning seem to be the pride, we fear, of too many

31 George C. Baker, Jr.: *An Introduction to the History of Early New England Methodism,* 1789-1839 (Durham, 1941), p. 18.

32 Ibid., p. 14.

33 Ibid., p. 72. 據說以下是在康乃狄克州曾出現的一段講道詞：「兄弟姊妹們，我所堅持的是這樣的：學養不等於信仰，教育並不給人帶來聖靈。真正給生命帶來支撐的是神的恩典。彼得是漁夫，他應沒上過耶魯大學吧？但是他如磐石，耶穌在他身上建立起教會。……神要的僕人不是彬彬有禮、有學養的紳士，而是要像我一般質樸的人。」

34 Baker: op. cit., p. 16.

35 Goodrich: op. cit., p. 311.

36 *Methodist Magazine and Quarterly Review,* Vol. XII (January, 1830), pp. 16, 29-*68;* Vol. XII (April, 1830), pp. 162-97; Vol. XIII (April, 1831), pp. 160-87; Vol. XIV (July, 1832), pp. 377 ff.

37 La Roy Sunderland: "Essay on a Theological Education," *Methodist Magazine and Quarterly Review,* Vol. XVI (October, 1834), p. 429. David M. Reese: "Brief Strictures on the Rev. Mr. Sunderland's 'Essay on Theological Education,'" *Methodist Magazine and Quarterly Review,* Vol. XVII (January, 1835), pp. 107, 114, 115.

38 *The Journal and Letters of Francis Asbury,* ed. by Elmer T. Clark et al. (London and Nashville, 1958), Vol. II, p. 75. See also Sylvanus M, Duvall: *The Methodist Episcopal Church and Education up to* 1869 (New York, 1928), pp. 31-6. See also *The Lite of the Reverend Devereux Jarratt Written by Himself* (Baltimore, 1806), p. 181.

24 *Memoirs*, p. 84; cf. pp. 365-9.

25 These opinions are all from Finney's *Memoirs*, chapter 7, "Remarks Upon Ministerial Education," pp. 85-97; cf. Finney's *Lectures on Revivals of Religion*, pp. 176-8.

26 譯註：古典作品是基督教出現前的作品。

27 McLoughlin: *Modem Revivalism*, pp. 118-20.芬尼只贊成教育中的一個領域，那就是科學。他像清教徒祖先般，視科學為榮耀上帝的方式，而非對宗教的威脅。因此中西部有一些教會大學也受此影響而重視科學，也造就出許多基督徒科學家。參見R. H. Knapp and H. B. Goodrich: *Origins of American Scientists* (Chicago, 1952), chapter 19.

28 *Lectures on Revivals of Religion*, pp. 435-6.

29 R. W. Burtner and R. E. Chiles: *A Compend of Wesley's Theology* (New York, 1954), p. 26.衛斯理曾說：「我們認為，捨棄理性就是捨棄宗教信仰，因為理性與信仰是並行的，因此所有不理性的宗教都是錯謬的宗教。」但是也有研究者認為，整體來說，振奮派對美國的影響卻是不利於「智識」發展的。而在英國振奮運動的影響一般來說也是「反現代的」，它的狹隘、中世紀性格、情感主義與欠缺智識，使得許多地區出現了混亂與退步。

30 這些牧師們知道自己立足的基礎在於與信友打成一片，不論是文化知識上還是生活方式上。一八二五年時，一位英國的訪客很驚訝地發現，他要拜訪的公理會很高階神職人員，並不像英國國教派主教般凜然不可親近，而是捲起袖子在自家院子裡幹活，害他到訪時竟認不出那是主人。

regard to the primitive frontier conditions of 1800-1820; and to Bernard Weisberger's *They Gathered at the River* (Boston, 1958).

16 On the common effort of this period, and its recession, see Charles I. Foster: *An Errand of Mercy: The Evangelical United Front, 1790-1837* (Chapel Hill, 1960).

17 The estimate for 1800 is that of Winfred E. Garrison: "Characteristics of American Organized Religion,' *Annals of the American Academy of Political and Social Science*, Vol. CCLVI (March, 1948), p. 20. The figures for 1855 and 1860 are in Timothy L. Smith: op. cit., pp. 17, 20-1. The proportion of the population having church membership rose roughly from about 15 per cent in 1855 to 36 percent in 1900, 46 per cent in 1926, and 63 per cent in 1958. Will Herberg: *Protestant, Catholic*, Jew, pp. 47-8.

18 譯註：即普世教會及地方教會。

19 關於各教會成員的階級屬性，在改革宗內有這樣的一個玩笑式說法：浸信會的人穿起鞋子就是衛理公會；衛理公會上了大學就是長老會；而長老會的人如果是靠投資理財賺錢者，就一定是聖公會教友了。

20 *Memoirs* (New York, 1876), pp. 20, 24; there is an illuminating account of Finney and enthusiasm in western New York in Whitney R. Cross: *The Burned-Over District* (Ithaca, 1950).

21 *Memoirs*, pp. 100, 103.

22 Ibid., pp. 42, 45-6, 54.

23 McLoughlin: *Modern Revivalism*, p. 55.

Bradley (New York, 1945), Vol. I, pp. 306-7.

11 "The Rise of the Evangelical Conception of the Ministry," p. 2.28.

12 在美國，牧師個人的領導魅力一直以來都很重要。Phillips Brooks說：「真理透過人格彰顯，這是我們對於傳道者的定義。」同時代的另一位牧師William Jewett Tucker也說：「牧師的人格愈偉大，愈有影響力，則教友們愈想接近真理。」

13 見愛德華茲（Bela Bates Edwards）所著〈論高度虔敬對智識能力的影響〉（"Influence of Eminent Piety on the Intellectual Powers," *Writings*, (Boston, 1853), Vol. II, pp. 497-8）。其中說道：「其實我們不是早就習於將智識與心分開來看？將知識與虔敬分離？將心的感受放在判斷之上？而且不是也廣泛地相信，太多的知識與上帝的恩寵是不相容的？」

14 Timothy L. Smith: *Revivalism and Social Reform* (New York and Nashville, 1958), chapter 1, "The Inner Structure of American Protestantism."在一八八五年，所有衛理公會有一百五十萬信徒，所有的浸信會有一百一十萬信徒，所有長老會有四十九萬信徒，所有路德、德國改革宗等等有三十五萬。公理會有二十萬，聖公會只有大約十萬。

15 My treatment of revivalism owes much to William G. McLoughlin's excellent survey of the whole movement: *Modern Revivalism* (New York, 1959); to Timothy L. Smith's *Revivalism and Social Reform*, already cited, which is particularly good on the period after 1840 and on the urban revivals; to Charles A. Johnson's account of *The Frontier Camp Meeting* (Dallas, 1955), which is especially illuminating with

American Farmer (New York, 1957), pp. 44, 47. 在一七九〇年後的數十年間，宗教情懷是有恢復的感覺，但是大家執著於教派差異的熱情已不像以往。

7 Quoted in William G. McLoughlin: *Billy Sunday Was His Real Name* (Chicago, 1955), p. 158. A more sophisticated preacher like Washington Gladden could also say that his own theology "had to be hammered out on the anvil for daily use in the pulpit. The pragmatic test was the only one that could be applied to it: 'Will it work?'" *Recollections* (Boston, 1909), p. 163.

8 One of the chapters in Charles G. Finney's *Lectures on Revivals of Religion* (New York, 1835) is headed: Ct: "A Wise Minister Will Be Successful," and cites Proverbs XI, 30: "He that winneth souls is wise."

9 Crevecoeur: op. cit., p. 45. 但這並不表示牧師不受尊重。他們經常仍是被尊重的，但並不因為他們是牧師之故。Timothy Dwight說康乃狄克州的牧師沒有正式的權力但是卻有個人的影響力：「本地的牧師受人尊敬是因為他們的人格與工作表現，而不是因為他們占據聖職。」Mead: "The Rise of the Evangelical Conception of the Ministry," p. 236.

10 Andrew P. Peabody: *The Work of the Ministry* (Boston, 1850), p. 7. 托克維爾認為在美國的大西部，這些牧師們帶著愛國情操與政治領導人的關懷來傳教，所以他說：「如果你與這些基督教牧師談話，你會很驚訝他們常說到的是關於現世的問題，所以你簡直在跟一位政治領導者會談般。」*Democracy in America*, ed. by Phillips

2 For a stimulating exploration of the desire to surmount the past in nineteenth century American letters, see R. W, B. Lewis: *The American Adam* (Chicago, 1955).

3 The Position of the Evangelical Party in the Episcopal Church," *Miscellaneous Essays and Reviews* (New York, 1855), Vol. I, p. 371.

4 John W. Nevin: "The Sect System," *Mercersburg Review*, Vol. I (September, 1849), pp. 499-500.

5 這樣的歷史背景可以解釋賀柏格（Will Herberg）所認定的美國當代宗教的重要特色：大家相信宗教很重要，但卻不問其內涵。這種對於宗教之重要性的「信仰」，其中一個原因乃是幾百年來改革宗分支林立下必須互相容忍的結果。參見Herberg: *Protestant, Catholic, Jew* (Anchor ed., New York, 1960), chapter 5, especially pp. 84–90.

6 一七八二年時克雷夫各（Crevecoeur）發現一個有趣的現象：各教派的教友如果沒有聚居於一起而是與其他教派混居，則他們的宗教熱忱會冷卻，且短時間內就消失殆盡。所以美國人對於宗教教派就像他們對於國家般：一起共存⋯⋯所有的教派共存，如同所有的族裔共存般；從東岸到西岸，他們對於宗教本身或是教派的差異並沒那麼重視，這也許是美國人最大的特色之一了。這會帶來什麼結果很難說，也許它會產生容納其他東西的空間。迫害、自傲與陷入矛盾感等等，都是宗教會帶來的副作用，但是這些在美國都沒有：例如宗教熱忱在歐洲是需被節制的，但是在美國，廣大的空間使得它很容易被蒸發了；在歐洲它是一粒會散發能量的種子，在美國它隨風飄揚而逝，無影無蹤。*Letters from an*

conditions in the Southern back-country. See also Carl Bridenbaugh: *Myths and Realities: Societies of the Colonial South* (Baton Rouge, 1952), chapter 3.

28 可參見古迪昆奧茲（Colin B. Goodykoontz）《美國拓荒時期的家庭宣教》（*Home Missions on the American Frontier*, (Caldwell, Idaho, 1939), pp. 139-43）。在拓荒時期不只有新教的各教派之宗教傳統或是組織有失傳或瓦解的現象，連天主教徒中也發生如此情況，一位印第安納的牧師寫道：「在附近的愛爾蘭移民們，很多人甚至不知道上帝的存在，他們不敢去參加教理課程，即使來了也不知道該如何做。見Sister Mary Carol Schroeder: *The Catholic Church in the Diocese of Vincennes, 1847-1877* (Washington, 1946), p. 58.

29 Goodykoontz: op. cit., p. 191.

30 Ibid., pp. 191-2. For an account of similar conditions in early Indiana, see Baynard R. Hall: *The New Purchase* (1843; ed. Princeton) 1916)) p. 120.

第四章　福音主義與振奮派

1 Sidney E. Mead: "Denominationalism: The Shape of Protestantism in America," *Church History*, Vol. XXIII (December, 1954), pp. 291-320; and "The Rise of the Evangelical Conception of the Ministry in America (1607-1850)," in Richard Niebuhr and Daniel D. Williams, ed.: *The Ministry in Historical Perspectives* (New York, 1956), pp. 207-49.

15 L. Tyennan: *The Life of the Rev. George Whitefield* (London, 1847), Vol. II, p. 125. See Eugene E. White: "Decline of the Great Awakening in New England: 1741 to 1746," *New England Quarterly,* Vol. XXIV (March, 195 1), p. 37.

16 *Seasonable Thoughts* on *the State of Religion* in *New England* (Boston, 1743), p. 249. Most of these examples appear to have been taken from Tennent's *Danger of an Unconverted Ministry.*

17 Gaustad: op. cit., p. 103.

18 *Seasonable Thoughts*, p. 226.

19 Ibid., pp. 256-8.

20 Leonard W. Labaree: "The Conservative Attitude toward the Great Awakening," *William and Mary Quarterly*, 3rd ser., Vol. I (October, 1944), pp. 339-40, from Tracy: Great Awakening, p. 319.

21 Quoted by Labaree: op. cit., p. 345, from *South Carolina Gazette* (September 12-19, 1741).

22 Ibid., p. 336.

23 White: op. cit., p. 44.

24 Works (New York, 1830), Vol. IV, pp. 264-5.

25 On the reaction of the New England colleges to the Awakening, see Richard Hofstadter and Walter P. Metzger: *The Development of Academic Freedom in the United States* (New York, 1955), pp. 159-63.

26 Gaustad: op. cit., pp. 129, 139.

27 Richard J. Hooker, ed.: *The Carolina Backcountry on the Eve of the Revolution* (Chapel Hill, 1953), pp. 42, 52-3, 113, on cultural

England (New York, 1956); cf. Thomas G. Wright: *Literary Culture in Early New England* (Cambridge, 1920); Kenneth Murdock: *Literature and Theology in Colonial New England* (Cambridge, 1949).

9 On the state of the clergy during the period 1680-1725, see Clifford K. Shipton: "The New England Clergy of the 'Clacial Age:" *Colonial Society of Massachusetts Publications,* Vol. XXXII (Boston, 1937), pp. 24-54.

10 當本案第一批被告被吊死處決、而其他被告也正候審之際，有一些牧師寫信給州長與審判委員會，指出「審慎調查真相的必要，以免因心魔浮起而輕信不確實證據，造成一連串的冤枉悲劇」。但是民間人士卻無視於牧師們的警告，繼續以「明確證據」為名大肆搜捕嫌疑人，於是牧師們聯名上書州長，在牧師們的堅持下，州長最後終止了這不當審判。見Shipton: "The New England Clergy," p. 42.。

11 Perry Miller has written a brilliant account of the institutional and doctrinal aspects of this decline in *The New England Mind: from Colony to Province* (Cambridge, Massachusetts, 1953).

12 Quoted by Edwin Scott Gaustad: *The Great Awakening in New England* (New York, 1957), p. 27.

13 On Davenport see Gaustad: op. cit., pp. 36-41. Edwards himself, in his *Treatise Concerning Religious Affections* (1746) expressed at length his disapproval of such manifestations.

14 Gilbert Tennent, *The Danger of an Unconverted Ministry Considered* in *a Sermon on Mark VI,* 34 (Boston, 1742), pp. 2-3, 5, 7, 11-13.

(December, 1956), pp. 306-16; and D. B. Robertson: *The Religious Foundations of Leveller Democracy* (New York, 1951), especially pp. 29-40.

5 莫理森（Samuel Eliot Morison）說，激進的清教徒有這種敵意，是信條的一部分。狂熱派會認為大學乃是「撒旦的妓院」、「撒謊者之家」，並且「在上帝面前發出極端令人厭惡的臭氣」。詹森（Edward Johnson）認為赫金森女士跟她的伙伴們極度地痛恨學識，他們盡可能地勸誡人們要小心不要被知識汙染了心靈。女士的一名跟隨者曾對詹森說：「跟我來……我帶你去見一位女士，她的宣講福音比任何穿著黑領服上過大學的牧師都好。她是具有特別恩賜的女士，得到很多的天啟……我寧可聽這樣一位從未讀過書、卻從心底真摯感情出發的人宣道，也不願意聽你們那些有學問的人佈道，即使他們飽讀《聖經》。」Edward Johnson: *Wonder-Working Providence of Sions Saviour in New England,* ed. by J. F. Jameson (New York, 1910), pp. 127-8.

6 編註：馬瑟為著名的清教徒牧師，但因為涉入一六九二至九三年之間的撒冷女巫審判案（Salem witch trials，導致二十人被處死，十四名為女性），並主張魔鬼的存在。他父親為哈佛大學之前身的校長，但因此汙點，他父親英克里斯．馬瑟（Increase Mather）過世之後他無法繼承校長的職位。

7 *A History of American Literature,* 1607-1765 (Ithaca, New York: 1949), pp. 85-7.

8 For a spirited defense and appreciation of these early cultural achievements, see Samuel Eliot Morison: *The Intellectual Life of Colonial New*

的民主對於「智識」之重要性給予反面致敬。運動技能是暫時性而且用途狹窄的，我們大部分人都知道它對人生重要的事情並沒多大幫助。社會給運動優良學生的禮遇是因為他們的表現「娛樂」（entertain）了我們，他們可說是以自己的努力「賺得」（earn）這個待遇。反之，對多數人言「智識」並不能「娛樂」我們，而且當大家都知道擁有它可以作為人生中重要且長久的優勢武器時，它自然就跟我們多數人的平凡形成了對立。

第三章　福音運動的衝擊

1 神學家尼布爾（H Richard Niebuhr）說：「這些中下階層的人喜歡素人的宣講者勝於飽受神學教育嫻熟聖儀的牧師，因為前者較能滿足他們宗教情感上的需要，同時也在文化上與利益上與他們站在一起，反對那些因剝削他們而獲得優渥生活的上層統治階級。」*The Social Sources of Denominationalism* (Meridian ed., 1957), p. 30.

2 I owe much in my remarks on this subject to Msgr. R. A. *Knox's Enthusiasm* (Oxford, 1950).

3 編註：模範新軍是英國內戰期間議會派於一六四五年成立的一支軍隊，一六六〇年斯圖亞特王朝復辟後被解散。它的軍人是全職專業軍人，且並不駐紮在特定地點，而是在英國各地都能執行任務。

4 On the general aspects of the religion of the disinherited, see Niebuhr: op. cit., chapters 2 and 3. See Leo Soles suggestive account of "Anti-Intellectualism in the Puritan Revolution," *Church History*, Vol. XXIV

變愚拙嗎？』（哥林多前書1：20）……耶穌……認為書本傳達的知識，在啟迪人的天啟之光面前是微不足道的。耶穌生平行誼所傳達的訊息是貧苦者才是受上帝差遣來世間傳播福音的……耶穌並未替門徒設立學院，也未恢復先知的書院，他並不重視學識，事實上他曾警告這反而是尋求真理的障礙；他曾經對聰明人隱藏天國的祕密，卻將之示給無知的百姓。」"The Latest Form of Infidelity Examined," *Letters on the Latest Form of Infidelity* (Boston, 1839), pp. 98-9, 111, 112-13.

這段話的論據與福音派使用的說法類似。他們常說，宗教信仰不是靠邏輯或學識來傳播的，這的確難以駁斥。接下來就可以推論（從耶穌的行誼可知），由無知及未受教育者來傳播福音是最好的。他們所具有的智慧與真理高於飽學之士或是有教養的人。事實上，學問與教養可能是真理傳播上的障礙。而既然傳福音是人最重要的使命，則無知的人反較博學與沉溺於邏輯者來得有用。也就是說謙卑的無知者其心靈狀態較有學識者為佳。類似這樣的觀念深植於美國福音教派與美式民主之中。

23 On primitivism in Turner, see the penetrating final chapter of Henry Nash Smith: *Virgin Land* (Cambridge, Massachusetts, 1950); there are valuable gleanings on American primitivism in Charles L. Sanford: *The Quest for Paradise* (Urbana, Illinois, 1961).

24 *Democracy in America*, Vol. II, pp. 525-6.

25 *Ibid*., pp. 642-3.

26 觀察美國學界的人常不解地問道，為何美國老是注重運動優秀的學生，卻對學業優秀的學生有些敵意？我認為這種敵意來自我們

19 赫爾（B. R. Hall）寫到關於早期美洲印第安社會時說：「無知的壞人也比聰明人好些。所以聰明人的品格常受莫名其妙的懷疑，因為聰慧常被與狡詐連在一起，而無知則與善良一起。」Baynard R. Hall: *The New Purchase, or Seven and a Half Years in the Far West* (1843; ed. Princeton, 1916), p. 170. 連在注重理性與智性的清教徒中這種觀念也存在。科頓（John Cotton）說：「人愈聰明，就愈容易受撒旦誘惑……」*The Powring Out of the Seven Vials* (London, 1642), The Sixth Vial, pp. 39-40.

20 編註：反教儀主義反對法律或律法主義（legalism），以及其他道德、宗教、社會的規範。極端的反教義主義主張救贖完全來自於信仰與恩典，因此甚至不需遵守十戒。

21 編註：宗教改革過後，許多從羅馬天主教獨立出來的新教派儘管信仰新教的教義，卻仍然認為天主教流傳下來的古老儀式有其價值，值得保留。

22 李普利（George Ripley）在一八三九年攻擊反三位一體的「一位神格論」（Unitarianism）與哈佛神學院時說：「我曾見過對於虔敬者的心靈與良知的洗滌，福音展現出很好的效果，他們依賴靈魂的直觀能力而找尋到了神性的啟發……我雖然知道邏輯思考的重要性，但是我確定上帝並不是要我們以它來對抗原罪的致命吸引力。邏輯可以偵測錯誤，但是無法讓我們看見上帝的榮耀。邏輯可以駁斥謬誤，但是無法讓心靈愛慕聖潔……諸位強調博學是宣教的基礎，但是耶穌當年卻不是以此為標準來從眾人中挑選十二門徒；他將福音傳給『粗鄙無知』的低下百姓；最高的真理是由最一般的心靈來顯現；也因此，『神豈不叫這世上的智慧

爾斯（Edward Shils）有很好的觀察。見Edward Shils: *The Torment of Secrecy* (Glencoe, Illinois, 1956).

11 Testimony before a subcommittee of the Committee on Interstate and Foreign Commerce, House of Representatives, 79th Congress, 2nd session, May 28 and 29, 1946, pp. 11, 13.

12 *Journals* (Boston, 1909-1914), Vol. IX (July 1862), p. 436.

13 關於intellectual這個詞在法國的沿革，請參考Victor Brombert: *The Intellectual Hero,* chapter 2.俄羅斯則是用*intelligentsia*這個字，十九世紀之後開始出現，起初是用來指涉某些自由的職業，但不久就變成反抗統治政權者的代稱。見Hugh Seton-Watson: The Russian Intellectuals," *Encounter* (September, 1955), pp. 43-50.

14 *The Letters of William James* (Boston, 1920), Vol. II, pp. 100-1.

15 美國知識分子的這種心態與立場，可參見社會學家李普塞（Seymour M. Lipset: "American Intellectuals: Their Politics and Status," *Daedalus*, (Summer, 1959), pp. 460-86）。李普塞對此主題多有觀察，但是我可能不同意他說美國知識分子的社會地位無論如何是很高的這樣的看法。

16 這種心態曾被高華德參議員露骨地表示出來，他在一九五九年七月時說：「我絕對不接受美國已無共產黨這樣的說法，只要我們盡量搜尋，就可找出來。」可見James Wechsler: *Reflections of an Angry Middle-Aged Editor* (New York, ig6o), p. 44.

17 也許即使在不能自由發揮之情況下也是如此。我們看看在前蘇聯與東歐衛星國中知識界的發展可知。

18 *Characters and Events* (New York, 1929), p. xi.

他叛國。法國社會因此爆發劇烈的爭論。經過各方奔走與上訴，他於一九〇六年被平反，並恢復軍職。

6 編註：沙可與凡伽蒂都是義大利裔的美國人，且為激烈的無政府主義者。在一九二〇年，他們被控在一樁武裝搶案中殺害兩人，並在隔年被判處死刑。但有大量證據顯示二人為無辜的，聲援他們的行動在全美展開，甚至蔓延至東京、倫敦、巴黎等城市。一九二七年兩人仍被處死。一九七七年，在兩人犧牲五十年後，麻州州長杜卡基斯（Michael Dukakis）宣布遭受到不公平的審判。

7 W. D. Niven, ed.: *The Scientific Papers of James Clerk Maxwell* (Cambridge, 1890), Vol. II, p. 742.

8 朱立安·班達（Julien Benda）在一九二七年出版的《知識分子的背叛》（*La Trahison des Clercs*）中指控，有許多當代知識分子為了追求這種千禧年式之政治而犧牲了知識的價值：「今天，如果我們提到Mommsen、Treitschke、Ostwald、Brunetiere、Barres、Lemaltre、Peguy、Maurras、d’Annunzio、Kipling等人，我們必須承認他們展現了無比的政治熱情——即知即行、渴望立即的成效、對心中的目標專心致志，並輕蔑論證。」

9 其實在知識分子內部也有很多討論，具有專業是否對他們反而是不利的事情。大家在問，是否作為一個專家會把知識分子降格為只是一個「心智技師」（mental technician）。參見例如H. Stuart Hughes: “Is the Intellectual Obsolete?” in An *Approach to Peace and Other Essays* (New York, 1962), chapter 10. 最後一章我們還會回到此問題。

10 關於民選的代議士對抗專家的種種背景與社會氛圍，社會學家席

第二章 智識不受歡迎

1 我無意說這現象只存在美國，因為這現象很多地方都會存在，只要存在某個討厭知識分子又不願一併捨棄「聰明」的社會階級時，就會如此。例如在法國，當知識分子成為一股社會力量後，巴雷斯（Morris Barres）在一九〇二年寫道：「我寧可聰明但不要成為知識分子。」Victor Brombert, The Intellectual Hero: Studies in the French Novel, 1880-1955 (Philadelphia, 1961), p. 25.

2 編註：吉布斯靠著對熱力學與統計力學的研究，成為美國首位獲得國際聲譽的理論科學家，並被愛因斯坦譽為「美國史上最為傑出的英才」。一九〇一年，他因在數學物理學領域的貢獻而獲授英國皇家學會頒發的科普利獎章（Copley Medal）。

3 吉布斯的狀況常被認為是美國文化的結果。關於這種文化態度的討論，請參見Richard H. Shryock: "American Indifference to Basic Science during the Nineteenth Century," *Archives Internationales d'Histoire des Sciences,* No. 5 (1948), pp. 50-65.

4 編註：十八世紀時的法國是一個天主教國家，而卡拉斯（Jean Calas）與其妻子為新教徒，其信仰不受法律保障。一七六二年他被法國政府以謀殺其子的罪名被審判、刑求，最後被判處死刑。一向對天主教會的不寬容持批判立場的哲學家伏爾泰為卡拉斯辯護，並成功讓他在一七六四年洗清罪名，法王路易十五開除負責的官員。

5 編註：一八九四年，法國情報單位懷疑來自德語區的德雷福斯將法國砲兵的情報洩漏給德國，隨後法國政府以有爭議的證據判處

3516-18 (June 14, 1946), and his speech, "Communist Conspiracy in Art Threatens American Museums," *Congressional Record,* 82th Congress, 2nd session, pp. 2423-7 (March 17, 1952).

17 William G. McLoughlin, Jr.: Billy Graham: *Revisionist in a Secular Age* (New York, 1960), pp. 89, 212, 213; on the Gallup Poll, see p.t.

18 *Judging and Improving the Schools: Current Issues* (Burlingame, California, 1960), pp. 4, 5, 7, 8; italics added. The document under fire was William C. Bark et al.: *Report of the San Francisco Curriculum Survey Committee* (San Francisco, 1960).

19 Robert E. Brownlee: "A Parent Speaks Out," *Progressive Education,* Vol. XVII (October, 1940), pp. 420-41.

20 A. H. Lauchner: "How Can the Junior High School Curriculum Be Improved?" *Bulletin of the National Association of Secondary-School Principals,* Vo. XXXV (March, 1951), pp. 299-301. The address was delivered at a meeting of this association. See Arthur Bester's comments in *The Restoration of Learning* (New York, 1955), p. 54.

21 編註：英國政治學者，維吉尼亞．吳爾夫的丈夫。

22 引自摩爾（G. E. Moore）的*Encounter,* Vol. XII (January, 1959), p. 68；但是他說這話是有特定背景的，不須被過度解讀。

23 *Note towards the Definition of Culture* (London, 1948), p. 23.

24 與此相關的一個案例是杜威的教育哲學，它蘊含有「反智」想法以及會造成「反智」後果。但我們絕不是要說，杜威是「反智」派。

向偏共和黨的聰慧之士，都很仰慕民主黨總統候選人史帝文生，他弟弟回答，「當然，只要是蛋頭都會喜歡他，可是你認為有多少蛋頭呢？」愛梭普，《記者的行業》（*The Reporter's Trade*, (New York, 1958), p. 188）。

9 白宮新聞稿，〈總統在洛杉磯南加州共和黨團體早餐會之講話，一九五四年九月二十四日〉，斜體字為作者所加。很可能總統是聽國防部長威爾遜（Charles E. Wilson）說過類似的話，因為有人引述部長曾說：「蛋頭就是一個人對他自己所曉得的事情並不了解。」Richard and Gladys Harkness, "The Wit and Wisdom of Charlie Wilson," *Reader's Digest*, 01. LXXI (August, 1957), p. 197.

10 譯註：當時斯里蘭卡還稱作錫蘭。

11 譯註：Phi Beta Kappa是美國大學內學業成績頂尖者組成之榮譽團體。

12 *Congressional Record,* 81th Congress, 2nd session, pp. 1954 (February 20, 1950).

13 Jack Schwartzman: "Natural Law and the Campus," *Freeman*, Vol. II (December 3 , 1951), pp. 149, 152.

14 譯註：美國第七任總統安德魯・傑克遜（Andrew Jackson），倡平民政治。

15 "Shake Well before Using," *National Review,* Vol. V (June 7, 1958), p. 544.

16 *Congressional Record,* 81th Congress, 1st session, p. 11584 (August 16, 1949); see also Dondero's address on "Communism in Our Schools," *Congressional Record,* 79th Congress, 2nd session, pp. A.

詞做了有趣的定義。懷特提出了一個滿有用的區分，就是「反智的」（anti-intellectual）意指敵視知識分子，而「反智性主義的」（anti-intellectualist）指反對在一切知識及生活上都以智性為依歸。他分析了兩種主張下各自的策略及異同處。

7　這些事情深深提醒我們，在世界各地與美國，知識分子社群通常都是多元的。不管是否屬於這個圈子的人，多少都知道（縱使偶有例外）此情形才對。而知識分子圈子對此有雙重標準：如果是發自內部的批評，則多以善意視之而且採納其有見地處；但若從外部而來，即使是同一種批評，也會被認為是惡意的而被貼上「反智」的標籤而視為危險。例如，數年前很多人批評各基金會紛紛推動大型研究計畫，因為它們排擠了個別型研究者的獲補助機會。但是當「理斯委員會」（Reece committee）介入調查此事時，同一批學者卻表達不樂見由學界外部來干預此事的看法。這並非他們已改變態度，而是對他們而言由誰來批評是重要的。當然，並非只有學界有此現象，這其實是任何組織都有的情形。政黨成員或是少數族群成員都有可能對某些批評持雙重標準，視其由內或外來而定。然而這種雙重標準有其歷史理由而非邏輯上的理由，因為批評的動機常會與批評是否合宜有關。批評基金會的知識分子希望能建設性地扭轉基金會的不當政策，但理斯委員會採用的批評路線卻可能使基金會跛腳或瓦解。同理，我們都知道關於猶太人或黑人的笑話，由自己人說或是外人說，它的寓意就可能不同。

8　這個名詞是作家愛梭普（Stewart Alsop）在他的專欄中首先使用的，在其中他記錄了與弟弟約翰的一次談話。作家說許多政治傾

註釋

第一章　我們時代的反智現象

1 譯註：指麥卡錫主義。

2 譯註：可譯為反智主義，本書一律簡稱為「反智」。

3 編註：一九三三至一九四五年由小羅斯福擔任四屆總統，一九四五至一九五三由杜魯門繼任兩屆，總共二十年。

4 Arthur Schlesinger, Jr.: "The Highbrow in Politics," *Partisan Review,* Vol. XX (March-April 1953), pp. 162-5; *Time* is quoted here, p. 159.

5 就我所知，唯一研究過此問題的美國歷史學者是柯蒂（Merle Curti），在他的專書《美國的困境》（*American Parado*x）中，與他就任美國歷史學會會長的就職演說〈知識分子與他人〉（Intellectuals and Other People, *American Historical Review*, vol.LX, 1955, pp. 259-82）中都處理此問題。巴森（Jacques Barzum）在《知性之屋》（*House of Intellect*, 1959）中用當代的視野與從知識分子內部的角度來看此問題。有一期《社會問題學報》（*Journal of Social Issues*, vol.XI, 3, 1955）專門以此為主題，數位作者一起討論了「反智」現象。

6 懷特（Morton White）〈反智論的反思〉（Reflections on Anti-Intellectualism, *Daedalus*, Summer, 1962, pp. 457-68）一文，對此

美國學 05

美國的反智傳統

宗教、民主、商業與教育如何形塑美國人對知識的態度？（二版）
Anti-Intellectualism in American Life

作　　者　理查・霍夫士達特（Richard Hofstadter）
譯　　者　陳思賢
編　　輯　王家軒（初版）、邱建智（二版）
校　　對　陳佩伶（初版）、魏秋綢（二版）
排　　版　李秀菊
封面設計　許晉維

副總編輯　邱建智
行銷總監　蔡慧華
出　　版　八旗文化／遠足文化事業股份有限公司
發　　行　遠足文化事業股份有限公司（讀書共和國出版集團）
地　　址　新北市新店區民權路108-2號9樓
電　　話　02-22181417
傳　　真　02-22188057
客服專線　0800-221029
信　　箱　gusa0601@gmail.com
Facebook　facebook.com/gusapublishing
Blog　gusapublishing.blogspot.com
法律顧問　華洋法律事務所／蘇文生律師

印　　刷　前進彩藝有限公司
定　　價　720元
初版一刷　2018年7月
二版一刷　2025年1月
ISBN　978-626-7509-20-3（紙本）、978-626-7509-18-0（PDF）、
978-626-7509-19-7（EPUB）

國家圖書館出版品預行編目（CIP）資料

美國的反智傳統：宗教、民主、商業與教育如何形塑美國人對知識的態度？／理查・霍夫士達特（Richard Hofstadter）著；陳思賢譯. -- 二版. -- 新北市：八旗文化，遠足文化事業股份有限公司, 2025.01
面；　公分. --（美國學；5）
譯自：Anti-intellectualism in American life
ISBN 978-626-7509-20-3（平裝）

1.CST: 文化　2.CST: 知識分子　3.CST: 美國

752.3　　113017574